コンテナ物語

世界を変えたのは「箱」の発明だった

マルク・レビンソン　村井章子
Marc Levinson　Akiko Murai

THE BOX

How the Shipping Container Made the World Smaller and the World Economy Bigger

Second Edition

日経BP

THE BOX:
How the Shipping Container Made the World Smaller and the World Economy Bigger
Second Edition

By Marc Levinson

Japanese translation published by arrangement with Princeton University Press through The English Agency (Japan) Ltd.

る決断は、それから一八年も経ってから下されたことになる。

この「閃きの瞬間」を私は『コンテナ物語』で取り上げていない。そんな瞬間はなかったと考えたからだ。もちろん証拠はないが、コンテナ輸送で成功を収めて長い年月が経ってから興味津々で質問されたとき、アイデアマンのマクリーンはひょいと思いついたのではないだろうか。第二章に書いたように、船会社も鉄道もマクリーンがジャージー・シティで順番待ちをしたときより半世紀も前にコンテナを導入している。そしてマクリーンの船が一九五六年に出港するときには、すでに北米とヨーロッパでコンテナは広く使われていた。

コンテナリゼーションの発展へのマクリーンの真の貢献は、じつは金属の箱や船よりも経営者としての洞察力だったと私は考えている。輸送事業のほんとうの仕事は船なり列車なりを運航することではなく貨物を運ぶことだ、とマクリーンは理解した。この根本的な理解があったからこそ、多くの企業が失敗する中で、マクリーンが押し進めたコンテナリゼーションは成功を収めたのである。

ところがたいていの人は、埠頭での閃きといったエピソードが大好きだ。ニュートンの頭にリンゴが落ちてきて万有引力の法則が閃いた、といった輝かしい逸話はたしかに感動的ではある——たとえ作り話だったと後日判明したとしても。これに対して、すでに実用化されていたものを手直しし、どうやって利益を上げるか手探りし、せっかくのイノベーションがなかなか普及せずじりじりする、といった話はまったく魅力的でない。みんなヒーローが大好きなのである。だが技術の進化は複雑なプロセスであり、一人の人間の英雄的な努力だけでやり遂げられることはめったにない。

現実の世界でのイノベーションの実際の姿を学べることは、『コンテナ物語』の効用の一つと言えるだろう。だが私には、『コンテナ物語』が教えてくれるいちばん重要なものは「予期せぬ結果」が果たす役割だと思えてならない。私自身も含めて経済学者は、将来を予測することが仕事の一つである。これまでに起きたことを分析し、そこからヒントを得て、将来に何が起きるかを予測するという手順を踏む。ビジネススクールの学生たちも同じようなアプローチで臨み、定量分析を過去のデータに適用して将来計画を立てる。ビジネスの現場ではこれが近代的な経営手法だとされており、世界的に有名なコンサルティング会社もあたりまえのようにこうした手法を使っている。

だがコンテナリゼーションの歴史はことごとく予想を裏切る展開を示し、この種の合理的な分析の限界を雄弁に物語っている。コンテナは、マクリーンがニューヨーク〜ノースカロライナ間で行っていたトラック輸送サービスのコストを数ドルばかり削減する手段として始まった。だからせいぜい小粒のイノベーションとしか見なされておらず、ある船舶技術者は一九五八年に「一時しのぎ」に過ぎないと述べている。アメリカの内航海運は衰退の一途をたどっており、その中でコンテナは一定のシェアを確保できるかもしれないが、うまくいってもその程度だろう、というのが専門家の見立てである。大方の貨物はコンテナに適さない、アジア向けなど長距離航路ではコンテナ船は採算がとれない、というのが彼らの結論だった。

コンテナリゼーションがグローバル・サプライ・チェーンを大幅に再編し、物流における大幅規制緩和の誘因となり、北大西洋が中心だった世界貿易に東アジアを組み込むことになるとは、誰一人として想像していなかったのである。コンテナリゼーションが始まった当初から、港湾労働者の仕事を奪うことは予想されていた。だが、港の近くに立地することにメリットがあった製造業や卸売業で大量の労働者が職を失うとまでは、誰も予想していなかった。そしてコンテナの可能性を理解していなかった政治指導者、組合運動家、企業経営者は、見込みちがいをしでかしたことの高い代償を払う羽目に陥る。アメリカの鉄道は一九六〇年代と七〇年代にコンテナリゼーションに頑強に抵抗した。コンテナは、鉄道の伝統ある有蓋貨車の仕事をなくしてしまうと考えたからである。二一世紀には自分たちが年間一四〇〇万個ものコンテナを運ぶようになるとは想像できなかったのだ。また多くの大手海運会社は、最後はマクリーン自身の会社も含め、破綻の憂き目に遭う。コンテナ・ビジネスがどう発展するか、見誤ったことが原因だった。それに海運業界の誰一人として、アメリカの海運業がアジアやヨーロッパの企業に支配される日が来ると予想していなかったことは確実である。政府による保護と規制を受けて発展し、アメリカ人船員とアメリカ籍船を使っていた純アメリカ製の海運会社は、急激に変化する世界で生き残ることができなかった。

さらに、コンテナの急速な発展が安全保障上の脅威になると予想していた人もほとんどいなかった。いまとなっては皮肉なことに、コンテナの大きな魅力の一つは安全性が高いことだったのである。ロックされたコンテナ内に収まった貨物は、港で手荒な扱いを受ける混載貨物より損傷を受ける危険性がはるかに小さく、盗まれる可能性も低い。だから一九八〇年代になって、内容物を秘匿でき、匿名性が高く、信頼性の高いコンテナ輸送は麻薬や不法移民の運搬に理想的だと密輸業者から指摘されたとき、船会社も国境管理当局も衝撃を受けたものである。

その二〇年後には、一連のテロ攻撃とその潜在的脅威を分析評価した専門家が、テロリストがコンテナ内に放射性物質を潜ませて爆発させ、世界の貿易を麻痺させる可能性を指摘している。いや、放射性物質をまき散らす「汚い爆弾」を作る手間をかけずとも、テロリストは容易に入手可能な材料（硝酸アンモニウム肥料、プロパンガス、たくさんの釘と一緒にセットした爆薬など）を使って相当に威力のある爆発を引き起こすことが可能だ。この脅威の深刻さを正確に評価するのはむずかしい。かくしてコンテナは、差し迫った脅威として広く意識されるようになった。コンテナを利用したテロの防止策に大規模な予算が投じられ、港湾のゲートには放射能探知機が備え付けられ、港湾労働者やコンテナヤードに乗り付けるトラック運転手には不正防止機能付きのＩＤカードの携行が義務づけられた。だが、こうした対策がセキュリティ向上に効果があるかと言えば、疑問符がつく。衛星を使ってコンテナ輸送を出発地から最終目的地まで追跡するシステムの実験も行われたが、あまり有望とは言えない。かといって港湾のセキュリティ強化に躍起になって、テロの（想像上の）脅威に過剰反応した政府が船舶の入港制限や港の閉鎖といった強硬措置に乗り出せば、世界経済にとてつもないダメージを与えることになりかねない。

コンテナ輸送の歴史を振り返ってみると、謙虚にならざるを得ない。注意深く計画が立てられ、緻密な分析が行われたにもかかわらず、輸送産業の土台を揺るがすような激しい変化に直面すると、計画も分析もほとんど役に立たなかった。そのような事業環境では、柔軟や臨機応変が好ましい。抵抗は最悪だが、性急な行動もよくない。結局のところ、「予想外のことに備える」ということに尽きるように思われる。

コンテナが出現した当時は、トラック一万台分の貨物を一隻の船が易々と運ぶようになるとか、世界の主要港では毎週四〇〇万ＴＥＵのコンテナを捌くようになると予想した人がいなかったように、コンテナを使った住宅やコンテナ彫刻が出現するとか、コンテナが安全保障上の脅威になると予想した人もいなかった。だがあの単純きわまりない箱は、今日言うところの破壊的技術だったことがいまになればわかる。そして、コンテナの実用化から六〇年以上が経過した現在でも、コンテナは予想外のやり方で世界に影響を与え続けているのである。

二〇一五年八月

改訂版への謝辞

コンテナ輸送が始まったのはそう古い昔ではない。にもかかわらず、関連資料がどこで保管されているのかを突き止めるのは予想外に困難だった。多くの企業の記録は保管されていない。コンテナリゼーションの初期の発展に寄与したのはニューヨーク港湾局（現在のニューヨーク・ニュージャージー港湾局）だが、その記録の大半は二〇〇一年九月一一日の世界貿易センターへのテロで破壊されてしまった。本書を世に送り出すことができたのは、忘れられた存在だった資料を探し出してくれた公文書館や図書館の多くの献身的な専門家や、重要な記録を保管していてくれた個人のおかげである。

一九九〇年代前半にマルコム・マクリーンについて書くと決めたとき、マクリーン家の資料の所在を突き止めてくれたのは、ノースカロライナ州立公文書館のジョージ・スティーブンソンである。その後にコンテナリゼーションについてくわしく調べ始めたときには、ニューヨーク港でのコンテナ導入に関して、ニューヨーク市立公文書館のケネス・カップ、ラガーディア・コミュニティ・カレッジ（ニューヨーク州）のラガーディア&ワグナー資料館のダグ・ディカルロ、ニューヨーク州立公文書館（トレントン）のベティ・M・エプスタインにお世話になった。

港湾労働者の労使関係について調べたときは、国際港湾労働者連盟（ILA）に関する資料が乏しく苦労したものである。ニューヨーク大学ロバート・F・ワグナー労働関係資料館にこの方面の豊富な資料があることがわかり、ゲイル・マルムグレンの尽力で文献とオーラル・ヒストリーを見つけることができた。またコーネル大学産業・労使関係学部キャサウッド図書館キール・センターのパトリシア・シオネとメリッサ・ホランドは、ILAをくわしく取り上げたバーノン・ジェンセンの論文をわざわざ参照して関連資料の所在を教えてくれた。

軍事史は私の専門外だが、ベトナム戦争でコンテナが果たした役割を調べるに当たっては、多くの専門家から助言を受けることができた。海軍歴史センター作戦資料支部（ワシントン）のジーナ・エイカーズとウェード・ワイコフには、海上輸送部の記録や海軍の広範な資料とオーラル・ヒストリーを探す際にお世話になっている。またベトナム戦争中のロジスティクスに関する埋もれた資料が見つかったのは、国立公文書館近代軍事記録部（メリーランド州カレッジパーク）のジェニー・スウィフトとリッチ・ボイヤンの骨折りのおかげである。米陸軍資材集団資料部（バージニア州フォート・ベルボワール）のウィリアム・モイエからは、米軍にコンテナを導入するよう説得したフランク・S・ベッソン・ジュニア大将についての貴重な情報をもらうことができた。

ペンシルベニア・セントラル鉄道資料部にあるファイルの存在を教えてくれたのは、ハグレイ博物館・図書館（デラウェア州ウィルミントン）のロジャー・ホロウィッツとクリストファー・T・

ベールである。私ではとうてい探せなかったにちがいない。またニューヨーク市立大学のベス・ポズナーにもお世話になった。このほか、カリフォルニア大学バンクロフト図書館、議会図書館、コーネル大学図書館、ニューヨーク公共図書館、シアトル公共図書館からも資料を拝借した。スタッフの皆さんに心からお礼申し上げる。

アメリカ商船大学のアーサー・ドノバン教授と故アンドリュー・ギブソン教授がスミソニアン博物館のために作成したオーラル・ヒストリーは本書の執筆にとってたいへん貴重な資料となった。ドノバン教授からは、コンテナの規格に関する資料の所在も教わった。港を案内し、ターミナル・マネジメントの現場を見せてくれたオークランド港のメリリン・サンディファー、ミドリ・タバタ、ジェローム・バトル、マイク・ベリッツホフにも感謝する。またジム・ドイグにはことのほかお世話になった。彼はニューヨーク港湾局に関する自身の本の執筆中に収集した資料の使用を許可してくれたのである。それから、コンテナの規格交渉に関するファイルを提供してくれたレス・ハーランダーにも感謝したい。このファイルは第七章の重要な資料となった。

改訂版の執筆に際しては、多くの人の知識と助力を借りた。とくにお世話になった方々のお名前をここに挙げるが、漏れがあったらお許しいただきたい。モハメド・アリ・アーメド、ジャン・ブロム、セルジオ・ボローナ、ジャスティン・ボイヤー、エンリケ・クレメント、ホアン・カルロス・クロストン、アニク・ディルクス、ピーター・フォード、ヒルダ・ギーラ、ジャン・ゴデリス、ダニエル・イサザ、ヘラクレス・ハラランビデス、ジャン・ピエール・ルコント、サラ・ロッキー、コーデル・マッキ、カルロス・モッタ、リンキー・モッタ、ルイ・カルロス・モッタ、スタンレー・

モッタ、エンリコ・ムッソ、ジャン・ナタール、デモステネス・ペレス、サース・ピエポイント、ジョルジ・キジャーノ、ロドルフォ・サボンジ、エバート・スミット、カルロス・ユリオラ、ミジャム・ベルドマン、リチャード・ド・ビリエ、ロベルタ・ワイズブロッド、ありがとう。また、多くの国の読者や視聴者からの指摘や情報にも感謝する。

今回も多くの人が原稿を読んで恥ずかしいまちがいを訂正し、貴重な意見を述べ、参照すべき情報源を指摘してくれた。ジム・ドイグ、ジョシュア・フリーマン、ビンセント・グレイ、レス・ハーランダー、トマス・ケスナー、ネルソン・リヒテンシュタイン、キャスリーン・マッカーシー、ブルース・ネルソン、ジュディス・スタインにはとくに感謝申し上げる。また第五章で使った資料をビジネス・ヒストリー会議で発表したところ、多くの参加者から貴重な助言をもらうことができた。第五章の一部はビジネス・ヒストリー・レビュー誌に掲載されたが、このとき同誌の匿名査読者からたいへん貴重な指摘があった。またプリンストン大学出版局の校正者にもお世話になった。最後になったが、同出版局編集者のティム・サリバンにもお礼申し上げる。彼は原稿を読んでおおいに興奮し、本書の構想にも、コンテナが世界を変えたという私の考えにも、心から賛同してくれた。

目次

訳注

【単位について】

原文はヤード・ポンド法を使っているため、次のとおり換算した。

一フィート　＝　〇・三メートル
一マイル　＝　一・六キロメートル
一ポンド　＝　〇・五キログラム
一インチ　＝　二・五センチ
一エーカー　＝　四〇〇〇平米

なお、コンテナの規格サイズや運賃計算の基準単位などは原文のとおりとした。

【社名について】

煩雑さを避けるため、訳文中では一部の例外を除き、海運会社をすべて「マトソン海運」のように「海運」をつけて表記した。原文執筆時点での各社の正式名称は次のとおりである（五十音順）。

アトランティック・コンテナ・ライン
アメリカン・エクスポート・イスブランセン
アメリカン・ハワイアン・スチームシップ
アメリカン・プレジデント・ラインズ
アラスカ・スチームシップ
アラスカ・バージ・アンド・トランスポート
アラスカ・フレート・ラインズ
ウォーターマン・スチームシップ
エバーグリーン・マリン
エリー・アンド・セントローレンス・コーポレーション
オリエント・オーバーシーズ・コンテナ・ライン
キュナード・ライン
グレース・ライン
コーストワイズ・スチームシップ
コリア・シッピング
コンテナマリン・ラインズ
シートレイン・ラインズ
ジョンソン・ライン
ステーツ・マリン・ライン
ノートン・リリー・アンド・カンパニー
ハパックロイド・コンテナ・ライン
パンアトランティック・スチームシップ
ファーイースタン・シッピング
ファレル・ライン
ブル・ライン
ホーランド・アメリカ・ライン
マースク・ライン
マトソン・ナビゲーション
ムーア・マコーマック・ラインズ
ユナイテッド・シッピング
ユナイテッドステーツ・ラインズ
ライケンバッハ・スチームシップ

第一章 最初の航海

経済と地理の新しい関係

一九五六年四月二六日、ニュージャージー州ニューアーク港。クレーンが奇妙な荷物を老朽タンカー、アイデアルX号に積み込んだ。五八個のアルミ製の「箱」である。五日後、アイデアルX号がヒューストンに入港すると、そこには五八台のトレーラートラックが待ち構えていた。「箱」を載せて目的地へ向かう。これが、革命の始まりだった。

それから半世紀あまり。コンテナを載せた膨大な数のトレーラーがハイウェイを行き交い、コンテナを二段積みにした専用貨物列車が夜を徹して走るいまとなっては、このただの「箱」がどれほど世界を変えたかはなかなか理解しがたい。一九五六年には、中国は世界の工場ではなかった。カンザス州のど真ん中でブラジルの靴を買ったりメキシコの掃除機を選んだりすることなど、想像もつかなかった。ワイオミングで育った牛を日本人がすき焼きにすることも、フランスのデザイナーがトルコやベトナムで服を縫製させることも、考えられなかった。コンテナが出現する前の世界では、モノを輸送するのはじつにカネのかかることだったのである。輸送費があまりに高くつくせいで、地球の裏側に送ることはもちろん、アメリカの東海岸から中西部に送るだけでも経費倒れになりかねなかった。

なぜ、コンテナはこれほど重要な役回りを果たすことになったのだろうか。コンテナ自体に主役の素質があったのでないことは確かだ。アルミかスチールでできた無機質なただの箱。溶接されリベットで留められ、木の床と二枚の大きな扉が片側についている。標準的なコンテナは空き缶と同じで、ロマンのかけらもない。この実用的な物体の価値は、そのモノ自体にあるのではなく、その使われ方にある。さまざまな経路と手段を介して最小限のコストで貨物を運ぶ高度に自動化されたシステム。その主役が、コンテナである。

コンテナの登場で、モノの輸送は大幅に安くなった。そしてこのことが、世界の経済を変えたのである。かつてはどの港にも、安い賃金と劣悪な条件の下、貨物の積み下ろしで暮らしを立てる労働者の一群がいた。だがもうその姿を見かけることはない。波止場の一角を港湾労働者の居住区が占めていたのも遠い昔のことだ。数世紀にわたって海上貿易の拠点だった都市、たとえばニューヨークとリバプールは、港としてはまたたく間に凋落した。コンテナ港に向いておらず、用をなさなくなったのである。輸送コストが高かった頃は、港や消費者に近い立地が有利であり、そのため製造業は長年にわたりやむなくコストの高い都市周辺に工場を設置していた。だが輸送費が下がると、彼らはさっさと地方に移転する。伝統を誇る老舗船会社は、コンテナ輸送に切り替えるコストを負担しきれずに倒産した。新しい船会社は、もう異国の港でのんびり丸一日の上陸許可など出しはしない。いまでは船は、港の中心部から離れたコンテナ埠頭に数時間係留するだけである。そして高速クレーンが膨大なコンテナの積み込みを完了した瞬間に、船は錨を上げる。

コンテナは古い経済を破壊したが、新しい経済を興しもした。それまで眠っていた釜山やシアトルが世界のトップに躍り出、イギリスのフェリクストウ、マレーシアのタンジュン・ペレパスなど新しいコンテナ港も大量に出現している。大都会から離れた地方の小都市は安い土地と安い人件費を武器に工場を誘致し、港の近くに陣取って輸送費を節約する必要がなくなった企業は喜んで応じた。また、郊外に拡がる大型工業団地の類は次第に姿を消しつつある。工業団地では何千何万の製品が原料から完成品にいたるまで一カ所で生産されていたが、いま代わって登場してきたのは、ある製品あるいはある工程に特化した小型の工場群である。これらの専門工場で加工された部品や組立品や半完成品は、長く延びたサプライチェーンの先にある別の工場へと送られていく。貧しい国々、経済開発の梯子を上るのは到底無理と思われていた後発の国々にとっても、遠く離れた先進国のサプライヤーになることはもはや夢物語ではない。原料や部品を運んでくるコストも完成品を遠い国に送り出すコストも急激に低下したからである。[1]

経済と地理のこの新しい関係のおかげで、これまで国内しかみていなかった企業も国外に目を向けることが容易になった。いまでは地元に売り捌くのとさして変わらない手軽さで製品を外国に送り届けることができる。もっとも、それは他の国も同じだ。国外に打って出ることなど考えもせず地元市場で満足している控えめなメーカーであっても、好むと好まざるとにかかわらず国際競争に巻き込まれる。なぜなら、グローバル市場の方から押し寄せてくるからだ。消費地に近いことだけが取り柄の高コスト体質のメーカーにとって、もはや輸送費は防護壁にはなってくれない。関税や輸送日数という障壁があってさえ、マレーシアのメーカーは有名デパート、メーシーズのヘラルド・スクエア店に、地元ニューヨークのメーカーよりずっと安くファッション衣料を納めている。いくつもの国に工場を展開する多国籍企業は、辺鄙な立地でかつては利用価値のなかった工場もネットワークに組み込み、これをつくるときはあそこ、あれはこちら、という具合にいちばんコストの安い工場を選ぶ。コストや為替レートが変動すれば、あっさり切り替えることも辞さない。一九五六年には、世界は地元で商売する小さなメーカーであふれていた。だが二〇世紀末になると、国産品だけが取引される市場はもうほとんど見かけない。

労働者も、その影響を受けずにはおれない。消費者としては、コンテナ輸送による貿易の増加と高速化により商品の選択肢が大幅に増えるというメリットを享受することができる。ある調査によると、二〇〇二年にアメリカが輸入した品目の数は一九七二年の四倍に増えており、これによって消費者が得た利益は経済全体の三%に達するという。このような利益は公式統計には表れないが、かなり大きな数字と言える。そして、貿易の拡大とともに競争は激化する。新しい製品が驚異的なスピードで市場のすみずみまで行き渡るようになり、価格も下がって、平均的な世帯でも購入できる水準になった。安い輸入品を簡単に入手できるようになったおかげで、世界のどの国でも生活水準は上がっている。[2]

一方賃金の面からみると、コンテナは労働者にメリットとデメリットの両方をもたらしたと言える。第二次世界大戦が終わって一〇年か二〇年ほどは膨大な復興需要があり、しかも貿易が活発でないから国際競争はすくない。この特殊条件の下では、欧米や日本の労働組合は毎年のようにベースアップと待遇改善を雇用主から引き出すことができたし、政府も手厚いセーフティネットを用意した。労働時間は短縮され、労災給付は増やされ、退職年齢は六〇歳や六二歳が当たり前だった。過去に例のないこの待遇改善ラッシュに終止符を打つ一因となったのが、コンテナである。輸送費が安くなってどこからでもモノを調達できるようになると、経営者は断然交渉優位に立つ。何と言っても、労働者はモノに比べてはるかに機動性に乏しいからだ。世界経済の統合が進むと、深圳の労働者の賃金がサウスカロライナ州の賃金に影響を与えるようになった。フランス政府が労働時間の短縮と賃金水準の維持を命じると、企業はさっさとアウトソーシングに切り替えた。地球の裏側からでもスムーズかつローコストで輸送できるとなれば、自国生産にこだわる理由はないからである[3]。

港から姿を消した沖仲仕の群れ

現代のコンテナ港は、一種の工場である。その規模は、おそらく読者の想像よりはるかに大きい。バース（船席）と呼ばれる岸壁や桟橋などの船舶係留所に横付けされるのは、全長が三〇〇メートルを超え、幅も四〇メートルはあろうかという超大型のコンテナ専用船である。世界のトップクラスの港には、この規模のバースが二〇、三〇とあるのだ。船の甲板に見えるのは、整然と並ぶコンテナの列。赤、青、緑、銀色のコンテナが一五～二〇列、それも六、七段の段積みになっている。

甲板の下では、さらに六〜八段に積まれたコンテナがホールド（船倉）を埋め尽くす。乗組員の居室、操舵室、船橋などは船尾の方に押しやられ、積み上げられたコンテナの陰からかろうじて見えるだけだ。乗組員用のスペースは小さく、乗組員の数そのものもすくない。四〇フィート・コンテナ三〇〇〇個、つまり衣料品や家電一〇万トン分を積み込んだコンテナ船は香港から喜望峰回りでドイツまで三週間で航行するが、これを動かす人員はたったの二〇人である。[4]

　埠頭では、船が係留されるとただちに巨大なガントリークレーンの列が活動を始める。高さ六〇メートル。「港のキリン」と呼ばれる鋼鉄製のクレーンは、重量一〇〇〇トンはあるだろう。脚と脚の間隔が一五メートルほどある門型のクレーンで、脚の間をトラックが通り抜けることができる。貨車が埠頭まで来られるよう、引込線が敷設されている港もある。ガントリークレーンは船に並行して敷かれた軌道上を走行し、船首と船尾の間を移動しながらコンテナの揚げ積みを行う。張り出されたクレーンの腕、すなわちブームの長さは三五〜四〇メートルあり、パナマ運河を通航可能な最大船型、パナマックス級のコンテナ船にも十分対応できる。

　クレーン運転士は空中の高い運転室から、ブーム上を横に移動するトロリーを操作する。トロリーには、スプレッダーと呼ばれる吊り具が装備されている。四〇フィート・コンテナの規格に合わせて設計されたスチール製の四角形の枠である。荷揚げ作業では、運転士はトロリーをコンテナの真上に移動させ、スプレッダーをコンテナに固定し、コンテナを吊り上げる。そしてトロリーを巻き上げコンテナを埠頭側に移す。次に、クレーンの両脚の間で待ち構えている構内用の運搬車両（シャーシと呼ばれる）の真上でトロリーを止め、コンテナを直接シャーシに下ろし、スプレッダーの固定を外す。シャーシは隣接するコンテナヤードに向かって走り出す。トロリーは船上に戻って次のコンテナに取りかかる。この間、約二分。高速クレーンなら一分半でこなす。つまり一時間の処理量は、クレーン一台につきコンテナ三〇〜四〇個である。荷揚げが半ば進行したところで早くも積み込みが開始され、埠頭の活動はますます錯綜してくる。クレーンは吊り上げたコンテナを下ろすと同時に別の車両からコンテナを吊り上げ、揚げ積みが同時進行するのである。

コンテナヤードには二キロ近いアスファルト舗装路が整備され、シャーシに載せられたコンテナはスタッキング・クレーンの下まで運ばれる。こちらも門型のクレーンで、脚にはゴムタイヤがついている。両脚の間隔は一五メートルあり、四、五列に並んだコンテナをまたいで移動できる。高さは二〇メートル以上あるから、六段積みのコンテナもやすやすとまたぐ。クレーンは車上のコンテナをがっちり摑んでは、コンテナの列をまたいで移動し、最終目的地別に所定の位置に次々に積み上げていく。そして数時間後には逆の手順が行われる。積み上げた場所からコンテナをシャーシに移すのだ。ただし今度のシャーシはヤード運搬用のシャーシではなく、一般道を走るトレーラートラックのシャーシである。おそらくトレーラーは、貨物を数百キロ離れた最終目的地に運ぶのだろう。あるいは、近くの鉄道のコンテナ基地へ運ぶのかも知れない。そこでは車高の低いコンテナ専用貨車が到着を待っている。

世界の主要コンテナ港には、色とりどりの貨物でごった返す昔の埠頭の面影はもうどこにもない。コーヒー袋を肩に担いで運ぶ日焼けした沖仲仕の群れも、もうどこにもいない。アカデミー賞を受賞した名画『波止場』(一九五四年)でマーロン・ブランドが演じた筋肉隆々のテリー・マロイは、永遠に休みをとっている。船が入港してから出港するまでの複雑きわまりない作業を指示するのは、人間ではなくコンピュータだ。手順の一つひとつは入港のはるか前から決められている。どこに積み込まれたコンテナをどの順序で下ろすか。船のトリムを適正に維持しつつどのように作業をスピードアップするか。それを計画するのは、コンピュータと荷役プランナーである。クレーンによる揚積作業、ヤードでの運搬手順などすべてが予めプログラミングされており、港湾作業員の仕事は、いまやモニター画面を見ながら指示されたコンテナを下ろし、あるいは積み込むことである。もっともそれも、すべてが無人化されるまでの話かも知れない。現に世界で最も先進的な港では有人のシャーシに代わって無人の自動搬送車が導入され、ヤードまでコンテナを運ぶ。そしてスタッキング・クレーンは中央制御室でコントロールされている。コンピュータの出す指示は、たとえばこんな具合だ——到着したコンテナABLQ998435を運び出すトラックは、一〇時四五分にヤードに到着すること。現在ヤードA－52－G－6に置かれているニューアーク向け四〇フィート・コンテナJKFC119395（内容物は機械類四〇トン）は、船首側ホールド内第二列第四スロットの下から三番目に積み付けること。冷蔵コンテナは電源設備のある区画に積み込む、危険物を収めたコンテナは引火性の貨物を収めたコンテナから離す、という具合に積付位置も適切に選択される。かくて荷役作業は一糸乱れずに進行し、人為的なミスが入り込む余地はほとんどない。こうして二四時間足らずで船は数千個のコンテナを下ろし数千個を新たに積み込んで、粛々と航海を続ける。

世界の主要港では、毎日何千ものコンテナがトラックや貨車で運び込まれ、運び出されていく。コンテナシャーシを牽引したトラックがゲートを通過するたびにスキャナーがコンテナのナンバーを読み取り、コンピュータが積荷目録と照合。トラックの運転手にヤードのどこにコンテナを下ろすか指示する。かと思えば空のトレーラーがやってきて、ついさっき下ろされたばかりのコンテナを迷うことなく見つけピックアップしていく。港の引込線には二段重ねのコンテナを積んだ専用貨物列車が到着。巨大なクレーンが列車ごとまたいで忙しく行き来しながら次々に貨車からコンテナを吊り上げては甲板に下ろす。続いてこの同じクレーンが、数千キロ離れた目的地に向けて出発する列車に手際よくコンテナを積み込んでいく。

おそろしいスピードで進行するこうした作業によって、コンテナ貨物は全世界をカバーするシームレスな輸送システムを移動していく。マレーシアの工場から運び出される三五トン・コンテナ。このコンテナは船に積み込まれ、ロサンゼルスまで一万四〇〇〇キロ、一六日間の旅をする。ロサンゼルスに着いた翌日には鉄道でシカゴへ、シカゴからはトラックでオハイオ州シンシナティへ。マレーシアの工場からアメリカ中西部の倉庫まで一万七六〇〇キロを運ぶのに二二日しかかからない。つまり一日八〇〇キロ移動する計算になる。貨物がいっぱいに詰まった三五トン・コンテナ一個の運賃は、ファーストクラスの航空券一枚よりも安い。もう一つ特筆すべき点は、この間にコンテナの中身に誰も手も触れないということだ。おそらくコンテナの扉が途中で開けられることさえない。

このきわめて効率のよい輸送システムは、輸出する側からも輸入する側からも大いに歓迎されている。だが、税関の検査官や公安関係者にとっては頭痛の種だ。たしかにコンテナ一個ごとに積付明細書が作成され提出されはする。けれども明細書と中身がほんとうに一致しているかどうかは、船会社にも荷役業者にもわからない。と言って、どうやって点検すればいいのか。コンテナの扉を開けると段ボール箱がぎっしり詰まっている、というのがふつうである。コンテナ船には四〇フィート・コンテナ三〇〇〇個が一〇時間かそこらで積み込まれる。そしてロングビーチや東京のような大きな港では、平均的な週日には毎日一万個のコンテナが扱われるのだ。そのコンテナ一つひとつの中に床から天井までいっぱいに段ボール箱が積み重ねられているとしたら、どれほどいい加減な検査で済ますとしても、全部の箱を点検することなどできるはずもない。[5] つまりコンテナは、核物質、麻薬、テロ用の爆弾から不法移民にいたるまで、不正な品物を忍び込ませる格好の手段なのである。[6]

劇的な輸送コストの低下

アイデアルX号から毎年数千万のコンテナを運ぶ輸送システムの実現にいたるまでは、けっして平穏無事な航海ではなかった。それでもコンテナ推進派も反対派も、ごく初期の段階から、これが世界を変える大発明かもしれないとうすうす気づいていた。コンテナを船で運ぶというアイデアを実現させたのは、船のことなど何も知らない一起業家の獅子奮迅の働きである。一九五六年に実現したコンテナ最初の航海は、その後一〇年以上におよぶ「コンテナ戦争」の幕を切って落としたのだった。コンテナを葬り去ろうとした輸送業界の大物が何人もいた。労働組合も躍起になってコンテナの普及を阻止しようとし、あちこちの港でストライキを打った。コンテナ導入に巨額の投資をする港もあったが、旧態依然の埠頭と倉庫に予算を注ぎ込む港も多かった。コンテナはそのうち廃れると予測、いや希望したのである。もちろんこれが叶わなかったのは言うまでもない。政府の対応はどっちつかずで、コンテナのメリットを理解しながらも、既存企業の利益や労働者の雇用、待遇などを守ろうとした。「どのクレーンにも対応できるように金具を規格化する」といったごく簡単に解決できそうな技術的な問題でさえ、数年におよぶ議論を巻き起こしている。コンテナの価値を実証するには、本物の戦争すら必要だった。貨物を運ぶこの革命的なアイデアのメリットを証明したのは、あの痛ましいベトナム戦争だったのである。

コンテナは世界経済にどれほどの影響を与えたのか。これを数字で示すのはむずかしい。一九五五年にバンコクからジュネーブへ紳士用シャツを一〇〇〇枚送るのにいくらかかり、コンテナを使えばそれがいくらになるか計算できれば理想的だが、そんな都合のいいデータは存在しないからだ。[7]だが、コンテナが貨物の輸送コストを驚異的に圧縮したことはまちがいない。コンテナ輸送用に改造したちっぽけなタンカーから、高度に自動化され規格化された世界規模のシステムへ、輸送産業には大変革がもたらされた。巨大なコンテナ専用船の荷役は、半世紀前の小さな在来船と比べ、人手も時間も六〇分の一で済む。全長がサッカーコートを三つ並べたよりも長いコンテナ船の運航に必要な乗組員の数は、驚くほどすくない。トラックはコンテナを運んでくると積出港にシャーシごと置いていき、別のコンテナを載せたシャーシを引いてお客に送り届ける。積み下ろしをする間、もう待っていなくていい。こうした変化はすべて、コンテナ革命がもたらしたものである。輸送がきわめて効率的になったおかげで、輸送費は利益計算にさほどの影響をおよぼさなくなった。経済学者のエドワード・L・グレーザーとジャネット・E・コールハースは「モノの移動は基本的にコ

表1 シカゴからナンシー(フランス)に送られた医薬品トラック1台分の運賃(1960年推定値)

	金額	比率
工場から積出港までの陸上運賃	341ドル	14.3%
横持ち費用	85ドル	4.0%
荷役その他	1,163ドル	48.7%
海上運賃	581ドル	24.4%
欧州での陸上運賃	206ドル	8,6%
合計	2,386ドル	

資料:American Association of Port Authority

ストがかからないと考えてよい。もはや輸送が生産プロセスの重要な一要素であると考える必要はない」と示唆するが、コンテナが登場する前には、こんな発言は想像もできなかったにちがいない。

コンテナがまだ国際的に普及する前の一九六一年には、海上貨物運賃はアメリカの輸出総額の一二%、輸入総額の一〇%を占めていた。「多くの場合、運賃は、政府が設定する貿易障壁よりもずっと強力な障壁である」と両院経済委員会のスタッフは述べ、アメリカの関税が平均七%であることに注意を促した。しかも海上運賃は、たしかにそれなりの金額ではあるが、じつはモノの移動にかかる費用のごく一部でしかない。たとえば、一九六〇年にあるアメリカの製薬会社が米中西部からヨーロッパ内陸部の都市に製品を輸出した際には、約二四〇〇ドルの運賃がかかっている。ここにはおそらく、一〇社あまりに上るさまざまな業者に支払った費用が含まれていたはずだ。シカゴのトラック運送会社、シカゴから積出港(ニューヨークかボルティモア)まで運んだ鉄道、港湾区画内の運送業者、倉庫会社、船会社、ヨーロッパに到着してからの倉庫会社、トラック運送会社、保険会社、通関業者、そして万事を仕切るフォワーダー……。合計金額の約半分は港で支払われている[8]（表1参照）。

これほど輸送費がかさむと、他国にモノを売るのはあまり意味がなくなってしまう。一九五九年以降のデータを綿密に調査したあるエンジニアは、「商品によっては運賃が製品価格の二五％にも達するケースがあった」と指摘している[9]。ニューヨークからブラジルへ鋼管を海上輸送する費用は、六二年には一トン当たり平均五七ドルだった。これは、鋼管の輸出価格の一三％に相当する。しかもここには、製鉄所から積出港までの運賃は含まれていない。ロンドンからケープタウンへ冷蔵庫を海上輸送する場合には、一立方フィート当たり六八セント。中型冷蔵庫の場合、卸売価格に二〇ドルが上乗せされる計算だ[10]。これでは、経済全体に占める貿易の比率が一向に上がらないのも無理はない。それどころかアメリカでは、一九六〇年の方が一九五〇年より国内総生産（ＧＤＰ）に占める貿易の比率が低くなり、大恐慌のあった一九三〇年よりも下がった[11]。貿易のコストが膨らみすぎて、多くの品目では外国から買ったり外国に売ったりすること自体がナンセンスになってしまったのである。

モノを運ぶ過程で他を圧してコストがかかるのは、積出港で船に積み込むときと、荷揚港で陸に下ろすときである。ある専門家によれば、「六〇〇〇キロ以上の航海をしても、輸送コストの半分は両端の港でとられる。だが港で移動する距離は、合計しても三〇キロかそこらにすぎない」という。コンテナが直撃したのが、まさにこの港でかかるコストだった。貨物を一つひとつ揚げ積みする作業がほとんどなくなったおかげで港湾労働者にかかる費用が激減したほか、保険料も安くなったし、係船料その他諸々の費用も切り詰められた。コンテナは陸上輸送にまず登場し、荷役作業の短縮と積み替えコスト（鉄道とトラックなど）の軽減に役立った。海上輸送の場合には、大型のコンテナ専用船が導入されるようになってようやく運賃が急激に下がる。やがてインターモーダル方式が導入され、コンテナ輸送は船からトラックまたは鉄道へ、あるいはその逆という具合にシームレスなシステムに変貌を遂げる。さまざまな商品がアジアの工場からアメリカやヨーロッパの小売店へまっすぐに運ばれるようになると、輸送費は取るに足らないコストとなった。実際、企業のコスト分析では、輸送費が欄外に小さな字で書かれるだけということさえある[12]。

とはいえ輸送効率に関しては、コンテナリゼーションの経済効果はようやく出始めたばかりというところである。コンテナは輸送コストを引き下げるだけではない。時間の節約と正確性の向上も実現する。荷役の時間は驚異的に短縮され、保管の手間もかからない。また事前に正確な計画が立てられるから、鉄道の貨物基地あるいは港の倉庫で長々と待つ必要もない。トヨタやホンダがジャストインタイム方式を採用できるのも、コンテナとコンピュータの組み合わせがあればこそ、である。ジャストインタイム方式では顧客が必要なときに必要な数だけ生産し、コンテナに収めて指定時刻に納品する。コンテナ出現以前には考えられなかったことだ。おかげでメーカーは在庫を大量に抱える必要がなくなり、大幅なコスト削減につながっている。小売企業の場合も事情は同じで、緻密なロジスティクス管理により在庫費用の圧縮が可能になった。

輸送コスト、在庫コストが削減され、市場に早く正確に届けられるとなれば、サプライチェーンはいくら延びてもかまわないことになる。たとえ地球の裏側に注文を出したとしても、指定の日には必ず部品が届くと安心していられる。玩具がクリスマスに間に合わない、などということもない。サプライチェーンの信頼度が高まれば高まるほど、小売店もメーカーもより生産コストの安いところを探し、遠国のサプライヤーに臆せず注文を出すようになった。モノほど身軽に移動できない労働者にとっては、じつに腹立たしい話かも知れない。

とはいえ輸送コストの削減にはささやかな経済効果しかなく、それが貿易に与えた影響は無視しうる程度だと主張する学者も一部にはいる。本書ではこの点も論じる。コンテナが世界的に普及してから一〇年後の一九六六年には、世界の工業製品貿易の伸びは、工業生産高の伸びの二倍、GDPでみた世界経済成長率の二・五倍を記録した。貿易を促進するのは通常は経済成長だが、それを上回ったということは、経済成長以外の何かが貿易を加速させたのである。この時期には石油ショックがあり景気は世界的に低迷していたにもかかわらず、何かが工業製品の国際貿易を後押しした。もちろん、世界経済の大きな変化をたった一つの原因に求めるのは無理がある。だが、輸送コストの劇的な低下が世界経済の統合に大きな役割を果たした可能性を見落とすべきではあるまい。[13]

貿易パターンと経済活動の拠点の変化

本書のテーマは、いくつもの研究を重ね合わせたところから生まれた。第一は、輸送技術の変化がもたらした影響である。これは、歴史家にとっても経済学者にとっても古くからある研究テーマの一つだ。蒸気船は一七八〇年代に発明され、一八〇七年には定期航路に就航して、主要港としてのニューヨークの地位を不動のものにした。また、エリー湖とハドソン川を結び五大湖北部からニューヨーク港へ物資を直接運ぶことのできるエリー運河は、蒸気船にまさるとも劣らぬ効果を上げている。一九世紀には技術の進歩と航海術の改善により海上運賃は大幅に安くなり、貿易の拡大をもたらすとともに、ヨーロッパ各国の植民地熱に拍車をかけた。鉄道の発達がアメリカ経済の発展にどれほど貢献したかについてはさまざまな議論があるようだが、鉄道運賃の引き下げが農業生産性の向上に寄与したのはまちがいない。[14]南北戦争を前に北部が団結を強めることができたのも、シカゴが物資の集散地として数千キロ離れた西部までカバーできたのも、鉄道運賃が安くなったからである。一八八〇年代には冷蔵貨車という技術革新も登場している。おかげで生きた牛や豚ではなく生肉の形で輸送できるため、平均的な家庭の食卓にも肉料理が並ぶようになった。[15]さらにトラックと客車の出現で、一九二〇年代からは都市開発が進む。近年では航空機の発達が経済地図を大きく塗り替えた。それまでは孤立していた地方都市が、大都会から数時間の立地になったためである。本書では、コンテナ輸送が蒸気船や鉄道や航空機に劣らぬ大きな影響を貿易や経済の発展に与えたことを示していく。また他の輸送機関がそうだったように、コンテナの場合も政府の介入が普及の追い風にも向かい風にもなったことも論じる。[16]

第二は、イノベーションの重要性である。[17]この方面の研究は近年になって急速に発展した。資本、労働者、土地は生産の基本要素とされるが、ここに来て経済発展の牽引役としての魅力が褪せてきた。今日問題になるのは「資本や労働者をどれだけ集められるか」ではない。「イノベーションによって資本や労働者をどれほど効率的に使い、より多くのモノやサービスを生み出せるか」なのだ。そして研究の結果、新技術それ自体はさほど経済的利益を生まないことがあきらかになった。経済学者のネイサン・ローゼンバーグが指摘するとおり、「イノベーションは最終的には最も適した用途に応用されるにしても、初期段階ではうまく適応できないことが多い」[18]。新技術の導入を阻むのは、新しいやり方に対する抵抗感である。潜在的な買い手は、見通しがはっきりしない限り、なかなか新しいものを採り入れようとしない。ベータマックスをあわてて買った人ならよく知っているとおり、新しい技術に賭けるのは危険であり、あとで憂き目に遭う可能性が大いにある。その有用性が確かめられてからも、普及には時間がかかることが多い。それは、誰しも旧製品への投資を回収したいからである。たとえば、エジソンが白熱電球を発明したのは一八七九年だが、二〇年後になっても、アメリカの一般家庭での電球普及率はわずか三％だったという[19]。発明の経済効果を生み出すのは、発明そのものではない。それを実用化するイノベーションである。いやもっと厳密には、経済学者のエリック・ブリニョルフソンとロリン・M・ヒットが指摘するように、組織や制度の変革である。そこで初めて企業は新技術のメリットを生かせるようになる[20]。

本書では、一八七〇年代に発明された電球が広く普及するまでに数十年を要したように、コンテナの普及にも時間がかかった経緯を説明する。コンテナの導入で埠頭での荷役コストが大幅に削減されたにもかかわらず、輸送コスト全体の大幅削減にはすぐにはつながらなかった。コンテナのメリットをすぐに生かせる設備が輸送会社に整っていなかったし、荷主もコンテナに対応する態勢になっていなかったからだ。コンテナ輸送が陸と海を通じてモノを移動させるまったく新しいシステムに成長を遂げたとき、初めて貿易や産業のあり方に影響を与えるようになったのである。コンテナの可能性を生かす方法を使い手のほうが学ぶまで世界は変わらず、しかもそれにはずいぶん時間がかかった。しかし一旦変わり始めると、変化のスピードは速かった。コンテナの採用が進むほど、コストは下がる。こうしてローコストのコンテナ輸送が世界中で当たり前になった。[21]

そして第三は、輸送コストと経済地理学との関連性である。経済地理学とは、簡単に言えば、誰がどこで何をつくっているのか、経済活動の分布や空間的差異を研究する学問だ。場所と輸送コストの関係などすぐわかると思われるかも知れないが、けっしてそうではない。一八一七年にデビッド・リカードはポルトガルのワインとイギリスの織物を例に挙げ、比較優位を持つ産物に特化すればどちらも利益を上げられると証明した。だがこのときリカードが取り上げたのは生産コストだけで、ポルトガルのワインをイギリスに運ぶ輸送費もイギリスの織物をポルトガルに運ぶ輸送費も考慮していない。輸送費をゼロとみなすリカードの仮定は、その後の経済モデルに定着している。しかし、輸送コストが大いに重要な要素であることは、現実の世界をみればあきらかだ。[22]

輸送コストの影響分析が行われるようになったのは、一九九〇年代初めになってからのことである。その結果、当然ながら、輸送コストは取引に重大な影響をおよぼすことがはっきりした。[23] 輸送コストが高ければ、地元の消費者を相手にせざるを得ない。そうなると生産を小規模にとどめざるを得ず、規模の経済は望めないが、致し方なかった。だが他のコストに比して輸送費が大幅に下がると、製造業は地元から全国へ、そして世界へと打って出る。大量につくり大量に売ってコストを下げる方式の行き着く先はグローバリゼーションである。経済活動は国境を軽々と超えて世界に拡がった。輸送コストが低下するにしたがい、生産地も人件費の高い国から低い国へとシフトする。この流れは、あらゆる国の賃金が同一水準に収斂するまで続くだろう。こうした変化は、突然に、しかも猛スピードで起きた。そして長いこと栄華を誇ってきた工業インフラが使われなくなり、打ち捨てられていった。[24]

この変化を引き起こしたのは、ほんとうに輸送コストの激減だったのだろうか。一部の学者は、海上運賃が大幅に下がったのは二〇世紀半ば以降だったと指摘する。また、ほとんどの国で遠い国よりも近隣国との貿易が多い点に注目し、輸送コストはコンテナ登場以降もやはり無視できない要因だと述べる学者もいる。これらの点について、筆者はデータだけに頼らずに取り組みたいと思う。というのも、一九五〇年代半ばから七〇年代にかけての運賃統計は信頼性が低く、これだけで結論を出すわけにはいかないからだ。それでもコンテナ化が着々と進行している事実に疑いの余地はなく、この点だけでも、コンテナ技術が運賃下落に大きな役割を果たしたことは確かだと言えるだろう。また本書では、コンテナの影響を調べるに当たって経済モデルも使わない。本書で取り上げる一九五六年から現在までの間に、世界の経済は大きく様変わりした。固定為替相場制の崩壊、数度の石油ショック、植民地主義の終焉、ジェット旅客機の登場、コンピュータの普及、高速道路の建設……。これほど変化の続いた時期に、さまざまな要因からコンテナの影響だけを切り離して説明できるモデルがあるとは思えない。とはいえ、過去半世紀の間にみられた貿易パターンや経済活動の拠点の劇的な変化は、コンテナ化との強い関連性をうかがわせる。[25]

いま挙げた三種類の研究では、ふしぎなことにコンテナはほとんど取り上げられていない。考えてみると、コンテナにはエンジンもなく、車輪もなく、帆もない。船や鉄道や飛行機のようなロマンもなければ、船乗りやパイロットが放つ魅力とも無縁だ。地味すぎて、技術革新の研究者の注意を引くことさえできない。二〇世紀の半ば以降、経済や貿易に影響を与えた要因はあまりに多く、その陰でコンテナの存在はずっと無視されてきた。誕生から半世紀が過ぎたというのに、コンテナの歴史を描いた本は一冊もないのである。[26]

本書では興味深いコンテナの物語を展開し、長らく無視されてきたコンテナにスポットライトを当てたいと思う。コンテナリゼーションを単に輸送分野の一現象としてではなく、全世界の労働者と消費者に影響を与えた大きな動きとして捉えたい。コンテナがなかったら、世界はもっとちがった姿になっていたはずである。

第二章 埠頭

危険できつい港の荷役作業

一九五〇年代前半、コンテナ輸送がまだぼんやりしたアイデアにすぎなかった頃、商業中心地と言われる世界の大都市の大半は港を抱えていた。貨物輸送は都市型産業であり、市内の通りを埠頭まで、あるいは埠頭から市街まで、荷物を荷台に載せて引いたり押したりする何百万もの労働者が輸送産業で働いていた。波止場そのものでも大勢の人が働く。背中に重い荷物を背負って船と波止場をつなぐあぶなっかしいタラップを歩く人たち。薄暗い船倉の奥深くで箱を受け取っては積み付ける人たち。埠頭の手前には倉庫があり、倉庫がない場合には工場があった。原料を運ぶにも完成品を積み出すにも都合がいいという理由から、製造業は何世紀にもわたって港のそばに陣取っていたのである。そしてサンフランシスコでもモントリオールでも、ハンブルクでもロンドンでも、あるいはリオデジャネイロやブエノスアイレスでも、港の周辺には港で暮らしを立てる人々の家が建ち並んでいたものだった。こうした人たちは仕事の特殊性から結束が固く、独自の文化を持っていた。

船そのものは何千年も前から海を行き交っていたけれども、それに貨物を載せて遠国に送り届けるということになると、一九五〇年代にはまだ複雑で面倒な大事業だった。荷主の工場または倉庫から、貨物は一個ずつトラックか鉄道で送り出される。トラックあるいは鉄道は、何百何千という貨物を港に運ぶ。港では、それをまた一個ずつ下ろし検数表に記録しなければならない。そのうえで貨物上屋に収める。貨物上屋というのは、貨物を仕分けするための埠頭倉庫である。やがて船の準備が整うと、貨物はまた一個ずつ上屋から取り出され、数を確認したうえで、船側まで運ばれる。この時点で埠頭はもう、段ボール箱やら木箱やら樽やらで足の踏み場もない。化学品の入ったスチール製の缶があるかと思えば、牛脂を詰めた容器があり、その横には綿布や皮革の梱《こり》があるという具合。男二人がかりでようやく持ち上げられるようなばかに重い袋。きちんと梱包されていない木材。摘み立てのオレンジの籠。オリーブの樽。ワイヤの束……。こうした雑多な荷物が「混載貨物」の正体である。貨物はとぐろを巻くロープやケーブルの間でおとなしく積み込み作業を待つ。その間をフォークリフトや昔ながらの手押し車が忙しく行き来する。

大混乱をきわめる貨物をすべて積み込むのは、沖仲仕と呼ばれる港湾労働者の仕事である。埠頭や貨物上屋では沖仲仕たちが木製のパレット（貨物を載せる平らな荷台）に箱やらを載せ、ウィンチで吊り上げる一回分の量を準備する。ロープかネットで固定する場合もあるが、だいたいはいい加減に積み重ねるだけということが多い。貨物の準備が整うと、岸壁側の仲仕がパレットの下にケーブルを通して天秤のような具合に上で結び、ウィンチ作業の指揮を執る船上のデッキマンに合図する。合図が送られるとデッキマンは船上クレーンのフックをパレットの真上に下ろし、埠頭側の仲仕がケーブルをフックに掛ける。かくて貨物は吊り上げられ、舷側を越え、開かれたハッチを通って船倉に下ろされる。船倉内にいる仲仕がすばやくフックを外し、ウィンチはすぐさま次の作業に移っていく。「ウィンチを遊ばせるな」と監督がうるさいからだ。薄暗い船倉で待っていた仲仕たちはパレットから一個ずつ荷物を下ろしてはきっちり積み込める場所を探す。台車やフォークリフトを使う場合もあるが、人力だけで運ぶ場合も多い。全員が鉄製の鈎《かぎ》に木製の取っ手がついた道具を持っていて、荷物を引っかけては押し込んでいく。ここでモノを言うのは筋肉だけである。

　荷揚げも、荷積みに劣らず大変な作業だ。砂糖一〇〇キロの袋の隣には、二トンのスチール・ワイヤが積み込んであるかも知れない。砂糖の袋を破かないようにワイヤを取り出すのはひどくむずかしい。それに、ワイヤはウィンチで吊り上げるにしても、砂糖の方は人間が担ぎ上げるしかない。バナナの荷揚作業では、四〇キロものたわわに実ったバナナを肩に担いで歩く仲仕の列が続く。[1] コーヒーの場合には、六〇キロのコーヒー袋一五個を船倉内で木製パレットに積み、それをウィンチで埠頭に下ろし、さらに一袋ずつパレットから下ろすという作業が必要になる。非常に苛酷な肉体労働だ。[2] 船倉を埋め尽くしたセメント袋を全部下ろすとなったら、一〇メートル近くに積み上げられた袋、それもぎゅうぎゅうに押し込まれた袋を、粉塵にまみれながら引っ張り出しては一個ずつパレットに載せなければならない。ペルーからニューヨークに到着した銅の塊は、男一人ではどうやっても持ち上がらない。数人がかりで動かして甲板に吊り上げ、それをバージ（艀《はしけ》）に移す。艀はそのままこの重い積荷をニュージャージーの工場まで送り届ける。つらい労働のために、作業を終えて家路につく男たちはみな一様に背を丸めている。「まるでオランウータンみたいに見えたっけ」と、かつての荷役監督は当時を振り返る。「みんなふらふらさ。だけど次の日にはしゃっきり腰を伸ばして来たもんだよ[3]」。

第二次世界大戦中に一部の作業が機械化されたが、それもごく限られていた。フォークリフトは一九二〇年代から使われていたが、五〇年代になって広く普及し、倉庫から船側までパレットを運ぶのに活用された。一部の港ではコンベヤを整備し、コーヒー袋やじゃがいもの袋の類を運んでいる。だがいくら機械が導入されても、最後に片を付けるのは人力ということが多かった。ある日には、傷つきやすい南国のフルーツの入った段ボール箱を用心しながら運ぶ。そして翌日には、飛び散りやすいカーボンブラック顔料の入った容器を担ぎ上げる。作業は日中のこともあれば夜中のこともあり、天候もおかまいなしだった。蒸し風呂のような船倉。凍り付くような甲板。雨で滑るタラップ。どれも沖仲仕の仕事にはつきものである。鋼管が転がってきて足を挟む。つり下げられた貨物が頭を直撃する。そんなことは珍しくもなかった。マルセイユでは、一九四七〜五七年の一〇年間で港湾労働者四七人が作業中に死亡した。マンチェスターでは、五〇年にアイリッシュ海から入港した外航船の作業をしていた沖仲仕の二人に一人が怪我をし、六人に一人は入院したという記録が残っている。ニューヨークは労災事故の発生率が低い方だが、それでも五〇年には二二〇八件の重大事故が報告されている。政府の安全規則や指導などあってないようなものだった。外からみると、港で働く仕事はロマンもあり、労働者仲間の結束も固く、気ままでわるくない職場に思えるかも知れない。だが、実際に働く男たちにとっては楽しみがすくなく危険な仕事だった。しかも怪我をする確率は、建設業の三倍、一般製造業の八倍である。[4]

当時の貨物輸送に使われていたのは、いわゆる在来船である。甲板の下に何層分もの貨物スペースがあり、バラ積み貨物以外のあらゆる混載貨物を運んだ。* 世界の商船の大半は戦争中に破壊されてしまったが、アメリカの商船三〇〇〇隻がかろうじて被害に遭わず、一九四六年から民間貨物輸送に使われるようになる。うち二四〇〇隻が、戦時中に大量建造されたリバティ船だった。戦時標準船とも呼ばれるとおり、軍事物資輸送用に設計された船である。平均建造日数は七〇日足らず、起工後四〇日程度で進水することもあったという量産品で、速度は遅く、使い捨てても惜しくないほどローコストだった。一万トン級と小型なのは、ドイツの潜水艦に撃沈されても失う貨物がすくなくて済むようにとの配慮からである。全長は一三〇メートル程度だった。終戦が近づく頃には改良型のビクトリー船が規格貨物船としてつくられるようになる。一一ノットしか出ないリバティ船に比べればずっと速かったが、サイズの方は一回り大きいだけだった。** 終戦になると米海軍はリバ

＊　バラ積み貨物（Bulk cargo）とは、石炭や穀物など、梱包や仕分けをせずにそのまま船倉に積み込める貨物を指す。これに対して混載貨物（Breakbulk cargo）とは、個別に取り扱わなければならない品目を指す。

＊＊　一海里（nautical mile）は1852メートルである。地球上の緯度1分に相当する長さで、海面上の長さや航海・航空距離などを表すのに便利であることから、海上・航空輸送で使われている。ノットは速度の単位で、一時間に一海里進む速さを表す。一ノットは、時速一・八五二キロメートルに相当する。

ティ船四五〇隻をアメリカの民間船会社に、同数をヨーロッパと中国の船会社に払い下げる。ビクトリー船は五四〇隻以上が戦後まで生き延び、こちらも四五年末頃から民間に払い下げられた。[5]

リバティ船にせよ、ビクトリー船にせよ、商用輸送のことを考えて設計された船ではない。船内は狭いうえ、舷側はカーブしていた。つまり五つある小さなホールド（船倉）は、上に行くほど広く船底に近いほど狭い。また中央部が膨らみ、船首側と船尾側はすぼまっていた。沖仲仕たちは、この妙な格好の船倉にどうやって貨物を積み込むか知恵を働かせなければならなかった。船主にとって、スペースの無駄は儲け損ねを意味するからである。船倉は、海水が入ってこないよう、ハッチと呼ばれる金属製のフタで密閉される。最初の寄港地で下ろす貨物は最後に積み込み、取り出しやすいようハッチの近くに配置しなければならない。一方、最終目的地向けの貨物は、船の安定性を考え、船倉内で一カ所にかたまらないように配置しなければならなかった。もちろんどれもしっかり固定し、大揺れのときでも動かないようにしておく。船倉内であちこち貨物が動き回れば箱が壊れて中身は台無しになるし、それだけでなく、他の貨物にまで損害を与える。カーブした壁に沿った変則的なスペースにはどれを押し込むか、隔壁に立てかける必要があるのはどれか、段ボール箱と袋と木材はどう積めばお互いに動かないか、それでも目的の港でスムーズに下ろせるか……経験を積んだ沖仲仕は、そういうことをよく知っていた。一つまちがえば大惨事につながりかねない。大しけで荷崩れを起こし、沈没した例もあるのだ。[6]

最終荷揚港では、船倉をからっぽにするまで次の積込作業は開始されない。貨物がぎっしり詰まっているため船倉内では仕分作業ができず、積荷をすべて一旦甲板に上げてからラベルやタグを見て仕分けすることが多かった。貨物上屋に移すものもあれば、舷側まで艀やトラックが迎えに来るものもある。外航船の場合には税関の検査官がやって来て開梱し検査する。注文した品物が無事到着したか確かめに買い手の代理人が埠頭まで来ることもある。食肉の仲買人が代理人をよこし、抜き取り検査をすることもある。だから、沖仲仕のチームの中には必ず大工も混じっていた。検査官やら代理人やらが開けたり壊したりした梱包を修繕するためである。修繕作業が終わる頃には轟音を響かせながらトラックがやって来る。貨物上屋に移すものは、フォークリフトが運んでいく。混載船に積まれた貨物をすべて船上から陸上に移し、その後に次の貨物の積み込みを完了するまで、船は一週間、あるいはもっと長く、埠頭に係留するのがふつうだった。[7]

埠頭の光景をこうして振り返ると、戦後間もない時期の運送業が労働集約型産業であったことがよくわかる。大恐慌と戦争のせいで船会社は事業にほとんど資本を投下できず、一九二〇年代以降は商船建造が激減した。アメリカでは、三〇～五一年に商船および艀建造に投じられた資金はわずか二五億ドルにすぎない。[8]これは、二〇年代よりもすくないのである。そこには、船会社がリバティ船やビクトリー船やタンカーを一隻三〇万ドル程度で買い取ることができたという特殊事情がある。当時は船を港で遊ばせておいてもたいして係船料もかからなかったし、港湾設備への支出も微々たるものだった。最大の出費は、沖仲仕の賃金である。これは、一航海にかかる総費用のゆうに半分に達した。これにトン数単位で決められた係船料を加えると、一九五九年のある報告によれば、「海上貨物輸送にかかる経費の六〇～七五％は、船が海にいる間ではなく波止場にいる間に発生する」ことになる。[9]そうなると、港湾設備の改善や大型船の建造に投資するのはほとんど意味がない。人力で荷役をする限り、作業時間を短縮し港と船を効率よく使うことは到底望めなかった。

独特な波止場の文化

港の仕事では、雇用がひどく不規則である。ある日には生鮮食品を急いで荷揚げしなければならない。こんな日には、埠頭に集まった男全員が仕事にありつける。ところが、翌日になると仕事は何一つないという具合だ。ピーク時に備えて港には大量の労働者がいなければならないが、平均的な日の需要はずっとすくない。港の仕事は基本的に日雇い労働であり、その特殊性を反映して、波止場には特有の共同社会が生まれた。[10]

世界中のほとんどの港では、沖仲仕たちは仕事をもらうために毎朝お決まりの儀式に出頭しなければならない。アメリカではこれを「選別」と呼ぶ。オーストラリアでは「集合」。イギリスではもっと露骨で、「争奪戦」である。だがやることはどこも変わらない。労働者は仕事をもらおうと躍起になり、おべっかを使い、袖の下をつかませる。一九三〇年代のエジンバラでは、「みんな朝五時に起きて埠頭に行った。なんとかして仕事をもらおうと、八時ぐらいまでうろついて粘ったもんだ」と、スコットランド人仲仕のジョージ・バクスターは語る。オレゴン州ポートランドでも事情は同じだった。「運よく仕事にありついて朝の七時に埠頭に行くわけさ。ところが船が入ってくるのは夜の九時と来たもんだ。雇われてんだから、埠頭を離れることはできない。だけど待ちぼうけの時間の分は払ってもらえねえんだ」。一九四七年、マルセイユの朝は、六時半にジュリエット広場から始まる。冬のまだ暗い中、労働者たちが舗道に列を作り、監督に肩を叩いてもらうのを待つのだ。選ばれた男たちは作業開始まで近くのカフェで一杯やる。選ばれなかったら、別の監督を探すしかない。サンフランシスコでは連絡船の発着所脇、リバプールでは高架下がお決まりの場所だった。労働者は高架鉄道の下で雨をしのいだ[11]。

毎朝の儀式でありがたいお恵みに与るためにはわいろが欠かせない。映画『波止場』は相当脚色されているが、仕事にあぶれないためには親分への袖の下が必須だったことは確かである。ニューアークの沖仲仕モリス・マルマンは、一九五三年に労働組合の「休暇基金」への出資を断った途端、仕事が来なくなったと証言している[12]。ニューオーリンズでは、週の終わりに二ドルか三ドルつかませることが翌週の仕事を確保するための決まりだった[13]。賭博が半ば強制されていた港もあり、そこでは賭け事に加わらない仲仕にはお呼びがかからない[14]。そして、ほとんどの現場監督は副業に金貸しをしていた。リバプールの監督などは高利貸しで生計を立てていたようなもので、仲仕たちに借金を強制していたという。一シリング借りたら、三ペニーの利子を付けて返さなければならない。ほんの数日借りるだけなのに二五％の高利だが、こうすれば仕事が来ることは確実だった。監督はその分を賃金から差し引く必要があるからだ[15]。

やがて労組や政府からの圧力が高まり、はなはだしい悪習は次第に排除されていく。アメリカ西海岸では一九三四年に港湾労働者のストライキがあり、「親分が仕事を仕切る」やり方は姿を消す。以後、労働者の選別は公開抽選で行われるようになった。抽選は労組が管理する就労斡旋所で毎朝実施され、「当選」した労働者の身分証番号が読み上げられた。オーストラリアでは、戦後は豪州沖仲仕協会が仕事の割り当てを決めている。イギリスでは四七年に全国港湾労働者協会が設立され、

「争奪戦」は姿を消した。ロッテルダムでは、四五年と四六年に労働条件改善を巡る激しいストライキが繰り返され、雇用側は、こんなことなら日雇い労働者を選ぶより正社員を抱える方がましだと決意するにいたる。五二年には世界中の港の半分以上で、沖仲仕は一つの会社に雇われる常勤労働者になっていた。ニュージーランドとフランスでは、管轄官庁が港湾労働者の雇用規則を整備するようになる。アメリカでは、ニューヨーク州とニュージャージー州が港湾労働を巡る汚職根絶をめざしてニューヨーク埠頭地区風紀委員会を設置。五三年以降、ニューヨーク港の雇用を一手に管理するようになった。[16]

こうした改革は、港で働く男たちの雇用に大きな変化をもたらした。終戦直後の港湾労働者の数はきわめて多く、一九五一年のニューヨーク港では五万一〇〇〇人以上、ロンドンでも五万人の登録労働者がいたという。だが常雇いはほとんどいなかった。しかし「選別」や「争奪戦」の廃止とともに、政府も労組も労働者の供給を制限して所得の改善をめざすようになる。彼らが目の敵にしたのは、本業が行き詰まったときだけ波止場に現れる連中だった。そこで新しい規則がつくられ、港湾労働登録が制限あるいは停止された。有資格者のみが登録証をもらい、船会社と荷役会社は登録労働者以外に仕事を割り当ててはならない。登録労働者は経験年数に応じて分類され、仕事はランクの高い者から順に割り当てられた。たとえばニューヨーク港では「A」、マルセイユでは「プロ」が最高ランクなので、需要が発生するとまず「A」か「プロ」の中からランダムに選ぶという仕組みである。それより下のランクには、上のランクの求職者全員に仕事が行き渡ってからでないとチャンスが来ない。当然ながら下に行くほど仕事にありつくチャンスはすくない。この規則の狙いは、下の連中を転職させ、定期収入を確保できる腕のいい労働者だけを残すことにあった。[17]

斡旋所ができたおかげで、沖仲仕は毎朝仕事を求めて壮絶な争奪戦を繰り広げる必要はなくなる。それでも、収入はやはり不安定だった。需要の変動が激しいという事情は変わらなかったからである。極端な例だが、リバプールでは、ピーク時の需要が休閑期の二倍に達した。ロンドンでは一九六〇年まで港湾労働者には年金制度が適用されなかったから、七〇歳を超える労働者が力のいらない仕事を探して斡旋所を訪れることが珍しくなかったという。[18] 仕事にあぶれた労働者に補償金を出す制度が整っている国でも、それはほんの端金《はしたがね》だったし、たいていの労働者には受給資格がなかった。共産圏を除く世界の主要港の中で、常雇いでない労働者に所得保障があったのはロッテルダムとハンブルクだけである。四八年の時点で週当たり交替勤務五回分の賃金が保障されていたから、港湾労働者でも安定した収入を当てにすることができた。[19]

港湾労働の特殊性から、波止場には独特の文化が生まれた。[20] 一つの会社のために働く仲仕はまずいないから、彼らの忠誠心は仲間とともにあり、会社に義理立てする者はいない。自分の仕事ぶりを知っているのも、気にかけているのも、仲間だけだと男たちは考えていた。労働は苛酷で危険である。そのつらさは他人にはわからない。だから、労働者同士の団結は強かった。[21] それに仕事が不規則だから、勤務時間の決まっている一般労働者と付き合うのもままならない。「仲仕の妻は、夫がいつ働くのか、その日の夕食に帰ってくるかどうかさえ知らない」と、オレゴンの沖仲仕ウィリアム・ピルチャーは書いている。[22] 収入が不安定だったのは言うまでもない。仲仕の時間給は平均的な肉体労働者の時間給よりは高かったが、それも仕事があれば、の話である。数日、ときには数週間もほとんど実入りがないことは珍しくなかった。[23] とはいえ、沖仲仕の多くがこの不規則な仕事をなつかしがっていることもまた事実である。「今日は怠けて釣りにでも行こう」と勝手に決めても、誰からも文句を言われない仕事ではあった。

こうした背景から、「大都市の他の産業と比べ、港湾荷役業では労働者階級特有のコミュニティが発達した」とある社会学者は指摘する。港湾労働者の多くは一生を波止場の近くで暮らす。マンチェスターでは、戦後に沖仲仕になった労働者の五四%が埠頭から二キロ以内に住んでいた。狭苦しくみすぼらしい家屋で、近くには何の娯楽施設もないというのに、「引っ越そうとする労働者はほとんどいなかった」という。オーストラリア西部のフリーマントルでも、一九五〇年代には沖仲仕の半分が埠頭から四キロ以内に住んでいたとの記録がある。また、ブルックリン埠頭にほど近いイタリア人街サウス・ブルックリンでは、一九六〇年に就労者の五人に一人が沖仲仕かトラック運転手だった。[24]

沖仲仕は、父も息子も兄弟も叔父も従兄弟も沖仲仕ということが珍しくなく、その多くはほとんど隣り合わせに住んでいた。よそ者はお断り。ちがう人種や民族もつまはじきにされた。ロンドンとリバプールを牛耳るのはアイルランド人であり、西インド諸島やアフリカからの移民にはどうやっても仕事は回ってこない。アメリカ南部では、沖仲仕の四分の三は黒人だった。白人と黒人は別々の労組に所属し、同じ船で鉢合わせすることは滅多になかったという。[25] ただしニューオーリンズ港は例外だった。この港では黒人と白人の港湾労働者がほぼ同数いて、どの船のどのハッチでも一緒に働いたものである。とはいえこの光景も、雇用側からの圧力を受け一九二三年で姿を消した。

ボストンでは仲仕組合をアイルランド人が仕切り、二九年のストライキ対策で黒人が雇われるようになってからも、何とかして黒人を排斥しようとした。ニューヨーク港の国際港湾労働者連盟（ＩＬＡ）に加盟する組合の中には、あからさまにアイルランド人、イタリア人、黒人だけで固めているところがあったし、ボルチモアでは黒人と白人の労組が別になっていた。西海岸に国際港湾倉庫労働者組合（ＩＬＷＵ）が発足し人種差別を禁止してからも、ポートランドとロサンゼルスの地域支部は六〇年代前半まで黒人排斥主義を貫いた。[26] ポートランド支部にいたっては、穀物荷役グループの中に黒人がいることがわかると、加盟を取り消したほどである。[27]

人種や民族がさして問題にならないような港でも、沖仲仕組合は排他的な性格が強かった。組合員とその親族徒党にだけ職を確保するためである。骨の折れる重労働ではあるが、高校を出ていない若者がすぐに就ける仕事としてはペイがいい。港湾労働者の家庭では、息子が一六歳になったら朝の列に並ばせ仕事を割り当ててやるのが決まりのようになっていた。ポートランドの沖仲仕の大半は沖仲仕の息子だったし、アントワープでも五八％がそうだった。マンチェスターでは七五％に達したという。残りの二五％も、沖仲仕の娘と結婚して波止場で働くようになったケースが大半だった。一九五〇年代半ばにエジンバラで沖仲仕として働いていたエディー・トロッターは、「あそこじゃあ、仲仕の息子か、孫か、さもなくば甥か兄弟でなけりゃ、仲仕にはなれないんでさ」と話している。[28] 当時の英首相ハロルド・マクミランは、ストライキの恐れに直面した六二年に嘆息混じりにこう語ったという。「港湾労働者というのは度しがたい。港には父親と息子か叔父と甥しかいない。世襲だから、貴族院議員と同じで知性はいらないらしい[29]」。

苛酷な労働条件。不安定な収入。血縁関係でつながった排他的な共同社会。そこには固有の習慣や独特の考え方も根づいていた。自分たちはどんな仕事もこなせるタフガイであり、誰の指図も受けないと港の男たちは考えている。沖仲仕に混じって働きながらその生態を観察したウィリアム・ピルチャーは、男たちが「大酒のみで喧嘩っ早い」と言われるのを喜び、そういう評判をむしろ助長しているのに気づいた。「彼らは腕っぷしの強い荒くれ者と言われるのが好きだし、そのイメージを演出している節もある」という[30]。だから、世間は港湾労働者にまさにそういうイメージを抱くことになった。一九五〇年にイギリスで行われたある調査によると、沖仲仕は平均的な肉体労働者よりも賃金が高いにもかかわらず、三〇種類の労働の中で下から二番目の評価だった。沖仲仕を下回ったのは道路清掃人だけである。男性、女性、社会階層を問わず、誰もが沖仲仕をそう評価したという[31]。つまり港で働くということは、全世界どこも同じタフガイ・クラブの仲間入りをすることにほかならない。そこでは誰もが同じような人生を送り、世間から除け者にされたという感覚を抱いている。

港湾労働者の置かれた状況を考えれば、彼らが好戦的になるのも自然の成り行きだと言えるだろう。世界中どの国でも、一致団結しないとやっていけないことを仲仕たちは知っている。もし抜け駆けを許したら、熾烈な仕事のぶんどり合戦が起き、賃金は餓死しかねない水準まで下がってしまうだろう。仲仕を雇うのはほとんどの場合、船会社や倉庫会社ではなく、港湾荷役や船内荷役専門の下請業者である。この種の業者には、船会社や倉庫会社とちがって守るべき財産も評判もない。この仕組みのおかげで、船会社は労働待遇改善の責任を免れられる。「港湾労働者のことはわれわれにはわかりません、専門業者に任せていますから」と言えばいい。雇用側も雇用側だが、労組の側も責任ある対応をしているとは言いがたかった。労働紛争を解決する手順や規則などがないままに、労組同士の競争意識が強く、結局は力を誇示しようとストライキに訴えることになる。たった一つの不平不満が発端で、港全体が立ち往生することも珍しくなかった。一一カ国を対象にしたある調査によると、労働争議による労働損失日数は、水夫、鉱山労働者と並んで港湾労働者が最も多いという。たとえばイギリスでは、一九四八年から三年間の労働損失日数が一〇〇万人日、五四年には一年間だけで一三〇万人日に達した。港湾労働者は、過激な条件闘争の急先鋒だったのである。[32]

港湾労働者の団結が強まった背景には、歴史的な理由もある。一九世紀半ば以降、先進国では沖仲仕組合は強力になっては弱体化するということを繰り返してきた。弱体化すれば、当然ながら労働条件は厳しく賃金は安くなる。一九二八年の激しいストライキを鎮圧したオーストラリアの港湾当局は、それまでに労組がようやくのことで勝ちとった休日労働手当と一交替制をあっさり打ち切り、二交替制を導入した。アメリカでは団体交渉権が法律で保障されておらず、船会社と荷役会社は第一次世界大戦直後の時期に労組をつぶそうと画策し、おおむね成功している。一九二三年にはニューオーリンズで雇用側が労組を打ち負かし、沖仲仕の賃金は一時間八〇セントから四〇セントに半減した。西海岸では、一九一九年から二四年にかけてシアトルからサンディエゴにいたるあらゆる港で組合員に対するいやがらせが横行し、挙げ句に雇用側は賃金引き下げと労働時間の増加を組合に呑ませたという。世界中どこでも船会社や荷役会社は二交替制を強く要求し、一部の港では荷役のスピードアップを図ると称して、時間給ではなく出来高払いの導入を試みている。マルセイユでは一九五〇年に労組が解散させられ、「もうあの頃は悲惨そのものだった」とフランス人仲仕のアルフレッド・パシーニは当時を振り返る。こんなふうだから、四七年にイギリスで全国港湾労働者協会が発足したことに労働者がどれほど感激したか、想像に難くない。待遇改善を如実に物語る証言を、ここでは一つだけ紹介しよう。エジンバラで働いていたある沖仲仕の言葉である——「ロッカーとシャワールームができたんだよ」。それまでは誰もそうした設備を用意しようとしなかったのだ。[33]

長年にわたる労使の敵対関係は、世界中ほとんどの港で二つの問題を引き起こした。一つは、盗みである。波止場では積荷を盗むことが日常茶飯事であり、第二次世界大戦後に高価な商品の貿易量が増えると、窃盗行為は伝染病のように広まった。[34]賃金が安いから盗むのだと言い訳する労働者もいたが、しかし実際には、労働協約や政府の介入により賃金が引き上げられた後も窃盗は一向に減っていない。イギリスでは、「金の延べ棒を盗んで捕まったら、翌日の賃金からそいつを差し引かれる」というジョークが一九六〇年代に流行ったそうだ。「みんなが積荷をちょろまかすんだ。あれにゃあ驚いた。ひどいもんだ」と、あるスコットランド人仲仕は五〇年代を振り返ってそう話している。男たちは、船倉に安全に固定されているはずの密閉された酒からちょいとウィスキーを失敬する手品のような技を自慢しあっていたらしい。[35]ポートランドでよく盗まれたのは、トランジスタラジオやリキュールの小瓶などの小物である。自分で使うか家族や友人にやるためで、売るためではなかった。だが、ニューヨーク港での盗みは組織的な犯罪であり、しかも頻々と起きた。グレース海運によると、六〇キロもあるコーヒーの麻袋でさえ、盗まれることがあったという。対抗措置として船会社は極秘に重量計を備え、袋を積んで埠頭を出るトラックの重量を検査したという。

二つ目の問題は、労使間の信頼関係の欠如である。労働側は雇用主に対して疑心暗鬼になり、仕事の減少につながりかねないことには何によらず抵抗した。長いこと搾取されてきた労働者たちは、何事も契約できっちり決めることを要求する。ハッチごとの人数は何人か、そのうち何人をデッキに、何人をホールドに配置するか。人手で運ぶ荷物の最大重量は、使用する設備は……等々。団体交渉の終わりには、細かい規定がびっしり並んだ膨大な協定書が作られたものである。こんな具合だから、非効率な習慣はなかなか改まらなかった。リバプールでは、昔ながらの「休憩」の習慣をなくそうと港湾関係者が何度となく試みたが無駄骨に終わっている。作業班の半数が近くのパブに行ってしまい、一、二時間後に戻ってきて残り半分と交替する習慣がまかり通っていた[36]。雇用側が労働慣行を改善しようとするたびに、あちこちの港でストライキが起きた。ロサンゼルスでは荷役の機械化を巡って労使が対立したため、一九二八～五四年に労働生産性が七五％も落ち込んでいる。西海岸全体でみても、五四年の労働生産性（人時間当たりの貨物取扱量）は二年前より九％低い。ニューヨークでは貨物一トンを捌くのに五〇年は一・九人時間だったのが、五六年には二・五人時間になっている。イギリスでも四八～五二年の生産性はずっと横ばいだった。五三年に貨物量が激増して三〇％以上の効率改善が実現したものの、その後はふたたび落ち込んでいる。

「箱」導入の試み

荷役にかかる高いコストを解決する方法は、はっきりしていた。何千もの袋や箱や籠を積み込み、下ろし、移動させ、また積み込むのではなく、大きな箱に貨物を詰めてその箱を運べばいい。「箱」の発想はずいぶん前からあり、一九世紀後半にはイギリスとフランスの鉄道が家具を木箱に詰めて運んでいる。第一次世界大戦が終わるとすぐにトラックが民間にも普及し、シンシナティ・モーター・ターミナルズは画期的なアイデアを思いつく。荷物を積んだトラックの車体を切り離し、クレーンで吊り上げて鉄道や船に載せて運べばどうだろう……。先見の明のある専門家は当時すでに「サイズを統一したコンテナをトラックで運び、クレーンを使って無蓋貨車、トレーラー、倉庫、船に積む」ことを提案している。[37] このアイデアをアメリカで最初に採り入れたのは、ニューヨーク・セントラル鉄道である。一九二〇年頃にスチール製のコンテナを導入。外側に開く低い側板付きの貨車に六個並べて輸送した。

この新しいアイデアに飛びついたのが、アメリカ最大の輸送会社ペンシルベニア鉄道である。この鉄道は、小口貨物が多いことに頭を悩ませていた。たとえば小さな工場の場合、待避線に一週間ほど貨車をスタンバイさせて荷物を積み込んでもらう。だが、積み込まれた貨物の行き先はまちまちだから、鉄道側はこの貨車を貨物列車に連結していちばん近い集積場へ向かい、そこで一旦下ろして仕向地別に貨車に積み替えなければならない。常々これは非効率だと考えていたペンシルベニア鉄道は、スチール製の小型コンテナを導入し、荷主にはこれに荷物を入れてもらうことにした。コンテナは長さ三メートル程度で、平均的な貨車なら六個積める。荷主は一個にデトロイト向け、もう一個にはシカゴ向けという具合に仕向地別に荷物を収める。コンテナなら貨車に積み込むときも集積場でもフォークリフトで運べるから、ハンドリングが楽だ。雑多な貨物を一個ずつ仕分けする場合にはトン当たり八五セントのコストがかかるが、五トン積みコンテナの場合はトン当たり四セントで済む。しかも傷や汚れなどのクレームも減るし、有蓋車で運ぶ必要もない[38]。

一部の鉄道は、コンテナ導入を契機に、単にコストを抑えるだけでなく運賃体系を一新しようと試みた。一八八〇年代に連邦規則が定められて以来、州際交通委員会（ＩＣＣ）という輸送に関して絶大な権力を握る行政機関が、品目ごとに固有の運賃を定めるという原則を徹底させてきた。運賃改定に当たっては、言うまでもなくこのＩＣＣの承認を得なければならない。だがコンテナに収めてしまえば、鉄道としては個別の品物を扱うわけではない。中に何が入っているかよりも、コンテナの寸法と重さの方がずっと重要だった。そこで鉄道は、重量だけに基づいて運賃を算出することを提案した。たとえば、シカゴとミルウォーキーを結ぶノース・ショア鉄道では、三トン積みコンテナの場合、五〇キロ当たり四〇セント、一〇トン積みコンテナなら二〇セントという具合である。中身が何でも関係ない。ところが一九三一年に四カ月におよぶ公聴会を開いた結果、ＩＣＣは重量ベースの運賃体系は違法だと結論を下す。「コンテナは大変有用である」としながらも、「コンテナ内に収められた中で最も高価格品の運賃を基準にしなければならない」と決定したのである。つまりコンテナ重量が一〇トンだとしたら、最高額の商品を一〇トン運ぶ運賃を請求しなければならない。こんなばかげた規則が適用されたせいで、コンテナ輸送にコスト削減効果はほとんど期待できなくなった[39]。

一九二〇年代には、アメリカ以外の鉄道でもコンテナが採用され始めた。新たな強敵であるトラックに対抗するためである。当時は道路が十分舗装されておらず、長距離のトラック輸送はまだ現実的ではなかったが、短距離となればトラックはあきらかに優位だった。そこで鉄道は打開策を探る。たとえば、オーストラリアではコンテナを使った広告が考案され、サンシャイン・ビスケットをでかでかと描いたコンテナが無蓋車に載せられて人目を引いたものである[40]。二七年には、英四大鉄道の一つロンドン・ミッドランド・スコットランド鉄道がコンテナ三〇〇〇個を運んでいる。フランス国鉄は、肉やチーズを都市部に送るにはコンテナが効率的だとさかんに農家に売り込んだ。三三年、フランス国鉄をはじめとする各国の鉄道は、ヨーロッパにおける国際コンテナ貨物の取扱いについて協議するため国際コンテナ協会（ＩＣＢ）を発足させている[41]。一方、大西洋の反対側でも三〇年代初めには、アメリカやカナダの沿岸海運会社がコンテナやトレーラーを輸送する試みをしている。グレース海運はニューヨーク～ベネズエラ航路での盗難を防ぐため、金属で補強した木製コンテナを導入[42]。ジョージア鉄道は、ジョージア州サバナ港からニューヨーク港まで貨車を運ぶ自前の海運会社を設立した。貨物を他の鉄道に積み替えず、最終目的地まですべて管理下に置くためである[43]。

戦後になると、新しい試みがどっと始まる。戦時中の上陸用舟艇は、トラックが自走して積み下ろしするＲＯ－ＲＯ（ロールオン・ロールオフ）船に改造され、沿岸航路で使われた。一九四八年にはＩＣＢが新しい形で発足する。そして、米軍が小型のスチール製コンテナを使用し始めた。これはコネックス・ボックスと呼ばれ、兵士の私物の運搬に使われている。コンテナ輸送用に設計された船が初めて登場したのは五一年のことである。デンマークのユナイテッド海運が内航航路用にビールと食品を運ぶコンテナ・サービスを開始した。五四年には、ピッツバーグのドラボ社が「トランスポーテナー」と名付けた運送用コンテナを開発。長さ二・五メートルほどのスチール製コンテナで、当時約三〇〇〇個が世界各地で使われた。ミズーリ・パシフィック鉄道ご推薦は「スピードボックス」である。キャスター付きのアルミ製コンテナで、五一年に導入された。アラスカ海運は五三年に、シアトル・アラスカ航路で木製とスチール製コンテナの輸送を開始している。ユニークな取り組みをしたのはシートレイン海運だ。貨物列車ごと船に載せ、アメリカからキューバまで運んだのである。こうした試みはどれも規模としては小さいが、むやみに時間がかかって非効率な港湾荷役のコストをなんとか回避しようという目的は共通だった。[44]

とはいえ、コンテナ導入の初期の試みは成功したとは言いがたい。「当初の期待を裏切って、コンテナ荷役はほとんどコスト節減につながらなかった」とヨーロッパのある海運専門家は認める。[45]一九五五年の調査によると、当時のヨーロッパではコンテナが一五万四九〇七個使用されていた。数字だけみるとかなり多いように思えるが、コンテナ自体のサイズは小さく、半分以上は容積が五フィート・コンテナより小さかった。[46]おまけにほとんどが木製で、しかもフタがない。中に貨物を入れたあと、丈夫なキャンバス布で覆うのである。これでは効率的な輸送が望めるはずもない。ベルギー国鉄が推奨するコンテナではトラックに移す際に傾斜板が必要で、ハンドリングの手間が余計にかかった。[47]アメリカ製のコンテナはほとんどがスチール製で、強度の点では優れていたが、デメリットも大きかった。なにしろ、重量の四分の一はコンテナ自体の重さだったのである。

戦後しばらくの間、コンテナ荷役は世界中どこでも、在来方式よりメリットがあるとは言えなかった。「コンテナは役に立つどころか邪魔なだけだった」と、大手船会社のある経営幹部は一九五五年にこぼしている。当時のたいていのコンテナには上部に金属製の環がついており、沖仲仕がコンテナのてっぺんによじ登ってその環にクレーンのフックをかける。だが重量制限が決められていなかったから、吊り上げる作業は危険きわまりなかった。[48]かといってウィンチではなくフォークリフトで移動させようとすると、今度はコンテナを傷つけるおそれがある。おまけに船倉内の柱や梯子を避けてうまくコンテナを固定するには、相変わらず高賃金の沖仲仕が大量に必要だった。フランスの沖仲仕協会の会長に言わせれば、「コンテナに入れずにバラバラに詰め込んだ方がずっとスペースの無駄がすくなかったことはまちがいない」そうだ。それも「ちょっとやそっとのスペースじゃない。おそらく一〇%はあった」という。[49]船全体のスペースの一〇%が空だったとなれば、コンテナの使用は膨大な無駄遣いということになる。

貨物を輸出する場合、たいていはコンテナの中身だけでなくコンテナ自体にも関税をかけられた。もし空のコンテナを送り返すとなれば、それだけでも関税がかかることになる。「これでコンテナはますます不利になった」と、フランス国鉄幹部だったジャン・レビーは一九四八年に言っている。[50]五六年に行われた調査によると、ペンシルベニアの倉庫からラブラドルの空軍基地に食糧を運ぶ場合、コンテナを使用すると在来輸送方式よりトン当たり一〇%余計にかかっている。ただしこれは、コンテナをラブラドル基地に置いたままにする場合だ。空のコンテナをペンシルベニアに戻すということになれば、在来方式より七五%も高くなってしまう。[51]

一九五〇年代前半にはすでに、輸送のボトルネックが貨物の集荷・荷役にあるということを誰もが認識していた。五四年に政府の許可を得たきわめて珍しい調査が行われているが、その結果をみると、荷役がいかに遅れていたかがよくわかる。調査対象に取り上げられたのは、ウォーターマン海運所属のC２型貨物船、ウォーリア号である。米軍がチャーターし、五四年三月にブルックリンからドイツのブレーマーハーフェンまで物資を運んだ。このとき、荷役は民間会社に委託されている。研究者は政府の特別の許可を受け、積荷の詳細を調べた（表２参照）。

ウォーリア号に積み込まれた貨物は全部で五〇一五トン。主に食糧、陸軍の売店ＰＸで売る商品、

表 2 ｜ ウォーリア号の積荷目録

荷姿	個数	重量比
木箱	74,903	27.9%
段ボール箱	71,726	27.6%
袋	24,036	12.9%
紙箱	10,671	12.8%
束	2,880	1.0%
包	2,877	1.9%
小箱	2,634	1.8%
ドラム缶	1,538	3.5%
缶	888	0.3%
樽	815	0.3%
車両	53	6.7%
木枠	21	0.3%
台車	10	0.5%
巻物	5	0.1%
その他	1,525	0.8%
合計	194,582	98.4%

資料：ウォーリア号積荷目録

日用品、手紙、機械・車両の部品などである。自動車も五三台あった。個数にすると、なんと一九万四五八二個。大きさも形もまちまちなら中身も多種多様だった。

貨物は、全米一五一都市、一一五六もの発送人の元からブルックリンに送られた。最初の貨物が埠頭に到着したのは、出港から一カ月以上も前である。貨物はパレットに載せられ、貨物上屋で保管される。船が岸壁に横付けされると、沖仲仕がパレットを吊り上げ、船倉に下ろす。船倉内では別の仲仕の一群が待っていて、パレットから一個ずつ貨物を下ろして適当なところに積み付ける。貨物の固定に使われた木材とロープを合計すると、五〇三一・六九ドルに上ったそうだ。仲仕たちは日曜日を除いて一日八時間の一交替制で働き、六日で積み込みを完了した（この中にはストライキ一日分も含まれている）。ウォーリア号は一〇・五日で大西洋を横断。ドイツでは二四時間ぶっ通しで荷揚作業が行われ、四日で完了したが、それでも船は、全輸送日数の半分を港に停泊して過ごしたことになる。しかも話はまだ終わらない。最後の貨物が受取人の手元に届いたのは、ブレーマーハーフェン入港から三三日後、ニューヨーク出港から四四日後だった。発送人の手元から送り出された日を起点にすると、じつに九五日後である。

ウォーリア号の輸送コストは総額で二三万七五七七ドル。ここにはニューヨークまでの帰りの費用も、荷役待ちの期間にかかる利息も入っていない。コストのうち航海にかかったのはわずか一一・五%で、両方の港での荷役が三六・八%を占めている。それでも荷役が五〇%未満で済んだのは、ドイツの仲仕の賃金がきわめて低かったからだ。ドイツはこの頃まだ奇跡の経済成長を遂げておらず、沖仲仕の賃金はアメリカの五分の一だった。調査を終えた研究者は「アメリカの港での集荷・仕分け・積込作業のコストを切り詰めるのが、輸送コスト全体の削減にとって最も効果的である」と結論づけた。そして港湾労働の効率改善、非効率な作業習慣の撤廃を提言したうえで、輸送プロセス全体を見直すべきだとの大胆な提案をしている。「輸送プロセス改善のカギは、おそらく貨物の梱包・運搬・積付けのまったく新しい方法を発見することにあるだろう」——調査報告の最後にはそう書かれている[52]。

そうした新しい解決に対する関心は高かった。荷主は、荷物を安い運賃で、損害や盗難を受けることなく、安い保険料で送りたい。船主は、大型船で輸送の効率化を図り、港に停泊する日数をできるだけ短縮して貨物を早く運び、利益率を高めたい。陸運会社は、埠頭で何時間も待たされることなく、スムーズに貨物をピックアップして届けたい。そして港湾都市は、港の取扱量が増えることなら何でも大歓迎だった。改革を求める声は日増しに高まっていたし、さまざまな実験も試みられたが、努力の大半は見当外れの方向に向けられていた。たとえばウィンチが一回に吊り上げる量を増やす、といった類である。埠頭の非効率を根本的に解消するアイデアはなかなか出てこない[53]。まったく新しい解決策を持ち込んだのは、船のことなど何も知らない一人の門外漢だった。

第三章 トラック野郎

運送業界の風雲児

第二次世界大戦が終わると、アメリカは好景気に沸いた。だが残念ながら、海運業はそうではなかった。そもそも船という船はアメリカの参戦と同時に政府に徴発され、終戦から二年後の一九四七年七月まで民間の手には戻ってこなかったのである。沿岸輸送もドイツの潜水艦が数隻を撃沈した時点で打ち切られ、戦争が終わってもなかなか戦前の水準に戻らなかった。こうした状況を尻目に、国内輸送ではトラックがシェアを拡大。船は港での荷役にあまりに時間と手間がかかるためコスト削減ができず、到底トラックには太刀打ちできなかった。カリフォルニア州議会上院委員会は、「貨物の荷役コストが下がるまで、沿岸輸送が復活する望みはない」と五一年に警告している。

アメリカの大手海運会社は利益こそ出なかったが、手厚い保護は受けていた。外国の船会社は沿岸航路やハワイ航路などへの参入を禁じられていたし、アメリカの会社であっても新規参入をする場合には、既存会社と競合しないことを州際交通委員会（ＩＣＣ）に立証しなければ認可されなかったのである。外国航路でも競争は制限されていた。ほとんどの船会社が「同盟」として知られるカルテルに加盟し、一律運賃を定めていたからである。アメリカの外航海運会社は、給料の高いアメリカ人船員を雇うための補助金を政府からもらっていた。規則上、内航航路と外航航路は別々の会社が運営することになっていたが、そのどちらも、軍の払い下げの船を安く買う権利があった——輸送効率のわるい船ではあったが。こうした次第で、船会社は何かを変える必要性を毫も感じていなかったのである。海運業の改革は、航海などしたこともない門外漢の登場を待たねばならなかった。トラック一台から身を起こした運送業界の風雲児、マルコム・パーセル・マクリーンである。[1]

マクリーンは一九一三年、マクストンの近くで生まれた。ノースカロライナ州南東部の沼地の多い田舎である。かつてはシューヒールと呼ばれ、一八世紀末にスコットランド人が入植した。だから地元の新聞の名は「スコティッシュ・チーフ」という。地元の通説によると、マクストンに改称されたのは、列車の窓から誰かが「やあ、マック」と挨拶したとき、一〇人もが返事をしたからだそうだ。マクストン郡区はロブソン郡に属し、マクリーンが生まれた頃は人口三五〇〇人。貧しい過疎地域だった。ロブソン郡に電気が通ったのは一九〇一年になってからだという。マクストンの町には電話が引かれていたが、周辺の町村にはなく、一九〇七年の時点でも、郡最大の町であるランバートンの住民はわざわざ列車でマクストンまで来て市外電話をかけていた。[2]

後年になってマルコム・マクリーンは、自分の生活は作家ホレイショー・アルジャーが描く物語のようだったと述懐している。アルジャーは貧しい少年が艱難辛苦して立身出世する物語を数多く書いており、中には道ばたで卵を売って生計を立てるエピソードなどが登場する。もっとも実際には、マルコム少年の生活はそこまで悲惨ではなかったようだ。裕福にはほど遠いにしても、日々の暮らしに困るほどではなかった。マルコム・マクリーンの父はやはりマルコムと言い、一九四二年の死亡記事には「著名な大家系の一人」と紹介されている。一八八四年のロブソン郡の地図をみると、シューヒールの近くにはマクリーン農場が五、六カ所あり、さらにランバートンではマクリーン農場やマクリーン法律事務所がある。おそらく従兄と思われるアンガス・ウィルトン・マクリーンはランバートンで銀行と鉄道事業を起こし、一九二〇、二一年には財務省次官補を、二五〜二九年にはノースカロライナ州知事を務めている。親戚の伝手《つて》があったのだろう、父マクリーンは一九〇四年に地元の郵便配達の職を得て農場の収入を補うことができた。息子のマクリーンが高校を卒業した三一年は大恐慌の真っ只中だったが、こちらも親戚の伝手で地元の食品店に勤め口をみつけている。仕入係だったという。やがて近くの町レッドスプリングスで石油会社がガソリンスタンド経営者を募集したときも、大家系の人脈が役に立った。マルコム青年は親戚から借金して最初のガソリンを仕入れることができたのである。[3]

　マクリーン本人が一九五〇年にアメリカンマガジン誌に語ったところによると、四五キロほど離れたファイヤットビルまで行けばガソリンを五ドル安く買えると知ったのがすべての発端だったという。マルコム青年が自分で仕入れに行こうとすると、ガソリンスタンドのオーナーが、中庭に放ってあったおんぼろトレーラーを使っていいと言ってくれた。これが、マクリーン運送の誕生である。一九三四年三月のことだった。ガソリンスタンド運営の傍らマルコム青年がたった一人の運転手として働く小さな会社である。まもなく地元でダンプカーの掘り出し物が見つかる。売主は週三ドルのローンでいいと言ってくれ、ここでもまたマルコム青年は親戚の助けを借りてローンを払いきることができた。ダンプを手に入れたマクリーン運送は、州の大型公共事業のために土を運搬する契約を勝ちとることに成功。これで運転手を一人雇うことができ、さらに新しいトラックを一台購入して地元の農家の野菜を運ぶ仕事を始める。語り草になっているあるエピソードによると、あるとき橋の通行料が払えなかったマクリーンはレンチを通行料代わりに置いていき、ニューヨークで積荷を売ったカネで帰り道にレンチを取り戻したという。[4]

マクリーンには途方もない野望があり、すこしばかりの立身出世では全然満足できなかった。一九三五年までに弱冠二二歳のマクリーンは、トラック二台とトレーラー一台、運転手九人を雇うれっきとした運送会社の青年社長になっていた。運転手は各自が自分のトラックを持ち込む方式である。この会社はノースカロライナからニュージャージーまでドラム缶を、ニューイングランドには綿糸を運ぶ大口契約をとっていた。四〇年には戦時景気のおかげで会社は創業六年目にしてトラック三〇台、年商二三万ドルに急成長。輸送ルートを果敢に増やしたことが事業拡大につながった。[5]もっともこの間に競争相手の七社が大合併し、マクリーンは最高裁にまで訴えたが敗れている。[6]それでも戦争が終わったときにはマクリーン運送は大繁盛だった。トラック保有台数は一六二台。主にノースカロライナからフィラデルフィア、ニューヨーク、ニューイングランド南部に織物やタバコを運んでいた。四六年の売上高は二二〇万ドルと、六年前の約一〇倍である。[7]三四歳にしてすでに大金持ちのマクリーンだったが、まだまだこれは小手調べだと思っていた。数年後にこんなことを書いている——「とにかく契約をとってとってとりまくろうと思っていた。ちっぽけな会社がのし上がるにはそれしかない」。

一九四〇年代後半の好景気は、小さな運送会社に大発展のチャンスを与えてくれた。鉄道貨物の量が落ち込む中、長距離トラックによる輸送量は四六〜五〇年に倍以上に伸びている。ただし、パイの大きな分け前にありつくためにはＩＣＣの許可を取り付けなければならなかった。一九三五年自動車運送法により、州にまたがるトラック輸送はＩＣＣの管轄下に置かれていたからである。ＩＣＣは一八八七年以来鉄道も監督しており、商用運送事業のありとあらゆることに口を出した。運送会社は、ＩＣＣに認可された品物しか運べない。ルートも運賃も認可が必要だった。新たに会社をつくって営業を始めようとか、既存企業であっても新しいルートに進出しようとか、ちがう品物も運ぼうということになると、おおごとである。まずは弁護士を雇ってＩＣＣに申請しなければならない。公聴会には他の運送会社や鉄道が出席するから、事業内容の大幅変更を求められることも度々だった。規制のおかげで運送業はひどく非効率になっていた。たとえばナッシュビル〜フィラデルフィア間の紙の輸送を認可された業者は、帰り道にスペースが余っていても、タイヤや化学品などを運んではいけない。認可された品物が集まらない限り、空で帰ってこなければならない。ＩＣＣの関心事は効率ではなく秩序だった。ＩＣＣは規制で競争を制限して既存会社の権益を守り、またトラック運賃を鉄道よりはるかに高く設定して鉄道を保護した。彼らが望んだのは輸送産業を活性化することではなく、安定を維持することだったのである。[8]

こんな状況だから、トラック輸送業界では競争精神など望むべくもなかった。だが、マルコム・マクリーンは生涯を通じて発揮し続けた創意工夫の才を早くも示し、邪魔な規制を回避する方法をまんまと発見している。新ルートの認可をもらうのが面倒なら、自分のほしいルートの認可を受けている会社を買ってしまえばいい。買うのが高すぎるなら、借りればいいのだ。戦後の労働争議で経営不振に陥った運送会社は掃いて捨てるほどあったから、マクリーンは何度もチャンスをものにすることができた。一九四六～五四年にマクリーン運送は一〇件以上の買収あるいはルートの賃貸に成功し、運送網をアトランタからボストンまで拡げている。またトラックの保有台数は、四七～四九年のわずか二年間で六〇〇台も増えた。これにはちょっとしたからくりがある。当時、復員軍人は個人事業主になる場合に政府から低利で融資を受けることができた。そこでマクリーンは復員軍人にオーナー運転手になるよう奨め、トラックを買ってもらったうえでマクリーン運送に雇い入れたのである。つまり米政府は、知らないうちに低利でマクリーン運送に融資をした格好だった。[9]

マクリーン運送成功の秘訣は、絶えずコスト削減に努めることにあった。新しい契約を勝ちとるためには、ライバル会社より安い運賃を設定するしかない。営業マンは見込み客の元を訪れ、どこに何を運びたいのか聞き出す。次に、ICCに申請されたライバルの運賃を調べる。そして、これを下回る運賃を提示すればいい。ただし厄介な点が一つある。新しい運賃がダンピングではなく「利益が出る」ことをICCに証明しなければならない。となると、ライバルを出し抜くためにはこちらのコストを削減するしかない。マクリーンの計算はじつにしたたかだった。たとえば一九四六年には、ストライキで使われなくなったアトランティック運送のルートを借り受けている。この会社はハイウェイの通行権を持っており、おかげでマクリーン運送はノースカロライナから北東部へ行くときに一〇〇キロ以上近道をすることができた。距離が短くなれば運転手の拘束時間も短くなるから、運賃を安くできる。四八年にはガーフォード運送からルートの権利を買い取り、ニューイングランドから南行きの貨物を運べるようになった。これで、北へタバコを運ぶトラックは、空で帰ってこなくてよい。ここでもまた、北方面の運賃を引き下げることが可能になった。[10]

マクリーンのあざやかな手腕を示す例を一つ紹介しよう。一九四七年三月、マクリーン運送はタバコの運賃を半分に引き下げるという大胆な提案をする。新運賃は、ノースカロライナ州ダーハムからアトランタまで、満載の場合は五〇キロ当たり〇・六八ドル、混載の場合は一・一〇ドルである。当時、他の運送会社は、満載で一・三四ドル、混載が一・七〇ドルだった。マクリーンとしてはひどくのろい鉄道運賃をも下回りたいところだったのだが、これは「不公平かつ破壊的」だと鉄道会社から抗議された。運賃構成を綿密に調べ上げたマクリーン運送は、こう主張する――タバコ製品は他の商品に比べて輸送効率が高く、輸送費が安く済む。経費も走行距離一マイル当たり一・〇二セントで、全貨物の平均を下回る、云々。ＩＣＣはタバコの積載状況を調べ、また過去の保険クレームの実績も検討した結果、混載時の運賃は却下したものの、満載時については妥当であると認めた。こうしてマクリーン運送は、タバコ産業で確固たる地位を築くことができた。[11]

マクリーン運送は、事業の発展とともにコスト削減にも次々に新しい手法を導入した。同社はアメリカで最も早く、ノースカロライナ州ウィンストン・セーラムでコンベヤを採り入れたターミナルの自動化を実現している。また、ほとんどのトラックがガソリン・エンジンだった時代に、マクリーン運送ではディーゼル・エンジンを採用した。当時は運転手が自腹を切って燃料を買うのがふつうだったから、マクリーンは運送ルート沿いにいくつかのガソリンスタンドと大口割引契約を結び、運転手にはそこでだけ給油するように伝えたものである。同社のトレーラーの側面はギザギザになっていたが、これはノースカロライナ大学の専門家が、この方が空気抵抗が少なく燃料の節約になるとアドバイスしたからだという。一九五〇年代前半になると、マクリーン運送は大学を卒業したての若者を採用し、米企業ではおそらく初めて正式なプログラムを受けさせるようになった。ウィンストン・セーラムにやって来た新入社員は、まずトラックの運転を習う。そして半年間みっちり貨物輸送を実習した後、ターミナルに送り込まれ、荷役を数カ月たっぷりやらされる。これが終わってようやくオフィスで机をもらい、顧客に輸送プランを提案するやり方を学ぶのだった。そのために緻密なコスト分析を叩き込まれるのは言うまでもない。そして最初の仕事が割り当てられる。だいたいは、ローリーかボストンかフィラデルフィアで貨物運送契約をとってくる仕事だった。[12]

やがてマクリーン運送は、活気に乏しい運送業界にあって目立って元気のいい会社として知られるようになる。一九五四年には、トラック輸送で全米最大級の一つに数えられるようになっていた。売上高で八位、税引後利益ではなんと三位である。資産総額は四六年末時点で七二万八一九七ドルだったのが五四年には一一四〇万ドルに達し、トラック保有台数は社有車だけで六一七台に上っている。なぜこれほどの急成長ができたのだろうか。それは、資金を借りたからである。マクリーン運送の長期負債は四六年に二〇万ドルだったのが、五一年には六二〇万ドルと三一倍に膨らんでいた。次から次へとトラックを発注したためだ。[13] 五四年からマクリーンと取引があったナショナル・

シティバンクの融資担当者ウォルター・リストンは「マクリーンは借金の価値をよく知っている男だった」と認める。リストンは、のちにシティバンクの頭取になった人物である。「マクリーンはキャッシュフローの何たるかをよくわかっていた。当時は鉄道会社だってわかっていなかった。キャッシュフローの話をしようとすると、それは何だと聞き返されたものだ[14]」。

だが債務が多いのは危険でもある。売上げの伸びにわずかでもブレーキがかかれば、とたんに返済は苦しくなる。必然的に、借金の多い会社は効率改善に走らざるを得ない。マルコムも弟のジェームズも日々コスト削減に躍起になった。二人は会社のあらゆる業務を自分の掌のように知りつくしており、どこにコスト削減の余地があるかをわきまえていた。元社員によれば、「出勤して貨物を積む。ゲートのところで車両重量を量る。その時点でトレーラーは封印されタコメーターの距離が記録される。で、指示を受けるんだが、これがもうこまかいの何の、ルート3Aを通り、どこそこのガソリンスタンドで給油し、次にこのルートを経由し……という具合だった。運転手が自分で決めていいことは一つもなかった」という[15]。だがやがてマクリーン兄弟も、社員を巻き込む方がコスト削減はずっと容易になることを学ぶ。たとえば社員の安全意識が高まれば、保険料は下がるし修理代も減る。そこで未熟なドライバーはベテランドライバーとペアを組ませ、ウィンストン・セーラムからアトランタまで走る間、指導を受けるようにした。新米が最初の一年間を無事故で過ごせば、ベテランドライバーには一カ月分のボーナスが出る。このやり方の威力は絶大だった。ベテランは熱心に新米を教育したし、新米はクビになりたくなかったら慎重に運転しなければならないことを理解した。

アメリカ初のＬＢＯ

マルコム・マクリーンは、この程度の成功で満足するような男ではなかった。成功した実業家は市民活動や慈善事業に精を出すものだが、そういうことには興味がない。マクリーンが絶えず考えているのは競争であり、計算であり、とにかくビジネスのことだった。「マルコムは五分と静かに座っていられない男だったよ」と長年の同僚は述懐している。「一緒にトランプをやろうなんて考えないことだね。ウズラ狩りに行くなら、奴にいちばんの獲物を狙わせないとだめだ」[16]。金儲けのアイデアが次から次へと湧いてきてとまらない、それがマクリーンだった。

一九五三年に閃いたのも、そうしたアイデアの一つである。当時マクリーンはハイウェイの渋滞が年々ひどくなるのに頭を悩ませ、また、政府からただ同然で払い下げ船を買える沿岸海運会社がトラック運送のシェアを奪うのではないかと懸念していた。そして閃いたのである——混雑した沿岸道路を走るぐらいなら、トレーラーごと船に載せて運べばいいじゃないか。その年の冬には、もうマクリーンは具体的な案を練り上げていた。船に渡り板をかけ、トラックがトレーラーを引いて甲板まで運転する。甲板上でトレーラーを切り離す。そのための専用ターミナルを埠頭に整備し、もちろん船も改造する。船はトレーラーだけをノースカロライナ、ニューヨーク、ロードアイランドまで運ぶ。これならハイウェイの渋滞とは無縁だ。そもそも当時はハイウェイそのものもすくなかった。荷揚港には別のトラックが迎えに来てトレーラーをピックアップすればいい。そしてお客の元へ送り届ける[17]。

一九五〇年代には、マクリーンのこのアイデアは革命的とも言えるものだった。法律ではトラックと船は完全に別扱いで、トラックは陸運会社、船は海運会社と決まっていた。トラックを運ぶ船会社や艀業者もたまにはあったが、それはトラック運送会社から頼まれたからにすぎない。トラック運送会社が自前のトラックとトレーラーを自分で運転して自前の船に載せ、その船を目的地まで航行させるなどということは、どうみてもＩＣＣの基本構想に反していた。だが沿岸海運が死にかけていた当時、トラックと船を結びつける発想はきわめて魅力的だった。五〇年代前半のニューヨーク埠頭の国内貨物取扱量は不況の三〇年代の半分程度に落ち込み、三〇年にわたって沿岸海運への設備投資はほぼゼロに近かった。マクリーンが船に目を付けたのは、単純にコストが安いからである。ＩＣＣは国内海運も管轄下に置いており、船はスピードが遅いことを理由に鉄道やトラックより低い運賃の設定を認めていた。だから、トラックを船で運べば渋滞を回避できるだけでなく、ノースカロライナから北東部までの運賃を他の陸運会社よりはるかに安く設定できる。

一九五三年末、不動産会社がマクリーン運送のためにターミナル用地を探し始めるが、これはまさに絶好のタイミングだった。ちょうどその頃、ニューヨーク・ニュージャージー両州の港を管轄するニューヨーク港湾局は、見る影もなくみすぼらしくなった港湾事業を活性化しようと躍起になっていたのである。同局の監督下には、かつての木材積出港で当時はほとんど見捨てられ維持費ばかりかかるニューアーク港があった。この港になんとかして企業を誘致したい……そしてニューヨーク市の対岸に位置するニューアーク港は、幸運にもマクリーン運送にとって理想的な条件を備えていた。トラックが何十台も待機できるだけの広いスペースがある。しかも、五一年に開通したばかりのニュージャージー・ターンパイクがすぐ近くにあった。さらにマクリーンにとって好都合だったのは、港湾局に歳入担保債を発行する資格があったことである。これなら港の側がターミナルを建設してマクリーン運送に貸すことができるから、マクリーンが資金調達をする必要がない。港湾局はマクリーンのアイデアにすっかり惚れ込む。そして局長のオースティンと海事部長のA・ライル・キングは、鉄道や船でトレーラーを運ぶ輸送方式を公共機関の人間として初めて支持したのだった。[18]

港湾局がマクリーン運送の新しいターミナルをせっせと建設している間に、当のマクリーンのアイデアはさらに進化していった。一九五三年の段階では、マクリーンが考えていたのは小さな艀業者S・C・ラブランドを買収することだった。沿岸海運の権利を手に入れるためである。だがマクリーンの構想は次第に膨らんでいく。そして、翌年にはラブランドの買収交渉を進めながらも、ムーディーズの会社便覧を繰ってウォーターマン海運に目を付けていた。この会社はアラバマ州モービルに本社を持つ大規模な海運会社で、ヨーロッパ航路やアジア航路を運航しており、経営状態もいい。その子会社にパンアトランティック海運という小さな沿岸海運会社があり、船四隻を保有しボストン〜ヒューストン航路を運航していた。この会社をみつけた瞬間に、マクリーンは「これだ」と直感する。パンアトランティックはニューヨーク州沿岸海運業のストライキの影響で、五四年には年間六四航海しか行っていない。だが、一六港に寄港できる貴重な権利を持っている。親会社のウォーターマンは無借金経営で、資産には船三七隻、現金二〇〇〇万ドルが含まれていた。マクリーンはそれとなく当たりをつけ、四二〇〇万ドルでウォーターマンを買収できるとソロバンをはじく。[19]

標的を定めたマクリーンが続いてやってのけたのは、財務と法律の知識を駆使した前代未聞の手品である。トラック運送会社が船会社を経営するにはＩＣＣの認可を受けなければならないが、これを回避するために、マクリーンはまず新会社マクリーン・インダストリーズを設立する。この会社は一九五五年一月に設立され株式を上場したが、内実は完全な同族経営会社で、社長はマルコム、副社長は弟のジェームズ、秘書兼財務部長が妹のクララだった。次にこの三人は、自分たちが受益者である信託にマクリーン運送の株式を移管。マルコムが保有する五〇〇〇万ドル相当の株式を除き、受託者はすべて売却する権利を持つ。マクリーン兄弟は担保信託証書に署名し、その瞬間にマクリーン運送の役員を辞職。一時間以内にマクリーン・インダストリーズがパンアトランティック海運を買収した。アメリカ陸運業界で最も名の売れた大物経営者が、自ら興した会社を辞めたのである。それも、海のものとも山のものともつかない新事業を始めるために。[20]

鉄道会社はさっそく文句を付けた。マクリーン兄弟は、実質的にはマクリーン運送と船会社の両方を経営している。これは法律違反だ、という言い分だった。ＩＣＣは最終的にこれを認めるが、しかし「手続きは顧問弁護士の助言にしたがって進められたもので、意図的な法律違反ではない」と言わざるを得なかった。ともあれ、一九五五年九月には信託受託者はマクリーン運送の全株式を売却し、法律問題は解消する。マルコム自身はこの一件ですくなからぬ儲けを手にした。マクリーン運送の株式売却で一四〇〇万ドルが手元に残り、五五年の純資産は二五〇〇万ドルに達したのである。現在の価値に換算すれば、一億八〇〇〇万ドルというところだ。のちになって、「全資産を海運業に注ぎ込まず一部は安全に運用したいと考えなかったのか」と質問されたマクリーンは、きっぱりと「全然考えなかった」と答えている。「本気で取り組むには退路を断たなければいけない」[21]。

パンアトランティック海運の買収は前奏曲にすぎない。一九五五年五月、マクリーン・インダストリーズは親会社のウォーターマン海運にも触手を伸ばした。マクリーンと銀行は手の込んだ計画を立てる。ICCが買収に横槍を入れるのを防ぐため、まずマクリーン・インダストリーズはウォーターマンに七万五〇〇〇ドル払い、沿岸海運事業から撤退してICCの事業認可を譲渡してもらう。次にナショナル・シティバンクから四二〇〇万ドルを借り入れる。一件の融資額としては同行の限度額に迫る額だった。そのほかに優先株を発行して市場からも七〇〇〇万ドルを調達する。買収が成立した瞬間にウォーターマンが保有する現金・証券など二〇〇〇万ドルで銀行借入の半分近くを返済できるから、マクリーン・インダストリーズの実質的な債務は二二〇〇万ドルに抑えられるという目算である。だがナショナル・シティバンクの幹部は、二二〇〇万ドルもの資金がリスクにさらされると考えただけで卒倒しそうだった。船でトラックを運ぶというそのサービスを、いったい誰が利用するのか。そのための専用船を全部自前で建造するのか。第一、海が荒れたらトレーラーは海中に転げ落ちないのか……。最後の最後の瞬間になって、銀行は白紙撤回を決める。リストンは、ニューヨークの定宿であるエセックス・ホテルで待機していたマクリーンに電話を入れた。「まずいことになった。すぐに来た方がいい」。マクリーンは、ウォール街にあるナショナル・シティバンクの本社に駆けつけた。リストンが耳打ちする——うまいことお偉いさんを説得できないと、この件はお蔵入りだ。融資担当責任者に言わせれば、この案件はリスクが大きすぎるうえ、リストンはまだ経験不十分だという。「彼はまだ見習いにすぎない。こんな巨額の融資を扱うには早すぎる」[22]。そこで引き下がるマクリーンではない。堂々の反撃に銀行幹部はたじたじになり、最後は「なるほど、われわれは見方を変えなければならないようだ」と言ったそうである[23]。結局、融資は承認された。

ところが実際に契約が成立する前に、競争相手が現れる。こちらもナショナル・シティバンクから融資を受けた相手で、ウォーターマンの買収に関心を示していた。付け入る隙を与えないためには、買収と借入れを同時進行で完了させることが必要だと顧問弁護士は判断する。五月六日、ウォーターマンの取締役とマクリーンのメインバンク、それに顧問弁護士が本社の会議室に集まる。だが定足数に一人足りなかった。弁護士の一人が一階に駆け下り、通りかかった男をつかまえる。いますぐ五〇ドル稼ぐ気はないか。頷いた男はすぐさまウォーターマンの取締役に選出され、取締役会は成立する。続いて取締役が一人ずつ辞任しては、代わりにマクリーンが指名した人間を新取締役に選任した。新しい取締役会は、ただちに二五〇〇万ドルの利益配分金をマクリーン・インダストリーズに支払うことを決議。電話で指示が出され、ナショナル・シティバンクの口座に電信送金された。会議が終わった頃になって競争相手の弁護士が現れ、利益譲渡を差し止める正式書類をウォーターマンの取締役会に提出するが、後の祭りだった。金はすでに払い込まれ、ウォーターマンはマクリーンのものになっていたのである。このとき、マクリーンが自分の懐から一万ドルしか出さずに国内最大級の海運会社を傘下におさめたことに注目してほしい。この手法は、いまで言うレバレッジド・バイアウト（ＬＢＯ）、つまり買収先企業の資産を担保に買収資金を借り入れて行う企業買収にほかならない。「考えてみれば、あれはアメリカ初のＬＢＯだった」とリストンは回想している。[24]

こうしてマクリーンは獲物を手に入れた。ただし無借金経営だったウォーターマンは、一九五五年末時点には銀行借入と船舶抵当二二六〇万ドルを抱えていた。税引後利益が二三〇万ドルだから、ほぼ一〇倍に相当する。マクリーンはためらいなく不要資産の整理に乗り出し、ホテル、乾ドック、周辺事業など四〇〇万ドル相当を買収後二カ月以内に売却した。この手法はのちのLBOでも手本とされている。[25] それでも負債の負担は重く、マクリーンは次の一手として政府から融資を引き出すことを考える。連邦政府は船でトレーラーを運ぶアイデアに興味を示し、パンアトランティックは、RO－RO船七隻の建造資金として六三〇〇万ドルの政府融資保証を取り付けることに成功した。[26] この船は二八八台のトレーラーを積載する計画で、実現すれば荷役コストが七五％削減される見通しだった。

だが、この資金は結局使われずじまいだった。マクリーンがさらに大胆なアイデアを思いついたからである。トレーラーを船で運ぶのは効率がわるいと気づいたのだ。トレーラーには車輪がついていて、これが貴重なスペースを無駄にしてしまう。それなら車輪をとってしまえばいい。政府が戦時中の使い古しのタンカーを安く民間に払い下げていることも好都合だった。それを二隻ばかり買い入れ、トレーラーの「ボディ」を積むようにしたらどうだろう。つまり、トレーラーからシャーシ（車台）を外してただの「箱」にしてしまうのである。こうすれば、容積は三分の一ほども減る。それに、もっといいことがあった。車輪のついていないボディなら段積みできる。港での段取りは、こうだ――トラックは船側までトレーラーを牽引する。そこでシャーシから貨物を満載したボディを外し、クレーンで吊り上げて船に積み込む。荷揚港では、トラックが空のシャーシを牽引してピックアップに行けばいい。

この方式だと、たとえばバレンタイン・ビールにとって大幅なコスト削減になる。マクリーン運送はビールをニューアークからマイアミまで運ぶ仕事を請け負っている。在来船でビールを運ぶ場合、積出港までのトラック輸送、トラックからの荷下ろし、貨物上屋への搬入、貨物上屋からの搬出、梱包、本船荷役にトン当たり四ドルかかる。荷揚港のマイアミでも同じコストがかかることは言うまでもない。[27] だがマクリーン方式なら、「箱」のコストを含めても、トン当たり二五セント、つまり九四％も安く済むはずだった。[28]

払い下げの老朽タンカーはこの方式に理想的とは言えないが、資金負担のリスクを減らしてくれるありがたい存在である。それに帰り道に荷物がない場合、石油を運ぶことも不可能ではない。クレーンで貨物を積み下ろす船をＬＯ－ＬＯ（リフトオン・リフトオフ）船と呼ぶが、マクリーンはこちらを本命に据える。そして、ＲＯ－ＲＯ船のアイデアはゴミ箱行きになった。[29]

こうして、コンテナ輸送につながる発想がマルコム・マクリーンの頭の中に生まれる。だが、トラック自走方式を断念して「箱」だけを積み下ろす方式の採用を決めた一九五五年の時点では、「箱」をそこらで買ってくるというわけにはいかなかった。小さなスチール製の箱なら売っていたが、これを船倉内に下ろし袋やら樽やらの間に積み付ける従来の混載方式ではコスト削減にならないのは、火を見るよりあきらかである。またトレーラーの「ボディ」も売ってはいたが、こちらはそれ自体がむやみに重く、おいそれと吊り上げられるものではない。早く新事業に乗り出したくてうずうずしているマルコム・マクリーンは、なんとかアイデアを実現する方法をみつけるよう部下をせかす。切羽詰まったパンアトランティック海運の幹部ジョージ・ケンプトンは、三月になってキース・タントリンガーに電話した。

　タントリンガーは当時三五歳。ワシントン州スポーケンに本社を構えるブラウン・インダストリーズの主任技師である。その頃すでにコンテナの専門家として有名だった。ブラウン・インダストリーズは一九三二年からトレーラーを製造しており、タントリンガーの仕事はトラック運送会社からの注文に応じてトレーラーを設計することである。その傍ら、ブラウン・インダストリーズの製品を売り込むために、あちこちの見本市や業界の会合で講演なども行っていた。四九年、タントリンガーはアルミ製の箱を設計する。それが、おそらくは世界初の近代的な海上コンテナだった。長さ三〇フィート（約九メートル）。内航船の甲板に二段積みが可能であり、またトラックが牽引するシャーシに積むことも可能だった。業界では大いに注目されたものの、注文はわずか二〇〇個しか来なかった。「みんな興味は持ってくれるが、買ってはくれなかった」とタントリンガーは認めている[30]。

　マクリーンは、トラック運送業を営んでいた頃はブラウン・インダストリーズなど聞いたこともなかったが、いまや海運業に手を染めるようになって、タントリンガーの専門知識を必要とした。それも、大急ぎで。電話があった翌朝、タントリンガーはパンアトランティックの本社があるアラバマ州モービルに飛ぶ。マクリーンは「あなたはコンテナの専門家だそうですね」と挨拶代わりのぶっきらぼうな一言を発すると、やおら本題に入った。「長さ三三フィートのコンテナを使いたい。

これだとT2型タンカーのスペースにうまく収まる」。当時鉄道輸送などに使われていたコンテナの七倍もの大きさである。マクリーンの要求はそれにとどまらなかった。船倉内にコンテナを下ろして沖仲仕に固定してもらうようなやり方はとらない。タンカーの甲板には油送管が配置されているが、その上に金属製のフレームを配置し、そこにコンテナを八列並べる。コンテナには、長さ三〇センチほどのスチール製の固定金具を四隅に取り付ける。金具の先端には小さな穴を空けておく。コンテナを積み込むときはこの金具を甲板側フレームの溝に垂直に差し込む。そして穴にロッドを通し、固定する。「それから」とマクリーンは念を押した。「コンテナは言うまでもなく、船、トラック、鉄道で容易に積み替えできなければいけない」[31]。

マクリーンのトラック部門の責任者であるセシル・エッガーは、以前に古いフルハーフのトレーラーで実験をしたことがあり、コンテナの強度を増すためにA字型の補強金具を取り付けていた。タントリンガーは、それはまずいと指摘する。「補強金具が突出しているから、段積みができない。それに、そんな形の金具がついているとコンテナの全高が高くなりすぎて、ハイウェイ走行時などに危険だ」。タントリンガーはマクリーンにブラウンの標準型コンテナを見せ、アルミ製でも強度は十分だと説明した。マクリーンは三三フィート・コンテナの試作品二個を注文し、二週間以内にボルチモアの造船所に届けるよう命じる。T2型タンカーはそこで改造中だった。約束の日、ブレックファスト・ミーティングに出席すべくロード・ボルティモア・ホテルに到着したタントリンガーは、マクリーンもエッガーも来ていないのを知って狼狽する。あわてて造船所に電話を入れると、連中はみなそこにいるという。造船所に駆けつけたタントリンガーが見たのは、マクリーン兄弟やケンプトンやエッガーが到着したばかりのコンテナによじ登ったり飛び降りたりしている姿だった。薄いアルミ製の屋根の強度を調べているらしい。マクリーンの連中はようやく満足し、二〇〇個を正式注文した。ついでに乗り気でないタントリンガーを強引に説得し、パンアトランティックの主任技師になることを承知させた。

タントリンガーの仕事の一つは、アメリカ船級協会（ABS）の許可をとることだった。この協会は海上保険の基準を決めており、コンテナを積載した場合に安全に航行できることを証明しなければならない。同時に沿岸警備隊の許可を得る必要もあった。沿岸警備隊は、輸送中にコンテナが動いて乗組員に危険をおよぼす恐れはないかを確認したがった。そこで、パンアトランティックは練炭（荷重が均等に分散するし値段が安い）を収めたコンテナ二個をT2型タンカーの改造船に積み込む。そして、ニューアーク〜ヒューストン間を何度も往復した。沿岸警備隊は一航海ごとに積荷の状況を調べ、とうとう荒天のときもコンテナがびくともしないことを確かめた。こうして双方から許可が下りる。

だが、次には揚げ積みの問題が控えていた。一九五〇年代の貨物船はほとんどが専用のウィンチを備えており、船側から揚げ積み作業を行う。だが、二〇トンもの貨物を詰め込んだコンテナを船内クレーンで操作すると、船がバランスを崩すおそれがあった。それなら埠頭の側にクレーンを備えればよかろうということになり、どこかの造船所に使われないまま放置されていた大型クレーンを誰かが見つけてくる。ブームの高さは地上から約二〇メートル。船に並行して敷かれた軌道上を移動しながら作業する方式のクレーンである。パンアトランティックはこれをもらい受けると、高さを多少切り詰めてからニューアークとヒューストンに据え付けた。さらに補強を施し、岸壁に走行用のランウェイを敷設して動力源を確保し、準備は万端に整った。このクレーンからスプレッダーと呼ばれる四角の枠を吊り下げるようにしたのは、タントリンガーである。これまたコスト削減に大いに貢献した。スプレッダーがあれば、もう沖仲仕がコンテナの屋根によじ登ってクレーンのフックを固定する必要はない。地上二〇メートルほどの運転席に座ったクレーン運転士がスプレッダーをコンテナの真上に下ろし、スイッチ操作一つで四隅を固定することができる。そしてコンテナを吊り上げ、所定の位置に下ろしたら、またスイッチ一つでスプレッダーを外せば作業は完了だ。地上の作業員はコンテナに触る必要すらない[32]。

マクリーンは、パンアトランティックの新しいサービスを一九五五年に開始しようと考えた。だが、政府はそう都合よく動いてはくれない。数カ月におよぶ公聴会の末、ようやくＩＣＣが鉄道会社からの異議申し立てを却下しパンアトランティックにニューアーク～ヒューストン間のコンテナ輸送を認めたのは、五五年末のことだった。その後に沿岸警備隊の許可を得なければならないため、出港はさらに遅れる[33]。だがついに五六年四月二六日がやって来た。大勢がランチを食べながら見守る中、七分間に一個のペースでアイデアルX号にコンテナが積み込まれていく。作業は八時間足らずで完了。船はその日のうちに出港した[34]。マクリーンと幹部連中は入港を見届けようとヒューストンに飛ぶ。「二一号埠頭でみんなが待ち構えていた。船が海峡に姿を現すと、沖仲仕や税関の検査官まで集まってきた」――この光景を目撃した人はこう話す。「甲板に箱が並んだタンカーを見てみんなびっくりしていた。ヒューストンじゃタンカーなんて珍しくもないが、あんなのは見たことがなかった。自分の目が信じられなかったよ」[35]。だが、マクリーンにとってほんとうの勝利が訪れたのは、コスト計算をしたときだった。中型の貨物船に一般貨物を積み込む場合、五六年当時はトン当たり五・八三ドルかかった。だが、アイデアルX号ではトン当たり一五・八セントしかかからなかったのである。これほどのコスト削減効果があるなら、コンテナの未来は明るいとマクリーンは考えた[36]。

パンアトランティック海運のコンテナ輸送サービスは「シーランド」の名称で事業を開始し、ニューアーク〜ヒューストン間を週一回往復した。パンアトランティック自身はトラックの保有を禁じられていたが、顧客の工場から積出港までの輸送と荷揚港から納入先への輸送はトラック運送会社と契約することで、この問題を解決している。四月から一二月までの間に、コンテナ船は東海岸とメキシコ湾岸沿いに四四航海を行った。この間にマクリーンのやり方をよく呑み込んでいた技術陣が甲板をすこし拡げ、コンテナを六二個まで積めるようにしている。マクリーンも技術陣も、古ぼけたタンカーから利益をひねり出す技を心得ていた[37]。

これを黙ってみている陸運業界ではない。鉄道会社とトラック運送会社は、ICCの許可なくマクリーンがウォーターマン海運を買収したのはあからさまな州際交通法違反だと猛烈に抗議した。ウォーターマンはICCの介入を避けるため沿岸海運事業から撤退しているが、ICCは自主廃業届を受理していない。それに、パンアトランティックがウォーターマンの権利を一時的に引き継ぐ申請を出しているのもおかしい、云々。一九五六年一一月、ついにICCの検査官が一人、この抗議を認める。「マルコム・マクリーン氏は先見性があり、行動力も経営の才能もあるが、ICCの許可なくウォーターマンを買収したのは法律違反である。したがって、マクリーン・インダストリーズはウォーターマンの経営から手を引かなければならない」と言い出したのだ。しかし翌五七年、ＩＣＣは陸運業界の抗議を退け、マクリーンはパンアトランティックとウォーターマンの両方を経営してよいことになった。もちろん、ウォーターマンの大量の船舶も引き続きマクリーンのものである。[38]

マルコム・マクリーンの先見性

厳密な意味では、海上コンテナを発明したのはマルコム・マクリーンではない。貨物を収める金属製の箱なら、いろいろなサイズ、いろいろな形のものが何十年も前からあった。それにさまざまな研究からも、アイデアルX号の前にすでにコンテナ貨物輸送の実例があったことが確かめられている。たとえば、蒸気船時代のアメリカの船会社シートレイン海運は、一九二九年に有蓋貨車をそのまま船倉に入れて運ぶ専用船を運航していた。貨車は埠頭に設置されたクレーンで吊り上げたという。[39] こうした例を挙げて、マクリーンの業績をさほど評価しない研究者もいる。フランスの歴史家ルネ・ボリュエは、「マクリーンがやったのは二〇世紀初めからあった輸送方式を新しく応用したことだけだ」と主張する。[40] アメリカの歴史家ドナルド・フィッツジェラルドも同意見だ。「一九五〇年代のコンテナリゼーションは、革命とは言えない。海上貨物輸送の歴史における一ページにすぎない」という。[41]

狭い意味では、彼らの意見は正しい。荷役コストがかさむことは一九五〇年代初めから重大問題として認識されていたし、コンテナが解決策となりうることも早くから議論に上っていた。だからマルコム・マクリーンは、けっして白紙の状態からコンテナ輸送を思いついたのではない。だが一番乗りの時期だけを問題にする歴史家たちの見解は、マクリーンがもたらした革命的変化の性質を見誤っているのではないだろうか。たしかに、貨物をコンテナに収めることを考えた運送会社はたくさんあったかもしれない。けれども、初期のコンテナは輸送産業の経済原理を根本的に変えることはなかったし、広い範囲に影響をもたらすこともなかった。

マルコム・マクリーンがすぐれて先見的だったのは、海運業とは船を運航する産業ではなく貨物を運ぶ産業だと見抜いたことである。今日では当たり前のことだが、一九五〇年代にはじつに大胆な見方だった。この洞察があったからこそ、マクリーンによるコンテナリゼーションはそれまでの試みとはまったくちがうものになったのである。輸送コストの圧縮に必要なのは単に金属製の箱ではなく、貨物を扱う新しいシステムなのだということを、マクリーンは理解していた。港、船、クレーン、倉庫、トラック、鉄道、そして海運業そのもの——つまり、システムを構成するすべての要素が変わらなければならない。そう理解していたマクリーンは、運輸業界で何年も先を疾走していたと言えるだろう。マクリーンが引き起こす変化のインパクトには、コンテナの普及を後押しした国際コンテナ協会の専門家でさえ驚いたものである。彼らの一人はのちに、「あのときはアメリカで革命が起きつつあることをわかっていなかった」と告白している。[42]

第四章 システム

セルとクレーン

一九五六年秋。アメリカ東海岸では港湾労働者のストライキが拡がっていた。パンアトランティック海運とウォーターマン海運の船を遊ばせることになると考えたマルコム・マクリーンは、時間を有効利用しようと決める。ウォーターマンが保有するC２型貨物船六隻の所有権をパンアトランティックに移し、コンテナ専用船に改造することにしたのだ。戦後閉鎖されていたアラバマ州モービルにあるウォーターマンの造船所は、俄然活気を取り戻した。マクリーンのアイデアは、船倉内に金属製のガイドレールを縦横に設置してコンテナを収める区画を設け、アイデアルX号に積んだものより一回り大きい三五フィート・コンテナを区画ごとに五段か六段、段積みにしようというものだった。この区画をマクリーンは「セル」と呼んでいる。遅くても一年以内に改造を完了するとマクリーンは意気込んだが、しかしコンテナ船というものが当時は一切存在しないのである。マクリーンが考えるセルも、もちろん誰も見たことも聞いたこともない。コンテナを五段も六段も積むという発想も前代未聞だった。セルとコンテナの間にはどの程度隙間があったら大丈夫か。六段も積み上げたら、荒天時に荷崩れしないか。荷揚港の岸壁にクレーンがなかったらどうするのか……。マクリーンは毎度のことながら、こまかいことには一切頓着しなかった。まあとにかくやってみてくれ――彼の指示はそれだけである。[1]

C2型貨物船は、T2型タンカーとはちがってもともと大量の貨物を運ぶように設計されており、五つの船倉を備えている。だから、改造するのにたいして問題はないと思われた。甲板の幅を三メートル広げて二二メートルにし、ハッチも大きくしてコンテナ区画に上からまっすぐコンテナを下ろせるようにするところまでは順調だった。だが、船倉内にセルを設ける段になってキース・タントリンガーは四苦八苦する。タントリンガーはモービルの造船所に実物の六割ほどの模型をつくった。セルの四隅にL字形のガイドレールを垂直に立て、コンテナの四隅をこのガイドレールに合わせる。こうすれば船が揺れてもコンテナは動かない。船の傾きをシミュレートするため、レールの根元には油圧ジャッキを設置。クレーンを使ってコンテナをセルに下ろしては吊り上げる作業をさまざまな角度から行い、船が傾いた状態のときにコンテナとセルにかかる応力とひずみを測定した。何百回ものテストが繰り返されたのち、タントリンガーは結論を下す。セルの寸法は、長さはコンテナより約三センチ、幅は約二センチ長くする。これより小さいとクレーン・オペレーターがコンテナをガイドレールに合わせるのがむずかしい。だがこれより大きいと、コンテナがセル内で動いてしまう。こうして寸法が決まると、ガイドレールが次々に据え付けられていった。その結果、

C2貨物船のコンテナ積載能力は二二六個に達する。アイデアルX号のほぼ四倍だった。[2]

船が大きくなり運ぶ貨物が多くなれば、荷役作業は一段と複雑になる。T2型タンカーのときの悠長なやり方を続けるわけにはいかなかった。一個に七分かけていたら、二二六個を積み込むのに二四時間以上かかってしまう。荷役をスピードアップするためには、作業のあらゆる面を見直す必要があった。たとえばタントリンガーは、トレーラーのシャーシにちょっとした発明を付け加えた。傾斜を付け、クレーンで吊り下げられてきたコンテナが自動的に所定の位置に固定されるようにしたのである。コンテナを固定する新しいロックシステムも開発された。作業員はハンドルを引き上げるか引き下げるだけでロックの固定と解除ができる。これでいちいちコンテナを鎖で固定する必要がなくなるから、トラックからの荷下ろしも荷積みも時間が大幅に短縮される。それは、埠頭の貴重なスペースをトラックに占領されなくて済むことを意味した。コンテナ自体にも工夫が加えられ、四隅に頑丈なスチール製の補強材が取り付けられて、段積みの荷重にも耐えられるようになった。また冷蔵タイプも登場。冷蔵装置は側板の内側に取り付けられるため、ふつうのコンテナと同じように段積みできる。扉の設計にも工夫が凝らされ、蝶番が横に飛び出さないよう、後部の支柱に埋め込まれた。

こうしてさまざまな点が改良されたコンテナには、上下八カ所の角すべてに鋳鋼製の隅金具が取り付けられた。隅金具には楕円形の穴が空いている。ツイストロックをはめ込むためだが、このツイストロックは、このときの発明の中でいちばん重要なものと言えるだろう。コンテナを段積みしたときに、上下二個のコンテナの隅金具に円錐形のロックを差し込んで固定する方式である。円錐形の尖った方を下向きにして差し込み、作業員がロックレバーで九〇度回転して固定する。荷揚げのときは反対方向に回転すればロックが解除される仕組みである。[3]

セルとコンテナが完成しないうちに、パンアトランティックは別の重要なものにも手を付けた。クレーンである。ニューヨーク港の大型クレーンはコンテナの高速荷役には不向きだったし、マクリーンが寄港したがっているほかの港には大型クレーンがない。パンアトランティックの技術陣は、船の側にクレーンを備えることで問題を解決しようと考えた。ただし既存のクレーンでは、二〇トンもの貨物を詰め込んだ三五フィート・コンテナの作業はこなせない。「出港まであと三カ月」というマクリーンの計画に応じてくれるメーカーはどこを探してもみつからなかった。頭を抱えたタントリンガーだったが、ふと昔ワシントン州で働いていた頃、木材伐採業者がディーゼル式のクレーンを使っていたことを思い出す。そして、ディーゼル式クレーンをどこかでつくっていないかと聞いて回ると、技術者のロバート・キャンベルがスカジット鉄工所（ワシントン州）を紹介してくれた。[4] キャンベルは、当時パンアトランティックの船の改造や埠頭設備の設計を手がけていたエンジニアリング会社の社員である。

スカジット鉄工所の経営者シドニー・マッキンタイアは、「機械の天才」だとキャンベルが太鼓判を押した人物である。マッキンタイアは船のことなど何も知らないし電動クレーンを手がけたこともなかったが、それでもとりあえず一丁つくろうと言ってくれた。そして三カ月後、祈るような気持ちで待っていたタントリンガーの前に巨大なクレーンを引っ提げて現れる。ガントリークレーンを土台にしたクレーンだった。C２型貨物船は操舵室が船の中央にあるため、クレーンは船首側と船尾側の二基必要である。舷側に沿ってレールを敷き、そこを行き来しながら揚げ積み作業をこなす。コンテナ・セルの真上でストップし、まっすぐに下ろすことなど朝飯前だ。クレーンには長いアームがついているから、岸壁からコンテナを吊り上げるのも問題なかった。[5]

セルとクレーンのおかげで荷役作業は格段にスピードアップする。セル一列分の荷揚げが終わったら、あとは積み込みと荷揚げを同時進行できる。クレーンはコンテナを吊り上げ、岸壁で待ち構えるシャーシの上に下ろす。次には積み込むコンテナを吊り上げて空のセルに下ろす、という具合である。クレーン一基が一時間に一五個のコンテナを捌けるようになった。[6] ゲートウェイシティ号（これが改造されたC２型貨物船第一号の船名である）の荷役は八時間で完了。商船委員会の委員長を務めていた下院議員のハーバート・ボナーは、「この新しい船によって、アメリカの商船には過去最大級の進歩がもたらされた」と褒めそやしている。[7] 心配性のタントリンガーはそこまで楽天的になれなかった。出港の前日、彼はニューアークの雑貨店へ行ってありったけの粘土を買い込む。それをナイフで小さく切り、いちばん上に積まれたコンテナの角とセルのガイドレールの間に詰め込んだ。一九五七年一〇月四日にニューアークを出港したゲートウェイシティ号は、三日後に無事マイアミに入港する。タントリンガーは粘土を回収してコンテナがどれだけ動いたかをチェックした。そして、粘土についた凹みからコンテナが一センチ足らずしか動いていないことを確かめてようやく安心したのだった。とうとうやったのだ。コンテナが船倉内で動き回り積荷や乗組員を危険にさらすことは、絶対にない。[8]

パンアトランティック海運のコンテナ専用船六隻のうち四隻は一九五七年末までに定期航路に投

入され、南行きはニューヨークから、東行きはヒューストンから四日半ごとに出港した。最後の二隻も五八年初めには就航している。入れ替わりにアイデアルX号タイプの船は引退し、三三フィート・コンテナ四九〇個、対応するシャーシ三〇〇台分も船とともにすべて売却された。パンアトランティックのシーランド・サービスは、わずか一年前と比較して五倍に拡大。前途は洋々と見えた。[9]

だが、そうは問屋が卸さなかった。一九五八年三月、マクリーンはコンテナ船二隻をプエルトリコ航路に投入する計画を立てる。プエルトリコは前途有望な市場である。島国だから輸入を海上輸送に頼らざるを得ないし、アメリカの自治領としてジョーンズ法が適用され、アメリカからの貨物輸送はアメリカ籍船でアメリカ人船員が乗り組む船を使用しなければならないことになっている。こんなふうに競争が制限されているせいでプエルトリコ航路は寡占状態となり、運賃がひどく高い。パンアトランティックのコンテナ・サービスが乗り込めばたちどころにシェアを獲得できるだろう……マクリーンはそう胸算用した。残念ながらマクリーンの読みは甘かった。彼は、頑固な沖仲仕連中のことを考えに入れていなかったのである。最初のコンテナ船がプエルトリコの首都サンファンに入港すると、沖仲仕はコンテナの荷揚げを断固拒否した。四カ月もの貴重な時間が交渉に費やされている間、二隻の船はひたすら待つしかない。ついにパンアトランティックは折れた。二四人編成の沖仲仕にコンテナ荷役を発注することで交渉は成立し、八月から定期航路への参入が認められる。このときの遅れに加え、老朽タンカーの整理に要した費用などで、マクリーン・インダストリーズは大赤字を計上する。五八年の決算は四二〇万ドルの純損失で、創業以来三年分の黒字はほとんど消し飛んでしまった。[10]

だが、マクリーンは一向にへこたれなかった。パンアトランティックが窮地に陥ったのは自社の落ち度ではない。海運業界全体に問題があるのだとマクリーンは感じる。この業界は動きが鈍重で、自分からは何も変えようとしない。パンアトランティック海運のような内航海運会社は規制でがんじがらめの状況に置かれ、起業家精神を発揮する余地などすこしもない。また、アメリカ籍船の外航船を運航するウォーターマンのような船会社は、海運同盟すなわち運賃カルテルへの加盟を認められている。さらにアメリカ人船員が乗り組むアメリカ船は、軍用船やら貨物船やら政府の払い下げ船を運航する独占的な権利を持つ。おまけに政府から補助金も潤沢に出る。こんなぬくぬくとした環境で保護されているから、ウォーターマン海運はあんな立派な本社を構えていられるのだ。ロビーのあの豪華なソファも、ぜいたくな役員室も、みんなそのおかげだ。伝統的な船会社は創造性ゆたかで前向きでハングリー精神あふれる社員を育てようとしないが、そうした社員こそマクリーンが必要とする人材だった。そろそろ文化を変えるときだとマクリーンは決心する。一九五八年六月、すでにコンテナ輸送に特化していたパンアトランティック海運は、新社屋に引っ越す。ニューアーク埠頭にほど近いパイナップル倉庫を改造した本社だった。一方、ウォーターマン海運は典型的な在来船社としてわざとモービルに残された。

パンアトランティックの新しいオフィスは、従来の海運業にみられない空気にあふれていた。マルコム・マクリーンが陣取るのは簡素な家具が置かれたガラス張りのオフィスである。デスクがずらりと並ぶ大きなオープンフロアに面しており、毎朝マクリーンはフロアに来ては決算書類に目を通したり船の改造計画をチェックしたりする。知りたい情報を持っている人間には、肩書や上下関係などおかまいなしに話しかけていたのは妹のクララの方である。彼女のデスクはフロアのど真ん中にあり、何事もクララの目を逃れることはできなかった。遅刻などしようものならすぐにばれてしまう。マネジャーがガラス張りのオフィスに出世すると、家具調度の類を整えるのもクララだった。「自分で勝手に絵やカレンダーを飾ると、翌朝必ず注意された」とある社員は話している。会社の規則を決めるのもクララだった。コーヒーは、コーヒールーム以外では飲んではいけない。私用電話を会社でかけてはいけない。帰宅するときはデスクの上を片づける。タイムカードをチェックするのも、新規採用の最終決断を下すのも、彼女の手に委ねられていた[11]。

地球物理学者フォスター・ウェルダン

当時コンテナに関心を抱いていたのは、マルコム・マクリーンだけではなかった。一九五四年、マクリーンが東海岸のターミナルを借り受けた頃、マトソン海運という船会社が貨物荷役に関する学術研究に資金を提供している。同社はサンフランシスコに本拠を置き、やはりコンテナの活用を考えていた。ただしアプローチの仕方は、何から何までマクリーンとは対照的である。

マトソン海運は、一八八二年に設立されたほぼ家族経営の会社である。経営はかなり行き当たりばったりで、船一隻をハワイ航路に投入するところからスタートし、輸送分野で多角化。カリフォルニアで石油を掘り当ててタンカー事業に乗り出し、ハワイに貯蔵タンクを持つ。客船の運航にも手を出し、集客のためにワイキキ・ビーチにホテルを建てた。またハワイでサトウキビ農園を経営し、本土へ砂糖を運ぶ事業も始めている。第二次世界大戦が終わってしばらくは航空会社も保有していた。だが、どれもさほど利益を上げるにはいたっていない。同社がつねに抱えていた問題は、大株主の無関心である。取締役会にはハワイのサトウキビ産業やパイナップル産業の大立者が参加しており、彼らの主要関心事はこれらの農産物を売り捌くことであって、ちっぽけな海運業が赤字になろうがどうしようがどうでもよかったのだ[12]。

風向きが変わり始めたのは一九四七年のことである。マトソン家は引退を考えていた海運担当役員のジョン・E・カッシングに、三年間でいいから社長をやってくれと頼み込む。カッシングは同社始まって以来のコスト節減に乗り出し、呆れるほど低い生産性を引き上げようと奮闘した。翌四八年、マトソン海運は砂糖輸送に革命的な自動化システムを導入する。五〇キロの袋詰めにする代わりに、バラ積みしたのである。バラ積みするには巨額の投資を必要とする。砂糖を貯蔵する大型サイロ、製糖所から埠頭まで砂糖を運ぶ専用トラック、トラックからサイロのてっぺんまで砂糖を運ぶコンベヤ……。サイロ内ではコンベヤを循環させ、中でこの厄介な代物が固まらないようにしなければならない。だが、設備投資のおかげでコストは大幅に圧縮された。マトソン海運は自動化の威力をまざまざと実感する。そしてカッシングが引退してまもなく、西海岸～ハワイ航路で扱っていた一般貨物についても効率改善に取り組むことを決意したのだった[13]。

マトソン海運の取り組みは慎重だった。マクリーン率いるパンアトランティックは前代未聞の新しいビジネスに後先見ずに飛び込んだが、考えてみればそれは、危険にさらすような資産がほとんどなかったせいかも知れない。マトソンが慎重だったのは、守るべき既存事業もあったし、保守的な役員連中がしっかり財布の口を締めていたからでもある。[14] マクリーンがあたためていた構想をたった二年間で一気に事業化したのとは対照的に、マトソンはまず社外での研究に二年を費やす。そして一九五六年になって、ようやく社内に研究部門を設置した。責任者として採用されたのは、地球物理学者のフォスター・ウェルダンである。潜水艦発射ミサイル、ポラリスの開発にも携わった第一級の頭脳だった。[15]

このアプローチには、マクリーンとのちがいがはっきり表れている。パンアトランティックの技術陣も、たとえばキース・タントリンガーにしてもロバート・キャンベルにしてもきわめて優秀である。だが彼らは民間企業の人間であって学界とは縁がなく、経歴が世に知られることもなかった。一方、ウェルダンは一流の誉れ高いジョンズ・ホプキンズ大学の教授であり、オペレーションズ・リサーチという新しい科学分野では高名な学者である。また、パンアトランティックの初期の技術はどれも大急ぎで開発された。老朽化したタンカーに古びたクレーンを使い、コンテナのサイズすら船のサイズに合わせて決められた。事業が軌道に乗ったらおいおい改善していけばいいという考え方だったのである。ウェルダンは、そんなやり方は「計画性がない」とはねつける。「輸送産業では各社に好みのやり方があり、使う設備や機器類はどこも自社のものが最高と考えているようだ。しかし実際にはコンテナのサイズから輸送の経済性にいたるまで、定量的なデータはどこにも存在しない」とウェルダンは指摘した。十分なデータを集め、それに基づいてマトソン海運に最適のコンテナ輸送方式を提案すること――これが、いかにも研究者らしいウェルダンの目標だった。[16]

かくしてウェルダンは、マトソン海運の運命を決める問題に取りかかった。同社が扱う一般貨物の約半分はコンテナ輸送に適している。だが貨物量のバランスがよくなかった。本土からハワイ向けが圧倒的に多く、ハワイから本土向けの三倍に達している。したがって本土向けでは空のコンテナを輸送することになるから、その分の運賃をハワイ向けでカバーしなければならない。さらにまずいのは、ハワイ向けの貨物の多くがハワイ諸島に点々と散らばる小さな食品店向けだということだった。ホノルルで一旦コンテナを開封し、小口貨物に分けてあちこちに送り届けなければならない。これではコンテナ輸送はかえって高くつく。ただしその一方で、コンテナ化すれば貨物を一個ずつ扱う手間が省けるから、既存事業のコストの大幅削減が可能になる。「過去の記録をみると、人手を使って行う荷役のコストは一貫して上昇している。この傾向が逆転する徴候は見受けられない。港湾労働者の賃金は、生産性とは無関係に上がり続けている」として、コンテナ導入による荷役の機械化が望ましいとウェルダンは結論づけた。次の問題は、どうすればマトソンがコンテナをうまく活用できるかということである。コンテナに貨物を詰め込むときに目的地のルート順に詰めればいい、とウェルダンは考えた。そうすれば、ホノルルでコンテナを開封せずそのままトラックに積み込める。最初の店に到着したときに運転手が扉を開ければ、いちばん手前にその店に届ける貨物が配置されているというしかけだ。これならコンテナ化も経済的に見合うだろう。[17]

　ウェルダンは着々と問題を片づけていった。次はサイズである。サイズが小さければ貨物を満杯にしやすく、コンテナを開封せずそのまま荷主から荷受人に直接届けられる。その一方で、一〇フィート・コンテナ二個を積み込むのは二〇フィート・コンテナ一個を積み込む二倍の時間と手間がかかるから、クレーンと船への設備投資が十分生かされない。ウェルダンはマトソン海運の輸送実績をすべてコンピュータで解析した。一九五六年当時にはその作業に数千枚のパンチカードが必要だったが、とにかくウェルダンはやり遂げる。そしてハワイ航路に最も適しているのは二〇～二五フィート・サイズだと結論づけた。それより大きいと無駄なスペースを運ぶことになる。それより小さいと荷役に時間がかかりすぎる。ウェルダンはまた、最初はパンアトランティックと同じようにコンテナは甲板に積み、船倉には在来の貨物を入れるよう提言した。マトソンが保有する一五隻のC3型貨物船のうち六隻を改造すれば、ホノルル～ロサンゼルス、ホノルル～サンフランシスコ航路で週一便を運航できる。こうすればコンテナ輸送があまり伸びなくても利益を確保できるし、順調に拡大するようなら他の船も改造してコンテナ専用船にすればいい。「コンテナリゼーションは恵まれた条件下にある。有望とみえたら最大限に拡大すればいいし、慎重に行きたければどの段階で止めてもいい」とウェルダンは述べている。[18]

一九五七年初め、マトソン海運の経営陣はウェルダンの提言を受け入れる。そして、最新技術を学んだ船舶設計技師のレスリー・ハーランダーが実行面を任されることになった。スタッフを雇い、コンテナ・オペレーションの詳細な計画を立てること。予算の無駄遣いをしないこと。複数の選択肢があるときは最もコスト・パフォーマンスに優れた案を選ぶこと。それが、ハーランダーに対する会社からの指示だった。[19]

ハーランダーはクレーンの専門技術者である弟のドナルドを引っ張り込み、一九五七年七月にまずクレーンの設計に着手することにした。一〇月に兄弟はヒューストン港へ行き、パンアトランティック海運のゲートウェイシティ号の入港を見守る。ゲートウェイシティ号はC2型貨物船だから、マトソン海運が保有するC3型より一回り小さく、速度ものろい。二人は真新しいクレーン二基を食い入るように見つめた。二基のクレーンが同時に稼働するため、ゲートウェイシティ号の荷役作業時間は、もっと小型だったアイデアルX号よりも短いぐらいである。だがハーランダー兄弟は、感心するより先に船内クレーンの危険性に気づいた。クレーンの運転士は甲板よりかなり高い位置にある運転席に座り、信号灯に従って操作する。緑が点灯した側の運転士がコンテナを船から埠頭に下ろす間、赤の側の運転士は待機する仕組みだ。だが万一両方が同時にコンテナを下ろそうとしたら、船はバランスを失って転覆するだろう。マトソン海運は小さな港にいくつも寄港するつもりはなく、サンフランシスコなど大きな港しかコールしないのだから、そんな危険を冒すのはばかげている。ここで、最初の大きな決定が下された――クレーンは、岸壁側に設置しなければならない[20]。

岸壁クレーンは、かつてパンアトランティック海運が造船所のクレーンを設置した例がある。しかしハーランダーは、他の用途に設計されたものを転用してもうまくいかないと感じた。パンアトランティックが使ったクレーンは、いわゆる旋回式である。甲板からコンテナを吊り上げ、円運動をして埠頭側に持ってくるまでは問題ない。だが、それをシャーシ上にピンポイントで下ろすのはむずかしく、そのために荷役作業が手間取っていた。ハーランダーは、ゼロからクレーンの設計を始める。「荷役は五分に一個のペースで行うこと」というのが彼に与えられた宿題だった[21]。パンアトランティックの最初のクレーンより二分も速いペースである。しかも、マトソン海運でいちばん大きな船の幅をカバーするためには、ブームの長さが埠頭から三〇メートル近く必要だった。となると、作業速度は毎分一二〇メートルにも達する。これほど高速になると、コンテナは甲板のはるか上方に吊り上げられた状態で不安定に揺れることになるから、特別なスプレッダーも必要だった。ハーランダー兄弟はこの年のクリスマスに息子がプレゼントされた「建設機械セット」で実験し、スプレッダーの問題を解決したという。[22]

ウェルダンの仕事はコンテナ・サイズを提案するところで終わりだが、ハーランダー兄弟のほうは実際のコンテナをつくらなければならない。一九五七年末にマトソン海運はトレーラー製造を手がけるトレーラーモービル社にコンテナ二個とシャーシ二台のプロトタイプを発注した。また別の業者には、スプレッダー二個とスチール製のフレームを注文する。船倉内のセルに収められたコンテナ荷役の実験に使うためだ。プロトタイプができあがってくると、数カ月にわたって実験が繰り返された。応力を測定するゲージがあちこちに取り付けられ、さまざまな重量、さまざまな積載状態のコンテナをセルに収めたり、吊り上げてシャーシに下ろしたりしては、負荷を測定する。テスト用のセルは、荷役中の船の傾きを考慮していろいろな角度に設置され、コンテナとセルの支柱との間にどの程度のクリアランスが必要かを検討した。またコンテナを段積みし、いちばん下のコンテナにかかる荷重も測定している。

データが集まった段階で、ハーランダーのチームは、マトソン海運にとって最も経済的なサイズは高さ八フィート六インチ、長さ二四フィートであると結論を下す。「重量を一ポンド減らしても二〇セントの価値しかないが、コンテナの容積が一立方フィート増えれば二〇ドルの価値がある」というウェルダンの指摘にしたがって、提案されたサイズの中で大きめの仕様が選ばれた。構造を強化するため、屋根はパネルを薄板にネジ止めする方式ではなく、鋼板をリベット締めする方式に改良されている。トレーラーモービルがハイウェイ用トレーラーで採用している方式だった。四隅のスチール製の支柱は、段積みを考えると六〇トンの荷重に耐えられなければならない。これは、パンアトランティックの最初のコンテナが支えた荷重よりかなり大きかった。扉は二枚重ねのアルミ製で、間に補強材を入れる。荒天時の横揺れでねじれが加わったときにも変形しないよう、継ぎ手の部分にも工夫がこらされた。床はベイマツ製で、さねはぎで組み合わされている。クレーンとフォークリフトが扱いやすいよう特殊な金具を付ける案は、予算の点から却下された。「コンテナに何か機能を付け加えてコストが上がるようなことはまず認められなかった」とハーランダーは回想する。「コストが一〇％増えただけで、利益計画全体ががらりと変わってしまう」[23]。

一九五八年初め、マクリーンがプエルトリコ航路参入の準備をしている頃、マトソン海運は競争入札を実施し、一一社の中からパシフィック・コースト・エンジニアリング社にクレーンを発注する。もっとも同社は見たこともないような設計に不安を覚え、コンテナの揺れで操作がうまくいかなくなっても責任はとれないと言い出したらしい[24]。マトソンがすべて責任は負うと保証する一幕を経てようやく製造が開始され、Ａの形に似た怪物のようなクレーンが完成した。高さは地上から三四メートル。両脚の間は一〇メートル離れていて、トラック二列、あるいは列車二本を容易にまたぐことができる。一方、トレーラーモービル社はマトソンの仕様通りのコンテナ六〇〇個とシャーシ四〇〇台を着々と製造。五段積みコンテナのラッシング（ロープ等による貨物の固定）方式は、マトソン海運が社内で開発した[25]。

一方、ウェルダンが率いる研究部門は、マトソン海運の保有船舶をどうすれば効率よく運用できるか、研究を重ねていた。一分数百ドルのレンタル料を払ってIBM704コンピュータを借り、運航スケジュールをシミュレーションする。取り扱う品目は年間三〇〇種類以上、量も重さもまちまちで、当然輸送コストもちがう。一年のどの時期にどの港をコールするか、何通りものスケジュールがインプットされた。さらに現実的な答を出すために、港湾荷役のコスト、埠頭やクレーンの稼働率、船ごとの最大積載量といった要素も考慮されている。ハワイ行きの大型船は、ヒロやラナイなどの小さな港にも寄港すべきか、それともホノルルで積み替える方がいいのか。ホノルルをいつ出港すれば、オークランドにパイナップルを届けるコストを最小化できるか。こうしたシミュレーションは一九五〇年代にはまだ目新しいもので、海運業で使われたことは一度もなかった。[26]

マトソン海運がコンテナ輸送サービスを開始したのは一九五八年八月三一日のことである。この日、ハワイアンマーチャント号はサンフランシスコを出港した。甲板にコンテナを二〇個、船倉には在来貨物を積んでいる。やがてハワイアンマーチャント号を含む六隻のC3型貨物船は、毎回七五個のコンテナを運ぶようになった。[27] マトソン海運自慢の新型クレーンをサンフランシスコ港東岸のアラメダに建設する間、荷役は旧式の旋回クレーンで行っていたが、五九年一月九日にはついに世界初のコンテナ専用クレーンが運転を開始する。そして、二〇トン積みコンテナ一個の積み込みをわずか三分でこなした。つまり一時間で四〇〇トンである。デッキマンが操作する船のウィンチと比べたら、じつに四〇倍以上の効率だった。同じようなクレーンが、早くも翌六〇年にはロサンゼルスとホノルルにも設置されている。[28]

その頃にはマトソン海運は、ウェルダンが立てた計画の第二段階に移っていた。もう一隻のC3

型貨物船ハワイアンシチズン号の改造である。今度は船倉もコンテナ専用にして六列六段に積み込めるようにした。L字形の鉄製の支柱を四本立て船倉内でコンテナが動かないようにする点はパンアトランティックと同じだったが、柱の上部には大きなセルガイドが取り付けられ、これに合わせてクレーンを下ろせばコンテナが支柱の間にすっぽり収まるよう工夫が凝らされている。またコンテナをまっすぐ下ろせるよう、ハッチは大きくとられた（荷役作業でクレーンの最初の仕事は、この大型ハッチを吊り上げて邪魔にならないところに置くことである）。五つある船倉の一つには、冷蔵コンテナ用の電源が用意された。冷蔵コンテナは七二個積載可能で、どれか一つでも温度が高くなりすぎたり低くなりすぎたりすると、機関室の警告灯が点灯する。船倉の積み込みを完了してハッチを閉めれば、さらに甲板にコンテナを二段積みできた。ハワイアンシチズン号は二五トン・コンテナ四〇八個が積載可能だが、これだけ積むとバランスが問題になってくる。とくに重量物の多いハワイ向けが頭痛の種だった。この問題は、いちばん重いコンテナを下に積み、船の重心を下げることで解決した。

三八〇万ドルを投じた改造は六カ月で完了し、一九六〇年五月にハワイアンシチズン号はロサンゼルス～オークランド～ホノルルの三角航路に就航する。港に入ると沖仲仕がまず甲板上のコンテナの固定を外し、次にクレーンで岸壁のシャーシ上に下ろすという段取りだった。甲板上のコンテナを下ろしたらハッチを外して船倉に取りかかり、最初のセルに段積みされた六個のコンテナを片づける。ここから先は揚げと積みが同時進行する。岸壁には積み出す貨物を運んできたトレーラートラックと到着した貨物をヤードに運ぶシャーシが二列になって待機。三分に一個、クレーンはコンテナを吊り上げ、岸壁で待ち構えるシャーシに移す。次にトレーラーからコンテナを吊り上げて積み込む。こんな調子で一列目の揚げ積みが完了すると、クレーンは船に沿って移動し、二列目にかかる。こうしてハワイアンシチズン号が港で費やす日数は大幅に短縮された。航海日数は一五日、そのうち港で費やすのは全部で二日半だけである。三角航路は利益を生んだ。万事に慎重なマトソン海運の取締役会も、六四年になると、コンテナ船に新たに三〇〇〇万ドル投資することに喜んで賛成している。[29]

物流の先端を行くニュー・ベンチャー

この頃には海運業界はコンテナの話題で持ちきりになっていた。ただし、行動に移す例はすくなかったと言わざるを得ない。コンテナ輸送を実行しているのは太平洋側でマトソン海運、大西洋側ではパンアトランティック海運あらためシーランド・サービスだけで、他の海運会社はまだ二の足を踏んでいた。コンテナ貨物の定期輸送をするためには、払い下げで使っている軍用船を改造しなければならない。だが、海運業に次々に技術革新の荒波が押し寄せようとしているらしい時期に多額の設備投資をすることには、どの会社も及び腰だった。

コンテナが海運業に変化をもたらすのはまちがいなさそうだったが、果たして革命とまで言えるのか、誰も確信が持てなかったのである。当時の船舶設計の第一人者ジェローム・L・ゴールドマンは、コンテナは一時しのぎにすぎず、コスト節減にはほとんど役に立たないと述べている。[30]他の専門家の多くも、コンテナはせいぜいのところニッチ技術であって、沿岸航路やハワイ航路程度ならともかく、外洋航路には向かないと考えていた。[31] 大外れかも知れないあやしげな代物に数百万ドルもの投資をするのは危険すぎる。たとえばシーランドの船上クレーンはたしかに革新的だが、メンテナンスが厄介で、荷役に手間取っていた。[32] アメリカン・プレジデント海運はコンテナに車輪を一組取り付けトラックがそのまま牽引できる方式を考案したが、既存のコンテナすべてに車輪を付けるコストを考えて断念している。[33] グレース海運の例は悲惨だった。同社は政府から七〇〇万ドルの補助金をもらって在来船二隻をコンテナ専用船に改造し、さらに自己資金三〇〇万ドルをシャーシ、フォークリフト、アルミ製コンテナ一五〇〇個に投じた。そして、ベネズエラで沖仲仕から断固たる拒絶を喰らうという憂き目に遭ったのである。グレース海運はコンテナ輸送の将来性を読み違え、船とコンテナをシーランドに安く売ってしまう。のちに同社の経営者が悲嘆したとおり、「コンセプトはわるくなかったがタイミングがわるすぎた」のだった。[34]

そのシーランド自身にしても、コンテナ事業はじつはうまくいっていなかった。プエルトリコ航路には強力なライバル、ブル海運が立ちはだかっていたからである。ブル海運は中南米貿易の約半分を押さえ、とくにプエルトリコ〜ニューヨーク航路では九〇％のシェアを握っていた。同社は一九六〇年四月にRO－RO船を導入。翌六一年五月にはコンテナ船も導入し、マクリーンがひそかに狙っていた荷主をあっさり奪い取った。[35] アメリカ本土の事業もうまくいかない。食品大手のナビスコ、製薬大手のブリストルマイヤーズなど数社との契約はすぐにまとまり、ニューヨークの工場からヒューストンに貨物を運んでいる。また、ヒューストンの化学工場とは肥料と殺虫剤を北東部に送る契約を結んでいた。だが、それ以外の大企業はコンテナ輸送に関心を示さない。海運と空運を組み合わせる方式、たとえばニューヨークからニューオーリンズまで船で運び、そこから中米まで空輸するというアイデアに乗る企業はほとんどなかった。シーランドの母港であるニューアークの貨物取扱量は、五七年の二二万八〇〇〇トンから、プエルトリコ航路を開設した五九年には一一〇万トンと飛躍的に増えたものの、その後伸び悩んでいる。五九年にはまたしても港湾労働者がストライキを打ち、シーランドは深刻な打撃を受けた。収入は落ち込み、五七～六〇年にコンテナ海運事業は八〇〇万ドルの赤字を計上している[36]。マクリーン・インダストリーズは、配当を打ち切らざるを得なかった[37]。

半ば自棄になったマクリーンは、一九五九年、シートレイン海運の買収を試みる。シートレイン海運は東海岸で唯一のライバルであり、外航航路に政府補助金を申請したウォーターマン海運を邪魔した憎き相手である。シートレインの経営陣は、きっぱりと買収を断った。業界ではマクリーン・インダストリーズは早晩破産するとの噂が流れる。そして補助金なしでは立ち行かなくなったウォーターマン海運は、かつてあれほど魅力的だったたくさんの船を残して売却された[38]。

こうした状況で、マクリーンはつくづく考えた――わるいのは海運業界の意識である。たとえば自分の会社の社員にしてからが、船よろしく変化のおそい環境に慣れきっている。企業の運輸担当者に売り込むコツも知らない。担当者は、どんな船で運ぶかなどということに興味はないのだ。お客に安く正確に届けること、これが彼らの最大の関心事であり、そこにアピールしなければならない。会社の意識を変えようと、マクリーンは新しい血を入れる決心をする。五五年にトラック運送から手を引いたとき、マクリーンは社員を引き抜かないという約束をしていた。だが五九年になると、まだ二〇代後半か三〇代前半の元社員が続々とシーランドの重要なポストを占めるようになる。そのほかにも、大手陸運会社から若くて有能な人材が引き抜かれた。

「強力なヘッドハンティングだったよ。最高のクォーターバックを獲ろうとするフットボールチームのドラフトみたいだった」と、このとき採用された一人は回想している[39]。たいていは、どんな仕事をするのか何も知らないままにニューアークの本社にやって来る。到着するなり、知能テストと性格テストを受けさせられた。五〇年代には珍しいことである。マクリーンがほしいのは、頭が切れ、意欲的で、起業家精神にあふれる若者だった。テストの点数がわるいとそのまま帰ることになる。学歴は一切問題にされなかった。マルコム・マクリーンにはメトロポリタン歌劇場のボックス席をシーズン通しで買い切るような一面もあったが、インテリ風は大嫌いである。新しく入社した面々は、トラック運転手や船員に合わせて文法を崩すようアドバイスされたものだった[40]。「暇なときはコイン投げでもしていろと言われたよ」と造船技師のチャールズ・カッシングは笑う。彼はマサチューセッツ工科大学を卒業して六〇年に入社した。「だけどぼくはコイン投げのやり方を知らなかったんだ[41]」。

期待に応える働きをすれば、責任の大きい仕事が任される。マクリーン・トラック運送から引き抜かれたバーナード・チャコスキーは、集荷・配達を担当する独立系運送会社との契約を一切任された[42]。ロードウェイ運送から来たケニス・ヤンガーはプエルトリコ事業を任されている[43]。そしてポール・リチャードソンは、最初はニューイングランドのセールス・マネジャーだったが、八カ月とたたないうちに国内営業をすべて指揮するようになった。リチャードソンは新卒でマクリーン・トラック運送に入社してマネジメントの訓練を受け、マクリーンが海運業に身を転じたときに一緒についてきた一人である。リチャードソンの秘密兵器は、「総輸送コスト分析」という一冊の報告書だった。[44] タイトルは仰々しいが内容はいたってシンプルで、品目別にトラック・鉄道・コンテナ船の輸送コストが比較されているだけである。運賃のみならず、集荷、配送、倉庫、保険料も対象になっている。リチャードソンは営業チームに対し、顧客企業の過去一年間の貨物量に基づいてコンテナを使った場合に期待できるコスト削減を各欄に記入し、品目ごとに合計を算出するよう指導した。それを全部合計すれば、一年間に削減できるコストが出てくる。従来のトン当たりいくらという運賃に比べれば、信じられないほど大きな額になった。

話は前後するが、パンアトランティック海運は一九六〇年初めに海陸一貫輸送を意味するシーランド・サービスに改称している。物流の先端を行くニュー・ベンチャーであることを強調するための改称だった。一日も休みなし、要求は多いが刺激も多くやり甲斐のある職場である。事前にメモを回すなどということは一切不要。幹部の間の意見対立は当たり前で、中間管理職クラスもどしどし意見を戦わせては即実行することが奨励された。ひんぱんに実績評価が行われ、報奨は金銭ではなく、急成長企業らしく株で与えられる。人生最良の時期をコンテナ海運とともに過ごした当時を懐かしんで、シーランド生え抜きの社員は次のように語っている。「膨大な仕事があり、どれもこれもすばやく片づけなければならなかった。マルコムはぽんと任せてよこす。こっちは何も質問しない。とにかく取りかかってやっつける、それがウチの流儀だった」。社員はみな社長がいないところでは「マルコム」と呼び、面と向かっては尊敬を込めて「ミスター・マクリーン」と呼んだ。[45]

ミスター・マクリーンはあらゆることを把握していた。そして、いつも数字をみてはキャッシュフローを確かめるのだった。

プエルトリコ航路を独占

一九六〇年に一五〇〇万ドルの赤字を計上したマクリーンは、逆境にいつもながらのやり方で立ち向かう。つまり、さらに借金をしたのである。六一年にシーランドは第二次世界大戦で使われたタンカー四隻を購入。ドイツの造船所に持ち込んで船体を二分割し、新たに建造されたミッドボディを挟み込む方式で大型化した。この「ジャンボ船」だとコンテナ四七六個を積載できる。シーランドの平均的な保有船舶の二倍、かつてのアイデアルX号の八倍である。競合各社が「ドイツの造船所で改造したのだから船籍がアメリカとは言えない。したがって内航船として就航する資格はない」と訴えたが、無駄だった。政府はマクリーンの申請を承認し、四隻は六二年にシーランド初の西海岸行きニューアーク〜カリフォルニア航路に就航する。この航路はシーランドの独擅場だった。ただ取引量がアンバランスなため、運賃収入は不安定である。カリフォルニアから東海岸に運ぶのはフルーツや野菜の缶詰めが中心でかなり重く、毎月の取扱量は一万トンに達する。だがカリフォルニア向けは七〇〇〇トン程度なので、空荷が多かった。しかし、この不経済のおかげで競争相手が参入してこないというメリットもある。要するにさほど輸送需要が多くないルートだった。[46]

こうして西海岸に手を拡げてからも、マクリーンはプエルトリコのことを考え続けていた。プエルトリコはアメリカの船会社にとってじつに魅力的な市場である。アメリカの自治領として政府が経済開発プログラム「ブートストラップ」を策定し、経済は飛躍的に発展中だ。このプログラムでは気前よく優遇税制措置が適用されるため、アメリカのメーカーが何百社も農業中心の貧しいこの島に押し寄せていた。彼らは部品をアメリカから持ち込み、安上がりなプエルトリコ人労働者を使って組み立て、製品を本国に再輸出する。プエルトリコの民間設備投資は一九五三〜五八年に倍以上に増え、国内総生産（GDP）は年八〜一〇%のペースで伸びていた。[47] これほどの好景気となれば、貨物の輸送需要も急拡大する。そしてここがポイントだが、アメリカのややこしい海運規制のおかげで、アメリカの内航海運会社しかプエルトリコ航路は運航できないのである。外国の海運会社はもちろん、アメリカの会社でも外航航路を運航していたら資格がない。

シーランドは一九五八年からサンファンに寄港している。だが、満足な実績を上げているとはとても言えなかった。なにしろサンファン港にはコンテナターミナルがない。到着したコンテナは埠頭横のおんぼろな倉庫で開封され、どうかするとそのまま何カ月も放っておかれる。信じがたいことだが、貨物の到着を荷受人に知らせるシステムが整っていないのだ。おまけにコンテナはいずこともなく姿を消してしまう。店舗に改造されたり、倉庫になったり、誰かが住みついてしまうことさえあった。「いやはや無茶苦茶だった」と、シーランドのプエルトリコ航路責任者は回想する。[48] しかも一向にシェアは拡大しない。本土からプエルトリコ向け貨物の五〇%以上、本土向けの九〇%以上は、相変わらずブル海運が一手に握っていた。[49]

一九六一年三月。業を煮やしたマクリーン・インダストリーズはブル海運の株式公開買い付け（TOB）を発表して世間をあっと言わせる。[50] 一〇〇〇万ドルに上る買収資金は、マクリーン・インダストリーズの資産を使い果たすような額だった。六〇年に大赤字を出した同社は内部留保をすべて取り崩しており、見かけほど財務内容はわるくないというマクリーンの強がりとは裏腹に、一一〇万ドルの債務超過である。[51] もっともブル海運の方も負債がかなりかさんでいたし、シーランドとの競争がたたって過去二年連続で赤字でもある。じつのところ、経営者は身売りしたがっていた。マクリーンの方は、ブルを買収できればプエルトリコでのビジネスをほぼ独占できるから十分元は取れると踏んでいた。プエルトリコの公正取引委員会がさかんに反対しているのはその証拠である。しかしブルの取締役会は公取委の勧告を受け入れ、マクリーンへの身売りを断念すると、別の買い手を見つけてしまう。マクリーンにできるのは、ブルが海軍から払い下げ船二隻を買うのを邪魔して腹いせすることぐらいだった。[52]

ところが世の中はわからない。ブル海運を買収した運輸会社が経営不振に陥ったのである。まずこの会社は船の改造計画を中止し、続いて一九六二年六月には、海運業そのものを打ち切ってしまった。ブル海運は倒産である。一夜にしてシーランドはプエルトリコの海運を独占することになった。新手の競争相手が参入して来ないうちに、シーランドはニューアーク〜サンファン航路で一日おきの定期貨物輸送を開始。六二年と六三年に二〇〇万ドルを注ぎ込んでサンファンに二基のターミナルも建設した。さらにしたたかなマクリーンは、ポンセとマヤグエスに寄港する新ルートも開設している。どちらもツナ缶ぐらいしか貨物のない港にわざわざ立ち寄るのは、大物高官テオドロ・モスコソを喜ばせることが目的だった。モスコソは例の「ブートストラップ」の発案者であり、プエルトリコの経済開発に重大な影響力を持つ人物である。[53]

シーランドがプエルトリコのビジネスを一手に掌握する頃、ちょうどこの国は経済の拡大期にあった。「ブートストラップ」の下、同国は一九五〇年代には主に労働集約型の工場を誘致した。おかげでプエルトリコ人労働者は生まれて初めて定職に就くことができ、その結果として個人消費が急増する。小売売上高は、インフレ調整済みで五四~六三年に九一%増えた。消費された商品の多くはアメリカ本土から船で運ばれたものである。やがてプエルトリコの賃金が上がり始めると、労働集約型産業にとってこの島の魅力は薄れてくる。すると「ブートストラップ」は、今度は大規模な資本集約型産業の誘致に軸足を移した。プエルトリコのGDPに占める工業製品の割合は、労働集約型だった五五年には一八%にすぎなかったが、資本集約型に移行し始めた六〇年には二一%、七〇年には二五%に増えている。そのほとんどがかつてはなかった産業、たとえば製薬業や金属加工業で占められていた。アメリカとプエルトリコとの貿易量は六〇年代を通じてほぼ三倍に拡大し、その大半が船で運ばれている。[54]

シーランドはこの好景気に乗った。だが、シーランドが好景気を後押ししたことも確かである。海運に依存するプエルトリコの経済は、高コスト体質の犠牲になっていた。一九四七~五七年にアメリカの総合物価は三一%上昇し、アメリカ~プエルトリコ間の海上運賃はトン当たり約五〇%も上がっている。一〇年間で五回も運賃の全面改定が行われ、プエルトリコの消費者はアメリカの非効率な海運会社のせいで高い品物を買わされる羽目に陥っていた。マクリーンがプエルトリコに殴り込みをかけた五八年、それまでブル海運を潤していた運賃体系に激震が走る。続く一〇年間で、ニューヨーク~サンファアン間の消費財輸送コストは一九%も下落した。トン当たりでみた平均運賃は三〇%以上下がっている。これだけ輸送コストが圧縮されれば、プエルトリコでの組立生産は大いに魅力的だ。機を見るに敏なマクリーン・インダストリーズは、現地生産を行う企業をサポートする子会社を立ち上げた。こうしてシーランドは、アメリカ〜プエルトリコ航路で毎週一八〇〇個のコンテナを運ぶようになる。その半分はプエルトリコの工場に送る部品か工場から送られる完成品だった。[55]

プエルトリコに難攻不落の牙城を築いたシーランドは、順調に発展を遂げる。一九六二年末時点で同社が保有していたコンテナは七八四八個、シャーシが四八七六台、トラクターが三八六台だったが、わずか三年後の六五年末には、コンテナは一万三五三五個に増えている。そして、コンテナ専用船一五隻がプエルトリコを中心にバージン諸島など一五港にコールしていた。[56] 躍進を続けるシーランドは、ニュージャージー州ポートエリザベスにオフィスを移す。目の前が埠頭で、窓からはシーランドのターミナルにあるアメリカ初のコンテナ船専用バースを見下ろすことができた。[57] じつはこの「新社屋」は、ポートエリザベスにある他の上屋と同じくすべてニューヨーク港湾局が建てたもので、シーランドは一銭も払っていない。「みんなマルコムが途方もないビルを建てたと思っていたが、ほんとうは全然ちがう」と、六二年にシーランドに入社したジェラルド・トーミーは話す。「確かにマルコムはビル建設コストの計算はしたよ。で、いつものとおり、会社のコスト削減になるやり方を選んだというわけさ[58]」。

一九六三年にはシーランドは、三〇〇〇人近い従業員を抱える大企業になっていた。[59] 業務管理は次第に複雑になり、六二年にコンピュータが導入されている。ただし主な用途は給与計算など総務関係で、貨物管理は依然としてアナログ式だった。ポートエリザベスでは、入ってくる貨物と出ていく貨物はマグネットボードで管理されていた。ボードは中央管理室の壁に掛けられており、コンテナがヤード内を移動するたびにスタッフが対応するマグネットを移動させる。一日の終わりにはボードを写真に撮り、記録として保管した。コンテナというものはとかく行方不明になりやすく、とくにプエルトリコではそれが甚だしい。倉庫が十分にないものだから、荷受人がコンテナを返してくれないのである。そこでシーランドでは「行方不明報告書」をつくり、一週間たっても港に戻ってこないコンテナを追跡する態勢を整えていた。積荷プランの作成も難事業で、プランナーのチームがコンテナ一個一個の重量と仕向地を書き出したリストを睨みながら、どう積み込むのがベストかを船ごとに計画する。この仕事をコンピュータがこなすようになるのは、六五年になってからのことである。[60]

会社が大きくなると、もうマルコム・マクリーン一人ですべてに決定を下すことはできない。それでも、経営に対するマクリーンの姿勢は変わらなかった。マクリーンは毎日朝早くオフィスにやって来る。「朝出勤するとだいたいはマルコムの方が先に来ていて、やあ、調子はどう、なんて挨拶された」とシーランドの元会計担当者は話す。「マルコムは腕利きの営業マンだったよ。誰にでも親しく話しかけ、相手のことをよく知っているという印象を与えるんだ」。ボルチモアかジャクソンビルにコンテナの集荷場を建設する計画が持ち上がると、マクリーンは現場に同行して用地を選んだ。冷蔵コンテナが必要になると、さっさと注文した。何個買うべきか担当マネジャーが二日間かけて検討しマクリーンの承認を取りに行くと、「やあ、おつかれさん。昨日もう五〇〇個注文しておいたよ」とあっさり言われたものである。[61] 六三年にアラスカ貨物海運を買収するチャンスが訪れたときは、財務内容を調査する手間をほとんどかけていない。マクリーンは迷わず飛びついた。アラスカ航路に参入しアンカレッジ港に寄港する権利は、逃すにはあまりに惜しい獲物だったからである。[62]

とはいえ、マクリーンはけっして数字に無頓着だったのではない。各地のターミナルからのブッキング（船腹予約）情報はつねに本社に送られてきたし、コンテナの輸送実績や稼働率、各航海の収益などは最新の数字が定期的に報告される仕組みになっていた。集荷・配送の地理的分布を分析し輸送パターンを割り出す試みも行われている。月次報告には品目ごとの収益が記載され、それを分析すると、たとえば酒類を積んだ一八トン・コンテナから上がる利益は玩具を収めた四トン・コンテナの二倍であるといったことが判明する。キャッシュフローは毎週報告され、コストコントロールがうるさく言われた。ポンセ港で五〇キロ当たり一・六セント荷役コストを減らせれば、年間一万四三〇〇ドルのコスト削減になる。一時間に捌くコンテナの数を一個増やせれば、一八万ドルの削減だ。長距離電話を三分以内に制限するだけでも年間六万五〇〇〇ドルの節約になった。[63] のちにシーランドの最高財務責任者になったアール・ホールは、「あの頃のシーランドは、現代の企業よりコスト意識は高かった」と自負する。[64] 一九六一年、設立六年目にして、シーランドのコンテナ事業は黒字に転換した。そしてマクリーンがこの事業を経営している間、二度と赤字に転落することはなかった。[65]

第五章

ニューヨーク対ニュージャージー

ニューヨーク港の没落

パンアトランティック海運に埠頭を貸しているニューヨーク港湾局（現在のニューヨーク・ニュージャージー港湾局）にとって、コンテナリゼーションの到来は思わぬ幸運だった。しかしニューヨーク市にとっては、やがて災厄となる。市当局は海運産業の中心都市の座を手放すまいと躍起になったが、無駄だった。海運業界に起きた変化にこの大都市はついていくことができなかった。新しいテクノロジーの登場でアメリカ最大の港は次第に後れをとり、多額の投資は無駄に消え、同市の経済は大打撃を受けることになる。

ニューヨーク港は、マンハッタンやブルックリンのあるニューヨーク側と、対岸のニュージャージー側とに分かれる（図1参照）。一九五〇年代前半、コンテナ輸送がまだ萌芽期のニューヨーク港は、海上輸送される国産工業製品の約三分の一を扱っていた。[1] 同港が扱う製品は高額商品が多かったか

図1 | ニューヨーク港

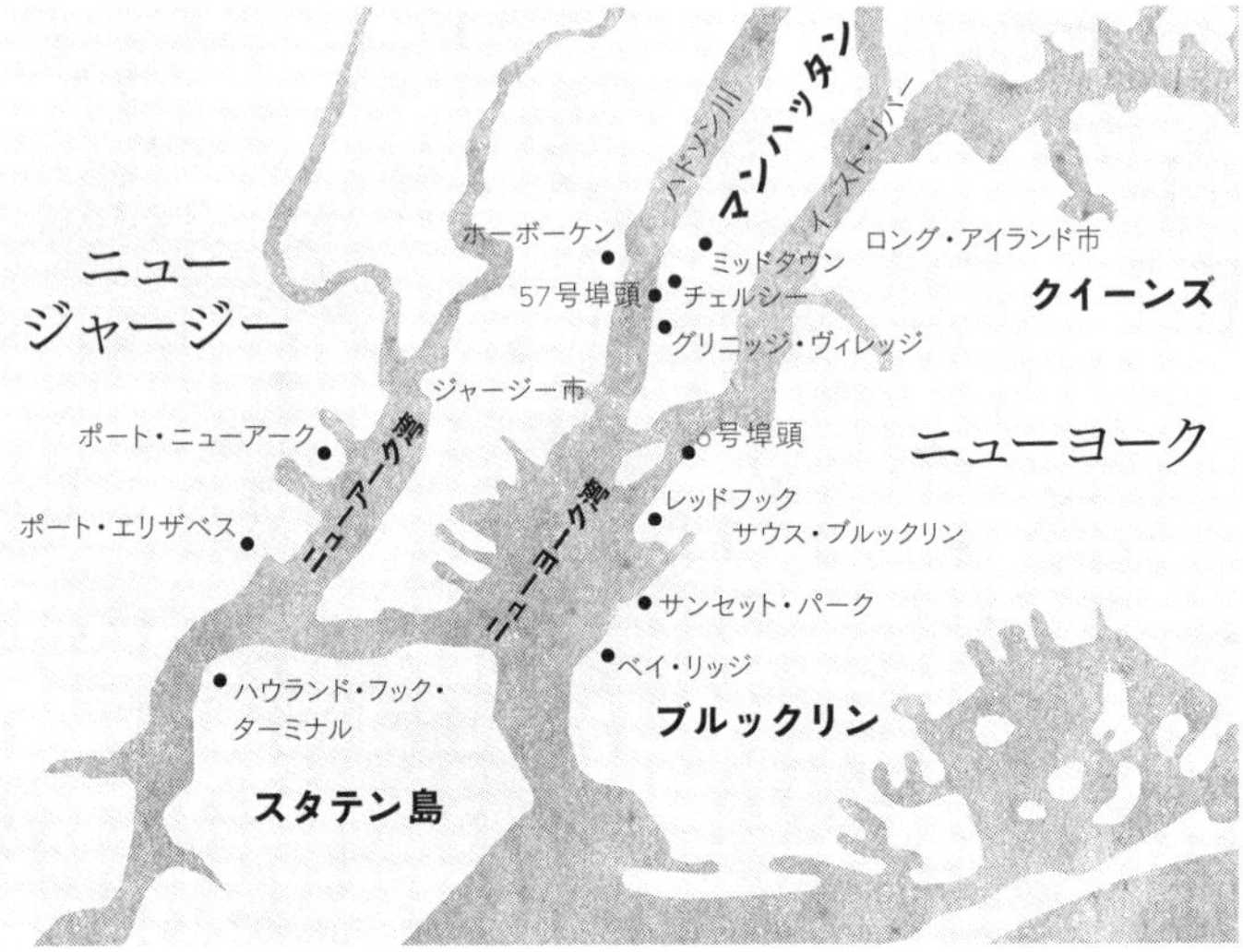

ら、金額ベースでみた比率はもっと大きかったにちがいない。この成功はたやすく手に入ったものではない。と言うのも、ニューヨークは港としてはかなり欠点が多いからである。桟橋は当時二八三あり、内九八が外航船用だったが、いずれもマンハッタンとブルックリンにある。ところが、鉄道は港を横切りハドソン川を渡って対岸のニュージャージー側に入る。国内各地から貨物を運んできた列車はニュージャージー側の大型貨物集積場にひとまず乗り入れ、そこで仕向地別に仕分けされる。次に構内用機関車に牽引され、港に面して並ぶターミナルに送り込まれる。鉄道会社は艀《はしけ》やタグボートを持っており、貨物列車をそれに載せてニューヨーク側のターミナルか外航船用の埠頭まで運ぶという手順になっていた。オハイオ州アクロンからヨーロッパにタイ

ヤを輸出しようとすると、まずはニュージャージーで入れ換えたり載せ換えたりしなければならない。[2]それでもニューヨーク港がやっていけるのは、例の州際交通委員会（ＩＣＣ）がブルックリンおよびマンハッタン向けとニュージャージー向けの運賃を同一にしなければならないと規定しているからだった。つまり、鉄道は港を横断する艀輸送を無料で提供していることになる。ニューヨーク港が東海岸の他の港を制圧できるのはそのおかげだった。[3]

戦後にトラック輸送がさかんになると、ニューヨーク港の欠点は一段と目立つようになる。一九五〇年代には貨物の約半分がトラックで運ばれるようになったが、[4]トラックはリンカーン・トンネルとホーランド・トンネルを出たところで、いつも渋滞している湾岸道路に入らなければならない。あまりに渋滞がひどいため、五二年には埠頭に行く車両以外は一二番街（いちばんハドソン川寄りの道路）の通行が禁止されたほどである。西側からニューヨークに入ったトラックがブルックリン埠頭をめざす場合、マンハッタン島を横切ってイーストリバーにかかった三つの橋のどれかを渡らなければならない。トラックは延々と列をなし、埠頭にたどり着いて貨物を受け渡すだけで一、二時間かかるのがふつうだった。[5]上屋は片側でトラックや鉄道から貨物を受け取り、保管し、船が入港すると反対側からふたたび埠頭に引き出す。コンテナ以前の時代には、こうした余計な手間とコストがかかっていた。

トラックで搬入する場合、必ず「公営仲仕」を使わなければならない。これはニューヨーク港独特のならわしで、桟橋でのトラック貨物の積み下ろしを公営仲仕が一手に仕切っていた。[6]国際港湾労働者連盟（ＩＬＡ）が、文字通り筋肉にモノを言わせて勝ちとった権利である。[7]海運業界、市長、州知事、そしてこの作業を自分たちでやりたいトラック運転手組合は何十年もの間、なんとか公営仲仕を使わずに済ませたいと画策してきた。公営仲仕は汚職が横行するＩＬＡ第一七五七支部の組合員で、表向きは自分たちの労組に所属している。だが裏で糸を引くのはＩＬＡの幹部であり、彼らは陸運団体と結託して「正規料金」と称するものを発表していた。それによるとアーモンドあるいは大理石チップの五〇キロ入り袋が五・五セント、自動車部品やタイヤ五〇キロなら六・五セント、缶ビール五〇キロなら八セントで、午後五時以降の荷役はすべて五割増しである。[8]この仕事に参入を試みようものならあからさまな妨害に遭った。自前で荷下ろしをしたある荷主は、船が出港したあとになって自分の貨物が岸壁に残されているのを発見している。一九五三年一二月にニューヨーク埠頭地区風紀委員会が設置され公営仲仕が禁止されてからも、暴力団まがいの連中が埠頭を仕切っていた。[9]

ニューヨーク市にとって、港は雇用の一大供給源である。一九五一年に港が戦時体制から正常な状態に戻ったとき、海運業・トラック運送業・倉庫業で働く市民の数は一〇万人に達していた。ここには鉄道と市営フェリーの職員は含まれていない。さらに一万四〇〇〇人が輸送関連サービス、すなわち仲介や通関手続きなど輸出入業務に伴う複雑な貨物取扱業務に従事しており、輸送サービス産業人口の三分の一がニューヨークに住んでいた。また卸売業に従事する人は二〇万を上回り、貨物が市内を通過しないケースも含め、卸売取引の四分の三がニューヨークで捌かれていた。五一年のデータによると、卸売業に携わる民間労働者は全国平均では二五人に一人だが、ニューヨーク市では一五人に一人に達している。[10]

またこの頃は、輸送の便を考えて臨海地帯に工場が建ち並んでいた。一九二〇年頃までは、ハドソン川沿いとブルックリンの海側に食品加工工場が、クイーンズやブルックリンのベイリッジには染料・塗料・医薬品・化学品工場が軒をつらねていたものである。[11] 五〇年代になると製造業が勢いを増し、ニューヨーク市民三万三〇〇〇人が化学産業に、七万八〇〇〇人が食品加工業に従事。さらに数千人が造船や電気機械産業で働いていた。いずれもローコストの貨物輸送を必要とする産業である。五六年のある統計によると、控えめに見積もってもニューヨーク市内の製造業のうちすくなくとも九万人は、ニューヨーク港経由で到着する輸入品に「直接関係する仕事」をしていたという。[12]

造船・船舶修理の数千人に海運業に関与する弁護士、銀行、保険会社の類までをすべて加えると、生計が港に関係する労働者の数は五〇万人に上る。[13] ロワーマンハッタンのボウリンググリーンに近い地区には船会社のオフィスが軒を並べ、数ブロック離れたジョン通りには保険会社のオフィスが並んでいた。ブルックリン区では、人口の一三％が何らかの形で港と関係のある仕事に就いていたという[14]（表3参照）。

このように港はじつに強力な雇用の源泉だったが、第二次世界大戦が終わってから数年もすると早くも翳りが見え始める。戦時中のニューヨーク港は、その戦略的な立地のおかげで圧倒的な貨物取扱量を誇っていた。ブルックリンには精油所と軍のターミナルがあったし、北大西洋を横断してきた船が数千隻も入港したからである。一九四四年の時点では、ニューヨーク港は船で運ばれるアメリカの全輸出品の三分の一を扱い、取扱量は二八年の二倍、大恐慌がいちばんひどかった年であ

表3　ニューヨーク市における港湾・輸送関係および港湾地区の就労者（1951年）

産業	労働者数	企業数
卸売	206,315	22,135
海運	67,453	637
倉庫	36,164	3,494
化学品	33,472	1,129
輸送サービス	13,968	1,030
パルプ・製紙	12,977	294
金属	11,452	249
ガラス・窯業	9,880	590
造船・船舶修理	9,469	84
食肉加工	7,315	183
石油精製	1,161	7
製粉	1,061	30
合計	410,717	29,862

（参考：ニューヨーク全市の就労者数　3,008,364）

資料：U.S. Census Bureau, Country business Patterns(1951年)

る三三年の五倍に達している。だが一部の専門家は戦時中から、埠頭が安全でないとして警告を発していた。この警告はおそらく正しかったのだろう。ともあれ戦後になってニューヨーク港の貨物取扱量が急減したことは事実である。まずは戦争で疲弊したヨーロッパからの輸入が激減し、やっとヨーロッパが復興を遂げて輸出が増えたのも束の間、今度は朝鮮戦争でアメリカ自体が戦時経済に逆戻りし、貿易が低迷した。全米の港で扱われた輸出入貨物は、五一年が合計一八五億ドルだったのに対し、五四年には一五六億ドルまで落ち込んでいる。製造業が一斉に消費財から戦時物資の生産に切り替えたことが、輸出の落ち込みにつながった。[15]

結果的にニューヨーク港は、輸出貨物の争奪戦に敗れたと言える。第二次世界大戦中のアメリカでは西部と南部が急成長を遂げた。そして、ダラスやロサンゼルスに工場を持つ企業にしてみれば、わざわざ東海岸から貨物を送り出す必要はない。一九五六年にセントローレンス運河が開通し、五大湖が直接ヨーロッパ航路と結ばれたことも打撃だった。運河の開通により、ニューヨーク港で扱う輸出貨物は六五年までに八％、輸入貨物は三％減るとの予想が発表されている[16]。

内陸輸送が高くつくことも、ニューヨーク港にとって不利な材料だった。ニューヨーク市の役人は、鉄道がフィラデルフィアやボルチモア、ノーフォーク向けを不当に優遇していると文句を付けたが、これは見当外れだ。ニューヨークの艀輸送のことを考えれば、他の港向けはもっと安い運賃にしてもいいぐらいだった[17]。またトラックも、渋滞のない他の都市向けの運賃はだいぶ割安になっている。たとえばクリーブランド～ニューヨークは、クリーブランド～ボルチモアよりトン当たり四ドル高い[18]。さらにニューヨークでは、埠頭での待ち時間が荷主に請求される。埠頭まで運ぶ場合は、市内止まりよりトン当たり六〇～八〇セントの割増しだった。おかげで連邦海事局（ＦＭＢ）は絶えず苦情に悩まされている[19]。

ニューヨーク港はほかにも問題を抱えていたが、こちらは身から出た錆と言うほかはない。一九一五～四五年にかけて労使関係は平和が保たれていたが、戦後になるとストライキが日常茶飯事になったのである。四五年、四七年、四八年、五一年、五四年に埠頭の一部または全部がストライキで閉鎖されている。ニューヨークの港湾荷役を仕切るＩＬＡは、共産党系の労組である全国海事同盟（ＮＭＵ）と喧嘩し、アメリカ労働総同盟（ＡＦＬ）とも対立。ＡＦＬに腐敗の巣窟と決めつけられ、五三年に同盟から除名されてしまう。五三年末に公営仲仕が廃止されると、今度はトラック運転手組合と激しく衝突し、桟橋ごとに山猫ストが横行する事態となった。[20]五〇年代末にようやくけりがつくが、それは、たとえ腐敗していても取引相手は一つの方が好ましいと判断した海運関係者が後ろ盾となり、ＩＬＡがふたたび港を支配するようになったからである。[21]こんな状態だから、いつストライキに出くわすかも知れないニューヨーク港より他の港が好まれたのも当然だろう。

犯罪が多いことも、ニューヨーク港が嫌われた原因の一つである。貨物は頻々と盗まれた。小さな箱に収められた腕時計や高級酒類を抜き取るのはさしてむずかしいことではない。事態を重くみたニューヨーク州知事トーマス・Ｅ・デューイの肝いりでニューヨーク埠頭地区風紀委員会が一九五三年に設置され、公営仲仕を廃止するとともに港湾労働者の雇用を管理し、犯罪組織にメスを入れた。また労働者の数を意図的に制限し、賃金を上げて犯罪を減らす試みもしている。[22]だが前科者六七〇名を解雇したあとでさえ、港湾労働者の五人に一人は犯罪歴があり、貨物の窃盗は一向に減らなかった。これがどれほど大問題だったかをうかがわせるエピソードを一つ紹介しよう。ジェームズ・キャグニー主演のコメディ映画『盗むなら大物を狙え』のロケを申し込まれたとき、ニューヨーク港湾局とニューヨーク市はそろって協力を断ったのである。そのような映画はニューヨーク港について「誤ったイメージ」を与えるというのが理由だった。[23]

内陸輸送費、ストライキ、それに犯罪。これだけでも十分すぎるほどだが、さらに決定的だったのが施設の老朽化である。[24]ルーズベルト通りに面したイーストリバー桟橋は、一八七〇年代の遺物だった。西二六番通りのハドソン桟橋は一八八二年建設、クリストファー通りの市営桟橋は一八七六年という具合である。ほかに一〇以上も古い桟橋があり、どれも海に直角に突き出している。船が水路内で九〇度向きを変えて船首を海側に向けて係留し、そのまま何日も停泊する時代に設計されたためだ。桟橋の中には幅が狭すぎてトラックがUターンできないものさえあった。こんな古ぼけた桟橋でも、船会社は年間一平方フィート当たり〇・九六〜二・〇〇ドルの係船料を払わなければならない。これは東海岸の他の港の三〜六倍だった。一九四七年になってようやくニューヨーク市は桟橋の改築と耐火工事計画を立てるが、予算がないとして議会で否決されている。多くの桟橋が文字通り崩壊して海中に没した。放置された杭や海中に浮かぶ残骸は単に見苦しいだけでなく、航行の邪魔でもあった。港湾局長のオースティン・E・トービンは「一八七〇年代の桟橋でもう使い物にならなくなった杭を捕鯨博物館に展示しているが、もし全部展示するとしたら、そのうち博物館のスペースがなくなってしまうだろう」と五四年に話している。[25]

コンテナ専用港ポートエリザベス

ニューヨーク港湾局は、ニューヨーク側と対岸のニュージャージー側の両方を管轄する組織として一九二一年に設置された。海運を担当するようになったのはじつはかなりあとになってからのことで、当初は港に向かう橋とトンネルを建設・管理することが主な仕事だった。錯綜する鉄道網を合理化しようとして鉄道の反撃を喰らって以来、しばらくは貨物輸送には関わらないようにしていたらしい。[26]だが、政治学者のワレス・S・セイヤーとハーバート・カウフマンが六〇年に指摘したとおり、もともと独立性が強く、議会から幅広い支援も得ているニューヨークの公共機関がいつまでもおとなしくしているはずもない。港湾局は「ありあまるエネルギーの吐け口を探す」ようになる。[27]そして、一九四〇年代にニューヨーク州とニュージャージー州の両方の知事が、まったく別々の理由から、港湾局に海運を担当させようと考えた。ニューヨーク州知事のデューイは波止場の組織犯罪の一掃、ニュージャージー州知事のウォルター・エッジはニュージャージー側の港湾開発が狙いである。[28]港湾局長のトービンと経営委員会の委員長であるハワード・カルマンは、両者の提案に飛びつく。ここでうまくやれば、ひそかに野心を燃やす大事業に手を伸ばすとき、後ろ盾になってくれるだろうとの計算からである。彼らが狙っていた大きな獲物は、空港だった。[29]

そうこうしているうちに、一九四七年に驚くべきことが起きる。ニューヨーク市の肝いりで設立され財界実力者が後押しするワールドトレード社が、市営埠頭の買収を提案したのだ。その後、民間の埠頭と倉庫も買収対象に加えられた。ニューヨーク市長のウィリアム・オドワイアーは断固これを拒絶すると、港湾局に対し埠頭をどうにかしろと注文をつける。三カ月におよぶ調査の末、港湾局は大胆な計画を提案した。一億一四〇〇万ドルの歳入担保債を発行し、バース一三基、鉄道貨物ターミナル四基、約一四万平米の卸売市場を建設する。港は市にリース料を年間五〇〇万ドル支払う、というものである。なんとも壮大な計画だった。現在の価値で九億ドル相当。市が過去一〇年間に港の整備に投下した予算を上回る額だった。[30]当然ながら計画は猛反対に遭う。まずＩＬＡが嚙みついた。[31]続いて埠頭を管轄する市の港湾空港課が反対する。この課は港湾局を空港事業から押しのけようと躍起になっており、もちろん港湾事業のほうも手放すつもりはなかった。[32]さらに、市会議員は自分たちの縄張りに港湾局が乱入するのをいやがった。そして官僚集団はこう主張した

――桟橋は金の卵を産む大事な財産である。老朽化した過去の遺物だなんて、とんでもない。当時のマンハッタン区長で市の財政監査委員会のメンバーだったロバート・F・ワグナーによれば、「埠頭はちゃんと利益を上げている。そうでなければ、連中は公衆衛生局を買収するとでも言っていたはずだ」。多勢に無勢。財政監査委員会は港湾局の提案を四八年に却下し、翌年提出された修正案も否決した。

つまりニューヨーク市の役人たちは、埠頭の近代化は自分たちでやる、港湾局などいらないと判断したことになる。だが破綻を来しているニューアーク市は、そんな幻想は抱いていなかった。維持費ばかりかかる古い埠頭は、もはや物理的に倒壊寸前である。一九四七年にニューアーク市は、埠頭に空港も添えて港湾局にリースすることに同意した。四八～五二年に港湾局は一一〇〇万ドルを投じて水路を浚渫し、埠頭を改築する。さらに、全米最大級のターミナルをニュージャージー側に建設すると発表した。ターミナルはウォーターマン海運が専用に借り受け、同社はブルックリンからニュージャージー側に拠点を移すという。新ターミナルは荷役がしやすいよう海に並行して配置され、岸壁長は四五〇メートルもある。ニューヨーク側の埠頭にはまず望めない環境だった。[33] ニューアーク港の建設が急ピッチで進み大手船会社が続々と移転するのをみていたニューヨーク市の担当者は、いずれニューヨーク側の埠頭はさびれると予言し、「港湾局の計画が正しかったと思う日が近いうちに来るだろう」とニューヨーク・ワールドテレグラム誌に書いている。[34]「市が港湾局の提案を拒絶し続けたのは、政治目的で港を利用したかったからにほかならない」。ニューヨーク市にそんな空気が生まれる頃、港湾局はもう二度と市側と話し合うつもりはないときっぱり宣言した。[35]

一九五三年、ウォーターマン・ターミナルが完成に近づく頃、港湾局はマクリーン・トラック運送会社がニューヨーク港周辺にターミナルを建設したがっているという話を聞きつける。港の一等地にトラック運送会社がそんなものをほしがるというのは妙だったし、その運送会社がやろうとしているのが貨物ごとトラックを船に積もうということだからもっと妙だった。だが何をやるにせよ、これ以上のタイミングはない。港湾局としては一社でも多く港に誘致し、ニューアーク港の成功に花を添えたいところである。そしてマクリーン運送のニーズに対応できるのは、港湾局しかない。ニューアーク港には大量のトラックが行き来できるだけのスペースが十分にあったし、鉄道の便もよく、できたてのニュージャージー・ターンパイクも近い。歳入担保債という魔法の杖を一振りすれば、必要な施設建設費をまかなうことはいとも簡単だった。どれもこれもニューヨーク市にはできないことである。マルコム・マクリーンとターミナル責任者のA・ライル・キングは、さっそく契約を取り交わした。[36]

港湾局はすぐさま新施設の建設に着手した。マクリーンと契約したあとで、ゴム輸入用ターミナルの建設も発表している。もはや麻痺状態に陥ったブルックリンからさらに企業を誘致できると見込んでのことだった。さらに一九五五年には、港湾局はニューヨーク側にも足がかりを築く。ブルックリン埠頭の民営地を長さ数キロ分買い取ったのである。前々から話があり二度ほど断っていたのだが、政治的判断で買うことにしたのだった。ブルックリンに利権を押さえたおかげで、ニュージャージーへの投資資金は一段と潤沢になる。五五年一一月には総工費九三〇万ドルをかけ、ノートン・リリー海運用のバース四基を備えたターミナルが完成した。同海運も、ブルックリンからニュージャージー側への引越組である[37]。

そして一九五五年一二月二日、画期的な投資計画が発表される。ニュージャージー州知事のロバート・マイナーが、ニューアーク港の南に広がる一八〇万平米の湿地を港湾局が開発することをあきらかにした。私有地で、潮の干満のある潮汐湿地である。ここには、二五隻の外航船がいちどきに停泊できる新港を建設する予定だった。名付けてポートエリザベス。全米史上最大の野心的な港湾建設計画である[38]。新港完成の暁には、ニューヨーク港全体を通過する一般貨物の四分の一以上をニュージャージー側で扱うことになるという。港湾局は当初エリザベスの荒地に興味を示していなかったのだが、トレーラーごと船で運ぶというマクリーンのアイデアを聞いてすっかり考えを変えたのだった[39]。これができるなら、沿岸海運は復活する。そしてポートエリザベスは、あのマクリーンの言う「コンテナ専用船」に最適の港として大発展を遂げるだろう。貨物上屋すらいらないまったく新しいコンテナ専用港……。まだ最初のコンテナ船が海に出てもいない段階で、港湾局ははっきり未来を見つめていた。コンテナ海運の基地となるのはニュージャージーだ。ニューヨークではない。

未来がないマンハッタン埠頭

ニュージャージー側の活発な動きをみてあわてたのは、ニューヨーク市である。かつてのニュージャージー側の光景はじつに牧歌的だった。たまに到着するのは木材ぐらいのもので、原油を除く全貨物に占めるニューアークの取扱高は、一九四〇年代を通じ、ニューヨーク港全体のほんの二、三％だったのである。だが船会社が次々にニューヨーク側から移転し始めると、ニューアーク港のシェアは伸び始める。ニューヨーク港全体の貨物取扱量が一定だとすれば、ニュージャージー側で一トン増えればニューヨーク側は一トン減ることになる。それは、雇用の流出を意味した[40]。

こうなると、ニューヨーク市議会にとっては大問題である。一九五三年、マンハッタン区長として港の事情にくわしいロバート・F・ワグナーが市長に当選する。イタリア人だけは身びいきから現職市長に票を投じたが、それ以外の労組や少数民族から幅広く支持されての圧勝だった[41]。港湾労働者の労組からも支持を得たからなのか、ワグナーは就任初年度の予算で一三二〇万ドルという前年度の倍以上の金額を港湾空港課に割り当てる[42]。すぐさま舌戦が始まった。五五年夏、港湾空港課長のビンセント・オコーナーは、港湾局が市の努力を妨害していると文句を付ける。「ニューヨーク市は港の近代化にまじめに取り組もうとしている。貴重な資産を港湾局の手に譲り渡すつもりはない」。弁護士でもあるオコーナーはＩＬＡと関係が深く、雇用の流出を懸念していた。九月に入ると、ワグナー市長は桟橋改修を四大優先課題の一つに掲げている。ちなみに残り三つは教育、交通、公害防止である[43]。

埠頭の老朽化は、隣の市でも問題になるほど深刻になっていた。ニューヨーク州知事のアヴェレル・ハリマンは、港湾局がニューヨークをないがしろにしてニュージャージーに肩入れしているとの苦情を耳に入れてはいたが、市に桟橋を改修する資金がないことも重々承知していた。ポートエリザベス建設計画が発表された一週間後、ハリマン知事の側近であるジョナサン・ビンガムが乗り出す。ビンガムは、ワグナー市長の選挙演説でスピーチライターも務めた男である。彼は港湾局長トービンの補佐役マティアス・ルーケンと経営委員長のハワード・カルマンを呼びつけ、「知事は、ノートン・リリーがニュージャージー側に移転したことを遺憾に思っている。ニューヨーク市から仕事を奪うためにそれほど多額の資金を投じるのが正しいことか、知事は疑問に感じている」と伝えた。[44]ルーケンはこの発言を個人的なメモに書き留め、ファイルに保管している。カルマンによれば、「ビンガムは、ニューヨークの桟橋がおぞましい状態にあることは知事もよく承知していると言った。だが、港湾局に埠頭の運営を任せることについては反対だった」という。[45]

一九五五年の時点ではコンテナは姿を現していなかったし、マルコム・マクリーンは海運業界ではアウトサイダーだった。人目に触れることなくマクリーンの計画が進行する中、ワグナー市長は港を運営するのは市であるとの信念を高らかに掲げ、オコーナー港湾空港課長が新桟橋と貨物上屋建設を含む六カ年計画を立案した。[46]市は港に巨費を投じ始める。五六年の港湾再開発予算は一四八〇万ドル、六年間の総額は一億三〇〇〇万ドルに達する見込みだった。当時にしては画期的な計画である。それによると桟橋は海岸に平行に配置し、ターミナルのレベルは旅客用と貨物用で分離する。舗装道路を設け、トラックが貨物上屋まで直接乗り入れられるようにする。倉庫五棟を新たに建設し、ニュージャージー側から艀で運ばれてきた鉄道貨物をそこで捌く。キュナード海運の旅客船用に新たなターミナルを建設する。きわめつきは、どう考えても挑戦的に港湾局の鼻先に配置した貨客両用新桟橋とターミナルである。工費一七〇〇万ドルのこの桟橋は、ホーランド・アメリカ海運にリースされることになっていた。[47]六六年にわたってニュージャージー側を利用してきたホーランド・アメリカ海運は、あえて流れに逆らい、マンハッタンに移転することを承諾したのである。その後のインフレを考えると、いま挙げた数字では予算の規模をよく理解していただけないだろう。一九五六年の一億三〇〇〇万ドルは、現在に直すと八億ドルというところである。当時のアメリカでは、ロサンゼルス港が四五～五四年の一〇年計画で港に二五〇〇万ドルの予算を組んでいた。その三分の二に当たる額を、ワグナー市長はホーランド・アメリカ海運のターミナル一基に注ぎ込もうとしたのである。

とはいえこの計画は、ニューヨーク埠頭が抱える根本的な問題を解決するものではない。予算だけはたしかに圧倒的な額である。[48]だが、地理的に不利な条件はそれで解消されはしない。艀用のターミナルが建設されればニューヨーク向け鉄道貨物のハンドリングは容易になるが、外航船に積み込む鉄道貨物を艀で運ばなければならない点に変わりはない。[49]埠頭に向かうトラックがホーランド・トンネルとリンカーン・トンネルで渋滞に巻き込まれる問題も解決されない。そして言うまでもなく、港湾労働者の問題にとっては何の解決にもならなかった。改修が終わった桟橋をふたたび稼働させようとしたところ、ＩＬＡが組合員の優先雇用を主張して非組合員との間で騒ぎとなり、操業再開が延期されたほどである。[50]立腹したオコーナー課長は五五年の夏にＩＬＡの組合幹部を呼び出して直接注意した。「組合の行動は、新しい桟橋の利用を促進しようとする市の努力を無にするものである[51]」。

市長の諮問機関であるニューヨーク市計画委員会は、もともとオコーナーの再開発計画に懐疑的だった。そして、港湾局ともう一度交渉し埠頭の運営を任せるべきだと提言する。「港の開発と利用に関しては港湾局に一日の長があり、市の経済により貢献できるだろう」[52]。市長はこの提言を無視した。大規模な建設工事はワグナー市政の身上である。それに、自分の権力のおよばない港湾局に再開発を任せるつもりもなかった。しかもワグナーは労組寄りで、その労組の幹部は、港湾局が仕切るようになれば老朽化した埠頭の一部はばっさり切られると恐れている[53]。そのほかに個人的な事情もあった。再選を狙うワグナーは、少数民族の支持をとりつけようと躍起だったのである。ワグナーはドイツ系だが、ニューヨークではドイツ系はそう多くはない。黒人、アイルランド人、イタリア人など、港湾労働者が多くを占めるグループの支持が必要だった[54]。そしてワグナーは首尾よくこれに成功し、五七年に再選される。実業界もニューヨーク港再開発計画を後押しした。新しい市民団体ダウンタウン・ロワーマンハッタン・アソシエーションを率いるチェースナショナル銀行のデビッド・ロックフェラーは、イーストリバーに面した四基を除きロワーマンハッタンの桟橋はすべて維持すべきだと主張している。五八年に発表された市長への提案書の中には、「われわれはこの地区に適切な桟橋を残し、改修してリースし、市として管理していくという港湾空港課の現在の計画を支持する」との文言がある[55]。

こうして港に注ぎ込まれる資金は前例のない額に膨らんでいった。オコーナーの計画では、六二年までに二億ドル、現在価値にして一四億ドルを投じることになっている。一九五七年九月、一〇六〇万ドルをかけたブルックリン市営ターミナルの利用に商船三井が同意し、またホーランド・アメリカ海運がマンハッタン新ターミナルの二〇年間のリース契約を結ぶ[56]。一息ついたニューヨーク市では、桟橋を港湾局に売却するという話は立ち消えになった。もっともこの頃には、局長のトービンも海事部長のキングも港の未来はコンテナにあると確信していたから、コンテナリゼーションに適さない市の桟橋に興味を失っている。買い取った民営地に近代的な桟橋一二基を建設する計画は進行していたが、コンテナ輸送が本格化してこの地区がさびれる前に設備投資を回収しなければならないとトービンは気づいていた。当時港湾局で港湾計画チームの責任者を務めていたギイ・F・トッツォーリも、「ブルックリンでなんとか元を取ることはできるにしても、そこには未来はないとわれわれにはわかっていた」と話す。[57] 港湾局は、ニューヨーク市のやり方に懸念をつのらせていた。補助金を垂れ流し、桟橋の使用料をとめどなく押し下げるのではないかという懸念である。ホーランド・アメリカ海運とのリース契約は「きわめて不適切」だとトービンは攻撃している。「この契約は、市が年間四五万八〇〇〇ドルの補助金を出しているのと同じだ。これは、一民間企業に補助金を出して係船料の水準を不当に引き下げるものである」[58]。オコーナーはたちどころに反撃した。港湾局を「港中に触手を伸ばすタコ」呼ばわりし、「市民の手で港を運営しようとする市の努力をくじこうと、ありとあらゆる宣伝活動をしている。市民に対して直接責任を負わないのをいいことに儲けを企む彼らに、われわれの港は任せられない[59]」。

一方、ニューヨーク市計画委員会は、市の経済的繁栄のカギを握るのは港ではないとの見方を一段と強めていた。ロワーマンハッタンのイーストリバー沿いには、埠頭などよりオフィスビルや高層マンションを建てる方がよほどいい。そう考えた委員会は、たいして利用されもしない桟橋などは貴重な海岸の活用法として効果的とは言えないとの意見を一九五九年に具申する。[60] オコーナーは理事会そのものを批判して対抗した。「理事会はニューヨークという大都市に秘められた可能性をごく最近の状況からだけ判断しており、未来を肯定的に判断していない。理事会の提案はうしろ向きで、全然建設的でない。ニューヨークの持つダイナミズムにふさわしくない提案であることが遠からず立証されるだろう」[61]。

しかし事実は、ニューヨーク市の予算は投じるそばからすでに無駄になりつつあったのである。一九五五年に艀で運ばれる鉄道貨物用のターミナル五基の建設をオコーナーが提案した当時は、九五〇万トンの貨物がニュージャージー側からニューヨーク側に艀で運ばれていた。だが五年後、市がすでに一〇〇〇万ドルをターミナルの建設に注ぎ込んだ時点で艀の輸送量は三分の一ほども減っており、なお減少傾向にあった[62]。ハドソン川に面して建設された五七号桟橋も似たような状況である。これはグレース海運の貨客船専用桟橋で、たいへん近代的ではあったが、航空機の発達で旅客が減ったために、開業前から早くも無用の長物になりかかっていた。その他の新しい桟橋にしても、荷動きのパターンに合わなくなっている。そしてニューヨーク市当局は気づいていなかったが、止めの一撃となったのはコンテナリゼーションだった。

パンアトランティック海運は、コンテナ輸送を開始してから半年間で、毎週一二〇個のコンテナをニューアーク～ヒューストン航路で運んだ。ニューアーク港のターミナルは、小口貨物をコンテナに積み替える基地として活況をきわめる。ターミナル開業からわずか九カ月の一九五七年初めには、パンアトランティックはコンテナやシャーシの保管用地を確保するため、二万四〇〇〇平米の追加リース契約を結んだ[63]。開業当初に比べるとじつに一二倍のスペースである。政府主導で行われたある調査で、コンテナ輸送のコストが在来輸送に比べてトン当たり三九～七四％もすくないことが発表されたのは、ちょうどこの頃である。[64] これを受けて大手船会社の幹部で構成されるプロペラ・クラブは、五八年の年次総会である一日を「コンテナ・デー」に充てた。コンテナ輸送には追い風が吹き始めており、在来の貨物輸送が早晩立ち行かなくなることはもはや誰の目にもはっきりしていた。[65]

コンテナ輸送が拡大するにつれ、ニューアーク港はますます活況を呈するようになる。一九五六〜六〇年に貨物取扱量は倍増。一方ニューヨーク側の取扱量はやや減少し、ニューヨーク港全体の取扱量に占めるニュージャージー側の比率は、五六年の九%から六〇年には一八%に伸びている。そしてシーランド・サービスは、六〇年にはニューアーク港貨物取扱量の二〇%以上、ニューヨーク港全体でも六%を占めるにいたった。この数字は、一時は風前の灯だった内航海運で達成されたものである。内航海運は、いまやマンハッタンから雪崩を打ってニュージャージー側に移転しつつあった。[66]

一九五八年にはポートエリザベスの建設が始まる。シーランドのニューアーク・ターミナルから石を投げれば届きそうなところを、浚渫船とブルドーザーが忙しく行き来した。二年にわたる計画立案、さらに地元の役人とのいざこざを乗り越え、大々的な建設工事が本格的に始まったのである。[67] ちょうどニューアーク港と向かい合う位置にあり、水路は長さ二七〇〇メートル、幅二四〇メートル、水深は一〇メートル以上ある。岸壁の全長は数キロにおよび、鉄道の引込線も整備された。貨物運搬用道路の幅は三〇メートルに達する。港湾局の見通しでは、ポートエリザベスのコンテナ取扱量は年間二五〇万トン。これは、ニューアーク港の四倍に相当した。ニューヨーク港再開発計画とのちがいは鮮明である。ニューヨーク側の場合、計画された桟橋はすべて混載船や貨客船を想定したもので、市議会で再開発計画を説明したオコーナーは「コンテナ」という言葉を一度も口にしていない[68]。これに対して、ポートエリザベスは初めからコンテナ港をめざしている[69]。天の恵みと言うべきか、もともと湿地帯だったため、建設工事はまず浚渫から始めなければならなかった。浚った土で埋め立てを行い、地盤を固める。このため埠頭と道路の建設は六一年まで待たされたが、その間にマクリーンの構想は一段と進化した。かくてポートエリザベスの最初のバースはどれも、コンテナを一旦上屋に収める無駄を省くため、七万平米におよぶ舗装区域を備えることになった。港湾局発行の広報誌はこの点を次のように説明している。「この設計により、トレーラーは船側に次々にやって来て直接コンテナの揚げ積みができる。まさに工場の組立ラインのように[70]」。

ポートエリザベスのシーランド・ターミナルは一九六二年に開業。コンテナ輸送は、ニューヨーク市が想像だにしなかった規模で始まった。マクリーンはニューアーク港からパナマ運河経由で西海岸へ向かう航路の認可を取り付けることに成功しており、シーランドの取扱量は飛躍的に増えたのである。この年のニューヨーク港全体の貨物取扱量は過去二〇年で最高の水準に達したが、増えた分のほとんど全部は、ニュージャージー側のシーランド埠頭で扱われている。のんびりした田舎の港だった五〇年代初めの面影はもうどこにもなかった。対照的に、混載船用につくられたニューヨーク側の新桟橋は、単なる無駄遣いだった。数千に上るコンテナやシャーシを待機させるスペースもなければ、次々に到着するトラックや鉄道貨物を捌く場所もない。ニューヨーク側の埠頭がニューアークやポートエリザベスに太刀打ちするのは、どだい無理な相談だった。

とはいえ一九六二年の時点では、港全体からみればコンテナ貨物はまだ脇役にすぎなかった。ニューヨーク港全体の貨物取扱量に占めるコンテナの割合はわずか八％である。というのも国際航路にはまだコンテナが投入されておらず、外航船は相変わらずマンハッタン埠頭とブルックリン埠頭に接岸していたからである。それでも風向きははっきりしていた。シーランドがブル海運を買収しカリブ航路を独占すると、プエルトリコ向け貨物はすべてポートエリザベスのターミナルで扱うようになる。貨物取扱量に占めるニュージャージー側のシェアは、六四年には一二％に達した。

それでもニューヨーク市は巨額な投資を続行した。港が活気を取り戻すことを願って、ユナイテッドステーツ海運の高速船用の桟橋には二五〇〇万ドルが投じられている。港湾空港課は一九六四〜六五年の予算としてさらに四〇〇〇万ドルを申請する。世間では桟橋より都市開発をすべきだとの声が高まっており、防戦一方のＩＬＡは、マンハッタンに桟橋と高級アパートメントの両方をつくってはどうかと折衷案を持ち出す。[71] だが強気のオコーナーは、すでにその職を去っていた。市の計画委員会にとって、政権末期に近づいたワグナー体制の下では、後任の新米課長レオ・ブラウンなど恐れるに足りない。「マンハッタンの貴重なウォーターフロントを貨物埠頭にするなどという時代錯誤的な計画は、必要ではなく、望ましくもなく、しかも実行可能とも思われない」。六四年に委員会はきっぱりと宣言した。どのみち、根本的な問題は何も解決していなかった。港湾労働組合の腐敗。貨物を艀で運んだり上屋に出したり入れたりする煩雑さ。船会社からみれば状況はすこしも改善されていない。いくら建設費を注ぎ込んだところで、彼らをニューヨーク側にとどまらせることは不可能だった。[72]

一方で、港湾局の快進撃は続く。ついにコンテナが国際航路にも導入されるようになったのである。一九六五年、大手数社が翌年からヨーロッパ航路でコンテナ輸送サービスを開始すると発表。数十隻に上る専用船が相次いで発注された。もはやニューヨーク側では捌ききれない。十分なコンテナ施設が整備されているのはポートエリザベスだけだった。

一九六五年末、港湾局はポートエリザベスの拡張に着手する。新桟橋を五基、さらに二六万平米のコンテナヤードを建設する計画である。この頃にはすくなくとも海運会社七社が、ニューヨーク側の老朽化した埠頭からポートエリザベスへの移転に関心を示していた。これを受けた港湾局は、わずか一〇カ月後に追加の拡張計画を発表。コンテナ専用船二〇隻を同時に処理できるよう開発が進められることになった。[73] こうなるともう、マンハッタンやブルックリンなど敵ではない。港湾局の海事部長ライル・キングはテレビ番組に出演し「今後一〇年の間には、高層ビルが建ち並ぶニューヨークの中心部から貨物がこちら側に、つまりニューアークやポートエリザベスへと移ってくるのはまちがいない。船会社ははっきりその意向を示しており、新しいコンテナ船建造を計画中だ」と語っている。[74] ちなみに、六〇年頃からワールドトレード社が世界貿易センタービルの建設を計画し、港湾局はこれを強力に後押ししていた。そこでニューヨーク市が、建設許可を出すのと引き換えにブルックリンとスタテン島にコンテナターミナルを建設してくれないかと持ちかけたことがある。これに対して港湾局は「考えてみよう」と返事をしただけだった。その頃にはニューヨーク市の世論は、「港の機能がニュージャージー側に移ってもかまわない」という方向に傾いていた。ニューヨークタイムズ紙も、「港湾局は二州にまたがる機関であり、ニューヨーク側とニュージャージー側を合わせた一つのものとしてニューヨーク港を監督することが望ましい。港湾整備に当たっては地理的条件や経済条件に基づいて決定を下すべきであり、政治的な配慮は一切無用である」と述べている。[75]

ニューヨーク港全体の実態を知るには数字をみれば事足りる。一九六〇年代初め、シーランドだけがコンテナ船を運航していた頃は、コンテナ貨物は同港全体の貨物取扱量の八％を占めるにすぎず、貨物の四分の三をブルックリンとマンハッタンで扱っていた。しかしポートエリザベスが開港すると、全量の三分の一をニュージャージー側で扱うようになる。またコンテナ貨物の比率は一三％に達した。「ニューヨークはコンテナの玄関口です」というのが、港湾局が世界に向けて発信したキャッチフレーズである。財界では、港湾局が推進するマンハッタンのウォーターフロント開発計画も話題になっていた。世界貿易センタービルをはじめ、高級アパートやマリーナなどが建設される予定である。埠頭の方はさびれる一方だった。ＩＬＡの幹部は港湾空港課長のレオ・ブラウンを評して「駐車場の管理者としてすばらしい仕事をしている」と皮肉ったものである。[76]

ニューヨーク市の港湾労働者と議員は、世界貿易センタービルの建設を差し止めようと市庁舎前でピケを張った。「ニューアークやポートエリザベスに注ぎ込む予算があるなら、港湾局はニューヨーク側の埠頭にもカネを出すべきだ。ブルックリンの海軍造船所が閉鎖された埋め合わせをし、労働者に職を提供してほしい」。ジョン・Ｖ・リンゼイ市長時代に副市長を務めたロバート・プライスは一九六六年にそう訴えた。プライスに言わせれば、「港湾局はとにかく不公平」である。「ニューヨーク市は外航貨物の三分の二を扱っている。それなのに港湾局は予算の三分の一しかこちらに回さない」。これに対する港湾局の回答はひどく素っ気なかった。「比較的ましなブルックリン埠頭は今後も在来貨物を扱う。ただし在来貨物の量は減っている。混載船用の桟橋を建設する計画はいまのところないし、遠い将来にもない[77]」。

リンゼイ市長がどう言おうと、マンハッタン埠頭に未来がないことは誰の目にもあきらかだった。一九六六年には公園監督局長のトーマス・ホービングが、グリニッジ・ヴィレッジにある四二号桟橋をレクリエーション施設に転用する案を提出。港湾空港課は怒り狂ったが、結局は桟橋の上部構造を譲り渡すしかなかった。次の年になると、十数社が造船所に注文を出した。これが意味するところは一つしかない。コンテナ専用船である。巨大フルコンテナ船六四隻の建造が始まるという空前の造船ラッシュとなり、港湾局は、ニューヨーク港全体で取り扱う貨物の七五%はコンテナ化されると予想した[78]。ＩＬＡマンハッタン支部はリンゼイ市長に面会を求め、新桟橋を建設して雇用を確保するよう訴える。すると、港湾空港課の新課長ハーバート・ハルバーグはこう諭したという。「それだけの設備をマンハッタンに建設することは、海運ニーズを考えても、市の経営を考えても、もはや経済的に見合うとは思えない[79]」。

労組が最後に望みをかけたのは、ワグナー市長時代に強面《こわもて》として知られた元港湾空港課長ビンセント・オコーナーである。労組に担ぎ出されたオコーナーは、桟橋建設のロビー活動を行った。ロワーマンハッタンに船・鉄道・トラック用の複合ターミナルを建設する。屋上にはヘリポートも設ける。それから、イーストリバーには「タワー型桟橋」なるものを建設する。立体駐車場のイメージで、コンテナを積み上げて保管するというものだ[80]。こんな空想物語は何の役にも立たない。実態は、港湾局の一九六九年の報告書に書かれているとおり、「ごく少数の例外を除き、大手外航船社のコンテナ専用船はすべてポートエリザベスに停泊している」のだ。そして翌七〇年、旅客専用の新ターミナルが検討事項として浮上してきたとき、リンゼイ市長は決断を下す。もう港湾事業からは手を引こう。「親愛なるオースティン」で始まる手紙をリンゼイはトービンに書いた。数年前には考えられなかったことである。「われわれがとれる選択肢を検討した結果、このターミナルの建設・運営に最も適任なのは港湾局であるという結論に達した」[81]。この旅客船用ターミナルは最終的にマンハッタンに建設されたが、これを担当したのは港湾局である。港湾局はもともとの名称（ニューヨーク港湾局）から、ニューヨーク・ニュージャージー港湾局に改称された。これでもはやニュージャージーにいくら大規模な港を建設しても、市当局から異議を申し立てられることはなくなったのである[82]。

コンテナ船が在来船を駆逐するにつれ、ニューヨーク港全体の貨物取扱量に占めるニュージャージー側の比率は高まっていった。一九七〇年にはじつに六三％に達している。また七二年のコンテナ取扱量は五四万九七三一個だった。一方でニューヨーク側は減少の一途をたどる。ブルックリン埠頭の取扱量は六五～七〇年に一八％落ち込んだ。「コンテナはどうやらわれわれの墓を掘っているらしい」。ＩＬＡ議長のトーマス・グリーソンはそんな不吉な予言をしたが、これはさほど見当外れでもなかった。六三～六四年のマンハッタン埠頭における港湾労働者の延べ労働日数は一四〇万人日だった。しかし六七～六八年には一〇〇万人日を下回り、七〇～七一年には三五万人日に、七五～七六年には一三万人日に減っている。一二年間でじつに九一％の減少である。労働者の数そのものも大幅に減った。マンハッタン埠頭で海上貨物荷役業務に従事する労働者は、六四年には事務職も含め一万九〇〇七人いたが、七六年には七九三四人になっている。ブルックリン埠頭は、港湾局の設備投資もあってまだましな状況だったが、それも長くは続かなかった。マンハッタンの雇用減が始まった二年後、ブルックリンも後に続く。六五〜六六年の延べ労働日数は二三〇万人日だったが、七〇〜七一年には一六〇万人日に、七五〜七六年には九三万人日に落ち込む。そして七一年にブッシュ埠頭で就労斡旋所が閉鎖されると、隣接するブルックリン米軍埠頭も含め、雇用は七八％も減った。かつてあれほどさかんだった荷役産業のあまりと言えば激しい凋落ぶりである。[83]

　一方、ニュージャージー側ではあらゆる予想を上回る拡大が続いていた。荷役会社も船会社も人手不足で悲鳴を上げる。一九七三年には四〇の船会社がニューアークかポートエリザベスを本拠にしていた。コンテナリゼーションで荷役が大幅に合理化されたにもかかわらず、六三〜七〇年に雇用は三〇％も増えている。

　一九七〇年代半ばになると、ニューヨーク側の埠頭にはもはや昔日の面影はなくなっていた。港内を横切る艀で運ばれる貨物は、七四年にはわずか一二万九〇〇〇トン。七〇年の一〇分の一以下、六〇年と比べれば五〇分の一である。ブルックリン埠頭ではまだいくらか貨物を扱っていたが、日本船が利用していたことから「リトルジャパン」と呼ばれた六号、七号、八号桟橋は無人になっていた。日本の船会社五社がごっそりニュージャージーにターミナルを移したからである。プエルトリコ事業を手広く手がけていたブル海運のターミナルも縮小され、七七年には閉鎖された。ハドソン川沿いに並ぶ四基の桟橋は六三年にユナイテッドステーツ海運用に改修されたが、早くも見捨て

られ、新しい借り手も見つかっていない。時代の流れから目を背けた市当局の壮大な失敗の証として残されていたが、数年後に新しいテナントが名乗りを上げ、チェルシー桟橋として甦った。ただし用途は海運ではない。レクリエーション施設である。[84]

コンテナリゼーションの影響

埠頭の衰退はニューヨーク市の経済にも波及した。最も手痛い打撃を受けたのは、ブルックリンに住む貧しい人々である。ブルックリン区は八三六の小区（国勢調査単位）に分けられるが、一九六〇年の調査によると、陸運・海運関連に従事する労働者は二三の小区に集中している。地図をみると、これらの小区は、北はアトランティック街から南はサンセットパークまで海岸沿いに並んでいることがわかる。二三の小区に共通するのは、移民が多く、その大半がイタリア人で、所得も教育水準も低いことだ。サウス・ブルックリンの第六七小区では、成人の五七％が中学しか出ていない。現在はコッブルヒルと呼ばれる第四九小区では、その率が六四％に達する。またサウス・ブルックリンの第六三小区には給与所得者が一〇七一人いるが、大学卒業者はそのうちわずか四人である。七〇年になると運輸関係の就労者は地区全体で激減し、人口そのものも大幅に減った。どれほど落ち込みが激しかったかは、数年後に行われた住宅調査をみるとよくわかる。埠頭沿いにあるサンセットパークとウィンザーテラスは一〇万人以上が住む住居地区だが、七五年の新築住宅戸数はなんとゼロなのである。[85]

貨物荷役の革命的変化は、埠頭以外で運輸業に携わる労働者にも多大な影響を与えた。一九六四

〜七六年に陸運・倉庫業の就労者数をみると、アメリカ全体では増えているのに、ニューヨークでは七〇年以降減っているのである。ニューヨーク側の埠頭を利用する船の数は減り、それに伴ってトラックの数も減った。倉庫は不要になり、駐車場などあまり人手を必要としない用途に転用されている。コンテナの出現で、貨物の扱い方はすっかり変わった。密閉されたコンテナは気密性が高いから、ニューアークかポートエリザベスに運び込んだら船が到着するまでそのままヤードに積んでおけばよい。屋根のある上屋が必要なのは、波止場でコンテナ詰めする小口貨物だけだ。外国から到着したコンテナは、そのままニュージャージー州中部かペンシルベニア州東部につくられた大型集積場まで運ばれる。そこには平屋の倉庫群が建ち並び、安い労働力が使えて高速道路の便もよい。両州の陸運・倉庫業の労働者数は当然ながら増えていった。

卸売業はニューヨークで昔からさかんな産業の一つだが、運送業同様、こちらも全国的な増加傾向に反して減っていった。一九六四〜七六年に、アメリカ全体では卸売業に携わる労働者は三二％増加している。もしマンハッタン区とブルックリン区にこれが当てはまるとしたら二〇万人増えていなければならないはずだが、実際には七万人以上も減った。

コンテナリゼーションに伴う輸送コスト構造の変化は、製造業にも波及した。工場が一斉にニューヨークから郊外に移転し始めたのである。ニューヨーク市の工場労働者の数はコンテナ普及以前の一九五〇年代半ば頃から減り始めてはいたが、それでも六〇年代までは製造業の比率はかなり高かった。六四年の時点でニューヨークの五つの区には工場が三万あり、九〇万人近くがそこで働いている。製造業人口の三分の二はマンハッタンに集中し、業種としてはアパレルと印刷が圧倒的に多かった。六七年まで工場群に目立った変化はなかったが、この年を境に工場の数は激減する。六七〜七六年に工場の四分の一、製造業人口の三分の一がニューヨーク市から姿を消した。市にとってはひどくショックなことに、雇用縮小は多業種にわたっている。主要製造業四七種類のうちじつに四五種類で、就労者数は二桁台の減少を記録した。[86]

この現象は、コンテナの普及とどの程度関係があるのだろうか。これに正確に答えるのはむずかしい。一九六〇年代後半から七〇年代前半にかけて製造業の変化に影響をおよぼした要因はいくつもあり、コンテナリゼーションはその一つにすぎないだろう。この時代は高速道路の整備が進み、郊外の産業開発が可能になった。ニューヨークの電気代が高いことも、メーカーに工場移転を決意させた要因となっている。市内の人口が南や西に流出する傾向も強まり、ニューヨークは工場立地にふさわしいとは言えなくなってきた。七〇年代初めの景気低迷を受けて製造業の雇用が全国的に減少したことも、追い打ちをかけた。ニューヨークの工場のほとんどは狭い用地いっぱいに建てられ拡張・改修の余地がなかったことも災いしたと言えよう。

こうした要因があるにせよ、コンテナリゼーションがニューヨークからの工場流出に拍車をかけたことはまちがいない。コンテナのおかげでモノの輸送はきわめて容易になった。長年にわたりニューヨーク市は、全国展開する企業や海外進出を果たす企業に輸送コストが安いというメリットを提供してきた。市内に工場を持てば港はすぐそこだから、たしかに輸送費はかからない。だがコンテナは、「立地の経済」を覆した。狭いブルックリンやマンハッタンに何階建てもの工場を建てるにはおよばない。ニュージャージーかペンシルベニアに安上がりな平屋の工場を建てればよいのだ。

あちらは税金も電気代も安い[87]。そして製品をコンテナ詰めしてポートエリザベスに送れば、その方がずっと安く済む[88]。事実、一九六一～七六年に起きた工場移転の八三％は、すぐ隣のニュージャージー州かペンシルベニア州、コネティカット州に引っ越しただけである[89]。

一九六二年には、ブルックリンのウォーターフロントにはまだ栈橋が並び、船で混雑していた。貨物上屋も建ち並んでいたし、大規模な数階建ての工場群も埠頭からすぐ近くに見える。巨大消費地ニューヨークのお膝元のこの地域は、アメリカで最も大規模な工業地域の一つだった。だが、六〇年代も半ばにさしかかる頃には船会社がニュージャージー側へ相次いで移転し、六六年にブルックリンの海軍造船所が閉鎖されると、工業は坂道を転がり落ちるように減っていく。八〇年代のブルックリンをみると、工業の占める割合がむしろきわめて低くなっていることがわかる。もちろんそれは、景気低迷によるところも大きい。七一～八〇年には同地区の人口は一四％減少し、インフレ調整後の個人所得も八年連続で下降線をたどっている。ブルックリンの労働者の所得が七二年と同水準に戻るのは、八六年になってからのことだった[90]。

一九六〇年代、七〇年代にニューヨークが味わったこの苦痛に満ちた体験は、何もコンテナリゼーションだけが引き起こしたわけではない。だが、重要な原因の一つだったことは確かである。コンテナ技術は、それを提唱し推進したマクリーンや港湾局すら予想しなかったほどのスピードで発展し、輸送産業を様変わりさせた。ニューヨーク港は、コンテナ時代の到来前には考えられなかった変化に見舞われた主要港の最初の例である。だがけっして唯一の例ではない。

第六章 労働組合

荷役ボイコット

トーマス・グリーソンとハリー・ブリッジェズは犬猿の間柄である。グリーソンは口達者なアイルランド人。ニューヨークの波止場近くで生まれ、メイン州からテキサス州にわたる港湾労働者を組織した国際港湾労働者連盟（ＩＬＡ）とともに生きた。魅力的な人柄で、ユーモアのセンスがあり、辛抱強く、清濁併せ呑むようなところがあった。一方のブリッジェズはオーストラリア生まれ。修行僧のように己に厳しい男である。西海岸を束ねる国際港湾倉庫労働者組合（ＩＬＷＵ）のリーダーとして激しい闘争の末に勝ちとった勝利は、いまだに語り草となっている。グリーソンとブリッジェズは、ほとんどあらゆることで意見が合わなかった。コンテナ導入に伴う荷役機械の導入にどう対応するかという重大問題についても、そうである。アイデアルX号がコンテナを積んで出港した一九五六年からの一〇年間、二人は対照的なやり方でこの問題に取り組む。ただ二人とも最初から、コンテナとクレーンが数万人に上る港湾労働者の仕事を奪い、荷役コストそのものも吹けば飛ぶような程度にしてしまうことは十分理解していた。そして最終的にどちらもコンテナ導入と荷役の機械化を受け入れ、それと引き換えに労働史上きわめて珍しい勝利をもぎとっている。だがそこにいたるまでの道のりは、まったくちがっていた。

ニューヨークで荷役の機械化が問題になり始めた頃、グリーソンはまだＩＬＡの支部長だった。その後にＩＬＡ議長ウィリアム・ブラッドレーの補佐役として副議長に昇格する。経営側の団体であるニューヨーク海事協会（船会社と荷役会社が加盟していた）がＩＬＡにこれまでにない提案をしてきたのは、一九五四年のことだった。曰く、今後、輸出貨物は梱包済みの木製パレットに収めて埠頭に運ぶ。このパレットは分解せず一つの貨物として扱ってもらいたい。パレットはフォークリフトで容易に桟橋まで運搬できる。また、船内でもフォークリフトで積み付け位置に収めることができる。したがって、ハッチごとに編成されるギャング（沖仲仕の作業班）の人数は、通常の二一、二人よりすくなくてよかろう。ハッチが五個ある船の場合、ついては一六人にしてもらえないか、というものである。この提案を呑めば、三〇人分の仕事がなくなる。ＩＬＡはただちに拒絶し、海事協会はやむなく引き下がった。[1]

その二年後の一九五六年にパンアトランティック海運がニューアーク港で初めての冒険に乗り出すのだが、このときはさほどＩＬＡの注意を引かなかった。ニューアーク港もニューヨーク港の一部としてＩＬＡの支配下にある。ＩＬＡにはマクリーン運送が経営する倉庫の労働者が加盟していたから、グリーソンはマクリーンをよく知っていた。[2] そのよしみもあったのだろう、ＩＬＡはアイデアルX号にコンテナを積み込む作業に同意する。組合幹部の中にはコンテナに不快感を示す者もいたが、じつは当時ＩＬＡは、もっと差し迫った重大問題に直面していた。要するに内紛である。ＩＬＡによるニューヨーク埠頭の独占を阻止する動きが表面化していた。[3]しかもその年の九月末には労働協約が失効するが、東海岸・メキシコ湾岸の労働協約を一本化する組合案に経営側は猛反対している。おまけに、コンテナ港として自立発展をめざすニューアーク港の組合員は独自のやり方を貫きたがっていた。こんな状況では、小さな船がコンテナをすこしばかり運ぶことなどにかまってはおれない。それに、ＩＬＡの幹部がのちに議会で証言したように、パンアトランティック海運のコンテナ輸送サービスは「これまでの仕事をなくすのではなく新たな仕事を増やしてくれた」と受けとられたらしい。アイデアルX号のコンテナ荷役は、小口貨物をコンテナ詰めする作業と併せ、二つの下部組織に割り当てられた。「ギャングに二一人は必要ない」との通達とともに。[4]

だが同じ年の秋、ＩＬＡが労働協約の更改交渉をする頃には、荷役の機械化が大きな争点になる。マクリーンの船のコンテナ荷役をじっくり観察したニューヨーク海事協会は、「従来とは異なるタイプの荷役については必要な人数だけを雇う」との提案を突きつける。[5]ニューオーリンズ港ではさらに不穏な事態となっていた。「今後、港湾荷役作業とは、埠頭の保管場所から貨物を船内に運び込む作業およびその逆を意味するものとする」と経営側が言い出したのである。これだとＩＬＡは、ターミナル、厳密にはコンテナフレートステーション内で小口貨物をコンテナ詰めする作業やコンテナから取り出す作業、あるいはターミナル内でコンテナを移動する作業から締め出されることになる。結局ＩＬＡはどちらの案も撃退することに成功し、一〇日間におよぶストライキの末に包括労働協約も勝ちとって、メイン州からバージニア州にいたる労働者の賃金・年金一本化を実現した。ニューヨーク代表として交渉に当たったグリーソンにとってはほぼ完璧な勝利ではある。だが実際には、このとき誰もが迫り来る脅威を感じていた。ある組合幹部はストライキのあとで、「ギャングの人数削減は今後争いの種になる」と冷静に状況分析している。[6]

一九五八年になると、内紛から解放されたＩＬＡは荷役の機械化に目を向ける。コンテナ輸送は警戒すべき要素に発展していた。「コンテナ船の荷役には在来船の六分の一の時間しかかからず、労働者の数は三分の一で済む」。二年間のコンテナ輸送の実績について、マクリーン・インダストリーズは株主総会でそう説明している。[7] 他の船会社もコンテナの導入を検討しており、ＩＬＡとのいざこざを避けるため、小口貨物のコンテナ詰めは内陸部でやってしまおうと考えていた。この戦いの口火を切ったのは、中南米貿易を手がけるグレース海運である。五八年一一月、同社の新造船サンタローザ号がハドソン川に面する岸壁に接岸した。船腹にゲートがあり、コンテナや混載貨物をトラックに積んだまま運び込めるようになっている。つまり、甲板からウィンチで吊り上げて船倉に下ろす必要がない。ハッチごとに五、六人で十分だとグレース海運は通知してよこす。ＩＬＡ七九一支部はただちに荷役作業を拒否した。だがグレース海運も頑として譲らず、ついにＩＬＡがほぼすべてのコンテナ船の荷役をボイコットする事態となった。ＩＬＡのマンハッタン支部長だったフレッド・フィールドは、「そもそも貨物をコンテナなんぞに入れるのがけしからん」と口を極めて罵ったものである。[8]

にらみ合いが続く中、ＩＬＡは一一月一八日にゼネストに突入。二万一〇〇〇人の港湾労働者がマディソンスクエアガーデンに結集し、機械化反対を唱えて気勢を上げた。「雇用側は人数削減を要求するだけでなく、機械化のメリットを分かち合うべきだ」と組合幹部は叫ぶ。グレース海運に負けたらギャングの人数削減を認めることになるから、組合としては引っ込みがつかなかった。緊迫した交渉が続けられ、一二月に入って一時的な妥協案が成立する。ＩＬＡは五八年一一月一二日以前からコンテナを導入していた船会社（グレース海運はここに含まれた）に限り、二一名編成のギャングの雇用を条件にコンテナ輸送の継続を認めた。[9] 一二月一七日、調停役は「コンテナ荷役の問題は友好的な解決に近づきつつある」と発表する。[10]

だがこれはほんとうではない。翌年一月に交渉は再開されたがすぐに決裂し、こじれにこじれた。八月になって東海岸・メキシコ湾岸全域の労働協約更改交渉が始まり、主要港であるニューヨーク港に関して「機械化の恩恵を労働者にも分け与える」ことをＩＬＡは要求する。ギャングの人数を減らす代わりに、一日六時間労働として一労働日分の賃金を保障せよという要求だった。同時にＩＬＡは、最終荷揚港ではコンテナをすべて一旦陸揚げしてから改めて積み込むという条件を持ち出す。だが、これではコンテナ化によるコスト削減効果は台無しである。数日後、経営側が対案を出す——常雇いの港湾労働者に関しては雇用を保障する。その代わり、荷役の機械化に関して組合は今後一切口を出さないでもらいたい。[11]

ふつうなら、こんな条件を出されたら組合は憤激したはずだ。だが、このときの交渉はだらだら続くだけだった。というのも、組合がまたぞろ別の問題を抱えていたからである。協約失効二週間前の九月一四日に、アメリカ労働総同盟産業別組合会議（ＡＦＬ＝ＣＩＯ）に加盟するかどうかを問う投票が実施されることになっていたのだ。六年前、腐敗を理由にＡＦＬから追放されたＩＬＡが復帰を果たそうというのである。幹部は賛成票を投じるよう組合員を説得し、投票が終わるまで他のことには上の空だった。ようやく投票が終わり僅差で復帰案が可決される頃には失効日は目前に迫っており、ＩＬＡとニューヨーク海事協会は交渉期間の一五日延長に同意する。ところが、これにマンハッタン支部長のフィールドが文句を付けた。「協約なければ仕事せず」の大原則に反するというのである。そして、マンハッタンの支部はただちにストライキに突入。数時間後、ノースカロライナからテキサスにいたるすべての組合が追随した。動転したグリーソンは期間延長を撤回しストライキを支持する。だが今度は、ブルックリン支部長のアントニー・アナスタジアがむくれてしまった。アナスタジアは短気なイタリア人で、ＩＬＡでは大きな権力を持っている。おまけに、グリーソンをはじめＩＬＡを牛耳っているアイルランド人が大嫌いだった。アナスタジアは、自分のところはストライキに参加せず通常通り作業を行うと宣言。ストライキを支持したグリーソンは、フィールドに得をさせるだけだと激しく非難した。一〇月六日になって裁判所が八日以内に港を再開するよう仮処分の決定を下し、事態はようやく収拾される。[12]

もっとも経営側の足並みもそろってはいなかった。荷役機械化の方針は各社バラバラだったし、この方面にいちばんくわしいパンアトランティック海運は交渉の席に着いていない。経営側は一一月に再開された本格交渉で「栈橋にコンテナをすべて下ろしてから積み込む」という組合案を断固却下したが、コンテナ化で港湾労働者が被る損害は補償すると述べた。大幅譲歩である。ところが細部がなかなか煮詰まらない。機械化で仕事にあぶれた労働者に解雇手当を出すことを経営側が提案したのに対し、組合側は所得保障を要求した。「日雇い労働者に解雇手当はおかしい。それに、機械化されれば一部の労働者だけでなく全員が均等に影響を受ける」というのが組合側の主張である。

激しい応酬の末、一九五九年一二月に労働協約が結ばれる。ニューヨーク海事協会は荷役機械化の権利と引き換えに港湾労働者の所得を保障するという内容で、有効期間は三年と定められた。そして、これ以外の事項はすべて全権代表の交渉に委ねられることになった。「経営側はやっとわれわれにパイのかけらをよこした」とＩＬＡの幹部は喜んだという。「コンテナの導入で大幅なコストダウンになっていることはまちがいない。その分け前のごく一部を初めてわれわれに還元したことを評価したい」。一方の海事協会も「これは前例のない協約だ」と認め、「海運業界と荷主は、今後これが経済にどのような影響をおよぼすか注意深く見守っていく」と述べている。[13] ニューヨーク埠頭の凋落にやきもきしていた市民団体は、交渉妥結を歓迎した。「これでニューヨークも大量のコンテナを扱えるようになり、国際貿易において競争力のある港に生まれ変わるだろう」とヘラルドトリビューン紙は期待し、[14] ニューヨークタイムズ紙も「この協約をきっかけにニューヨーク港にはコンテナ化の波がどっと押し寄せる」と評価している。[15]

残念ながら、どっと押し寄せはしなかった。いつまでたっても細部が煮詰まらなかったからである。組合側代表、経営側代表に仲裁人を加えた三人は数カ月にわたって交渉を続け、なんとか折り合いをつけようとした。経営側は「コンテナ一個ごとに補償金を出すのは組合に首根っこを押さえられるようなものだ」と考えたし、組合側は「経営側はなんとかしてカネを払わずに済ます抜け道を考えるのではないか」と疑心暗鬼である。ようやく妥結したのは一九六〇年秋のことだった。仲裁人が組合側に一票を投じ、二対一で決着している。内容はこうである――ニューヨーク港ではコンテナ荷役を無制限に機械化してよろしい。ただしコンテナ一個をフルコンテナ船に積み込むごとに、トン当たり一ドルの補償金を組合側に支払う。セミコンテナ船の場合はトン当たり〇・七ドル、在来船の場合は〇・三五ドルである。組合の体面を保つため、「船会社または荷役会社がターミナルで小口貨物のコンテナ詰め作業を行う場合にはＩＬＡの組合員を雇う」という条件もついた[16]。

この一九六〇年仲裁裁定を以て、ニューヨークは正式にコンテナ取扱港となる。だが問題はまだ残っていた。補償金は基金として積み立てることが決定されたが、基金の使途を決めなかった。また、裁定では「コンテナ」の定義が明確に定められていない。「この不備は将来労使紛争の種になるだろう」とグリーソンは予想したが、まさにその通りになったのである。

「パレット貨物の掟」と「機械化・近代化協定」

西海岸つまり太平洋岸の組合の名前は国際港湾倉庫労働者組合（ＩＬＷＵ）という。ＩＬＷＵは、ＩＬＡとは対照的なやり方で機械化の問題に取り組んだ。

ＩＬＷＵは、経営側と激しい闘争を繰り返してきた長い歴史を持つ。かつてはＩＬＡ太平洋支部だったこの組合は、流血の惨事にまで発展した一九三四年のストライキとその後一四年間一三九九回に上る山猫ストですっかり名を上げる[17]。度重なる争議の結果、ＩＬＷＵの内部ではひどく硬直的な「現場ルール」が作られ、港では厳然とそれが守られるようになった。ルールの中には正式に書面になっているものもあれば、港の掟といった類の不文律もある。正式なものの一つは、「一番ハッチに割り当てられた作業員は、その船が出港するまで、それ以外の仕事に就けない」というものだ。たとえば、二番ハッチの作業が手間取ってそのために出港が遅れても、手伝ってはいけない。どこにも書かれていないが沖仲仕なら誰でも知っているルールの一つには、「パレット貨物の掟」というものがあった。トラックがパレット梱包された貨物を運んできたら、まず全部開梱して岸壁に並べる。次にウィンチで吊り上げるためにパレットに載せる。船倉内に下ろしたらふたたびパレットから下ろして積み付ける、そういう決まりである。当然、コストはおそろしく高くつく。それを知っている荷主は、始めからパレット梱包はしない。[18]

こんなルールをつくり上げるには「たいへんな想像力と創造力が必要だった」とＩＬＷＵの幹部はのちに告白している。雇用を確保し一律賃金を徹底させるためにはこういうルールが必要だと、組合はまじめに考えていた。ＩＬＷＵの交渉相手である荷役会社は、のべつ山猫ストをされるぐらいならルールを受け入れる方がましと諦めていたようだ。組合幹部によれば、沖仲仕の大半はこの手のルールを大歓迎していたという。ルールをしっかり守れば賃金は三割近く増える。荷役に時間がかかればかかるほど実入りが多くなるしくみだった。[19]

こんな「現場ルール」がまかり通っていたのは、雇う相手がＩＬＷＵの組合員しかいなかったからである。業を煮やした荷役業者連盟は、一九四八年に不合理なルールの一掃を試みる。だがやり方がいかにもまずかった。ハリー・ブリッジェズを共産主義者呼ばわりし、共産主義者とは交渉しないと宣言したのである。当然ながらＩＬＷＵは憤然と交渉の席を立ち、ブリッジェズを中心にいよいよ団結し、九五日間にわたるストライキが始まった。音を上げたのは船会社である。反共色の強い荷役業者連盟を外し、自らＩＬＷＵと交渉することを決意した。組合側にとっては願ってもない展開である。何と言っても最終的に財布の紐を握っているのは船会社なのだ。間に立って策を弄する荷役業者より、交渉相手としてははるかに望ましかった[20]。

太平洋岸で大手のマトソン海運は当時経営が苦しくなっており、この機に労使関係を見直そうと各社に呼びかける。他社もこれに応じ、デリケートなルールの問題はひとまず措く代わりに荷役の機械化を労働協約に盛り込むことになった。港湾労働者が作業の効率化に取り組まない場合、荷役会社は新しい機械や荷役方式を導入してもよろしい。新方式の導入に対して組合はストライキで対抗してはならない。新方式にすると作業が危険であるとか余計な労働が増えると現場の作業員が感じた場合には、組合の代表と第三者の監督者が状況確認を行う。ただしその間も荷役作業は続行する。現場で折り合いがつかない場合には、仲裁裁定を仰ぐ——こういう条文が盛り込まれた。これで労使関係はぐっと風通しがよくなったと言えるだろう。組合側は、機械化に伴うコスト削減のメリットが還元されることを条件に、ギャングの人数削減を受け入れた。太平洋岸では戦前と比べ貨物量が二五％ほども減っており、ある労働問題の専門家が指摘するとおり「海運業の衰退に歯止めをかけるには大胆な対策が必要」だとＩＬＷＵも気づいていたのである[21]。

とはいえ一九五〇年代前半まで、ＩＬＷＵの荷役効率は呆れるほど低かった。五五年に議会がロサンゼルス港とロングビーチ港を調査したところ、「四人が働き四人が休む（4 on 4 off）」方式が当たり前になっている実態が判明する。ホールドマンと呼ばれる船倉荷役作業員は、四人が働いている間残り四人は休んでいる、つまり実働時間は半分だというのである。これが公表されるとＩＬＷＵは窮地に陥った。そもそも共産主義の巣窟と色眼鏡でみられていたうえ、ブリッジェズは米国市民権を持っているにもかかわらず国外退去を再三勧告された経歴の持主である。おまけに労働運動で最も左寄りとされる産業別組合会議（ＣＩＯ）からさえ、共産党とつながりがあるとして五一年に加盟を拒否されている。ＡＦＬとＣＩＯが五五年に合併したときは、トラック運転手組合などに埠頭の仕事を奪われるのではないかとブリッジェズは本気で心配したものだった。かつての上部組織だったＩＬＡまで、ＩＬＷＵと関わり合いになるのをいやがっている。五六年の東海岸の港湾ストライキにブリッジェズが支援を申し出たところ、ＩＬＡのウィリアム・ブラッドレー議長が即座に「君の支援は一切お断りだ」と返事をよこしたほどだ。[22] 知性があり戦術家でもあるブリッジェズは、政府の圧力に対して組合は無力であること、政府の介入を避けるにはいつまでもばかげたルールに固執していないで生産性の向上に努めるのが唯一の正しい方法であることを理解していた。「われわれは組合員一人ひとりに悪習をやめるよう指導し生産性向上に全力を尽くすことを約束し、議員と経営者はわれわれの約束を受け入れた」とブリッジェズは議会で証言している。[23]

東海岸ではパンアトランティック海運のコンテナ・サービスが始まろうとしており、西海岸では最大手のマトソン海運がコンテナ導入を検討中である。こうした状況では、船主が早晩荷役を機械化するのは火を見るよりあきらかだった。組合員はいかなる譲歩にも絶対反対の構えだったが、ブリッジェズは「組合は先を見る目を持たなければならない」と主張した。上層部や経営側と渡り合うときの断固たる姿勢、汚職とは無縁の清廉潔白な人柄を誰もが認める彼だからこそできた発言である。「機械化を止めさせることができると考えている諸君は、われわれがまだ三〇年代にいると勘違いしているのだ」とブリッジェズは諭した。[24]

だが西海岸の組合員とてそう簡単には引き下がらない。二〇世紀初頭の過激な労働運動、一九三四年と四八年のストライキによるはなばなしい勝利、幹部が掲げる社会主義的イデオロギーなどが相まって、組合員は末端にいたるまで意気軒昂である。例の「現場ルール」はもちろん、機械化問題についても、上からの押しつけは断じて受け入れないという気概に満ちあふれていた。何事も労働者全員の直接投票にかけなければならない。ブリッジェズは、組合員の意識を変えるという困難な仕事に乗り出した。機械化受け入れ案を労使交渉委員会に提出し、委員会は五六年三月、労働協約の交渉に先立ち、賃金保障と労働時間短縮と引き換えに機械化を受け入れるべきだとの結論に達する。

「機械化という歯車を逆転させようとする労働組合の試みの多くは失敗に終わっている。結局は新しい装置、新しい設備を受け入れざるを得なくなり、やみくもに反対することによって、組合は新しい仕事を失ってしまう。（中略）われわれは機械化を推進すると同時に、現実的な最少人数で対応して仕事を確保していけると信じる。そうすればＩＬＷＵは、鉄道から船倉に運び入れるまでの仕事すべてを手中に収めることができるだろう[25]」。

この見解は、組合内部で大議論を巻き起こす。ＩＬＷＵは、太平洋岸のほぼすべての港で独占的な権利を認められた強力な労組である。沖仲仕は正規の組合員である「Ａメン」と臨時雇いの「Ｂメン」に分けられ、Ｂメンは、Ａメンが全員仕事を割り当てられた後か、Ａメン自身が譲ってくれるときしか雇われない。Ａメンはほぼいつも同じメンバー構成のギャングに属し、いつもの親方に選ばれて仕事に送り込まれる。ギャングの親方もその上の監督もＩＬＷＵの組合員である。雇う側の荷役業者から派遣される監督もいるにはいたが、こちらは名目だけで、あれこれ口出ししないほうが賢明と心得ている。このぬくぬくした心地よい職場を「あいつら」は台無しにする——組合員たちはそう感じた。「あいつら」というのは組合幹部と、船主団体の太平洋海事協会である。一九五六年の協約更改交渉に先立ち両者は方針表明をしているが、そこには「不要な人間まで雇う時代はもう終わった」という意志をはっきりと読み取ることができた。[26]

ブリッジェズはこの方針に過半数の支持を取り付けてはいたが、「ノー」が四〇％に達している。ギャングの人数削減が反感を買ったせいだった。このため労使双方は一般条項だけの協約を結び、機械化に関しては別途交渉することになった。

交渉は一九五七年初めに開始されたが、開始早々、経営側代表であるＪ・ポール・サンシュール海事協会会長が苦言を呈する。効率改善に努めるという約束を組合員が守っていないという指摘だった。「ブリッジェズが組合員に約束を守らせるという保証が得られない限り、経営側はカネを出すつもりはない」[27]。この強硬姿勢でＩＬＷＵ内は大揺れに揺れる。同年四月の支部長会議で、ブリッジェズは驚くべき演説を行った。「組合員は労働協約の条文を守り生産性向上に努めるべきだ」と述べたのである。だが抵抗が根強かったため、この問題は、西海岸労働委員会の調査に委ねられる。委員会はブリッジェズ自身と北西部代表、カリフォルニア州代表から構成され、一〇月に調査結果を発表した。それによると、荷主がパレットその他で貨物を梱包し、これを一つのものとして扱う傾向はますます強まっているという。こうした慣行が広まれば、港湾労働者の仕事は労働時間数にして一一％失われる見通しだった。「荷主は一梱包当たりの重量を限りなく増やそうとしている。これに対抗するには、われわれが荷役を行う意志を示し、交渉の席について補償を要求するしかない」と調査報告は結論づけている。問題ははっきりしていた。「いつまでもゲリラ的な抵抗を続けるのか、それとも柔軟に対応し、機械化による利益の恩恵に与るのか[28]」。

この報告書をきっかけに、組合員は上から下まで、みなこの問題を意識し議論するようになる。初めて末端の現場労働者にまで、海運産業に起こりつつある変革を知るチャンスが与えられたのだ。「機械化を導入すればいったい何が起きるのか。仕事は、賃金は、まだもらえるのか。年金はどうなるのか。そういうことを沖仲仕たちが話し合うようになった」と労働問題専門のあるジャーナリストは話している。ロサンゼルスからロングビーチまで、ばかげた「パレット貨物の掟」にしがみつくような港は、いかなる妥協案にも真っ向から反対した。「すこしでも譲歩すれば、われわれは干上がってしまう」。一方、ブリッジェズが率いるサンフランシスコの代表は経営側と交渉の席に着くことを主張し、「新しい荷役方式を拒絶するのではなく、組合員のメリットになるような方法を考えるべきだ」と述べた。二日間の議論の最後に発声投票が行われ、ブリッジェズの機械化受け入れ案は多数の支持を得る。これを受けて一一月一九日、ＩＬＷＵは新しい作業方式と現場ルールの撤廃について話し合いたいと太平洋海事協会に書面を送った。「現在登録済みの港湾労働者を基本労働力とし、機械化で達成できる労働コストの削減分の一部をこの登録済み労働者と共有すること」が望まれるとの文言が付された[29]。

経営側はこの文言に難色を示し、「これじゃあなんだか、もともと働きに来ている労働者にワイロをつかませて仕事をさせるような感じがする」とサンシュールは言ったものである。とはいえサンシュールとブリッジェズは長年の交渉を通じて信頼関係を築き上げていた。二人はこの重大な問題について次の協約更改までに決着をつけるのは無理だろうと判断し、一九五八年には賃金保障だけが協約に盛り込まれている。[30] 港湾労働者全員に一日八時間の賃金が保障されることになった。もっとも従来は六時間プラス三時間の残業がふつうで、残業は賃金五割増しだった。このため残業手当がなくなって損をする組合員の方が多く、この改正は賛成票五六%でようやく成立している。[31]

翌一九五九年になると、マトソン海運の西海岸～ハワイ航路でコンテナ輸送サービスが始まる。これで、機械化への対応は緊急課題となった。当時の様子は、ロサンゼルスの元沖仲仕の回想からうかがい知ることができる。「ロサンゼルス埠頭にはマトソン海運のクレーンが据え付けられていた。そいつを見た連中や、でなければディスパッチャー誌（ＩＬＷＵの会報）を読んだ連中は、これからはこいつが荷役をやるんだとよくわかったもんだよ」[32]。四月の支部長会議は「これほど急激な変化が起きるとなると、海運業は数年以内にすっかり様変わりするにちがいない」との危機感に覆われた。[33] だが経営側でさえ、当初は港湾労働者の雇用減を過小評価していたらしい。「労働者が機械化の影響を受けるのは数年先だろう」とサンシュールは五月の交渉時に発言している。ブリッジェズも表面上はこの見方を受け入れたようだ。「ハリーはコンテナ化が早急に進むとは考えていないようだ」とディスパッチャー誌の編集長は話している。[34]

こうした状況で、経営側は一九五九年に具体的な提案を持ち出す。「現場ルール」の完全撤廃と引き換えに、五八年にAメン登録していた作業員には今後も五八年度の年間所得を保障する。人数削減は離職・退職のみによって行う、というものである。組合側は一一月に対案を出し、機械化で不要になった作業員について、人時間単位で計算した平均賃金を補償基金に積み立てることを要求した。[35]だがそれがどの程度の額になるのか、誰にもわからない。サンシュールはほとんど当てずっぽうで、六〇年六月までに一〇〇万ドルという数字を提示。組合側は一五〇万ドルを要求し、とりあえず交渉は妥結する。一五〇万ドルの基金プラスAメン全員の雇用保障と引き換えに、組合側は無制限の機械化を認めたのである。[36]六〇年六月以降の恒久的な条件については、交渉継続となった。

交渉再開までの数カ月、労使双方はそれぞれに調査と討論を重ねる。そして一九六〇年五月一七日に交渉が再開されたとき、サンシュールはきっぱりと、機械化に関する限り経営側は今後仮協定には一切サインしないと宣言した。あくまで完全な交渉妥結をめざすという。そして、組合側が引き続き損失労働時間に対する補償を求めたのに対し、経営側はコスト削減分を労働側に還元する方式ではなく、コストとは無関係に年間限度額を設定することを提案した。[37]三日後、ブリッジェズはこの提案を基本的に受け入れる。そして、具体的な数字を提示した――四年間、毎年五〇〇万ドル。これは、一人一時間二〇セントとして計算した場合の五九年の実績だった。[38]

この案をベースに「機械化・近代化協定」は成立するのだが、そこまでの道のりはけっして平坦ではなかった。経営側では沿岸海運会社、荷役会社、それに日本の船会社が補償基金への積立免除を主張し、サンシュールは加盟拒否をちらつかせてようやく同意を取り付けている。組合側は、もっと揉めた。交渉の最中に、ロサンゼルス支部がマトソン海運の新コンテナ船ハワイアンシチズン号の荷役作業を拒否したのだ。六〇年八月のことで、協定交渉は山場にさしかかっていた。経営側はただちに港を閉鎖し、船会社数社が今後はロサンゼルスではなくロングビーチに寄港すると脅しをかける。おまけにロサンゼルスの労使問題監督委員会が、港湾労働者をスト権のない公務員にする条例案を提案してよこす騒ぎとなった。ＩＬＷＵにとってはおぞましい限りである。ブリッジェズはロサンゼルス支部に対して断固たる措置をとらざるを得なかった。港湾当局・労組・海事協会の三者が、労働者に即刻作業を開始するよう求めた異例の同意書に署名。そしてサンシュールとブリッジェズはともに監督委員会に赴き、今後は常時仲裁人を置いて労働争議をすみやかに解決すると約束した。ロサンゼルス支部はしぶしぶ作業開始に応じたが、あとあとまでしこりが残った。[39]

このすったもんだの二カ月後、一〇月のＩＬＷＵ支部長会議に協定の原案が提出される。これが成立すれば一つの時代が終わることを、出席した幹部はみな知っていた。協定の主文には、「本協定の下では、いかなる契約いかなる作業員派遣規則も、不要な人員の雇用を要求するとは解釈されない」とはっきり書かれている。そこには「コンテナ」という言葉は見当たらないが、経営側はこれで、作業が危険あるいは過酷にならない限り「あらゆる種類の貨物」について荷役方法を変える権利を獲得したのだった。労働条件が過酷になった場合には組合側は苦情を申し立てることができるし、混載貨物の仕分け作業は組合に与えられるが、埠頭に運ばれた梱包済みの貨物を一旦開封してまた詰めるようなことはもはや認められない。

それと引き換えに、経営側は年間五〇〇万ドルを基金に払い込む。その一部は退職手当に充当され、勤続二五年以上の港湾労働者が六五歳で退職する場合には、七九二〇ドルすなわち七〇週分の基本賃金がそこから払われる。そのほかにＩＬＷＵから月一〇〇ドルの年金が出た。六二〜六五歳の労働者については、早期退職すれば六五歳まで月二二〇ドルの年金が支払われる。残りの基金はＡメンの所得保障に充てられた。仕事があろうとなかろうと、Ａメン全員に週三五時間相当の平均賃金が保障される。ただし、「機械化・近代化協定」成立後に就労した者については一切の所得保障は行われない。組合スポークスマンの言葉を借りるなら、「彼らは何も失わない」からである。[40]

支部長会議でいくつか修正案が出された末、組合員全員の投票が行われた。全員が固唾を呑んで見守る中、結果は「ノー」が三分の一を少々上回るところで踏み止まる。猛烈に反対した一人は、労働問題の哲学的闘士として有名なエリック・ホッファーだった。「われわれの世代はいかなる権利も手放してはならないし、カネで売ってもならない。われわれの労働は、前の世代から譲り受けたものだ」と彼は主張した。[41] また、ロサンゼルス支部はハワイアンシチズン号の一件を根に持っており、「パレット貨物の掟」が禁じられたことにも憤激していた。ロサンゼルス支部では二人に一人が反対票を投じている。ブリッジェズを支持したのはシアトル支部と、そしてもちろん彼が率いるサンフランシスコ支部だった。[42] サンフランシスコ支部の場合、組合員の三分の二以上が四五歳以上と平均年齢が高く、退職年金を歓迎したことも、支持が多かった一因である。結局はこの二つの支部が協定賛成の大半を占めた。[43] こうして一九六〇年一〇月一八日、画期的な労使協定「機械化・近代化協定」が成立したのである。

大幅に上昇した労働生産性

「機械化・近代化協定」は、さまざまな影響をもたらした。最初に起きたのは、予想されたとおり、退職者の増加である。高齢労働者に年金が用意されたおかげで、六五歳以上の労働者の数は一九六〇年の八三一人から六四年には三二一人に減った。また六〇〜六五歳も二〇％減少している。だが労使双方にとって予想外だったのは、所得保障が不要だったことである。人員が余るどころか、足りなくなったのだ。貨物の量が増え、初めて大量のBメンがAメンに昇格したほどだった。[44]

協定のおかげで、船会社が望んだ効率化は完璧に実現された。機械化が導入され「現場ルール」が姿を消すと、一九六〇年まで二〇年間ずっと横這いだった労働生産性は大幅に上昇する。一般貨物の荷役効率は五年間で四一％上昇し、品目調整後の数字でも八年間で二倍になっている。もう缶詰であれ、小麦粉であれ、せっかく梱包したものを岸壁で開梱されることはない。木綿の梱を一五〇〇キロのパレットに梱包しても、「重すぎる」と言われることはなくなった。それまで六名で扱っていた鉄鋼製品は四名で扱うようになり、砂糖の荷役効率は六〇〜六三年に七四％上昇。木材は五三％、米にいたっては一三〇％を記録する。六三年には、西海岸の全港における雇用実績が二五〇万人時間減少した。六〇年と比較すると、全労働者の八％削減に相当する計算になる。[45]

とはいえ組合の予期に反し、こうした大幅な効率改善に貢献したのは機械化ではなく「汗」だった。「データから察するに、経営側が革新的な荷役方法の導入や設備投資をするよりも労働者の腕力を効率よく絞り上げることに力を入れたのはまちがいない」。状況を注意深く分析した経済学者のポール・ハートマンはそう指摘している。[46] 袋は大型化し、従来一〇〇〇キロが限度とされていたウィンチの吊り上げ重量も一気に二〇〇〇キロまで増やされた。結果として、ホールドマンの労働は一段と厳しくなった。従来に比べてとてつもないこの重量は、さっそく「ブリッジェズ荷重」と命名されたものである。[47]

その結果、じつに珍妙な現象だが、労使の立場は逆転する。組合は重労働をすこしでも楽にしようと「早く機械化を進めろ」と経営側に注文をつけるようになったのだ。一九六三年の交渉時には、「われわれは機械の導入を各社に義務づけるよう主張する」とブリッジェズは要求している。「重労働を軽減したいというのがわれわれの目標だ[48]」。対する経営側は設備投資を渋り、労働側は埠頭でも船倉でも荷役機械が不足していると不満をぶつける。この世にも珍しい労使紛争は仲裁手続きに持ち込まれ、六五年六月に裁定が下された——「経営側は港湾労働者にもっとフォークリフトとウインチを提供しなければならない[49]」。

「機械化・近代化協定」成立から一九六六年までの間に、西海岸の海運関係会社は総額二九〇〇万ドルを補償基金に払い込んだ。この基金が早期退職手当、死亡・傷害一時金、不要になった労働者の所得保障に充てられたのはすでに述べたとおりである。基金への払込額が経営側にとってきわめて得な設定であったことは、すぐに判明した。ある調査によると、六五年単年度だけで船会社は推定五九四〇万ドルのコスト削減に成功したという。[50] これは、年間払込額の一二倍に相当する。効率改善のおかげで船会社の利益は急上昇するが、この頃まだコンテナは太平洋岸ではほんのよちよち歩きを始めたところだった。太平洋岸全港の貨物取扱量の中でコンテナが占める比率は、六〇年に一・五%、六三年でも五%足らずである。[51] だが、コンテナが本格的に普及し始めたときには想像をはるかに上回る荷役効率の改善をもたらしたことは言うまでもない[52]。予想外だったのは、機械化に敵対的だったロサンゼルス港の取扱量が飛躍的に伸びたことである。これに対して「機械化・近代化協定」を熱心に支持したサンフランシスコ港は伸び悩んだ。六〇年に協定交渉をしていた当時は経営側も労働側も、コンテナがどんな変化をもたらすのか気づいていなかった。予想外の出来事というものは、やはり必ず起きるものなのだろう。ブリッジェズはのちになって、「率直に言って、ＩＬＷＵも船会社も不意打ちを喰らったようなものだった」と告白している。

こじれた東海岸の労使交渉

アメリカの西海岸で成立した「機械化・近代化協定」は、すぐさまカナダ西海岸でも採用された[53]。だが東海岸では、そうした協定は実現の兆しすらなかった。国際港湾労働者連盟（ＩＬＡ）がメイン州からテキサス州までカバーしてはいたが、下部組織に対して抑えがきかず、労使交渉は各支部任せである。西海岸のように全港が団体交渉する態勢ではなく、ハリー・ブリッジェズのように統率力があり尊敬されている指導者もいない。「ＩＬＡは無政府状態だ」と、ニューヨークポスト紙のコラムニスト、マレー・ケンプトンは的確に表現している[54]。

一九五三〜六三年にＩＬＡの議長を務めたウィリアム・ブラッドレーは「キャプテン」と呼ばれていた。タグボートの船長だった頃から人当たりがよく温和な性格の男である。汚職疑惑で追放されたジョゼフ・リャンの後を受けて議長に指名されたものの、荷役労働をしたことがないため、沖仲仕たちの尊敬を勝ちとることはできなかった。六一年には、ブルックリン支部でブラッドレーを敵視するアントニー・アナスタジアが支部長に選ばれる。アナスタジアは二一名編成のギャングを死守すると訴えて票を稼いだのだ。そして翌年になると、ブルックリン支部をＩＬＡから脱退させようと画策した。[55] こんなごたごたは、人のいいキャプテン、ブラッドレーの手には負えなかった。彼は副議長のトーマス・グリーソンに丸投げする。かつては船内荷役の監督だったグリーソンには波止場の血が流れている。父も祖父も沖仲仕だったし、彼も一二人の兄弟もみなロワーマンハッタンの埠頭から数ブロックしか離れていないところで育った。[56] とはいえグリーソンの仕事は監督であって、実際にコーヒー袋やセメント袋をかついだことはない。アイルランド人たちは、あの男はほんとうにタフなのかと疑いの眼でみた。[57] 港ではアイルランド系のほかにイタリア系とアフリカ系が有力な集団だが、彼らはアイルランド系アメリカ人がトップの座に就くことを望んでいない。こんなふうだから、機械化のような感情的な問題に対してトップが指導力を発揮できる状況ではなかった。

組合内部がこうもバラバラだったのは、個々の埠頭の事情のせいでもある。たとえばニューヨーク港全体は栄えていたが、マンハッタン埠頭は不調だった。マンハッタンにある五つの就労斡旋所では、一九五七〜六二年に求人数が二〇％落ち込んでいる。逆にブルックリンとニュージャージー側では増えていた。マンハッタンでは都市再開発計画が立てられ、世界貿易センターの建設が取り沙汰されており、桟橋が撤去されるおそれもあった。また、ハドソン川に面する桟橋の混雑ぶりから考えると、来るべきコンテナ時代に対応できるとはとても思えない。一方で、仕事が潤沢にあるブルックリン埠頭の仲仕たちは何の不安も感じていなかった。当時はまだコンテナの比率は低かったから、焦る理由は何もなかったのである。このように支部によって状況がだいぶちがうため、意見が合わないのも当然と言えよう。ＩＬＡはコンテナ化に対して一枚岩の対応ができなかった[58]。

一九六〇年秋に仲裁裁定により協定が妥結し、コンテナ荷役の無制限の機械化と引き換えにコンテナ一個当たりの補償金が支払われることになったが、ほとんど何の足しにもならなかった。と言うのも、六〇〜六一年の景気低迷で貨物量が激減し、補償金があまり発生しなかったからである。グリーソンは六一年末に、「船会社は荷主にパレット梱包するように促し、コンテナに対する補償金の発生を避けている。これは、われわれの協定に対するあからさまな挑戦だ」と非難した[59]。これが当たっているかどうかはともかく、六一年には沖仲仕の仕事が前年比で四％、五年前と比べれば二〇％減ったことはまちがいない[60]。それでも、補償金はほとんど労働者の手に入らなかった。

一九六二年の協約更改交渉が始まる頃には、機械化に直面した労働側にとって雇用保障が重大問題となっていた。だが雇用保障と一口に言っても、場所によって持つ意味がちがう。マンハッタン支部長のフランク・フィールドは、ＩＬＡが港全体で年功序列制を徹底すべきだと主張した[61]。ロワーマンハッタンの埠頭では仕事が減っているうえ、桟橋ごとに年長者から仕事が割り振られ、あぶれた者が他の桟橋で仕事にありつくことはできないしくみになっていたからである。だが他の支部は当然ながら、自分のところの若者を犠牲にしてまでマンハッタンの組合員に回してやる気はさらさらなかった[62]。

もはやＩＬＡの内紛は傍目にもあきらかだった。組合側は、梱包貨物の荷役では貨物の種類を問わず一時間当たり二ドルの割増し、コンテナについてはトン当たり二ドルの割増しを補償基金に払い込むよう要求した。[63] すると、コンテナの影響をすこしも受けていないブルックリン支部のアナスタジアが組合提案はばかげていると公然と批判し、またもや脱退をほのめかす[64]。経営側は組合の要求を頭から無視した。そして、船会社は今後八人編成のギャングでコンテナ荷役を行う。在来貨物は一六人編成とする。クレーン操作は組合の管轄外とする、という提案を突きつけてきた[65]。港全体で五六〇班のギャングがあることを考えると、この提案はＩＬＡにとって衝撃以外の何ものでもない。ＩＬＡの経済顧問であるウォルター・アイゼンバーグは、この提案を認めればコンテナが急増し、経営側は三年間で一億八〇〇万〜一億四四〇〇万ドルのコスト節減になるだろうと指摘した[66]。このコスト節減分は組合のものだとＩＬＡは考える。だが経営側に言わせれば、これまでの水増し雇用をなくすだけであって、組合側には何の権利もない。両者の言い分は真っ向から対立し、交渉は暗礁に乗り上げた。グリーソンには組合員を説得する力がないとみて国が調停に乗り出したが、効果はなかった。怒れる組合員をなだめるため、グリーソンは「ＩＬＡはブリッジェズのように仕事をカネで売るようなことはしない」と約束し、組合員はあくまでその履行を迫ったのである[67]。

労使の関係はこじれきっており、西海岸のように歩み寄りを望める状況ではなかった。政府は水面下の折衝の末、苦肉の策を出す。とりあえず一年間の暫定協約を結ぶ。その間に機械化と雇用保障の問題を労使双方で協議する、というものである。経営側はしぶしぶ同意したが、組合側は拒否し、一九六二年九月末まで港は閉鎖された。ここでついにケネディ大統領が介入する。大統領は八〇日間の冷却期間を設け、この期間が終わったら組合員は仕事に戻るよう命令を下した。同時に学識経験者三名を指名し、紛争内容の調査に当たらせる。調査の結果、労使間協議が提案されたが、経営側は組合がストライキを止めない限り協議には応じないと突っぱね、組合は組合で雇用喪失につながりかねない協議には絶対に応じられないと譲らない。経営側が手当を払って高齢労働者に退職を促してはどうか、と学識経験者は示唆したが、これにグリーソンは腹を立てた。「仕事をはした金と引き換えにするつもりはない。西海岸の連中は組合員を売ったが、東海岸とメキシコ湾岸ではそんなことはしない」。六二年のクリスマスの二日前、冷却期間が切れる。組合側はふたたび交渉を打ち切った[68]。

ケネディ大統領はなんとか解決の道を探ろうと、今度は別の三名を調停団に指名した。共和党上院議員で労働調停の経験豊富なウェイン・モース、ハーバード・ビジネス・スクール教授ジェームズ・ヒーリー、労働問題専門の弁護士セオドア・キールである。スト突入から一カ月近くが経過した一九六三年一月二〇日、調停団は一つの案を提示する。労使は賃金引き上げと雇用手当の拡充を含む協約を結ぶ。ただし期間は一年間とする。この間に労働長官が機械化と雇用保障の問題を検討し、勧告を行う。ＩＬＡと海事協会は勧告の実行に努めるが、実行できない場合には中立の委員会を選任して問題を委ねる、というものだった。一見すると組合に有利な提案である。経営側は、荷役効率の改善が一切保証されないまま、賃金引き上げと手当の拡充に応じなければならない。ＩＬＡはこれを受け入れた。経営側は抵抗したが、調停団に説得されて諦める。自分たちの勝利だと考えた組合員は仕事に戻った。

だが、勝ったと思ったのは幻想だったのである。調停団が別途発表した声明は、読みちがえようのないものだった。「海運業界の現在の収益力では、労働者の賃金や福利厚生をまかないきれないことは明白である。作業効率の大幅な改善がない現状でこのような賃金と福利厚生を続ければ、必ず産業の存続が危うくなることを改めて強調したい」。この声明の意図は明白である。組合がいつまでもコンテナリゼーションを拒否するつもりなら、政府は断固たる処置をとるぞ、ということだった。[69]

労働省が港湾荷役の機械化問題を検討している頃、ＩＬＡでは新たな内輪もめが起きていた。身分は副議長ながら陰の実力者であるグリーソンが、上役であるブラッドレーの追い落としにかかったのである。名前だけの議長だった不運なブラッドレーが「無用のストライキ」をしたとしてグリーソンを批判したことが原因だった。グリーソンはとりたてて人気があったわけではないが、組合員は強力なトップの必要性を感じ、ブラッドレーを体よく名誉職に追い払う。副議長にはマンハッタン支部長のジョン・ボワーズが選ばれ、結局のところＩＬＡはアイルランド系アメリカ人がトップに座り続けることになった。

グリーソンの昇格で交渉の力関係は多少変わったが、それよりもっと大きな影響を交渉におよぼしたのは、ニューヨーク港の貨物取扱量である。取扱量は減り続け、しかもコンテナの比率は高まり続けた。一九六三年には貨物取扱量に占めるコンテナの比率がついに一〇％を突破している。おまけに港湾問題に力を入れていたロバート・ワグナー市長が引退することになり、ＩＬＡにとってニューヨーク港のコンテナ荷役問題は早急に解決しなければならない状況になってきた。六四年六月のＩＬＡ南部集会では、機械化によって仕事が奪われる、と組合員が危機感をあらわにしている。[70]同年七月に労働省が調査結果を発表し、「柔軟な人員編成と仕事配分」などを勧告する。これに対して「仕事をカネで売るようなことはしない」が口癖だったグリーソンが、驚くべき提案で応じた。「それでは年間賃金保障を考えてほしい」[71]。

これを受けて、一九六四年の更改交渉はいつになく協調的なふんいきで始まった。経営側は労働省の勧告に沿って、ギャングの人数削減と柔軟な仕事の割り当てを要求するのと引き換えに、年金の増額と早期退職手当の拡充、雇用労働者への八時間分の賃金保障、恒久的に仕事がなくなる労働者への解雇手当、さらに常雇い労働者への年間賃金保障を提案した[72]。ところがＩＬＡはギャングの人数にこだわり、削減に強硬に反対する[73]。調停人が指名され、六四年一月、経営側は就労可能な常雇い労働者に対しては全員に所得保障をする、その代わり仕事の割り当てはハッチや桟橋にこだわらず自由に行い、ギャングは六七年までに一七名編成とするという調停案が出された。グリーソンはこれに応じてもよいと考えたが[74]、組合員が納得しない。結局グリーソンは不本意ながら、組合がふたたびストに突入するのを容認するしかなかった。

労使紛争で賃金が次第に上昇するのを懸念したジョンソン政権は、八〇日間の冷却期間を設定すると、この期間が終わったら必ず仕事に戻るよう組合に強く命じる[75]。労使双方は、さすがにいつもの意地の張り合いを止めて交渉の席に着いた。賃金と手当の拡充（三日の有給休暇と四週間の年次休暇が追加された）と引き換えに、組合は一九六七年までにギャングを一七名編成とすることをとうとう了承する。そして、経営側は六六年からコンテナ一個ごとに補償金を支払い、これを基金に積み立てることも決まった。基金は、斡旋所に出頭して就労可能であることを証明した常雇い労働者に対し、年間一六〇〇時間分の補償金を支払うために使われる。この年間所得保障は退職年齢まで実施され、恒久的に仕事を失った労働者に対する解雇手当の代わりとなる。組合はビラをつくり、この新しい協約で荷役労働は一変すると書き立てた。「今回の協約で、荷役労働は日雇い労働ではなく、生計を立てるための安定した労働となった[76]」。

だが何事もスムーズにいかないのがＩＬＡという組織である。クリスマス直前に冷却期間が終わると、ボルチモア、ガルベストン、ニューヨークで山猫ストが頻発した。続く一九六五年一月八日にはニューヨーク支部が秘密投票を実施した末に所得保障もひっくるめて新協約を拒否し、ＩＬＡ幹部を仰天させる[77]。グリーソンは再投票の実施を要求し、ＰＲ会社を雇い、さらに自らラジオにも出演して組合員に理解を求めた[78]。二回目の投票でニューヨーク支部は協約を受け入れたものの、次の日にはボルチモアで「ノー」という投票結果が出る。さらにフィラデルフィアでは別の紛争が持ち上がり、南部の支部でも労使がにらみ合う騒ぎになった[79]。ようやくニューヨークとフィラデルフィアで協約が成立したのは六五年三月のことである。こうして東海岸では主要二港でコンテナ荷役にゴーサインが出たが、他の港ではコンテナ導入の準備は何一つ整わないままだった[80]。

太平洋岸で成立した「機械化・近代化協定」も、北大西洋岸で妥結した「年間所得保障」も、労使間の取り決めとしてはアメリカ労働史上異例のものであり、いまだ議論が多いところである。機械化・自動化によってある種の仕事が完全に姿を消すときの労働者への対応策として、その是非は注意深く検討しなければならない。政府、とくに労働省は、影響を被る労働者を援助するという立場から機械化の影響分析を行った[81]。また自動化・雇用問題研究所などの民間機関が会議を開き、広く注意を換起した[82]。そしてこの問題に自ら取り組んだケネディ大統領は、一九六二年に、「機械が人間に取って代わろうとする時代に完全雇用を維持するという問題は、六〇年代における重大な国内問題の一つと考える」と述べている。[83]

労組にとって、港湾荷役に限らずあらゆる機械化は、足元に火が付くような緊急課題だった。あるアンケート調査によると、組合指導者の三分の二が、機械化は組合の最重要課題であると答えている。AFL=CIO議長のジョージ・ミーニーは、一九六三年の年次総会で「機械化はあっという間にわれわれの呪詛の対象となった」と述べた。機械が人間に代わるという事態が組合にとって非常な脅威であることは言うまでもない。長年にわたる既得権を消滅させ、労働者を減らして組合の交渉力を弱体化させる。そしてもちろん、解雇される労働者が受ける衝撃は計り知れない。六〇年代の労働者は基本的な読み書きや計算もできない者が多かったから、再訓練をするのもむずかしかったのである。工場労働者の半分は中学卒業程度の教育しか受けていなかった。[84]

機械化の波が押し寄せてきたとき、労組は業種ごとに個別に経営側と協定を結んだ。たとえばニューヨークの電機労連は、仕事を広く薄く配分するために、一九六三年に一日五時間労働制の導入を決めている。自動車労連は週労働時間を柔軟に対応することでしのごうとし、失業率が一定水準以下であれば週四八時間労働、これを上回るようであれば週四〇時間にして全員の雇用確保をめざした。経営側は当初この提案を却下したが、最終的には、レイオフ(一時解雇)時の所得保障基金の設立も含め、労働側の提案を呑んでいる。航空士組合は、トランスワールド航空との交渉で、一時金プラス三年分の解雇手当および健康保険と引き換えに、計器飛行導入に伴う解雇を認めた。鉱業労連、植字工組合、国際婦人服仕立て職人連合、アメリカ音楽家連盟なども機械化に直面し、雇用確保に苦労している[85]。

港湾労働者の協約は、その意味ではお手本だったと言ってもいいだろう。とはいえ、彼らにしても問題をすべて解決できたとは言い難い。ＩＬＷＵの元幹部だったルイ・ゴールドバットは「組合は当然得られるはずのものより多くを手放してしまった」と悔やんでいる。「われわれは、本来の権利を勝ちとることができなかった。たとえば、埠頭での荷下ろしの仕事を取り戻すことができたはずだ」とゴールドバットは言う[86]。だが、コンテナターミナルが従来の埠頭とは別に運営されるようになると、港湾労働組合の独占的支配が揺らぐのは自然な流れだった。東海岸でも西海岸でもトラック運転手組合がトラック貨物の積み下ろしは自分たちの手でやるとして訴訟を起こし、最終的に勝訴している。コンテナを積んだ艀の運搬や、コンテナ・オペレーションのコンピュータ化なども、労使紛争の種になったが結局は導入された[87]。

だが多くの沖仲仕にとってそれ以上に悩ましかったのは、社会的な変化だろう。時間と体力を要する仕事は波止場から姿を消した。在来船のどこにどの貨物を積み付ければ船は安全に航行できるかなどという知識は、もう価値がない。年をとったらつらい船倉の仕事から文字通り甲板に這い上がって楽なデリックマンになれるはずだったのに、ギャングが少人数編成になって、デリックマンは絶え間なくコンテナを吊り上げては下ろす忙しい仕事になっている。危険だけれど割のいい力仕事。かつてはその仕事を無条件で息子に継がせることができたのに、もはやそれも叶わない[88]。仕事自体がなくなりつつあった。安定した収入が保障されるようになった沖仲仕は、ごみごみした波止場に住み着く必要もない。彼らは快適な郊外の住宅地に住むようになり、独特の連帯感は消えていく。不安定な日雇い労働、気心の知れたギャング仲間、釣りに行きたければ釣りに行き、仕事が終われば飲んだくれるという日々は終わったのである。港湾労働は、実入りはいいが一分の隙もなく組織立てられた仕事になった。「コンテナのおかげで、埠頭の仕事はまるで工場の仕事みたいになっちまった」とニューヨークの沖仲仕ピーター・ベルはこぼす。[89]シドニー・ロジャーも同意見だ。ロジャーはサンフランシスコでＩＬＷＵの広報誌の編集長をしている。「取材すると、港で働くたいていの男がこう言うんだ。波止場で働いていてもちっとも楽しくなくなった、ってね[90]」。たぶんその楽しさは、つらい労働をともにする仲間意識から来ていたのだ。

こんなふうに不平不満を言い出せばきりがない。それでも機械化に対する港湾労働者組合の執拗な抵抗は、一つの原則を確立したように思われる。それは、仕事を奪うようなイノベーションを産業界が導入する場合には、労働者を人間的に扱うという原則である。この原則は結局ごくわずかな産業でしか受け入れられなかったし、法律に定められることもなかった。東西両岸でＩＬＡとＩＬＷＵが勝ちとったもの、すなわち機械化で利益を得る経営者と職を奪われる労働者とがそのメリットを分け合うしくみは、ごく稀な例外だったと言える。[91]

第七章 規格

ゲージとコンテナの相違点

一九五〇年代も終わり近くなる頃には、コンテナは輸送業界の話題をさらうようになっていた。トラックはコンテナを牽引して走り、鉄道は大量のコンテナを貨車に載せ、そしてもちろんパンアトランティック海運のシーランド・サービスはもっと大量のコンテナを運んだ。米陸軍の物資もコンテナ詰めされてヨーロッパに送られている。だが当時はコンテナと一言で言っても、人により場所により思い浮かべるものはまちまちだった。ヨーロッパではコンテナと言えばだいたいは木の箱で、四隅が金属で補強された代物である。高さは一・五メートルというところ。[1] これに対して米陸軍ご愛用のコンテナ「コネックス・ボックス」は、スチール製で高さ六フィート一〇・五インチ、奥行き八フィート六インチで、駐留軍兵士の日用品を送るのが主な用途である。また、クレーンで吊り上げられるフックが付いたコンテナもあれば、フォークリフトで運搬できるよう下側にスロットが付いたコンテナもあった。ニューヨークのコンテナ・メーカー、マリン・スチール社の広告をみると、三〇種類以上のコンテナが製造されていたことがわかる。いちばん大きいモデルは長さ一五フィートで扉付き。いちばん小さいのは幅四フィート六インチ、枠だけ鉄製であとは合板でできており、中南米の田舎の雑貨店向けだった。[2] 一九五九年に行われた調査によると、アメリカでは民間の海運会社だけで五万八〇〇〇個のコンテナを保有しており、うち四万三〇〇〇個が八フィート以下である。八フィートを上回るサイズはわずか一万五〇〇〇個で、そのほとんどはシーランドとマトソン海運のものだった。[3]

こんなにサイズがバラバラだと、コンテナの普及が行き詰まりかねない。ある船にはうまく収まるが他の船には合わないということになると、サイズ違いで大量のコンテナを抱えなければならないことになる。となると、どこもコンテナの使用に慎重にならざるを得ないだろう。貨物をコンテナ詰めしてしまってから、そのコンテナはA社の船にしか合わず、先に出港するのはB社の船だということになるのではまことに都合がわるい。実際、ヨーロッパ製のコンテナは、アメリカのトラックと鉄道には適合しなかった。そのうえアメリカの鉄道はそれぞれシステムがちがったから、ニューヨーク・セントラル鉄道のコンテナをミズーリ・パシフィック鉄道で運ぶことさえできない。このままコンテナが普及したら、船会社は港ごとに個別の埠頭とクレーンが必要になりかねなかった。他社の荷役機械では自社のコンテナをうまく扱えないからである。つまりコンテナのサイズがまちまちである限り、貨物輸送全体でみたときにさしてコスト削減につながらないことははっきりしていた。

そこで米海事管理局（MARAD）は一九五八年に、この無秩序なコンテナ開発に終止符を打つことを決心する。マラドと呼ばれるこの行政機関はいまひとつ得体の知れない機関だが、海運業界に対しては絶大な権力を持っていた。何と言ってもマラドの姉妹機関である連邦海事局（FMB）は、造船補助金、アメリカ籍船の貨物輸送に関する法律の運用、国際航路を運航するアメリカの船会社への補助金、そしてジョーンズ法の施行を司る機関なのだ。ジョーンズ法というのは、「アメリカ人乗組員だけを雇いアメリカの会社が所有するアメリカでつくられた船だけが沿岸航海をしてよい」と定めた時代遅れの法律である。コンテナのサイズが不統一だと、マラドは破産するおそれすらあった。船会社がマラドから補助金をもらって自社のコンテナしか運べないコンテナ船をつくり、挙げ句の果てに倒産したら、マラドは誰もほしがらないコンテナ船を抵当に抱えることになる。コンテナ・サイズを統一するというマラドの案を、海軍も強力に後押しした。いざ戦争になったら、海軍は補助金で建造された民間商船を徴発する権利があるが、そのときにコンテナのサイズはまちまち、荷役機械もちがうというのでは、ロジスティクスが混乱を来しかねない。事態は急を要した。船会社数社がコンテナ船を建造すべく補助金を申請していたのである。規格化を早急に進めないと、各社が勝手な方向に走り出す可能性があった。五八年六月、マラドは二つの専門家委員会を設置する。一つはコンテナ・サイズの規格を検討する委員会、もう一つはコンテナ製造を研究する委員会だった。

両委員会が直面した問題は、さして目新しいものではない。たとえば鉄道は、すでに規格化を経験していた。一九世紀の北米では、線路の幅すなわちゲージ（軌間）が三〜六フィートの間でバラバラだったためである。鉄道先進国のイギリスでもグレートウェスタン鉄道のゲージは七フィートで、同国の標準的なゲージである四フィート八・五インチの線路を走ることができなかった。スペインでも事情は同じようなもので、いちばん狭いのが三フィート三・三インチ、広いのは五フィート六インチだったという。オーストラリアも例外ではなく、幅がバラバラなため、二〇世紀も半ば頃になるまで長距離一貫輸送ができなかった。線路の幅は思いつきで決められることもあれば、他の鉄道との接続をきらって故意にちがう幅にしたこともあったらしい。だが時がたつにつれて無秩序は姿を消す。たとえばアメリカでは、南北戦争が終わるとペンシルベニア鉄道がオハイオ鉄道とニュージャージー鉄道を配下に収め、ゲージを統一した。一八五〇年代のヨーロッパではプロシャがオランダに乗り入れを提案し、オランダ側が幅を狭くして、ベルリンからアムステルダムの直通輸送を実現している。[4]

こうした前例を考えれば、船会社も最後はちゃんとコンテナ・システムを統合できるとマラドは考えた。だが、残念ながら、鉄道の例は当てはまらなかったのである。線路の幅が最終的に標準軌と呼ばれるゲージに統一されたのは、技術的な理由からではない。また標準軌に統一しても、さほど経済的な影響はなく、また車両の設計にも輸送量にもあまり影響をおよぼさない。だが海運の場合には、各社が自社のシステムにこだわる理由が大いにあった。先行するパンアトランティック海運のコンテナが長さ三五フィートなのは、ニュージャージーの母港へ向かうハイウェイで認められた最大サイズだからである。ところがマトソン海運の場合、このサイズのコンテナは同社の主要貨物であるパイナップル缶を運ぶのに適していない。重くなりすぎる。そこでマトソンは二四フィートを採用した。一方、ベネズエラ航路へのコンテナ導入を計画中のグレース海運は南米の山道を心配し、一七フィートが最適との結論を出している。またグレースのコンテナはフォークリフトで運搬しやすいよう底部にスロットが付いているが、パンアトランティックとマトソンはフォークリフトの使用を想定していないため、スロットは付けていない。コンテナに取り付ける荷役用の金具に関しては、どの会社も自社のものがいちばんだと信じていた。業界で統一規格を定めたら自分の会社のニーズには合わなくなると各社は懸念する。[5]

ゲージとコンテナでは、相違点がさらに二つあった。一つは、影響のおよぶ範囲である。線路の幅は鉄道にしか関係がない。ところがコンテナは、船会社だけでなく、鉄道にも、トラック運送会社にも、荷主にも影響をおよぼす。そしてもう一つは、タイミングだった。鉄道は何十年にもわたってゲージの違いで苦労しており、線路の幅がちがうとひどく不便だと実感していた。[6] ところがコンテナはまったくのニューカマーであり、各社が自分に都合のいいサイズを採用してあとで困った事態とならないよう「先に」規格を定めようという状況である。[7] したがって一九五八年の段階では、果たして規格化が経済的に望ましいかどうかさえわかっていなかった。もしマラドがいつも通りの取り組み、すなわち通常の費用便益分析をやっていたら、おそらくコンテナの規格化はけっして実現しなかっただろう。

紛糾した議論

マラドは一九五八年一一月に二つの専門家委員会を開くが、コンテナ輸送で先行していたパンアトランティック海運とマトソン海運はどちらも出席していない。補助金を申請していない両社は、規格化プロセスへの参加を求められなかった。

委員会の議論はたちどころに紛糾した。規格委員会ではさんざんもめた末、唯一絶対の規格を決めるのは無理であり、複数のサイズを容認することが決まる。ただし幅については全員一致で八フィートと決まった。ヨーロッパの鉄道は七フィートまでしか運べないが、「国内規格は国内事情に基づいて決定する。外国の規格はおいおいアメリカ規格に統一されるだろう」という意見が大勢を占めたのである。高さについては、一部の海運会社が八フィートを支持したのに対し、議決権を持たないトラック運送業界からは八フィート六インチという案が出された。より多くの貨物を入れられるし、この高さなら中でフォークリフトが作業できるという。最終的には「八フィート六インチを超えてはならない」と決まった。最後に残った難題が長さである。使われるコンテナのサイズがバラバラだと困る問題の一つが、短いコンテナを長いコンテナの上に積んだ場合、四隅の支柱だけで支えられないことである。短いコンテナを上に積むことがありうる場合、長いコンテナには別に支柱を入れるか、側面全体を厚くして荷重を支えられるようにしなければならない。そうなると重量も増えるし、内部のスペースも狭くなってしまう。長さは厄介な問題で、改めて検討することになった。[8]

もう一つの製造委員会は、貨物を積載したときの最大重量を決めるのがいちばん重要な任務だった。最大積載重量次第でクレーンの吊上荷重や最下段のコンテナにかかる荷重が決まるから、ことは重大である。ただし、空コンテナの重量はクレーン、船、トラックのいずれにも影響をおよぼさないため、委員会の検討対象にはならなかった。その他の問題としては四隅の支柱の強度、扉の構造、クレーンで吊り上げるための金具の統一などがあり、いずれも調査を要するとして先送りされた[9]。

マラドが設置した二つの委員会は、じつは立場があまり強くなかった。米国規格協会（ASA）という由緒正しい競争相手がいたのである。産業界の後ろ盾を得たこの協会は、ネジ溝の寸法から石膏ボードの製法にいたるまで、ありとあらゆるものの規格を決めている。非常に重要ではあるが、むなしい仕事だった。ASAにできるのは規格を勧告することだけである。企業は自社に都合のいい規格は守るが、そうでない規格は守らない。ともあれコンテナの問題が浮上してきたとき、規格協会は一九五八年七月に第五荷役機械委員会（MH5）を設置した。MH5の目的は、輸送会社間のコンテナのやりとりを最適化でき、国内の他のコンテナとも互換性があり、できれば外国の輸送会社とも共用できる仕様を作成することである[10]。

MH5が第一にやったのは、マラドの委員会に対し、さっさと引っ込めと要求することだった。海運業界が単独で規格を決定することは認められない。他の産業にもかかわる問題である。外国企業にも影響が出る。したがって、規格は最終的には世界統一規格にせねばならない、云々。マラドは突っぱねた。そんなことをしていたら一〇年はかかる。それまで待っていられない。マラドは一九五九年の冬を通して最大積載重量、金具、支柱の問題などを次々に検討していった。もっともMH5のメンバーはかなりマラドとだぶっていたため、同じ問題に並行して取り組む格好になっている。MH5は、長さに関しては当時使われていた組み合わせ（一二と二四フィート、一七と三五フィート、二〇と四〇フィート）をすべて「規格」とするとの結論を下す。ＭＨ５が却下したのは一〇フィートだけだった。さすがにこれは小さすぎると判断したらしい。[11]

ＭＨ５で多数派を占めるのは、陸運会社、鉄道会社、そしてトレーラーのメーカーである。彼らはコンテナのサイズを急いで決めたがっていた。規格が決まりさえすれば、コンテナの普及に拍車がかかると期待したからである。州法で認められた範囲内であればトラックも鉄道もたいていの長さや重量に応じられたから、こまかいサイズはあまり問題ではなかった。[12] 一方、マラドで発言権の強い海運会社の方は、こまかいサイズに大いにこだわった。船内の仕切りをたとえば二七フィート・コンテナ用に設計してしまったら、おいそれと三五フィート用に変えることはできない。また、当時はコンテナを運搬する船のほとんどが船内クレーンを備えており、クレーンの吊上重量はコンテナ重量に合わせてあったから、規格重量が変わればクレーンも変えなければならなかった。大型コンテナは荷役効率がいいが集荷に問題があり、小型コンテナは荷役効率がわるい。自社のコンテナが「規格外」になってしまったら、これまでの投資が水の泡だと青ざめる船会社もあったし、「規格外」になったら補助金をもらえないと心配する船会社もあった。プエルトリコ航路で長さ一五フィート高さ六フィート一〇インチという変則コンテナを使用するブル海運は、「うちは他社と積み替えることはあり得ないから、規格の適用外にしてほしい」と言い出す。[13]「市場に任せればそのうち落ち着く」と政府を説得する企業まで現れる始末だった。マラドの規格委員会はＭＨ５が「規格」と認めた六通りの長さを調査し、一九五九年四月に採決する。票は割れ、結局早く決める方が何も決めないよりましと考えたマラド自身が賛成票を投じてＭＨ５案を承認した。

一方、高さに関しては一一月の決定が覆され、八フィートと決まった[14]。八フィート六インチだと東部の一部ハイウェイで走行規制にかかるとの配慮からである。たしかに標準的なトレーラーに載せればそうなるが、パンアトランティック海運やマトソン海運が使っているコンテナ専用のトレーラーなら、そんなことはない。八フィートにすれば東部の陸運会社は助かるが、船会社は犠牲になる。積み込める貨物の量も六％は減ってしまうから、船会社にとってはありがたくない話だった[15]。高さの採決のときも票が割れ、結局はマラドがキャスティングボートを握っている。つまり政府機関が民間の投資を左右する結果になった。最初にとばっちりを受けたのは、アメリカン・ハワイアン海運である。同社は三〇フィート・コンテナを想定して専用船建造を計画していたのだが、連邦海事局（ＦＭＢ）から、規格外のコンテナを運ぶ船には補助金は出せないと言い渡される。同社は三〇フィート・コンテナも認めるようマラドに要請するが、却下された[16]。このときも三対二の採決で、マラドが決定票を投じている。この結果、アメリカン・ハワイアンはやむなく建造を断念した。

製造委員会の方は、もうすこしスムーズに決定が下されていった。コンテナは上に五段積んでも耐えられるように設計すること、荷重は四隅の支柱で支え側面全体の強化はしないこと、上部の四隅にスプレッダーかフックを取り付けられるように設計することはすんなり決まっている。フックで吊り上げるためのリングとフォークリフトで運搬するためのスロットは、義務づけないことも決まった。規格コンテナを設計するに当たっては、これらの点を考慮すること、船倉にはさまざまなサイズのセルを設け、いろいろなサイズのコンテナを運べるようにすることが望ましいとの勧告も行った。これらの作業をしてしまうと、製造委員会はひとまず活動を停止する[17]。

ＭＨ５とマラドの規格委員会がそれぞれにサイズを決め、これとは別に国防輸送協会（ＮＤＴＡ）という別の団体が独自の規格を勝手に決めるという事態に立ちいたったところで、なぜか規格協会が優柔不断な行動をとる。[18] 通常の手順であれば関係団体すべてに規格の勧告書を送り郵便投票をしてもらうのだが、決定を見直すことにしたのだ。一九五九年二月一六日にタスクフォースが設置され、責任者のＥ・Ｂ・オグデンが長さを見直すべきだと主張した。[19] オグデンによれば、東部ではほぼ全州で四〇フィート・トレーラーの走行が認められたから、三五フィート・コンテナは不要だという。また、西部では八州で二七フィート・トレーラー二台の牽引が許可されたから、西部に限り二七フィート・コンテナを認めるべきだと主張した。ちなみにオグデンは、国内最大のトラック運送会社を経営する人物である。

すると、ＭＨ５の委員長ハーバート・ホールが横槍を入れた。ホールはアルミニウム・カンパニー・オブ・アメリカの元エンジニアで、アルミシートがコンテナに使われることと、一九五七年の学会発表でコンテナの規格化を論じたことから委員長に指名されていた。しかし、ホールはコンテナの経済効果などほとんどわかっておらず、ひたすら数字に魅せられている。[20] 彼の主張は、コンテナの長さを一〇、二〇、三〇、四〇フィートにすれば美しくもあり融通もきくというものだった。荷主が都合に合わせて選べばよい。四〇フィート・コンテナをいっぱいにするほど貨物がないときは、小さいサイズを選ぶ。四〇フィート・コンテナを扱えるトラックであれば二〇フィート・コンテナ二個を運ぶのはわけもないことだし、そのうち一個を一〇フィート・コンテナ二個にしてもよいではないか。もちろん鉄道も船もそうすればよい。ホールは熱心にそう主張したが、鉄道も船会社も全然感心しなかった[21]。一〇フィート・コンテナ四個の荷役には、四〇フィート・コンテナ一個の四倍のコストがかかるからである。だが、一二フィートだの三五フィートだのというきりの悪い数字では上層部の承認は得られないとホールに脅されたタスクフォースは、ただちに一〇、二〇、四〇フィート（三〇は外された）案を可決。他のサイズは規格外とし、西部に限り二七フィートを認めるという条件付きの勧告書が加盟団体に送られ、郵便投票に付された[22]。

ホールが望んでいる規格は、輸送産業に多大な影響をおよぼすことになる。当時使われているどんなコンテナも船も、ホールが愛する数字には全然合わないのだ。パンアトランティック海運もマトソン海運も、うれしくない選択を迫られる運命にあった。一〇、二〇、四〇フィートと決まったら、それまでに投じた数千万ドルの投資が無駄になるうえ、自社船にとっては不都合なサイズのコンテナに切り替えなければならない。かといって規格に従わなければ、コンテナ船を建造する際に補助金をもらえないことになる[23]。その間に競争相手はまんまと補助金をせしめて勝負を挑んでくるだろう。いずれにせよ、先駆者が犠牲になって後発組が得をすることになる。個別企業には投票権はないが、投票権を持つ業界団体にとって加盟企業の命運がきわめて重大であることは言をまたない。結局、二七フィート・コンテナが却下されただけで、ホールの案は棄権が多く成立にいたらなかった[24]。

ホールが再投票の実施を決意したため、事態は一層ややこしくなる。再投票ではコンテナの構造その他は一切対象外とされ、サイズだけの賛否を問うことになった[25]。幅八フィート、高さ八フィート、そして長さは一〇、二〇、三〇、四〇フィートである。三〇フィートが追加されたのは「隣り合わせのサイズがある方が都合がよい」からだと説明されたが[26]、実際には、四〇フィートはヨーロッパの狭い道では扱えないと心配する欧州系企業の懸念を汲み上げたものらしい。再投票でも海運関係の団体は棄権したが、内訳が公表されないまま、ホールは賛成多数による可決を発表した。一九六一年四月一四日、長さ一〇、二〇、三〇、四〇フィートのコンテナのみを規格品とすることが定められる。FMBはただちに、規格サイズのコンテナを運ぶ船にのみ補助金を出すと各社に通知した[27]。

ISO規格

だが規格戦争はこれで終わりではない。むしろこれはほんの始まりにすぎなかった。今度は、アメリカにせかされた国際標準化機構（ISO）がコンテナの規格統一に乗り出したのである。ISOには当時三七カ国が加盟していた。その頃はまだ国境を越えたコンテナ輸送はほとんど行われていなかったが、いずれそうなることは目に見えており、各国企業が大規模な投資を始める前に国際規格を決めてしまうのがISOの目標である。このために一一カ国の代表と一五カ国のオブザーバーが一九六一年九月にニューヨークに集まった。代表の大半は政府から派遣されており、規格協会から派遣されたアメリカ代表は例外的な存在だったが、開催国として議長を務めた[28]。

ISOの仕事はある製品の性能を決めることであって、製造方法には通常関与しない。つまり、コンテナ規格を担当する第一〇四技術委員会は、互換性のあるコンテナ規格の作成が任務であり、製造方法には立ち入らないことになった。こうすれば、ヨーロッパに多いスチール製とアメリカに多いアルミ製で対立することは避けられる。第一〇四技術委は三つの作業部会を設置し、検討に入った（なお、このときMH5は並行して他の国内規格の検討を続けており、アメリカの輸送関係の主立った技術者は両方の委員会に携わって、アメリカに有利にことを運ぼうとした[29]）。

ISOでは、アメリカで三年の歳月を費やしたコンテナ・サイズの問題が繰り返されている。一九六二年にはヨーロッパのほとんどの車両が大型化したこともあり、米国規格で技術的には何も問題なかったが、各社それぞれに事情があることはアメリカと変わらない。大陸欧州の鉄道が所有するコンテナの大半はかなり小型で、八〜一〇立方メートル程度である（四〇フィート・コンテナの容積は七二・五立方メートル）。このサイズも認めてほしいとの要請が大陸欧州の代表から出され、これにイギリスとアメリカ、日本の代表が反対した。結局、六三年四月に小型コンテナ（大陸欧州の鉄道サイズとアメリカの五フィートおよび六フィート八インチ）を「シリーズ2」として認めるという妥協案がまとまる。この結果、翌六四年、幅八フィート、高さ八フィート、長さ一〇、二〇、三〇、四〇フィートのサイズとシリーズ2がISO規格として認められた[30]。世界に先駆けてコンテナを導入した二社、パンアトランティック海運とマトソン海運のコンテナは、いずれも規格外になったのである。

隅金具とツイストロックの規格

サイズを巡って激論が続く間に、ISOの別の専門家グループは、強度と吊上重量の問題を検討していた。アメリカでもヨーロッパでも、小型コンテナはフォークリフトで移動させることが多い。

また上部にアイボルトが付けられ、そこにフックをかけてウィンチで吊り上げられるようになっているタイプも多かった。北米で導入が進んでいる大型コンテナの場合は、四隅の支柱にスチール製の金具(隅金具)が溶接止めされている。隅金具には穴が成型されており、これを利用して吊り上げたり、固定したり、上下のコンテナと接続したりする。ごく簡単な構造で、一九六一年当時には一個につき五ドル程度だった。[31]

問題は、この穴に合う固定装置の規格である。パイオニアであるシーランド(旧パンアトランティック海運)は、自社のシステムに特許をとっていた。隅金具の楕円形の穴にツイストロックと呼ばれる円錐形のロックを差し込み、自動的に固定する仕組みである。上下のコンテナを接続して固定することもできた。同社ご自慢のシステムで、特許侵害には訴訟も辞さない構えである。こうなると、たとえコンテナ・サイズを統一したところでシーランドのクレーンはグレース海運のコンテナを扱えないし、マトソン海運のシャーシにはシーランドのコンテナを載せられない事態が出来する。各社のコンテナを運ぶ鉄道は、荷役機械をあれこれ取りそろえなければならない。したがってコンテナの互換性を実現するためには、隅金具の規格統一が欠かせない。だが、どの会社も自分のところの隅金具を使いたがった。たとえばシーランドの金具が規格になったら、他社はコンテナすべての金具を取り替え、新しいスプレッダーやロックを導入し、おまけに特許の使用料も払わねばならない。

一九六一年、MH5のタスクフォースは既存の隅金具すべてにフィットするロックを設計しようと苦心惨憺し、ついに諦める。こうなると、特許取得済みのどれかを米国規格に格上げするしかない。すでに普及していて使用料があまり高くない金具があればそれでもよいとホールは考えた。タスクフォースの責任者は、誰あろう、あのキース・タントリンガーである。五五年にマルコム・マクリーンのところで隅金具を設計した当人だった。タントリンガーはフルハーフ・トレーラーの主任技師になっており、フルハーフの新しい金具を使用料なしで提供してもよいと申し出る。シーランドのものと同じタイプで、スチール製のロックを隅金具の穴に差し込み、ピンで固定する。すると、ライバル会社のストリック・トレーラーズが反対した。フルハーフの金具はコンテナの接続に適していないし、第一できたばかりの製品だから信頼できないという。しかし、ストリック自身の金具は特許を巡る係争の真っ最中で規格としては認められない。おまけに大手金具メーカーのナショナル・キャスティングスが、自社の金具を規格に認めないなら裁判にすると言い出した。

各社の金具はどれも技術的に異なる。小さなちがいだが、船会社にとっては大問題だった。コンテナ輸送では、いかに港での荷役時間を切り詰め高価なコンテナ船の稼働率を高めるかに会社の浮沈がかかっている。船会社がとくに気にするのは、吊上装置のロックが隅金具の穴にスムーズにはまるかどうかという点だった。一回で簡単にはまらないと、クレーンのオペレーターは一旦スプレッダーを吊り上げてからもう一度トライしなければならない。マトソン海運の主任技師レスリー・ハーランダーの計算によると、ここで一秒余計にかかった場合、コンテナ船一隻当たり年間四〇〇〇ドルの損失になるという。まる一日におよぶ議論の末、フルハーフの金具が採決にかけられたが、過半数を獲得することはできなかった。米国規格は宙に浮いたままとなったのである[32]。

翌年の話し合いも暗礁に乗り上げた。ついに、ＭＨ５の世話役を務めるフレッド・ミュラーとい

図 2 ｜ シーランド製ツイストロック

1962年3月27日　K. W. タントリンガー

輸送中の貨物を扱うための装置

1958年4月9日出願

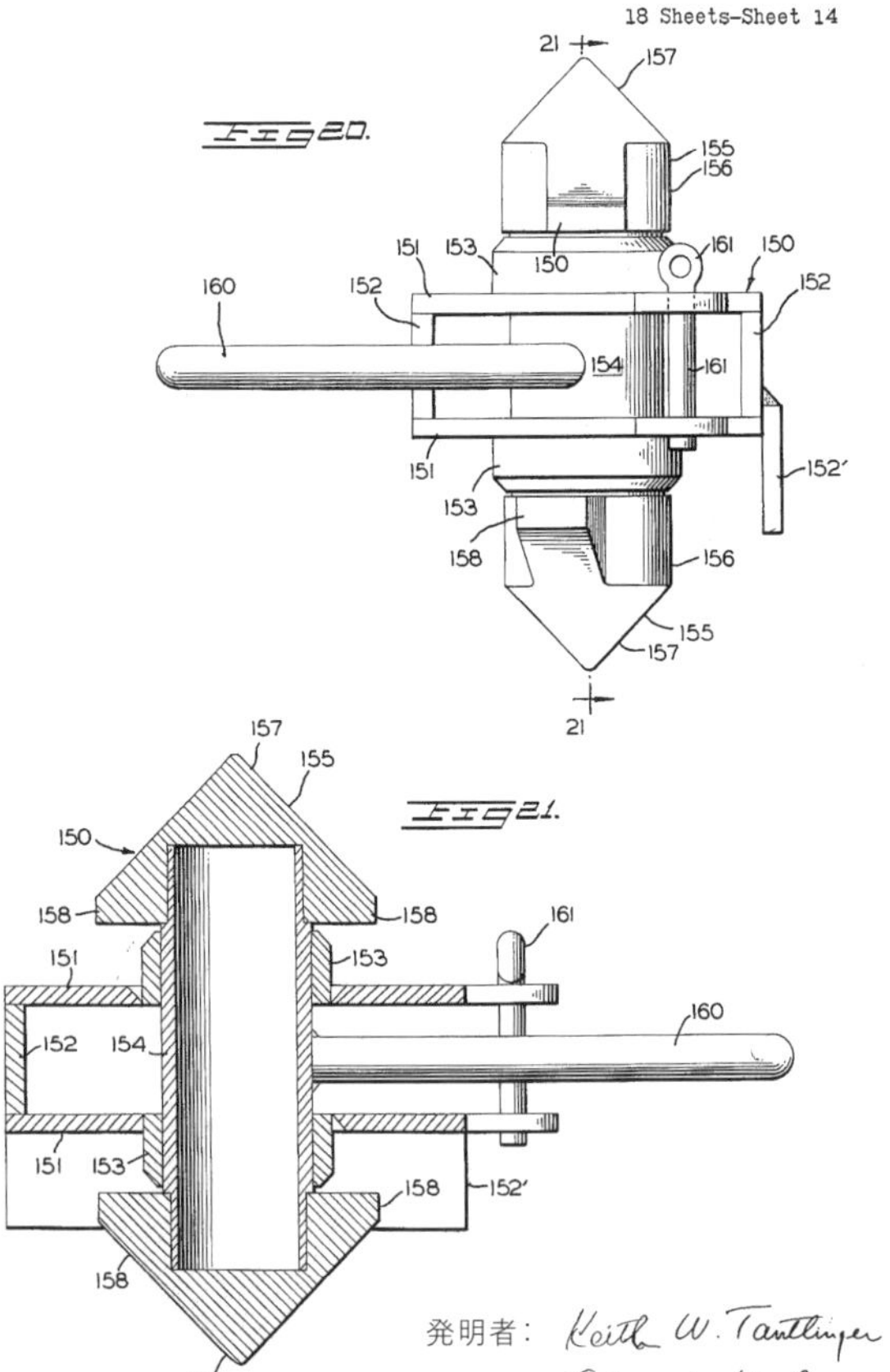

発明者：　Keith W. Tantlinger

法定代理人：　Albert H. Kirchner

うエンジニアが提案する。「シーランドはコンテナ輸送では世界最大で、あそこの金具はうまくいっているようだ。どうだろう、あの会社に頼んでみたら。特許権を放棄してくれるかも知れない」。そこで、タントリンガーはマルコム・マクリーンに会いに行った。マクリーンとしては、三五フィート・コンテナを規格に認めなかった米国規格協会に義理立てするいわれはまったくない。にもかかわらず、規格の統一がコンテナリゼーションの発展に役立つことにマクリーンは理解を示した。六三年一月二九日にシーランドは特許を放棄し、ＭＨ５は同社の隅金具とツイストロックを米国規格として承認する[33]。

ようやく規格が定まったにもかかわらず、トレーラー・メーカーは相変わらず自社の金具にこだわったし、船会社はてんでんばらばらなクレーンを使っていた。翌一九六四年一〇月にはドイツでＩＳＯのコンテナ委員会が開かれ、タントリンガーがツイストロックの仕組みを理解してもらおうと二分の一の縮尺模型を用意して説明したが、採決にはいたっていない[34]。

一方、アメリカでは、隅金具にかかる荷重と許容重量を巡って金具論争が蒸し返されていた。規格決定後に、ナショナル・キャスティングスの金具を採用する企業が増えたためである。大手のグレース海運がそうだったし、コンテナと一般貨物の両方を扱う中小の船会社にもナショナル・キャスティングスの支持者が多かった。こちらの方が隅金具の穴が大きくて、通常のクレーンのフックをかけやすかったからである。ナショナル・キャスティングスは、アメリカ船には使用料をただにすると申し出て自社製品の採用をさかんに働きかけた[35]。

この動きに反発したのが、大手四社、シーランド、マトソン、アラスカ、アメリカン・プレジデントである。ナショナル・キャスティングスが採用されたら困るのは彼らだった。四社はシーランドの金具をベースに、MH5が承認した金具のマイナーチェンジを提案した——穴の位置をほんのすこし上にずらしてほしい。そうすれば、一万個のコンテナ（これは、シーランド以外の鉄道・船会社が当時使っていた大型コンテナの八〇％に相当した）でシーランドのツイストロックが使用可能になる。このタイプの金具は安いし軽い。シーランド方式は四二・二四ドルで重量六〇キロ、ナショナル・キャスティングス方式は九七・九〇ドルで一二〇キロである、云々。議論は白熱し、そして突然終わった。ナショナル・キャスティングスが買収されたのである。金具の売り込みは立ち消えになった。そしてMH5が最後の詰めに入ろうとする頃、待ちきれなくなったASAの上層部が頭越しに決定を下す。一九六五年九月一六日、シーランド方式の改良版が正式に米国規格として承認された。ISOの次回のコンテナ委員会に滑り込みで間に合った格好である。[36]

九月一九日にハーグで開かれた委員会には六一名の代表が参加した。隅金具で候補に挙がったのは二種類で、一つは米国規格のシーランド方式、もう一つは英国規格に採用されているナショナル・キャスティングス方式である。だが、イギリス代表はすぐさまシーランド方式の方がすぐれていると納得した。ただし、ISOの規定では規格案には四カ月前までに図面を配布するという決まりがあったが、わずか三日前に米国規格を成立させたMH5には何の準備もない。四カ月ルールを無視することが満場一致で決まり、幹部がハーグからほど近いユトレヒトにある鉄道車両工場に押しかけると、オランダ人製図技師を丸二日缶詰にして金具の図面を描かせた。かくて一九六五年九月二四日、隅金具の米国規格はめでたく国際規格として認められる。[37]

とうとう貨物輸送に新時代が訪れるように思われた。陸海を問わず、どこの運送会社も他社のコンテナをスムーズに扱えるようになるはずだった。コンテナ・リース会社は安心して保有コンテナを増やすことができる。どのコンテナを使ってもどの船会社でも問題ないのだから、荷主は都合のよい船を選べる。「金具問題が解決し、飛躍を待つコンテナ輸送産業」——ハーグでの規格承認を受けて、業界誌はそんなふうに書き立てた。「コンテナ荷役機械の設計にもう頭を悩ませることはない。荷役機械の製造・出荷は大きく伸びると期待される」[38]。

だがじつは、あわてたＩＳＯは馬の前に馬車を付けてしまったのだった。つまり金具の外形だけ決めて、許容応力を決めなかったのである。一九六五年秋から船会社やリース会社はどっとシーランド方式の隅金具が付いたコンテナを注文し始めるが、誰も強度試験などしなかった。そもそもＩＳＯがコンテナの最大重量を決めていないのだから、試験のしようもない。シーランドのクレーンはコンテナ上部の隅金具を上から吊り上げる方式をとっているが、底部の隅金具から吊り上げたら荷重はどうかかるのか。大陸欧州の鉄道は連結方式がアメリカとちがい、連結時の衝撃が大きいが、シーランド方式の隅金具はこれに耐えられるのか。また、コンテナを甲板に段積みする場合はどうなるのか。船が三〇度、四〇度と傾いた場合に上下のコンテナを接続するツイストロックは外れないか……。

一九六六年を通じ、世界各地で新しい金具がさまざまな条件で実際に使われ、不備が続々と発見された[39]。このためＩＳＯコンテナ委員会の開催前にデトロイトで緊急試験が実施され、底部に取り付けた隅金具は強度不足であると判明する。六七年一月にロンドンで開かれた第一〇四技術委員会は、不愉快な現実に直面させられた。ついこの間承認したばかりの隅金具が欠陥品だというのだ。大急ぎで九名のエンジニアが指名され、問題の解決に当たることになった。九人は強度試験の方法を決めると、二人に計算尺を持たせてホテルにこもらせ、試験にパスするような金具を設計させる。結局、金具の厚みを増せば大方の問題は片づくと判明したが、そうなると既存の金具はどれも不合格である。船会社は「自分のところでは何の問題も起きていない」と一斉に反発したが[40]、ISOはこの新しい金具を六七年六月モスクワで開かれた委員会で可決した[41]。六五年に承認された最初の規格に適合する金具は、すべて取り替えなければならなくなったのである。これに要する費用は数百万ドルに上ると見込まれた。

現実味を帯びてきた国際コンテナ輸送

規格化はこうしてひどく「手際よく」進行したが、その効果となると期待したほどではなかった。長さ一〇、二〇、三〇、四〇フィートが米国規格から国際規格になったにもかかわらず、荷主も船会社もこの「美しい」数字の魅力をあまり感じなかったらしい。三〇フィート・コンテナを使う船会社は一社もなかった。一〇フィート・コンテナは数社が注文したが、追加注文する会社は皆無というありさま。二〇フィート・コンテナは陸運業界で忌み嫌われた。「船会社は港から港への輸送に二〇フィートが適していると考えたらしいが、港からお客に届けるのがわれわれだということを全然考えなかったようだ」と、ニューヨーク・セントラル鉄道の幹部はこぼしている。トラック運送会社も、コンテナが大きいほどドライバー一時間当たりの輸送量が増えて効率的だから、小さな二〇フィートをいやがった。ホールは二〇フィート・コンテナ二個をトレーラー一台に載せることを提案したが、これは非現実的であるとすぐに判明する。コンテナ二個がどちらも満載状態だったら、ハイウェイの重量規制にかかってしまうからである。二〇フィート・コンテナ二個を連結して牽引する案も同じく現実的ではなかった。二四フィートを二個、あるいは二七フィートを二個牽引することが多くの州で認められているため、その方が好まれたためである[42]。

国際規格がいかに無力かは、市場をみればすぐにわかった。規格サイズを使うようアメリカ政府が圧力をかけたにもかかわらず、規格外のコンテナが堂々とまかり通っていたのである。シーランドの三五フィート・コンテナとマトソン海運の二四フィート・コンテナは、いずれも規格外であるうえ高さも八フィート六インチである。これが、一九六五年の時点でアメリカの船会社が保有するコンテナの三分の二を占めていた。長さが規格に適合するのはわずか一六%、その多くが高さでは規格外である。規格サイズがあっという間に運輸業界に普及するというのは幻想にすぎなかった。四〇フィートの大型コンテナをいっぱいにするだけの貨物はなかなか集まらない。かといって小型コンテナは荷役の手間がかかりすぎる。マトソンの副社長ノーマン・スコットが言うとおり、「輸送業界では、きれいな数字なんてものに意味はない」のだった[43]。

とはいえ、海運業界を席巻するシーランドとマトソンにも大いに不安はあった。どちらの会社も、荷役設備を整えコンテナ船を建造するのに数千万ドルを投じている。それまでは両社ともに補助金をもらわずにやってきたが、状況が変わり始めていた。一九六五年には、シーランドもマトソンも国際航路への進出を狙っている。そうなると、新造船に出される補助金がぜひともほしかった。マラドの新種の支援策では、国際航路に進出する船会社に対し、高給取りのアメリカ人船員だけを雇う見返りに補助金を出すという。ただし補助金は、規格貨物を運ぶ船会社が優先される[44]。このままでいくと、シーランドとマトソンは国際競争でひどく不利な立場に追い込まれかねない。両社の経営者はひそかにワシントンで会い、協力して米政府に立ち向かうことを約束した。

シーランドとマトソンが手始めにジャブを繰り出したのは、米国規格協会（ＡＳＡ）である。コンテナ・サイズの規格が一段落した第五荷役機械委員会（ＭＨ５）は、今度は陸海モーダル輸送用コンテナの規格を決めるべく、一九六五年秋に作業部会を発足させていた。委員長はマトソンの主任技師ハーランダーで、シーランドも有力なメンバーになっている。ピッツバーグで開かれた最初の会合で、ハーランダーは二四フィート・コンテナも規格に認めるよう要求。続いて、シーランドの主任技師ロン・ケーティムズが三五フィート・コンテナも認めるべきだと主張した。そもそも三五フィート・コンテナをフルロードにすると、ハイウェイの重量制限ぎりぎりになる。したがって四〇フィート・コンテナは現実的でない。よって、三五フィート・コンテナを認めるべきだという主張だった。さらに、ハーランダーが高さ八フィート六インチも認めるよう要求し、この三点が検討されることになった[45]。

翌一九六六年初めから会議は再開され、高さ八フィート六インチはすんなり決まる。だが二四フィートと三五フィートは意見が割れてＭＨ５に上げられ、そこでも話はまとまらなかった。頑固なホールが病をおして出席し例の自説を主張したし、規格サイズの導入を始めている海運関係の業界団体は、いまさら競争相手に肩入れするほど親切ではない。シーランドとマトソンのコンテナを運び慣れているトラック陸運業界の五団体だけが賛成票を電報で送ってきたが、これは無効扱いとなった。政府関係の団体はほとんどが棄権し、結果は賛成五、反対一五、棄権五四で決定にはいたらなかった。翌年の再投票でも、賛成二四、反対二八となっている。[46]

規格協会では埒が明かないとみたシーランドとマトソンは、今度は議会に狙いを定める。一九六七年にさかんにロビー活動を行い、コンテナ規格を盾にとって補助金を差別することを禁じる法案の提出を求めた。この問題は上下両院で取り上げられることになり、公聴会が開かれている。他の船会社は「政府が規格サイズの採用を奨励するのは、コンテナ普及のために必要だからである」と政府の肩を持ち、海運大手のある経営者は「荷役機械化のカギは、統一規格のコンテナが流通することだ」と述べた。彼らの目には、シーランドとマトソンが世界的な規格統一を邪魔していると映ったのだろう。六七年九月の時点で世界ではコンテナ船一〇七隻が建造中だったが、シーランドとマトソンが発注した六隻以外はすべて規格タイプだった。マラドも業界の大勢を後押しする。曰く、シーランドとマトソンは規格に従うべきだ。なに、たいしたことではない。シーランドは保有する二万五〇〇〇個のコンテナと九〇〇〇台のシャーシに五フィート上乗せすればよいのだ。そして、船とクレーンを改造する。三五〇〇万ドルもあればできるだろう。マトソンは二四フィートから二〇フィートに切り替えればよろしい。こちらは九〇〇万ドルもあれば十分できる――マラドのJ・W・ガリックは親切にもそう計算した。[47]

シーランドとマトソンは、両社合わせてこれまでに三億ドルをコンテナ関連に投資している。だがコストは問題ではない、と両社は口をそろえた。「ニーズに合わないサイズではビジネスをするうえで不都合である」というのが両社の主張である。マトソンのスタンレー・ポウエル社長は、「二四フィートではなく二〇フィートを使った場合、極東航路の運用コストが一船当たり年間五〇万ドル膨らむ」と述べた。シーランドのマルコム・マクリーンも、コンサルティング会社が用意した資料を示しながら「三五フィートから四〇フィートに切り替えた場合、プエルトリコ航路の収益は七％減少する」と述べ、さらに「私はどんなサイズが規格に採用されようとかまわないのだ」と言い切った。「どれが安上がりかは市場が決める。それが市場の力というものである。だから市場が自由に動ける余地を残してほしい」[48]。

上院は、規格採用の有無を理由に補助金の差別を禁ずる法案を可決した。しかしマトソンは、下院を通すには何か策が必要だと考える。下院の海運漁業委員会でポウエルは、同社では船倉内の仕切りが可動式のコンテナ船建造を予定していると証言した。当初は二四フィート・コンテナ専用だが、状況に応じて二〇フィートにも対応できる。この新しい仕切りを設けるのは、船一隻の建造費一三〇〇万ドルに対して六万五〇〇〇ドルしかかからない……。実際にはそんな予定はなく、予算も何もかも前夜ホテルで思いついた代物である。だが効果はてきめん、議会はマラドに対し、規格外のコンテナを使っているというだけの理由で企業を差別してはならないと命じる。マトソンは「可動式隔壁」を持つコンテナ船建造に補助金をせしめた。とはいえ、ポウエルは嘘つきにはならずに済んだ。数年後、同社が二四フィートから四〇フィート・コンテナに切り替えたとき、可動壁はまちがいなく安上がりで柔軟性に富むことが証明されたのだから[49]。

最後に二つの問題が残された。一つは航空コンテナとの互換性である。航空コンテナは海上コンテナよりずっと強度が求められるうえ、コンベヤ運搬の都合上、底面が平たく滑らかでなければならない。数カ月にわたる検討の末、技術者たちはこう結論を下した。「荷主は貨物を速く送りたいから航空便を選ぶのだ。したがって航空用に別の規格を設け、航空コンテナが多少割高になっても文句は言うまい」。もう一つは鉄道に関することで、こちらのほうが深刻だった。コンテナ端壁（扉のある壁とその向かい側の壁）にかかる荷重の問題である。船では端壁にとくに荷重がかかることはないが、鉄道では急ブレーキをかけたときなどに端壁が貨車の先端部にぶつかってしまう。北米鉄道協会からは、鉄道コンテナの端壁は海上コンテナの二倍の強度が必要だとの要求が出された。そうしないと内容物が破損するおそれがあるという。ヨーロッパの鉄道は、連結方式の関係でさらに衝撃が大きくなるということだった。一方海運関係団体は、重量が増えるし製造コストも高くなるとして、端壁の強化に猛反対する。結局、鉄道側が勝利を収めるが、代償は高いものについた。端壁を強化すると、規格コンテナ一個当たり一〇〇ドルのコストアップになったのである。[50]

こうしてようやく一九七〇年、ＩＳＯはコンテナに関する全規格の草案を発表する運びとなる。利害が相反する関係団体の激しい争いがようやく終わったのだ。完璧な結末にたどり着いたとはとても言えない。隅金具は強度の点から設計やり直しになったし、市場に嫌われて退場させられたサイズもある。端壁の規格は行きすぎだったし、甲板積みコンテナの固縛規格はついに決まらずじまいだった。いくつもの委員会やらタスクフォースやらが最適の結論を出したと言う人はいないだろう。

それでも一九六六年を境に、船もトラックも鉄道もコンテナ・メーカーも、そして政府機関も、次々に持ち上がる問題にうまく折り合いを付けながら規格品を導入するようになった。輸送産業に本格的な変化が到来する。六五年までは、バラバラのサイズ、バラバラの金具がコンテナリゼーションの発展を妨げていた。だが六六年にサイズと隅金具がほぼ決まったときから、リース会社が大量のコンテナを注文し始める。そして、すぐに船会社を上回る数のコンテナを保有するようになった。シーランドはそれでもまだ三五フィート・コンテナを使い続けたが、マトソンは徐々に二四フィートを減らしていく。世界の他の船会社は、すべて規格コンテナを使い始めた。カンザスシティで貨物を詰めたコンテナをトラックや鉄道や船の間でスムーズに受け渡し、クアラルンプールまで運ぶ――それが夢ではなくなったのである。国際コンテナ輸送がいよいよ現実味を帯びてきた。[51]

第八章 飛躍

護送船団方式とカルテル

ここですこし後戻りし、コンテナ普及の過程を振り返ってみたい。最初にコンテナを積んで海に乗り出したアイデアルX号とハワイアンマーチャント号は、コンテナの可能性をごく控えめに示したにすぎない。だが一九五七年のゲートウェイシティ号、六〇年のハワイアンシチズン号は、専用船と専用の荷役機械を使ったときのコンテナ輸送の効率をまざまざと見せつけた。それでもコンテナが登場してから六年が過ぎた一九六二年の時点では、貨物取扱量に占めるコンテナの割合は微々たるものだった。東海岸では、ニューヨーク港全体（ニューアークとポートエリザベスを含む）の貨物量のわずか八％。他の港は、シーランドの各航路の起点となっているジャクソンビル、ヒューストン、プエルトリコを除けば、ほぼゼロだった。[1] 西海岸もわずか二％である。[2] ほとんどの貨物は数十年前と同様混載貨物として運ばれており、コンテナが経済に与える影響はないに等しかった。

そもそも海運大手の経営者たちは、コンテナに輸送産業の未来がかかっているとは思っていなかったのである。船を運航する仕事は他のどの産業よりも伝統色が濃い。経営者の多くは海のロマンに憧れてこの仕事に就いている。本社のほとんどがロワーマンハッタンにあり、昼は始終なかよくランチをともにし、夜は同業者ばかりいる馴染みのクラブでたむろする。豪放磊落な海の男たちは、じつは政府による有形無形の支援で支えられていた。国内航路では、文字通り護送船団方式で船会社同士の競争が抑えられている。国際航路では、「同盟」が品目別の統一運賃を決めていた。[3] これは体のいいカルテルにほかならない。そして、最も重要な貨物である軍用物資の輸送は競争入札方式をとっておらず、最大手数社に委ねられていた。[4] 船舶の購入・建造・売却、ターミナルのリース、新航路の開発などにはすべて政府の指導が入る。こうした環境で成功を手にしてきた経営者たち、潮の香りを愛し船を「彼女」と呼ぶ男たちにとって、マルコム・マクリーンが発明したロマンのないただの「箱」には何の魅力もなかった。空想癖のある連中がコンテナの重要性を触れ回っているようだが、なに放っておけばよい。コンテナの比率が一〇%を上回ることなどあるはずがない——海運業界の大物たちは、まじめにそう考えていた。[5]

荷役の機械化を巡って労使協定がまとまり、コンテナリゼーションに向かう動きが目立ち始めると、ようやく海運大手もコンテナをすこしは真剣に考え出す。ところが先行した各社は大失敗をやらかしていた。マルコム・マクリーンでさえ例外ではない。マクリーンが船に備え付けた新型クレーンは厄介の種で、のべつ故障しては船長と荷主を苛立たせた。もうすこし慎重だったマトソン海運も、バラ積みの砂糖とコンテナの両方を運ぶ船を二隻建造し、効率の悪さに辟易してコンテナ専用船に改修している。ラッケンバッハ海運は五〇〇〇万ドルを投じて東海岸・西海岸航路に五隻のコンテナ船を運航する計画を立てたが、政府の補助金が出ないとわかってあっさり断念。エリー・セントローレンス海運は、一九六〇年にニューアーク・フロリダ航路でコンテナ輸送サービスを開始するが、半年後に撤退した。当初予定していた製紙業と食品加工業から十分に貨物が集まらなかったためである。[6]

船会社と荷主が遅まきながら気づいたのは、海上貨物を大きな箱に詰め込んだだけではほとんど意味がないということだった。もちろんそれだけでも、それなりのコスト削減効果はある。すでに書いたとおり、埠頭での荷役コストが大幅に減る。しかしこれは船会社にとっては大いにありがたいが、荷主にとっては、工場から顧客の手元に届けるまでに要するコストの一部でしかない。この荷主の視点からみれば、コンテナ化のメリットはさほど大きいとは言えなかった。たとえばある卸売業者がポンプ三トン分をクリーブランドからプエルトリコへ送るとしよう。ポンプはニューアーク港のシーランドの倉庫までトラックで送られる。そこで他の荷主の貨物とともにコンテナ詰めされる。プエルトリコに到着したら、コンテナは開封されて最終目的地別に仕分けされ、トラックで顧客の元に届けられる。こうしてみると長い距離のうちコンテナで運ばれるのはごく一部にすぎず、これではメリットが小さいのも当然だった。荷主が出荷する段階でコンテナをいっぱいにし、そのまま荷受人の元まで運ばれてはじめて経済効果が最大化されるのに、当時はそうしたケースはごくわずかだったのである。[7]

また製造業をはじめとする大口荷主の大半は、沿岸輸送をほとんど利用しない。彼らが船を使うのは輸出あるいは輸入のためである。だが六〇年代初めには、国際航路を運ばれるコンテナの数はごくすくなかった。ほとんどのコンテナは国内輸送に使われ、内陸部ではトラックか鉄道で運ばれている。コンテナ革命の足場が固まるのは、内陸輸送のコストが大幅に下がるまで待たねばならなかった。[8]

突破口となったピギーバック方式

第二次世界大戦が終わった頃の内陸輸送の主力は鉄道だった。一九四五年の鉄道の貨物運賃収入はトラック陸運の九倍に達しており、四〇万貨車分の工業製品に加え、国内で算出される石炭と小麦の大半が鉄道で運ばれていた。しかし五〇年代になると、トラックが陸運の主役に躍り出る。一般道が整備され、高速道路網も建設されたおかげで、大型トラックによる大量高速輸送が可能になった。それまで二車線の混んだ道を二八フィート・トレーラーで運んでいたのが、ハイウェイを四〇フィート・トレーラーで運べるようになると、輸送効率は俄然向上する。トラック輸送産業の都市間輸送収入は五〇年代で倍に膨れあがった。製造業や小売業が自前で輸送する分を含めれば、この数字はもっと大きくなるだろう。一方、鉄道貨物は横這いだった。そして六三年になると、自動車を除く工業製品の大半がトラックで運ばれるようになる。[9]

鉄道の泣きどころは、小口貨物にあった。出発地から最終目的地まで貨車が満載状態にならない貨物で、数バーレルの洗剤から数トンのボルト・ナット類までさまざまな形、さまざまな種類がある。小口貨物の利益率は高く、一九四六年のデータでみると重量ベースでは鉄道貨物量の二%にすぎないが、金額ベースでは八％近くに達している。だがこうした貨物を扱うのは効率がわるく、支線に入る場合などは人手を使って個別に積み替えなければならない。トラックが颯爽と登場すると、一〇年とたたないうちに小口貨物の四分の三がトラックに移ってしまった。[10]

大事な貨物を奪われた鉄道会社の経営者は、どうすれば貨物輸送を立ち直らせることができるか、真剣に考え始める。そして出された答は、鉄道の強みを生かすことだった。つまりローコストで長距離大量輸送ができることである。そして彼らはある可能性に目をつけた――トラックでモノを運ぼうとするトラックを運んでしまえばいい。カリフォルニアからニューヨークまでトラックである。トラックであれば、アメリカ大陸を横断するハイウェイを走るだけで一〇〇人時間がかかる。そのほかに食事と休憩の時間も必要だ。だがトレーラーをトラックから切り離し、長距離部分を鉄道で運べば、その間の人件費がかからないうえ、個別集荷・個別配送というトラック最大の強みはそのまま生かせる。じつは鉄道はそうしたサービスをはるか昔にやったことがあった。一八八五年にロングアイランド鉄道が「ファーマーズ・トレイン」を運行し、四台の専用貨車で農夫と馬を運んだのである。[11] 一九五〇年代前半に登場したのはその現代版で、トレーラーを平台貨車で運ぶサービスだった。この方式は、おんぶするという意味の「ピギーバック」輸送と呼ばれている。

ピギーバック方式は、スタート早々厚い壁にぶつかった。例の口うるさい州際交通委員会（ＩＣＣ）である。ＩＣＣは複数の州にまたがる鉄道とトラック輸送の運賃を規制しており、不公正で破壊的な競争を回避するという使命を盾に、一九三一年にすでにトレーラーの鉄道輸送を禁止していたのだ。だが一九五四年のこのときには、長々と議論した末にようやく条件付きで認める方針が示された。ただし、この条件というのが噴飯ものである。第一に、一般運送業者が集荷しトレーラーを鉄道に載せるケースでは、その運送業者が運送免許を持つ道路に沿った区間しか鉄道にトレーラーを預けることはできない。第二に、鉄道が自前でトレーラーを所有し荷主と直接契約するケースでは、鉄道の終点から最終目的地までは荷主が自前のトラックでトレーラーを運ばなければならない（鉄道がトレーラーを動かしてはいけない）。これではピギーバック方式が普及しないのは当然だが、そうとわかってやっとＩＣＣは鉄道がトレーラーを「動かす」ことを認めた。貨物部門が大赤字に陥っていた鉄道にとっては朗報である。こうしてようやくピギーバック輸送は普及し始めた。[12]

ピギーバック方式は、鉄道にとって長年の厄介者だった有蓋貨車の問題にケリをつけるきっかけとなった。アメリカの鉄道は一九五五年に合計七二万三九六二台の有蓋車を保有していたが、この稼働率がきわめて低かった。使用期間中の稼働時間（運賃を払ってもらっている時間）は、なんと八％である。残りの時間は何をしているかと言うと、「車輪付きの倉庫」の役目を果たしているのだった。荷役作業のために待ち、側線で待避し、分岐点で連結を切り離し、合流地点で連結を待ち……という具合である。ピギーバック方式を導入できれば、有蓋車を安上がりな無蓋車に切り替え、「車輪付きの倉庫」が線路を塞ぐ事態を解消できる。もっとも荷主にとっては、コンテナリゼーション同様、ピギーバックも最初はコスト面のメリットがほとんどなかった。アメリカでは全土を網羅する鉄道が存在せず、地方によって仕様が異なるため、トレーラーを載せた貨車を別の鉄道の貨車に連結できないケースが多い。そのうえ、トレーラーを貨車に載せるのも大仕事である。平台貨車を連結しない状態で隙間なく並べ、トラックがバックで一台ずつトレーラーを載せていく。その後に貨車を一台ずつ連結する作業を延々と行わなければならない。当初は貨物量もさほど見込めそうになかった。おまけに長距離陸運を牛耳るトラック運転手組合は、労働者の削減につながるとしてピギーバックに反対し、トレーラーを鉄道輸送した陸運会社には罰則を適用すると言い出す。[13]こうした状況だから、開始時点のピギーバックは細々としたものだった。五五年には鉄道の三分の二がこの方式を採り入れてはいたものの、貨物取扱量の〇・四%を占めていたにすぎない。[14]

だが一九五四年七月、転機が訪れる。鉄道の雄ペンシルベニア鉄道が、ニューヨーク〜シカゴ間で五〇フィートの平台貨車を使ったピギーバックを導入したのだ。そして数カ月とたたないうちに、シカゴとセントルイスに毎日「トラックトレイン」が運行されるようになった。新型の七五フィート貨車が投入され、一編成数百台のトレーラーを運んだという。ペンシルベニア鉄道はトレーラーの牽引用に一五〇台のトラックを雇い、「トラックトレイン」は年商一億ドルのビジネスに成長した。鉄道にしては珍しいケースだが、同鉄道は研究開発部門を設立すると、このビジネスの改善を検討させる。そして研究開発部門は、接続する他の鉄道と貨車の仕様が合わないことが最大の問題だと結論を下した。そこでペンシルベニア鉄道は大胆な策に出る。五五年一一月、ピギーバック輸送専門の会社として、トラックトレイン改めトレーラートレイン社を設立し、鉄道各社に資本参加を呼びかけたのである。ピギーバックを全米一貫輸送に発展させようという発想である。トレーラートレインが平台貨車を保有し、鉄道に「牽引料」を支払い、年度末の利益は株主である鉄道各社に配分するという仕組みだった。五六年に貨車五〇〇台からスタートし、順調に規模を拡大していく。五七年には八五フィートの大型貨車を導入。四〇フィート・トレーラー二台を積めるようになって、輸送効率は一気にアップした[15]。

このビジネスに参加せず、独自方式を打ち出した大手鉄道が三社あった。その一つでペンシルベニア鉄道のライバルであるニューヨーク・セントラル鉄道は、トレーラーを貨車に載せるのは煩雑でトラブルの元だと考え、一九五七年、「フレキシバン」と呼ばれるサービスを開始する。これは一種のコンテナだった。外見はトラックが牽引するトレーラーだが、四本のピンを引き抜くと車台から切り離してただの「箱」として扱える。積み込みにはターンテーブルを使用するためトレーラーを貨車に載せるよりはるかに簡単だし、目的地に着いたらいちいち貨車を切り離さずにコンテナだけを下ろすことが可能だった。スピードも客車並みに速く、シカゴ～ニューヨーク間を一七時間でこなしている[16]。

中西部では、ミズーリ・パシフィック鉄道がまたちがった方式を提案していた。一種のコンテナを使用する点では「フレキシバン」と同じだが、貨車に載せる際にスタドラルクレーンを使う方式である。トラックの運転手は貨車をまたぐクレーンの下にトラックを止め、ピンを抜いて車台を外し、次に自らクレーンを操作して「箱」を貨車に移す。ものの一〇分とかからない。サウスイングランド～ニューイングランド間で貨物輸送を行うサザン鉄道も、やはりコンテナ方式を採用した。サザン鉄道の場合は、平台貨車にトレーラーを載せるとボルチモア～ニューヨーク間の天井の低いトンネルを通過できないため、トラック運送会社と契約してこの間を運んでもらうというユニークな解決策を採っている。もちろんこの三社の方式は互換性がない。船の場合と同様、鉄道の場合にも、五〇年代の段階では各社がバラバラに効率化を模索する状況が続いていた。[17]

鉄道会社が熱心にピギーバックを拡大したがる状況にICCは当惑する。スタート当初のピギーバックの運賃は、品目別に決められていた。どの品目でもピギーバックはトラックと同一料金で、有蓋貨車よりはすこし高めという設定である。これは、安定を好む規制当局にとってはまことに妥当な設定だった。ピギーバックは多少有利だが、運送業界に激震を起こすほどではないからである。パンアトランティック海運が陸運と沿岸海運を組み合わせたサービスを開始したときも、運賃は有蓋貨車より五〜七・五%低めという設定で、これもICCの理屈に適っていた。船の方がすこし遅いからすこし安い、という次第である。ところが一九五七年末になると、鉄道会社はこぞってピギーバックの運賃をパンアトランティック海運やシートレイン海運（列車をそのまま船で運ぶ海運会社）より安くしようとする。当然ながらパンアトランティックとシートレインは、鉄道運賃の値下げに大反対した。[18]

船会社を困らせずに鉄道を助けるにはどうしたらいいのか。ICCは頭を悩ませたが、そうした中、議会が矛盾だらけの法律を可決する。フロリダ州選出のジョージ・スマザーズ上院議員が「アメリカの輸送システムに競争を導入すべきだ」と主張したのがそもそもの発端である。そうすれば運賃が下がり国民は恩恵を被るという。たしかにもっともだが、議会としては輸送会社と社員の雇用は守りたいところだ。こうした思惑が絡んで生まれたのが、一九五八年運輸法である。[19] その中に一つ、注目すべき条項があった。「ICCはいずれかの輸送機関を保護する目的で運賃の操作をしてはならない」というのである。だが一方で、「不公正で破壊的な競争は防止しなければならない」という但し書きもあった。この条文を読む限り、船会社やトラック運送会社を守るために鉄道運賃を高く設定することは違法である。しかし同時に、船会社とトラック運送会社を干上がらせてもいけないらしい。困惑したICCは、鉄道会社に対し、ピギーバックの運賃をパンアトランティックの陸海混合輸送より六％高くするよう指導する。この一件は法廷に持ち込まれ、採算割れでない限り鉄道は自由に運賃を決めてよいとの判決が下された。[20]

こうして低い運賃が設定できるようになって、ようやくピギーバックは経済的にも魅力を発揮し始める。短距離ではやはりトラック輸送がいちばん安い。だが長距離になると、人件費と燃料代が距離に比例して増えるトラックの単位コストがさほど下がらないのに対し、鉄道の単位コストは大幅に下がる。距離が八〇〇キロを超えるあたりからピギーバックの方が有利になった。大口顧客と長期契約を結んでいる運送会社の場合でも、距離が長くなればピギーバックには勝てなくなった。[21]

鉄道にとってはうれしい状況である。低運賃をアピールできるうえ、在来の有蓋車による輸送より利益は多い。運送会社は運賃格差を利用し、小口貨物を貨車一台分にまとめて安い鉄道で運ぶようになった。GEやイーストマン・コダックのような大手メーカーは、いちはやくそのメリットに気づく。いくつもの貨物をトラックで運ぶより、相手先が同じ貨物はまとめてピギーバックを利用する方がずっと経費節減になる。[22] 一九六七年には、工業製品（石炭および石油製品を除く）の四分の三が一個口一五トン以上にまとめられるようになった。ピギーバックが最初に活用されたのは、加工食品、鮮肉、鉄鋼製品、石、ビールなどである。だが、やがてオレンジから建築資材にいたるあらゆる物資がこの方式で運ばれるようになった。[23]

表4 | 貨物10トンの輸送コスト比較(1959年)

距離	トラック	鉄道(有蓋車)	ピギーバック
800キロ	244.47ドル	206.67ドル	236.59ドル
1600キロ	445.86ドル	337.11ドル	404.14ドル
2400キロ	647.13ドル	467.56ドル	571.69ドル

注:鉄道のコストには人件費を含む。またピギーバック輸送のコストは、トレーラーに貨物10トンが満載された場合である。

資料:Kenneth Holcomb

もっとも妙な規制が完全になくなったわけではなく、たとえば混載貨物の運賃は輸送距離に対応するが、貨物の中で単一品目が一定比率を超えた場合にはその品目の運賃が適用されるといった規則は長いこと存続した。だが大口荷主は、この手のややこしい規則をうまくやりすごすようになる。荷主にとってピギーバック方式は、コスト削減だけでなく、これまで進出できなかった遠方への販路拡大が可能になるという点でも魅力的だった。鉄道の高速化に伴い、たとえばシカゴからカリフォルニアまでの輸送日数は五日から三日に短縮されている。輸送日数が短縮されれば在庫コストが減るというメリットもある。こうしてピギーバックの取扱量は五八〜六〇年に倍になり、さらに六五年までにその倍になっている。五六年には一〇〇万ドル足らずだったトレーラートレインの収益は六五年には五〇〇〇万ドルに達し、保有する平台貨車の数は二万八〇〇〇台に増えていた。フレキシバンも好調で、ニューヨーク・セントラル鉄道の収益は六四年に一四%増を記録している。[24]

大陸間のコンテナ輸送サービス

一九五〇年代半ばにアメリカの鉄道がこぞってピギーバックやこれに類似する方式に乗り出したとき、外国との貿易はつゆほども考えていなかった。だがじつは当初から、鉄道とコンテナ海運を結びつける可能性はみえていたのである。車輪をつけたままのトレーラーをそのまま船に載せるのは無駄が多いにしても、そのトレーラーが載せているのはコンテナである。それにフレキシバンなど全体の一割程度は、車台を外した「箱」を運んでいた。しかもコンテナ規格に適合するものが増え、金具も米国規格協会（ＡＳＡ）が五九年に認定したタイプが普及し始める。[25]また、カナダではアメリカ以上にピギーバックが浸透しており、規格サイズのコンテナはすでに国境を越えて流通していた。[26]

大陸間のコンテナ定期輸送サービスを最初にやってのけたのは、ユナイテッドステーツ・フレート陸運を率いるやり手のモリス・フォーガッシュである。同社は一九六〇年にアメリカ〜日本航路でコンテナ輸送を始めた。出発地のアメリカでは鉄道を、目的地の日本ではトラックを使い、海上輸送にはステーツ海運の混載船を使用する方式である。一年後、ニューヨーク・セントラル鉄道（同社はコンテナ五〇〇〇個を保有していた）が同じようなサービスを日本とヨーロッパ向けに開始する。さらに在来貨物の海上輸送でアメリカ最大手のユナイテッドステーツ海運が、サザン鉄道のコンテナをヨーロッパに運ぶ試験航海を行った。またヨーロッパに駐留軍を展開する米陸軍が、実験的に四〇フィート・コンテナを船で送っている。[27]

国際航路でのこうした試みは、規模としてはまだまだ小さかった。マルコム・マクリーンも六一年にヨーロッパ航路へのコンテナ導入を考えたが、時期尚早だと部下に止められている。どの船会社もフルコンテナ船をアジアやヨーロッパに就航させるにはいたっておらず、したがってコンテナは混載船の仕切りの一部に押し込められるか、他の貨物に埋もれて大洋を運ばれていた。こうしたやり方ではコンテナも他の貨物同様一個ずつ扱うしかなく、荷役には航海と同じぐらい時間がかかった。しかもコンテナで運んでも、運賃は一向に安くならない。海上運賃は「同盟」が決めており、コンテナをフルロードにしても、カートンか木箱に入れた場合とほぼ同じ運賃を取られた。そのうえ空のコンテナを送り返さなければならないから、その分の運賃もかかる。荷主にとっては、盗難に遭わないというメリットを除けば、あとは書類がすくなくて済むという利点ぐらいしかなかった。[28]

マクリーンの決断

一九六五年、つまりコンテナの処女航海から九年が過ぎた時点でのコンテナリゼーションの状況は、率直に言って「進歩はしているがさほど目立たない」という程度だった。ニューヨークではコンテナの取扱量は一旦急増した後に横這いとなっており、国際港湾労働者連盟（ＩＬＡ）はまだしきりに荷役の機械化を邪魔しようとしている。西海岸でもコンテナの占める割合は八％前後だった。一部の鉄道が船でも運べるコンテナを導入したものの、実際に鉄道と海運と組み合わせた例はほとんどない。[29] トラック陸運業界でコンテナ輸送を手がける会社の多くはシーランドかマトソンと契約しており、それ以外の企業には普及していなかった。シーランドは六四年にコンテナ輸送による収益九四〇〇万ドルを上げ、十分に利益の上がるビジネスであることを証明したが、[30] やはりニッチ市場であることに変わりはない。製造業、卸売業、小売業の大半は相変わらず従来のやり方で商品を送っていた。

それでもコンテナ革命の下地は着々と整いつつあった。東西両岸で荷役の機械化を認める労使協定が成立し、人件費は大幅に減ることが確実になっている。コンテナのサイズと金具の規格も定まった。埠頭でもコンテナ荷役の設備が整いつつある。製造業は、工場出荷の段階で貨物をまとめればコンテナのメリットを生かせることを学習し始めたし、鉄道もトラック運送会社も、トレーラーから車台を切り離すだけで別の輸送機関にスムーズに「箱」を渡せることを学び始めていた。この頃には、複数の輸送機関を利用する方式として「インターモーダル輸送」という言葉も登場している。石頭の規制当局ですら、コンテナリゼーションによるコスト削減のメリットを消費者に還元できるよう、慎重に競争を奨励し始めた。この流れの中で、たった一つ遅れをとったものがある——それは、船だった。

コンテナ時代の幕を切って落としたはずの当の船だけが取り残されたのである。いったいなぜだろうか。一九六五年の時点では、ほとんどの船会社で使われている船が第二次世界大戦の遺物だったからである。たとえばシーランドのコンテナ船は、すべて船齢二〇年以上。マトソン海運のいちばん新しい船でさえ、四六年建造という高齢船である。巨額の先行投資をせずにコンテナ輸送という大冒険に乗り出すには、たとえ古くてのろくても、政府がただ同然で払い下げてくれる船に頼るのが賢明だったのだ。六〇年代に入ると他社もコンテナ輸送に参入するが、どこも戦時中の貨物船をコンテナ船に改造して使っている。コンテナ船を新しく建造するのは、いくら補助金があっても負担が大きすぎた。それに貨物輸送が将来どうなるのか、誰にもよくわかっていなかった[31]。

そうした中で変化の兆しを誰よりもよく感じとっていたのは、やはりマルコム・マクリーンである。マクリーンはすでにコンテナ事業にどっぷり浸かっていた。シーランドは他社をはるか後方に置き去りにし、一九六一〜六三年に七隻をコンテナ船に改造。これを投じて六二年には西海岸にも進出を果たしている。さらに二年後にはアラスカ海運を買収した。しかしこうした果敢な投資のために、負債は二年間で八五〇万ドルから一気に六〇〇〇万ドルに膨らんでいる[32]。大西洋航路でコンテナ輸送サービスを始めるとなれば、さらに資金が必要だった。「ヨーロッパ」という言葉がマクリーンの口から出た次の瞬間に、各社が競って追随してくるだろう[33]。先頭を走り続けるためにはふたたび賭けに出るしかない。そしてマクリーンは、それをやった。六五年に特大の取引を二件もまとめ上げたのである。

最初の取引に登場するのはダニエル・K・ルートウィヒ。マクリーンとは驚くほど共通点の多い男である。一八九七年に生まれ、一九歳で運送業界に入った。五大湖でハチミツを運ぶ仕事から始め、ナショナル・バルク・キャリアーズを設立。五〇年代に同社はアメリカ最大の船会社に成長している。ルートウィヒの経営手法はマクリーンとよく似ていて、コスト意識が非常に高かった。アナワク号というまるで見当外れの名前（アナワクはメキシコ中部に広がる高原の名前）が付いたタンカーを購入したときのエピソードは有名である。「名前を塗りつぶすのに五〇ドルかかるから」という理由で、五大湖でそのまま使っていたという。さて、五〇年代半ばには世界の長者番付リストにも載るようになったルートウィヒは、たくさんの会社を傘下に収めており、その中にアメリカン・ハワイアン海運もあった。ただし、五三年に事業を停止しているのでペーパーカンパニーである。マクリーンのコンテナ事業をずっと興味深く見守ってきたルートウィヒは、六一年一月、突然アメリカン・ハワイアン海運の名前で一億ドルの補助金を申請する。高速船一〇隻を建造し、パナマ運河経由で沿岸海運を始める計画だった。シーランドはたちどころに反応し、自らも参入を宣言すると同時に、裏でうまく立ち回って補助金申請をまんまと妨害する。[34] やむなくルートウィヒは申請を取り下げ、そして気づいた。自分で経営するよりシーランドに出資する方が早道だ……。六五年初め、マクリーン・インダストリーズはアメリカン・ハワイアン海運に一株八・五ドルで一〇〇万株を発行する（当時の同社の株価は一三ドル）。こうしてルートウィヒはマクリーン・インダストリーズの取締役に名を連ねた。マクリーンとルートウィヒとの長い付き合いが始まったのはこのときである。[35]

二番目の取引の相手はリットン・インダストリーズである。リットンは一九三〇年代に真空管メーカーとして設立された会社だが、五〇年代に多角化を遂げた。事業範囲は広範におよび、造船にまで手を広げている。当時の多角企業の常としてリットンも成長指向が強く、海軍からの請負しかないインガルス造船所（ミシシッピ州パスカグーラ）で早く商船を建造したいとじりじりしていた。マクリーンは、船はほしいがカネがない。リットンは、カネは余っているが、こと造船に関する限り仕事がなかった。

この両社の間で商談が成立し、リース会社であるリットン・リーシングが誕生する。一九六四年一一月五日、シーランドはリットンにコンテナ船九隻を二八〇〇万ドルで売却し、それを銀行借入金三五〇〇万ドルの返済に充当。一方、リットンは購入した船をただちにシーランドにリースバックした。続いてリットンは、ウォーターマン海運（かつてマクリーンが手放した会社）に所属する船を買い上げ、改修に着手する。幅と長さを拡げ、船倉にはコンテナ用のセルを設けたうえで、シーランドにリースするためである。この巧みな取引で、資金繰りに窮していたシーランドは、リース料一四六〇万ドルと引き換えに四年間で一八隻ものコンテナ船を手に入れることができた。しかもありがたいことに、リットンは自社の転換社債とマクリーン・インダストリーズの株式八〇万株とのスワップ取引に応じてくれた。これで、シーランドのバランスシートには六八〇万ドルの資産が計上されることになる。[36]

シーランドが大量のコンテナ船を手にしたというニュースが伝わると、海運業界では堰を切ったようにコンテナ船ブームが始まる。船が、ついにコンテナリゼーションの波に乗ったのである。一九六五年夏のたった二カ月の間に、二六隻にも上る改修が発注された。在来船をコンテナ船に改造するのに一隻当たり八〇〇万〜一〇〇〇万ドル、さらにコンテナそのものやシャーシに二〇〇万ドルほどかかる。もともと固定資産が多く現金に乏しい海運業界で、海のものとも山のものともわからない事業に参入するためだけに総額三億ドル近い設備投資が行われるとは、端からみればまったく理解に苦しむ現象である。だが、何年も前からコンテナリゼーションを横目で見るだけで財布の紐を緩めようとしなかった多くの企業は、いまここで投資しないと取り残されると危機感をつのらせたのだった。だから、必ずしも誰もが熱心だったわけではない。六六年にシーランドがオランダ向けサービスのスタートを祝ってオランダ企業を招きロッテルダム・ヒルトンでパーティーを開いたとき、招待客の中にいたホーランド・アメリカ海運の社長はシーランドの幹部にこんなことを言っている。「早く次の船で来て、コンテナを全部持って帰ってもらいたいものですな」[37]。

在来の海運会社が最も懸念したのは、コンテナの登場で海上運賃が引き下げられるのではないかということである。海上運賃は、主要航路別の海運同盟がすべて品目別にレートを決めていたが、どの同盟にも、当然ながらコンテナについての規定はなかった。

シーランドの場合、同盟に加盟しなくてもよかったが、加盟すれば政府や港湾当局との交渉がやりやすくなることはまちがいない。ユナイテッドステーツ海運はすでに加盟しており、同盟がコンテナについて何か決めれば守らなければならない立場にあった。マクリーンは北大西洋貨物同盟に加盟申請し、同盟運賃を守ることを明言して加盟を認められた。そして同盟の会議の席上、シーランドとユナイテッドはさっそく二つのルールを提案する。第一に、埠頭と倉庫の間のコンテナ移動費用、いわゆる横持ち費用は在来貨物より低く設定すること。第二に、海上運賃には船会社が保有するコンテナとシャーシの使用料を含めることである。つまり、コンテナを導入するに当たって荷主に余分の費用を請求してはならないということだった。ヨーロッパの船会社はこれを認めた。「われわれは大幅な譲歩を求めたのではなく、ただコンテナをコンテナとして受け入れてほしいと頼んだ。すると向こうはあっさり承知した。あれは、同盟としては大失策だったと思う」とシーランドの幹部は当時を振り返る。もっとも、ヨーロッパ側の見方はちがう。「それまでみんなシーランドを恐れていた。だが同盟に加わってからは、シーランドを外でわけのわからないことをやっている敵ではなく、同業者としてみるようになった」[38]。理由はともあれ、シーランドはアウトサイダーとしてではなく、なかよしクラブのメンバーとして大西洋航路に参入することになった。
最初に大西洋を渡るコンテナ輸送サービスを導入したのは、政府の補助金を受けたムーア・マコーマック海運である。一九六六年三月に、東海岸からスカンジナビア向けにトレーラー、コンテナ、混載貨物を運んだ。すぐに続いたのが、やはり補助金を受けたユナイテッドステーツ海運である。ユナイテッドは四月にヨーロッパのトラック会社と運送契約を結び、二〇フィート・コンテナ四〇個と混載貨物を運んだ。そして、シーランドである。シーランドは補助金を受けずに桁外れのスケールでコンテナ輸送サービスをスタートさせた。ニューアーク〜ボルチモア〜ロッテルダム〜ブレーマーハーフェン航路に週一便の定期サービスを開始し、三五フィート・コンテナ二二六個を運んだのである。
三社が達成した効率はめざましいものだった。中型のコンテナ船三隻で在来船六隻分の貨物量に達し、しかも資本コストは従来の半分、運転コストは三分の二しかかかっていない。ユナイテッドによると、ポートエリザベスではギャング（沖仲仕の作業班）一班とクレーン一基が、わずか一〇時間でギャング一〇班分の荷役をこなしたという。またムーア・マコーマックは、ポートエリザベスでのコンテナ荷役コストがトン当たり二・〇〜二・五ドルだったと述べた。ちなみに在来貨物はトン当たり一六・〇ドルである。[39]
当初、大西洋航路で最もたくさん運ばれたのは、ヨーロッパからアメリカ向けではウィスキー、アメリカからヨーロッパ向けでは軍用物資である。酒類の輸出業者は長年にわたって埠頭での盗難に悩まされており、コンテナが登場するとさっそく利用した。シーランドは最初にスコットランドのいくつかの港に寄港してステンレス製タンクの契約を結んでいる。シーランドのコンテナ用セルにはこのタンクが二個ぴたりと収まる。荷主はウィスキーを樽からそのままタンクに入れてアメリカでボトル詰めすることを承諾し、こうして大昔から続いていた港での酒泥棒はついに活躍の場を失った。[40]

軍も、シーランドにとってきわめて重要な顧客だった。シーランドはフラッグキャリアとして旧西ドイツ駐留軍（当時は二五万の米兵が駐屯していた）の物資を運ぶ資格を持っており、軍はコンテナ化促進の意味からシーランドに優先的に貨物輸送を任せたらしい。業界のうわさによると、シーランドが大西洋航路で最初に運んだ貨物の九〇％以上が軍の物資だったという。[41] 軍用物資のおかげでシーランドの最初の航海では十二分の利益が確保され、競争相手を圧して優位に立つことができた。一九六六年夏には、海軍が在来船を運航する船会社をヨーロッパ向け軍用物資の運送契約から締め出したため、シーランドは入札でつねに最安値をつけるようになる。運べる限りの貨物を同社がさらってしまうのが毎度のことになった。[42]

大西洋を横断するコンテナ輸送サービスが始まった最初の年については、全体像を示す信頼できるデータが存在しない。ただ、コンテナの大半がニューヨーク港（もちろんニューアークとポートエリザベスを含む）から送り出されたことはまちがいないので、同港のデータをみてみよう。これだけでも、コンテナ輸送の威力がわかる。ニューヨーク港で扱ったコンテナ貨物の量は、一九六五年には一九五万トンだった。それが翌六六年の最初一〇週間だけで、二六〇万トンに急増している。この現象を目の当たりにしたアメリカの海運各社、さらにイギリスの二社、大陸欧州のコンソーシアムがどっと参入してきた。[43]「船会社も港もコンテナ輸送に本腰を入れ、もはや後戻りできない状況になったのは、一九六六年である」と、あるコンサルティング会社は分析している。[44]

一九六六年春の時点では、アメリカを起点とする外航航路でコンテナ輸送サービスを行っているのは三社だけだった。だが翌六七年六月になると、その数は六〇に達する。仕向地もヨーロッパ、アジア、ラテンアメリカまで広がった。六七年下半期に国際航路で運ばれたコンテナの数は五万個、重量ベースでは五〇万トンに達している。たくさんの船会社が、幅八フィート高さ八フィートの規格コンテナを最大限に積めるフルコンテナ船を発注し始めた。六七年にニューヨーク港湾局が発表したデータによると、同港が扱った一般貨物の七五％がコンテナ貨物だったという。この頃には一二の船会社が合計でコンテナ船六四隻を発注している。[45]イギリスの海運コンソーシアム、オーバーシーズ・コンテナーズ・リミテッドの会長ケリー・セントジョンストンは、これだけ一気に輸送能力が拡大すると、供給過剰になって運賃に押し下げ圧力がかかりかねないと早くも警告している。船や荷役機械に巨額の設備投資をしてしまった海運会社にとっては、じつに不吉な予想だった。[46]

一九六八年になると、フルコンテナ船が次々に洋上に出現する。この年には毎週一〇隻のフルコンテナ船が北大西洋を行き来し、二〇万ＴＥＵ（二〇フィート・コンテナ換算）、重量にして一七〇万トンを運んだ。ヨーロッパの船会社は発注済みの専用船がまだ完成しておらず、コンテナを在来船のデッキに積んで運んだものである。これでは、コンテナリゼーションのメリットを十分生かせないことは言うまでもない。「あの頃は思い出すだけでもぞっとするほどコストがかかった」と、ドイツの海運会社ハパックロイドの社長カール・ハインツ・サージェルは話している。[47]

コンテナリゼーションが進むと、荷主にとっても貨物をコンテナで送るのが当たり前になった。もしそうしない荷主がいるとしたら、それは、コンテナが足りなかったからである。一九六六年九月から翌六七年一二月までに、アメリカの船会社はコンテナ一万三〇〇〇個を購入。ヨーロッパの船会社も数千個を発注したが、生産が間に合わなかった。コンテナの数さえ十分足りていたら、あらゆる荷主がコンテナリゼーションの恩恵に与れたにちがいない。たとえば、シカゴでオフィス機器製造を営んでいるチャス・ブランニング社の場合、コンテナを使えばヨーロッパ内陸部の顧客の元まで一二日で商品を送り届けられるようになった。輸出梱包をしなくていいし、損傷や盗難の心配もない。保険料も二五%の割引を受けられた。初のコンテナ船が大西洋を渡ってからわずか三年間で海運事情が激変したのも当然と言えるだろう。大西洋航路で混載船を定期運航する船会社はアメリカではわずか二社になり、便数も月三便に減っている。[48]

新しいビジネスに向かう気概

大西洋航路でコンテナ輸送が急増した時期は、ベトナム戦争でアメリカ各地の工場がフル稼働している時期とちょうど重なっており、鉄道にとっては内陸輸送で優位を奪い返す願ってもないチャンスだったと言える。個別に輸出梱包された貨物はほとんど姿を消し、代わって大量のコンテナがポートエリザベスやボルチモアから毎週のように送り出されていた。しかも、その多くは中西部の工場で出荷時点からコンテナ詰めされている。コンテナの急増は、トラック運送会社にとってはあまりメリットがない。一台のトラックではどうがんばっても四〇フィート・コンテナ一個しか運べないからで、この点では鉄道の方がはるかに有利である。トラックに奪われた輸出貨物を奪い返す好機だった。

すくなくともヨーロッパの鉄道は、そのように事態を理解した。もともと一九二〇年代からコンテナを事業化し船会社と連携したいと考えていたこともあり、大西洋を渡るコンテナ輸送サービスが始まるとただちに、コンテナに均一運賃制を打ち出す。たとえば六七年にフランス国鉄が発表した運賃表によると、四〇フィート・コンテナ一個をブレーメンからバーゼルまで運ぶ場合、一律五七二フランである。ドイツ国鉄では、ブレーメンからミュンヘンまでが米ドル換算で二四一ドルだった。[49] イギリス国鉄は、フェリクストウ港と内陸の都市を結ぶコンテナ専用貨車を走らせた。これはシーランドがコンテナ輸送サービス開始当初から考えていた計画であり、イギリス国鉄は熱心な協力者だったと言える。[50]

だがアメリカの鉄道、とくに東部の鉄道会社はさほど熱意を示さなかった。ピギーバック方式のトレーラートレインはなかなかうまくいっている。それに、わざわざコンテナ荷役のためのオーバーヘッド・クレーンやヤードに設備投資するほどの資金的余裕はない、というのが鉄道会社の立場だった。フレキシバン・サービスを成功させているニューヨーク・セントラル鉄道も、海上コンテナが普及すれば顧客を奪われるのではないかと懸念した。こうした思惑から、鉄道はコンテナ輸送を拒みこそしなかったものの、親身のサービスを提供しなかったため、一度利用した企業も二度と利用する気にはならなかった。たとえばペンシルベニア鉄道は一九六六年二月に、二〇フィート・コンテナ二個を積んだ平台貨車をペンシルベニア州ヨークにあるキャタピラー社の側線まで運び込んだ。キャタピラーは側線でコンテナに貨物を詰め、ペンシルベニア鉄道はこれをニュージャージー州まで運ぶという契約である。ところがキャタピラーに請求された運賃は、有蓋貨車で運ぶ場合とすこしも変わらなかった。「運賃、荷役、コンテナの待機時間の料金などを請求すれば、荷主はコンテナ輸送を諦めるだろう」。ニューヨーク・セントラル鉄道の幹部がペンシルベニア鉄道に宛ててそう助言した書面が残っている。[51]

東部の鉄道各社はコンテナ輸送に関する調査を実施し、コンテナ貨物の集荷を促進すべしとの結果が出たにもかかわらず[52]、まるきり逆の行動に出る。コンテナ輸送が不利になるような運賃設定をしたのだ。それによると、二五〇キロ以上のコンテナについては重量と品目をベースに運賃を算出し、いちばん割安なフルロード運賃は適用しない。さらに、港から顧客の工場まで空のコンテナを運ぶ運賃を船会社に請求する。[53] これだけでも鉄道が嫌われる理由としては十分すぎるほどだが、さらに一部の鉄道は、追い打ちをかけるようなやり方をした。たとえば、一九六七年の春にワールプール社がインディアナの工場からニュージャージーの埠頭まで冷蔵庫を搭載したコンテナの輸送をニューヨーク・セントラル鉄道に依頼したところ、「冷蔵庫は有蓋貨車で運び、港でコンテナ詰めしてはどうか」と返事をされたものである。[54] ワールプールは当然ながらこの助言にはしたがわず、トラックに切り替えた。マトソン海運はハワイ産パイナップルの缶詰を西海岸から東部へ運ぶのに鉄道輸送を考えたが、やはり拒絶的対応に遭っている。コンテナ運賃を缶詰のトン当たり公定運賃より安くしてくれと要求したためだ。[55]「あの手の要求は断固はねつけなければいけない」とニューヨーク・セントラル鉄道の幹部は書き残している。

マルコム・マクリーンはちがう視点からみていた。マクリーンの目からみれば、鉄道もトラックも船もモノを運ぶという点では同じである。だったら、シーランドが貨車を走らせて何がわるいだろう。ミルウォーキーやリトルロックの小さな田舎のメーカーを、ダイレクトにヨーロッパに結びつけてやろうじゃないか。一九六六年、シーランドが大西洋航路の準備をしている最中、マクリーン・インダストリーズは大胆な提案を行った。シカゴとセントルイスに自前の鉄道貨物集積用ヤードを建設するというのである。マクリーン・インダストリーズの子会社であるトラック運送会社が荷主からの集荷を担当し、自社が保有する貨車にコンテナを載せる。この貨車はプルマン社がマクリーン・インダストリーズのために設計する特別仕様で、コンテナが二段積みできるようになっている。ペンシルベニア鉄道はマクリーン・インダストリーズのコンテナだけを引っ張る特別貨物列車を仕立て、ヨーロッパ向けコンテナ船の出港に合わせてポートエリザベスのシーランドの埠頭まで運ぶ。ヨーロッパの港に着いたら、そこからまた鉄道とトラックで顧客の元へ届ける。港から遠く離れた荷主が緻密に計画された国際輸送網に組み込まれる、世界で初めてのプランだった。こうしたプランが実現できれば、売主は顧客に対し、「商品はいついつまでに届く」と自信を持って伝えることができる。[56]

トラック・鉄道・船を組み合わせるこのプランには、多大な経済的メリットが期待できそうだった。システムの両端の短距離輸送ではトラックの機動性を生かせる。内陸の長距離輸送ではコストの安い鉄道を活用できる。これで、内陸輸送部分のコストは半分になるだろう……。ペンシルベニア鉄道はこのプランをおもしろいと思った。しかし、ニューヨーク・セントラル鉄道をはじめとする鉄道各社は反対する。そして、ペンシルベニア鉄道とニューヨーク・セントラル鉄道の合併が発表されたとき、マクリーンの望みは打ち砕かれた。マクリーンの提案に対する鉄道会社の回答は、ＩＣＣの顔色をうかがったまったく魅力に乏しいものだったのである。「よろしい。シーランドの貨車は運びましょう。ただし、他の定期貨物列車に連結して運ぶことになります」[57]。

またしても、マルコム・マクリーンは時代を先取りしすぎていたと言えるだろう。鉄道に関しては、マクリーンは自分の構想を押し通すだけの影響力を持っていなかった。有蓋貨車の高い運賃を守ろうとする試みがいずれ失敗すると見通していたのは、鉄道業界の中でも先をみる目のあるごく少数の人だけだった。その一人であるトレーラートレインの社長ジェームズ・Ｐ・ニューウェルは、マクリーンが考えたようなサービスを導入すれば鉄道は列車運行コストを三〇％切り詰められるとし、「そうしたコスト削減のメリットを鉄道と荷主で分け合うべきだ」と述べている[58]。だが、一九六七〜六八年の鉄道はそんな助言に耳を貸そうともしなかった。ベトナム戦争による好景気を受け、ピギーバック輸送は絶好調で三年間で三〇％も伸びている。伝統に支えられ規制に守られてきた鉄道会社には、新しいビジネスに向かう気概が欠けていた。そして、コンテナ輸送という未開の領域がみすみすトラックにさらわれるのを見過ごしたのだった。

第九章 ベトナム

兵站が課題

一九六五年冬。アメリカ政府はベトナムへの緊急増派を開始した。そして、たちまち物資補給の混乱が始まる。米軍のロジスティクス史上で最悪の混乱だったが、これを解決したのがコンテナリゼーションだった。[1]

ロジスティクスすなわち兵站は、もともと武器弾薬・食糧などの物資補給を意味する軍隊用語である。近代的な軍隊の兵站を確保するのに、一九六五年の南ベトナムほどやりにくい場所はまずないだろう。北から南まで一一〇〇キロにおよぶ細長い国に、水深の深い港は一つしかない。一本しかない鉄道はほとんど機能しておらず、高速道路は分断され、しかも大半は舗装されていない。ベトナムでは五〇年代後半から軍事「顧問団」が活動しており、六五年の時点でその数は二万三三〇〇人に達していた。その顧問団への物資補給と民間人による支援物資の供給だけでも手一杯である。

サイゴン（現ホーチミン）の港では、荷役が滞らないよう一二時間交替勤務が休日返上で続けられていた。ベトナムに展開する米軍は一六種類もの補給方式を運用しており、のべつトラックや倉庫の奪い合いをしていた。到着貨物を追跡する中央管理システムの類は一切存在せず、商船を徴発してベトナムまでの物資輸送に当たらせている海軍の軍事海上輸送部（ＭＳＴＳ）はオフィスさえ持っていない。そもそもアメリカ政府は六五年にはベトナム撤退を完了するという腹づもりで、作戦全体がこの前提に基づいて立てられていたのである。この前提に立つ限り、埠頭、倉庫その他恒久的なインフラに予算を注ぎ込むことは認められなかった。[2]

リンドン・ジョンソン大統領が陸軍と海兵隊合わせて六万五〇〇〇と空軍の飛行小隊の増派を命じた瞬間から、兵站が課題であることがはっきりしていた。だが、問題を認識することと解決することは同じではない。ベトナムに送り込まれた兵士の数が五万九九〇〇に達した時点で、軍用物資の供給は絶望的な状態に陥った。輸送船はカリフォルニアから次々にやって来てベトナムの港の外に錨を降ろす。だが積荷を安全に陸地に下ろすのはほとんど不可能だった。水深が浅すぎ、外航船は桟橋に近づくことさえできない。仕方がないので、艀か水陸両用の戦車運搬艇（ＬＳＴ）で運ぶ。艀やＬＳＴは本船とロープで結ばれ、本船から木箱やカートンをネットに入れて下ろす。気の遠くなるほど時間のかかる作業で、サイゴンにほど近いニャーベーに停泊した本船から武器弾薬を全部陸揚げするまでに一〇日から三〇日近い日数がかかった。サイゴンとダナンのほぼ中間地点にあるクイニョンではＬＳＴが直接砂浜に貨物を陸揚げすることができ、またトラックやフォークリフトは船倉からランプを使ってそのまま運転して行けたが、それでも作業完了までに八日かかっている。[3]

ダナンでは喫水五メートル以上の船舶は航行できないため、外航船は沖合六キロの地点で艀に貨物を移さなければならない。港は次々に到着する艀で大混乱を来し、夏にはアジア特有の台風でひんぱんに荷役が中断された。[4]

ベトナムで唯一水深が深いサイゴン港は、もっとひどい状況だった。サイゴン港はサイゴン川の河口にあり、南シナ海から七〇キロほど奥まっている。クレーンが一基とフォークリフトが数台しかなく、荷役のほとんどを人力に頼っており、一九六五年に取扱量が一・五倍に増えただけでほとんどパンク状態に陥った。軍事物資、商用貨物、援助物資、緊急支援食糧などを運ぶ船は、一〇しかない桟橋の争奪戦を演じなければならない。埠頭に揚げられた貨物が何日も野ざらしになっていることも珍しくなかった。軍の補給係将校はいつ貨物が到着するか知らされていないことが多かったし、輸入業者は関税の支払いを遅らせるためにできるだけ長く貨物を港に放置しておく習わしだったからである。そのうえ南ベトナム軍ぐるみの盗難が横行し、港から軍の倉庫までトラック輸送する際にはショットガンで武装した憲兵が同乗したほどである。荷役に時間がかかるため船不足はいよいよ深刻化し、ＭＳＴＳは古色蒼然たる商船まで駆り出さなければならなかった。補給担当のある指揮官は、「軍用物資は必ず予定より遅れて到着するものと考えなければならない」と観念している。[5]そのうえ倉庫が足りないものだから、陸軍も空軍も船を倉庫代わりに使った。これで船不足に拍車がかかったのは言うまでもない。海軍のある指揮官は、当時の状況を振り返って次のように話している。「サイゴンは船の墓場みたいなものだった。船は港から川を遡ってきて停泊する。ずっと。何日もだ。積荷は下ろさない。陸軍の連中は、戦況が切迫しているから下ろしている暇はないと言い訳した。空軍の連中は余計なことは言わない。船はそこにいろ。それで終わりだ。われわれは船を停泊させ、用が済んでからようやく出港させるという具合だった[6]。

事態を一層ややこしくしたのは、統合参謀本部が「プッシュ」型の補給方式を採用したことである。前線からの要求に応じて物資を送るのが「プル」型、本土にいるロジスティクス専門家の方で何を送るか決めるのが「プッシュ」型である[7]。担当官は一〇〇万個以上の自動補給パケットなるものを準備した。パケットには、「通常の部隊ならこれぐらいの装備が必要」と専門家が判断した武器弾薬類と消耗品が詰められている。またカリフォルニアのデポでは、食糧、戦闘服、通信機、建設資材などが同じようなやり方で準備された。けれども、ロジスティクス専門家という人種は「現場で手を汚したことがない」うえ[8]、遠く離れたアメリカにいて、時々刻々と変化する戦場の状況を何も知らない。おまけにベトナムについても無知だった。

物資をできるだけ早く前線に送り届けるという点では、たしかに「プッシュ」型の方がすぐれている。軍用物資に投じられた予算は一九六五年に七四億ドルだったのが、翌年には一四三億ドルに膨れあがり、武器弾薬から建設資材、車両にいたるさまざまな物資が次々にベトナムに送り込まれた。ところがいざ到着してみると、その大半が期待外れだったり不要だったりした。食糧は一時期大量に送られ、多すぎるとわかると突然ストップした。軍ご愛用の五トン積みコネックス・ボックスは兵器、軍靴、戦闘服、その他雑多な物資を満載して到着したが、補給係の将校を満足させることはほとんどなかった。前線で戦闘中の軍隊に不足しているのは、生活必需品の類だったのである[9]。

統合参謀本部が増派命令を出す一カ月前、最高司令官のウィリアム・ウェストモーランドと対外援助総責任者のジェームズ・S・キレンは、兵站を確保するにはダナン港の拡張が必要だという点で意見が一致していた。ダナンはサイゴンの北約七〇〇キロにある地方小都市である。外航船が入港できるように港を整備し、ダナンからサイゴンに物資を輸送する計画だった。だが、この計画が滞っているうちにウェストモーランドは考えを変える。そして一九六五年四月、ダナンの南四八〇キロにあるカムラン湾の開発を進言した。「ベトナム第二の港として物資補給センターを設置する」という案で、国防長官のロバート・マクナマラはこれを承認する。五月には軍の技術者がベトナムに派遣され、さっそく桟橋、倉庫、巨大な修理保守施設の建設が開始された。七月になるとウェストモーランドは各地の補給部隊をカムラン湾に集結させ、第一兵站司令部というこれまでにない新司令部を設ける。南ベトナムの港湾・倉庫運営から船舶補修まで一手に引き受ける司令部で、カムラン湾の運営ももちろん担当した[10]。

カムラン湾は天然の湾としてはベトナムでいちばん大きいが、物資補給センターを建設するのにふさわしい場所とは言えなかった。まず電気、水道、道路などのインフラが何もない。海岸の地盤は軟弱で建設機械が役に立たず、通常の建設方法も使えなかった。おまけに利用できそうな南ベトナムの施設が何一つない。サイゴンに駐在していたアメリカ大使ヘンリー・カボット・ロッジは南ベトナム首相グエン・カオ・キと一九六五年七月に個人的に面談し、今後カムラン湾はアメリカが管轄すると通告する。しかし、港の運営は旨味が多いため南ベトナムの政府高官はなかなか承知せず、交渉はいっかな進まない。ベトナム流のワイロと非効率を免れ米軍が完全にカムラン湾を掌握できれば、事態はもうすこしましになると米軍は踏んだ。一時はバーと売春宿のない理想的なコミユニティ建設まで考えたらしい。ともあれ、港を整備するいちばんの早道はデロング式の可動栈橋を持ってくることだと結論が下される。海軍は全長約九〇メートルの浮き栈橋をサウスカロライナからパナマ運河経由でカムラン湾まで曳航し、電源供給用に海軍の艦艇数隻を停泊させる。こうして港は操業を開始した。一二月にはアメリカから来た外航船がそのまま入港できるようになり、追加の可動栈橋が設置されている。[11]

それでも、物資の供給状況は一向に改善されなかった。毎月一万七〇〇〇人の兵士がベトナムに送り込まれる。八三〇人編成の歩兵大隊が到着するたびに、四五一トンの物資と装備を陸揚げしなければならない。これが機甲部隊となると一一一九トンに膨れあがる。MSTSは手に入る限りの船を使って食糧やら武器弾薬やらを手配した。一九六五年一一月の時点では、ベトナムのあちこちの港に合計四五隻が停泊。さらに七五隻が貨物を満載したまま沖合で待たされるか、フィリピンで待機していた。[12] 商船の場合、ベトナム領海に入ると乗組員に特別手当を出さなければならないため、フィリピンで待つ船が多かったのである。[13]「米本土では設備の整った一〇〇もの港から次々に船を送り出してくる。だが、迎えるこちらにはお粗末な港が四つしかない」と軍の担当官は嘆いている。[14] 一九六五年一一月に国防長官と統合参謀本部長がベトナムを視察した際、物資補給についてさんざん文句を聞かされたものである。[15]「ベトナム中の港が船と貨物でごった返している」と、第一兵站司令部の司令官はこぼした。ライフ誌は一二月号でサイゴン港の無秩序ぶりを報道。同地を視察した議員まで、ウェストモーランドに港の問題にもっと注意を払うよう忠告した。ついに本土の政治家がベトナムの兵站を問題視するようになったのである。

政府は早急に問題を解決するよう要求し、強い圧力をかけられた南ベトナム政府は一九六五年末に、アメリカが大水深の港を建設することに同意する。サイゴンに建設されるこの港は新港と呼ばれ、軍事物資の取扱いはすべてダウンタウンに面した旧港から新港に移されることになった。ペンタゴンは兵站を一本化するため、海軍の反対を抑えて陸軍に陸海空全軍の物資補給を一任。とかく自己主張したがる海兵隊の補給も陸軍が担当せよとの命令が下る。そして国防長官直々の命令に従い、MSTSは民間会社であるアラスカ・バージ・アンド・トランスポートに沿岸海運を委託した。アラスカ・バージは、「絶対にベトナムの物資輸送を効率化してみせる」とマクナマラ長官を口説き落としたのである。[16] 有言実行のアラスカ・バージは手際よく埠頭を整備すると、ベトナムの小舟を追い出して艀のシャトルサービスを開始し、海岸沿いに物資を効率よくピストン輸送した。「あれがなかったらとてもやっていけなかった」とMSTSの司令官も認めている。[17] アラスカ・バージの成功は、何事も軍隊式にやってきた軍の幹部に強い印象を与えた。もしかしたらほかのことも、軍より民間企業の方がうまくやれるのかも知れない……。

海軍大将への直訴

ベトナムで港が混乱に陥った原因は、貨物が多すぎたことだけではない。燃料以外のあらゆる貨物を運ぶのは、軍用船であれ商船であれ、すべて混載船だったことが大きな原因だった。つまり荷揚げ作業では、船倉から一個ずつ貨物を取り出さなければならない。それを埠頭に直接下ろせればまだいいが、最悪の場合は艀か水陸両用艇に下ろさなければならない。この場合は海岸に着いてからもう一度下ろすことになる。しかも、ほとんどの船は複数の港に立ち寄るスケジュールが組まれており、本土を出港する際の積付け手順がわるいと、途中の港で一旦下ろしてからまた積み直すという面倒まで生じた。最終目的地に到着しても誰宛かわからないこともままある。そうなると、当てずっぽうで送り届けるしかない。軍は調査チームを編成して兵站の実態を調査し、チームは一九六五年一一月に船積手順の改善を求める報告書を提出した。第一に、あらゆる貨物の梱包はユニット化すること。第二に、船を複数の港に寄港させず、船一隻を最終目的地向けの貨物で満載すること。そうすれば、船は貨物を下ろしたあとまっすぐ帰還できる。第三に、荷下ろしがしやすいよう積み込むこと。埠頭で開梱して仕分けせずに済むよう、宛先別に梱包すること、等々[18]。

報告書で第一に要求された「梱包のユニット化」とは、米軍では五トン積みコネックス・ボックスを意味する。コネックスは他の貨物と一緒に混載船で運ばれていた。カリフォルニアにある軍の補給センター、シャープ・デポでは木製のパレットもよく使われたようである[19]。だがマクナマラ長官は、産業界ではもっと進んだ輸送方式が導入されていることを知っていた。長官は大手海運会社のトップをワシントンに招き、ベトナムでの輸送状況を撮影したフィルムを見せている。マルコム・マクリーンも、水兵がネットに入れた貨物をそろそろと下ろしているフィルムを見た一人だった。「あのときだよ、マルコムがベトナムでコンテナ輸送をしようと思いついたのは。で、彼は何度もワシントンに足を運んでいろんな人にアイデアを説いて回った。でもみんなに、ベトナムでは出番はないと言われたらしい[20]」。

だが懲りないマクリーンは、とうとう補給の指揮を執る海軍大将フランク・ベッソンに直訴することに成功する。一九六五年のクリスマス、ベッソンはマクリーンがベトナムを視察することを許可した。マクリーンは、ちょうどシーランドのヨーロッパ航路の段取りをつけるため渡欧中だった主任技師のロン・カティムズと顧問技師のロバート・キャンベルに電話する。「明日の朝パンアメリカンで行くから、パリで落ち合おう」。そして次の日には、ウールのスーツにオーバーコートで身を固めた三人は蒸し暑いサイゴンに到着していた。ダナンとカムラン湾を視察し、軍のブリーフィングを受ける。そしてマクリーンは、コンテナを導入すればベトナムの混乱の大半は解決すると結論を下した。[21] 打てば響くようにマクリーンの結論を後押ししたのは、誰あろう、国際港湾労働者連盟（ＩＬＡ）議長のトーマス・グリーソンである。ニューヨーク港のコンテナ化ではさんざんマクリーンの邪魔をしたグリーソンだったが、一月末にベトナムを視察し、ある限りのコンテナ船を徴発するよう政府に進言した。

この大胆な改革に直面したとき、軍の指揮官は大いにたじろいだ。上層部は民間のノウハウをすぐに採り入れろとうるさく、一九六六年一月にホノルルで開かれたトップレベルの会議では、統合参謀本部が「民間にできることは民間企業に任す。港湾荷役などはこれに該当する」との新方針を発表している。[22] だが、軍では誰もコンテナリゼーションの何たるかを知らなかった。ＭＳＴＳはコンテナ船を借りたこともなければ、コンテナを使った物資輸送をやったこともない。国防総省が最初に出した案はコネックス・ボックスを混載船で運ぶというもので、高速クレーンを駆使して大型コンテナをシャーシ上に直接下ろすやり方にはほど遠かった。[23] 六六年初めには港湾整備が始まっており、カムラン湾の物資補給センター、サイゴン新港の浚渫、ダナンその他の港での新桟橋建設が行われていたが、どれも混載船を想定したものである。民間でいくらコンテナ輸送がさかんになったと言っても、当時の軍にとっては雲をつかむような話だった。[24]

一九六六年の冬の間中、マクリーンはコンテナを導入すればベトナムの厄介な問題はきれいに片づくとしきりにペンタゴンに訴えたが、なかなか埒が明かなかった。それでも四月になってマクリーンは足がかりを得る。マクリーン・インダストリーズの新しい子会社エクイップメント・レンタルが、サイゴン新港でのトラック輸送を請け負ったのだ。[25] この契約はコンテナとは無縁だったが、実力を見せたくてたまらないマクリーンは、予定を二カ月も前倒しして貨物輸送を開始した。その甲斐あって五月にはベッソンがMSTSに対し、コンテナ船三隻によるオークランドから沖縄までの物資輸送契約をシーランドと結ぶよう指示する。当時沖縄は、ベトナム向け物資輸送の主要基地となっていた。ついにチャンス到来である。シーランドは三五フィート・コンテナ四七六個を一二日ごとに輸送してのける。これでMSTSはすっかり感服し、今度はアメリカから直接ベトナムまでコンテナを輸送してほしいと言い出した。[26] 何と言ってもシーランドはコンテナ輸送では全米最大手であり、太平洋航路でコンテナ輸送を行っている唯一の海運会社でもある。しかも、同社のコンテナ船には船内クレーンが備わっているからベトナムの港でも荷役が容易だった。こうした利点がモノを言い、数社が名乗りを上げた中からMSTSはシーランドを指名する。とうとう事態はマクリーンの思惑通り動き出したようにみえた。

だが残念ながら、ベトナムはまだコンテナ輸送の受け入れ態勢が整っていなかった。[27] おまけに港湾業務を取り仕切る第一兵站司令部があまり乗り気でない。それに一九六六年も半ばにさしかかる頃には、一時期の大混乱もだいぶ落ち着いてきていた。二月には待機日数が平均六・九日だったのが、七月には五・三日に減っていて、さほど急を要する事態ではなくなっている。[28] 第一、コンテナを扱えるクレーンもないし、建設する予定もないのだ。だが、ベッソン率いる物資補給司令部はコンテナ導入を急げとしきりにせっつく。沖縄でのシーランドのみごとな手際を知っているウェストモーランドも、第一兵站司令部にいつまでもぐずぐず言うなと注文をつけた。六六年七月、第一兵站司令部はしぶしぶシーランドとコンテナ輸送の委託契約を結ぶが、開始は六七年一〇月以降という条件を付けたものである。[29] おあずけを喰わされたシーランドは、当面は米海軍基地のあるスービック湾（フィリピン）までのコンテナ輸送で我慢するしかなかった。

第一兵站司令部がようやく官僚的な抵抗をやめて膝を屈したのは、ベトナムでの物資補給がふたたび大混乱を来したからである。一九六六年半ばまではいくらか平穏だったのだが、八月になって食糧や軍事物資がどっと押し寄せると、たちまち立ち行かなくなった。それも道理で、カリフォルニアからベトナム向けの貨物は、六六年七月一日からの一年間で五五％も増えている。またしても船が予告もなく次々に入港し、港に数珠つなぎになったが、そのくせ必需品不足はいっこうに解消しない。深刻な食糧不足にたまりかねて、一時は空軍が沖縄から合計五〇万トンもの肉を空輸したほどである。救援物資など軍用以外の物資は後回しにされ、二週間以上も荷下ろしされずに放っておかれた。「教会用品などほとんど需要のない代物」の余剰と補給担当将校が格闘し、「枝付き燭台や十字架」といったものを廃棄処分にしたにもかかわらず、無用の在庫が増える一方というありさまである。おまけにサイゴン港では、米軍は新港を使って自分たちの仕事を奪うつもりだと考えた沖仲仕が荷役を拒絶する。[30] 六六年一〇月にベトナムを訪問したマクナマラ長官は、港の問題にかなりの時間を割かざるを得なかった。「長官、港の混雑解決に乗り出す」と軍の新聞では報じられている。[31]

こうした事態を受けて、MSTSは一〇月一四日、ベトナム向けコンテナ輸送契約の入札を改めて実施する。三社が応札したが、やはりシーランドが群を抜いていた。コンテナ輸送だけでなく、シャーシ、トラック、ターミナル建設まで引き受けるという。しかも驚いたことに、運賃に実際のコストを上乗せするマークアップ方式ではなくトン当たり固定価格方式だった。六七年三月、シーランドは船七隻で輸送を請け負う総額七〇〇〇万ドルの契約にサインする。七隻のうち最大級の三隻は八月にオークランドとシアトルからカムラン湾への物資輸送を開始。この三隻には船内クレーンがないので、カムラン湾にクレーンが建設される予定だった。船内クレーンを備えた小型の三隻は、六月に西海岸からダナン向け輸送を開始する。第一兵站司令部が考えていたのより四カ月も早いスタートだった。七隻目はベトナムで港と港を結ぶ沿岸海運に使用する。シーランドは冷凍コンテナの提供にも同意し、また、桟橋から五〇キロ以内の基地には自社のトラックによるコンテナ輸送も請け負った。[32]

こうしてカムラン湾は、突貫工事で大型コンテナ港に生まれ変わる。デロング式桟橋の一つがコンテナ荷役用大型クレーンを設置できるよう補強された。韓国人の溶接工が呼ばれ、木製桟橋に鋼鉄の強化材を取り付け、クレーン用のレールを敷く。シーランドはクレーン二基をフィリピンで準備し、六月には艀二隻が半完成品のクレーンを運んだ。クレーンだけでなく、コンテナ輸送用のトラック、作業員用の簡易宿舎、さらには汚泥処理プラントまでフィリピンから南シナ海を渡ってカムラン湾まで運ばれている。戦争中の国での建設作業は難航したが、それでもダナン港は八月一日に準備が整い、オークランドを出港した最初のコンテナ船ビヤンヴィル号が無事入港。二二六個に上るコンテナの荷役作業は一五時間で完了した。カムラン湾も、予定より三カ月遅れの一一月になってから最初のコンテナ船オークランド号を迎え入れる。このとき全長二〇〇メートルを上回るオークランド号は、三五フィート・コンテナ六〇九個を運んでいる。これは、軍用輸送に使われていた通常の混載船一〇隻分に相当した[33]。

その後は、大型コンテナ船が一週おきにコンテナ六〇〇個を規則正しく運ぶようになる。コンテナの五分の一は冷凍コンテナで、兵士が待ち望む肉、生鮮食品のほか、アイスクリームまで入っていたという。武器弾薬を除くありとあらゆる物資がシーランドのコンテナで運ばれた（武器弾薬は軍が許可しなかった[34]）。貨物の半分は、埠頭で待機するシーランドのトラックに載せられて近くの基地まで運ばれる。残り半分は七隻目のおんぼろ船に積み替えられ、サイゴンなどに送られた[35]。米本土を出港してから帰港するまで、コンテナはシーランドがベトナムに持ち込んだ最先端のコンピュータ・システムに完璧に管理されている。物資は整然と送り込まれるようになり、港の混乱も迷子の貨物も姿を消した。「港の問題は解決した」——一九六七年の軍の記録には誇らしげにそう記されている。MSTS司令官ローソン・ラメージも、「シーランドはたった七隻の船で在来船二〇隻分の物資を捌き、慢性的な商船不足解消に大いに貢献した」と高く評価した[36]。

ただし、コンテナ船がその威力を最大限に発揮するためには、民間でもそうだったように、軍の

「荷主」も上手な利用法を学ぶ必要があった。当初、シーランドが沖縄向けサービスを開始したとき、貨物の大半は小さなコネックス・ボックスに収められていた。やむなくシーランドは三五フィート・コンテナにコネックス・ボックス四個を入れて運んだが、これでは重量の四分の一をコネックス・ボックスが占領してしまう。補給係将校はこの大型コンテナをどう使いこなしていいかよくわからず、最初のうちは半分ぐらいしか貨物が詰まっていないコンテナも多かったようだ。沖縄向けとスービック湾向けは契約でコンテナの最低輸送個数を軍が保証していたので、「数合わせのために、混載船で運ぶ予定だった貨物を倉庫から引っ張り出してシーランドのばかでかいコンテナに詰め込んだ」とMSTSの担当将校は告白している。軍の手順はかなりお粗末で、一九六八年初めにカリフォルニアからハワイ向けコンテナ輸送をマトソン海運が請け負ったときにも、ハワイで不要のものが次々にホノルルに到着したという。[37]

それやこれやはあったものの、コンテナ輸送がフル稼働した最初の年である一九六八年には物資の二〇%がコンテナで送られており、燃料を除けばその率は四〇%に達している。定時運航の成績には多少ムラがあった。船内クレーンがひんぱんに故障したことから、ダナンでは荷役が遅れ気味だったためである。一方、カムラン湾では毎月一二三〇～一三二〇個のコンテナが確実に陸揚げされた。六八年六月になるとダナンの補給部隊からコンテナ船をもっと増やすよう要請があり、一〇月にはシーランドはC４型輸送船を一隻追加し、内陸輸送も一四カ所に増やしている。その頃には他の海運会社も参入しようと躍起になっており、統合参謀本部もコンテナ輸送の強化を考え始めたが、ベトナム唯一の水深の深い港をシーランドが仕切っているという事実は如何ともしがたかった。

シーランド自身もサービスの拡大を申し出ている。「そうすれば数百万ドルのコスト削減が可能だ」と補給担当の参謀長は後押しした。[38] 軍の内部でも、コンテナ輸送によるコスト削減と損傷の減少は印象的だったようである。マクリーンの試算によれば、コンテナ輸送と海軍が徴発した一般商船による輸送とを比較すると、前者は後者の約半分で済むという。[39] また、ベッソンが七〇年に行った試算によると、増派を決定した時点でただちにコンテナ輸送を導入していたら、六五〜六八年に八億八二〇〇万ドルのコスト削減が実現していたはずだという。[40]

合い言葉は「三つのC」

こうして始めはコンテナの導入に懐疑的だった軍が、最強のコンテナ支持者に変貌を遂げる。コンテナリゼーションは兵站改革の決め手となった。MSTS司令官ラメージは一九六八年一〇月、補給や輸送担当の部隊がやり方を改めないとコンテナの威力を十分発揮できないとハッパをかけている。[41] MSTSは各地の補給デポに対し「最終目的地のちがう物資は同じコンテナに入れないこと」と厳命を下し、「三つのC」を合い言葉にした。「コンテナ一個の仕向先（カスタマー）は一つ、品目（コモディティ）も一種類」という意味である。六八年にはマクナマラ長官が、軍で最も熱心なコンテナリゼーション推進者ベッソンを合同兵站調査委員会の委員長に指名し、ベトナムにおける物資補給システムの評価を行わせた。[42] ベッソンは好機到来とばかり、マクナマラの後任のメルビン・レアードの後押しを得て、物資補給の集中管理とコンテナの陸海複合輸送の推進を提言している。[43] 時代遅れのコネックス・ボックスは、退場処分となった。代わって採用されたのは、商業用の二〇フィート・コンテナである。容積はコネックス・ボックスの六倍半あり、言うまでもなく最新のフルコンテナ船にぴったり収まった。

軍という組織は、一旦前向きになるとあとは早い。一九七〇年には、ヨーロッパ向け軍用物資の半分がコンテナで運ばれるようになった。軍の技術者は、開発途上国でもコンテナの陸揚げがスムーズに行えるよう携行型ターミナルの設計に着手している[44]。陸軍と海軍では武器弾薬のコンテナ輸送実験も行われた。工場出荷時にコンテナ詰めして封印し、専用船でベトナムに運んだのである。結果は上々で、「コンテナは武器の輸送方法として完璧に安全である」と報告書は結論づけている[45]。ただし大砲の砲弾は非常に重いため、重量制限上、大型コンテナでは空きスペースが増えてしまうという欠点はあったが。「コンテナは単なる輸送手段の一種と考えるべきではない」とベッソンは一九七〇年に議会で力説している。「コンテナリゼーションはシステムである。コンテナの全面活用を念頭において設計されたロジスティクス・システムで使われてはじめて、コンテナの効果は最大化される[46]」。これは、民間の荷主がようやく気づき始めた事実であった。

おまけの利益

マルコム・マクリーンがコンテナ導入を熱心に説いたことは、ベトナムで戦うアメリカにとって重要なファクターだったと言える。コンテナがなかったら、地球を半分も回ったところにある不慣れな土地で大規模な作戦を展開することは到底できなかっただろう。一九六九年初めのベトナムには、陸海空軍に海兵隊を合わせて五四万の兵士がいた。この巨大な軍隊に物資を補給することも、盗難を防ぐことも、コンテナなしでは不可能だったにちがいない。コンテナ輸送があったから、米軍は最後まで食糧と装備を維持することができた。軍だけの力でこれをやり遂げることは不可能だったと思われる。

その一方でベトナムへのコンテナ輸送は、シーランドの成長にとっても重要なファクターだった。軍用物資の輸送契約は、当時の外航海運会社にとって命綱である。一九六六年頃まで国防総省は入札を行っておらず、アメリカの大手船会社が物資輸送を分け合っていた[47]。その中にはシーランドは入っていない。プエルトリコやアラスカ向けでも、シーランドにはお呼びがかからなかった[48]。理由は単純で、軍には三五フィート・コンテナを扱う設備がなかったからである。だがベトナムがこの状況をがらりと変えた。六五年にはほぼゼロだったシーランドと国防総省との契約は、六七～七三年には四億五〇〇〇万ドルに達している。ピーク時の七一年には、ベトナム向けが一億二〇〇〇万ドルに上り、その年の契約総額の三〇%を占めた[49]。

マルコム・マクリーンは、ベトナムで大きな利益を狙って大きなリスクを冒した。これが、マクリーンのいつものやり方である。カムラン湾で桟橋を補強するのも、クレーンを組み立てるのも、フィリピンから設備や車両を運ぶのも、トラック・ターミナルを建設するのも、すべてコストとリスクはシーランド持ちである。米政府が補償するのは、シーランドのトラックや設備が敵の攻撃で損傷した場合だけだ。荷役・輸送体制の整備を支援することもなければ、人や資材を出すこともしない。だが場所は戦時のベトナムである。部品がなくなっても、近くの店にちょいと注文するという具合にはいかない。何かがうまくいかなかったときに採算割れを起こす危険性は、きわめて高いと言えた。言ってみればマクリーンは、戦闘地帯で通常の事業運営をやろうとしたのである。固定価格で請け負っても利益は出せることに、マクリーンは賭けた。[50]

そしてこの賭は成功した。もっともマクリーンも、向こう見ずにギャンブルをするほど初心ではない。リスクを負う交換条件を抜け目なくMSTSと交渉していた。沖縄とフィリピン向けにはコンテナの最低個数を保証させたし、ベトナム向けはコンテナ一個当たりの固定運賃で請け負うが、出港時には「コンテナ詰め可能な物資はすべてコンテナに格納する」という契約条件を付けている。このためコンテナ船の積載率はきわめて高く、一九六八年には九九%に達したという。

ベトナム向け輸送でどの程度の利益をシーランドが上げたのか、データは入手できなかった。だが稼働率や積載率の高さから考えて、相当な利益が出たのはまちがいない。西海岸〜カムラン湾の往復では一日二万ドル以上、小型船によるダナンとの往復でも八〇〇〇ドルにはなっただろう。ちなみに当時MSTSが大型混載船を借り上げるのに払うチャーター料は、一日五〇〇〇ドルである。シーランドはコンテナの迷子対策もしっかり立てていた。集中管理センターでコンテナを一個一個追跡。一定期間内に空にして返却しない場合、ベトナムの密林で便利な倉庫代わりにコンテナを使っていた部隊は容赦なく追加料金を請求されている。[51]

国防総省との契約で、シーランドはちゃっかりおまけの利益もモノにしている。フィリピン向けの輸送ではマニラとスービック湾の両方に寄港することになっていたが、混雑するマニラ港で沖待ちが発生した場合は一時間五〇〇ドルを申し受けるとシーランドに通告された空軍はすぐさま、貨物は自分たちがスービック湾まで取りに行くと決定する。寄港地が一つ減ったおかげで、一航海六八〇〇ドルの節約になった。さらにもう一つの余録は、前線の部隊から本国に送り返す物資の輸送を請け負ったことである。MSTSとは本土からベトナム向けの一方通行で往復をカバーする金額をもらっているから、帰りの分の運賃は丸儲けということになる。これはどうやらばかにならない額になったらしく、一九六八年三月にはコンテナを使って送り返すのは禁止とのお達しが出た。「帰りは優遇レートではないから」という理由だったそうである。[52]

急拡大した日本〜西海岸航路

マルコム・マクリーンは金儲けの機会を一つとして見逃すような男ではない。いまや滅多にないチャンスが目の前にぶら下がっていた。マクリーンは大型三隻と小型三隻の計六隻をベトナム航路に投入している。西海岸からベトナム行きは軍用物資でほぼ満杯だ。だが帰りは空のコンテナがほとんどである。米政府が払ってくれる行きの運賃で往復分をカバーできるから、帰りに何か運べれば、それはすべて利益になる。状況をとくと考えたマクリーンの頭に閃くものがあった――日本だ。

一九六〇年代の日本は世界最速のペースで成長を遂げていた。六〇〜七三年に工業生産高は四倍に増え、すでにアメリカにとって第二位の貿易相手国にのしあがっている。同国の工業は、六〇年代後半には早くも繊維や衣料品からトランジスタラジオ、ステレオ、自動車、機械へと移行していた。日本の産業界がコンテナ輸送に目を付けるのは当然である。六六年には、海運造船合理化審議会が「コンテナ輸送の効果を最大化するためには過当競争を廃し国を挙げて導入に取り組むべきである」との答申を出し、政府はコンテナリゼーション推進をせかされた格好だった。答申ではコンテナ定期輸送開始の目標年度として、日本〜アメリカ西海岸は六八年、東海岸〜ヨーロッパ〜オーストラリア航路は七〇年が設定されている。まずは、東京・横浜と大阪・神戸にコンテナターミナルを建設する。当面はコンテナ船の運航やターミナルオペレーションで外国船社とコンソーシアムを組むことが必要であろうが、日本船社の利益が損なわれないよう注意が必要である、云々。「計画通りに進めば、一九七一年までに一〇〇〇個のコンテナを運べる大型コンテナ船一二隻が就航し、日本の輸出の半分はコンテナで運ばれるようになるだろう」と答申は結ばれていた。[53]

日本政府は異例のスピードで行動に移る。コンテナ港の運営を研究するため、視察団がオークランドをはじめとするアメリカの港を訪れた。一九六七年八月には港湾運営に関する新法が可決され、その年の末には、コンテナ荷役用の岸壁クレーン第一号と第二号が東京と神戸に建設されている。ただし、内陸輸送の方はそうスムーズにはいかなかった。日本の標準的なトラックは一一トンまでしか運べないうえ、ほとんどの高速道路では大型コンテナの走行は規制に引っかかった。鉄道も、二〇フィートより長いコンテナを運べる貨車を持っていない。欧米で普及し始めたインターモーダル輸送も、日本には向きそうもなかった。[54]

日本に初参入を果たしたのはマトソン海運である。一九六六年二月に西海岸〜ハワイ〜極東航路の認可を得たマトソンは、行きには日本か韓国の米軍基地までの物資を運び、帰りはテレビや腕時計を積んでオークランドで荷揚げし、そのまま専用列車で東海岸に運ぶ計画を立てた。万事に慎重なマトソンの経営陣は二、三年かけて市場を調査し、輸出企業ともわたりをつけたうえで、C3型混載船を日本の造船所に持ち込んで船内クレーンを備えたコンテナ船に改造している。ほかにドイツにも高速コンテナ船二隻を発注した。そして日本で最大手の日本郵船と共同運航を始め、まだこの国にコンテナ専用クレーンが一基もない六七年九月、コンテナ輸送を開始したのである[55]。

日本企業も負けてはいなかった。翌一九六八年一月、日本の船会社四社がオークランドでコンテナ埠頭の専用借り受け契約を結ぶ。同じ年の三月、シーランドが日本～西海岸航路にコンテナ船を毎週就航させると発表した（ちょうどベトナムの司令官が、貨物をシーランドのコンテナで本国に送り返すのはまかりならぬと命じた頃である）。

いつものことだが、マルコム・マクリーンの日本参入も分析の結果ではなく閃きの産物だった。「ベトナムから空船で戻ってくるのはばかばかしい、どうにかしようという話になった」と、シーランドの幹部だったスコット・モリソンは回想する。「そうしたらマルコムがいきなり、誰か三井に知り合いがいないかと言い出したんだ[56]」。マクリーンは三井物産の年次報告書にざっと目を通すと、翌週には東京に飛んで社長に会うと宣言。さらに二週間後に、今度は三井の社員が大挙してポートエリザベスにやって来てシーランドの埠頭を見学した。マクリーンは合弁形式にするつもりはなく、グループ会社の一つとコンテナターミナル建設契約を、もう一社と代理店契約を、さらにもう一社とトラック輸送契約を結ぶ。船を動かすコストの方は国防総省との契約ですっかりカバーされている。日本からはどれほどわずかでも貨物を運べば、それがそっくり利益になるという願ってもない状況だった[57]。

日本最初のコンテナ船がアメリカに向けて処女航海をしたのは、一九六八年九月のことである。船主は、マトソンの合弁先である日本郵船だった。遅れること六週間、シーランドが横浜～西海岸航路で月六回の定期輸送を開始する。コンテナにはテレビやステレオがぎっしり詰め込まれていた。そこへ日本の船会社も参入し、六七年九月まではほぼゼロだった日本と西海岸の間のコンテナ輸送は一気に活発化する。六八年末までは七〇〇〇トンの貨物を七社が奪い合い、さらに数社が加わって一時期は過当競争になったが、やがて太平洋を渡る貨物の量は急増。誰一人として想像もしなかった輸出ラッシュを迎えることになる。[58]

第十章 港湾

港の生き残り競争

コーストワイズ海運は、もっぱら製紙産業を相手にする沿岸海運会社である。一九三〇年代に運航を開始し、ワシントン州ポートエンジェルスやケーマスにある製紙工場から新聞紙のロールを積み込み、カリフォルニア州沿岸を南下して大都市まで運んでいた。仕事は安定していた――サザン・パシフィック鉄道とユニオン・パシフィック鉄道が参入してくるまでは。彼らは五〇年代に新聞紙の運賃だけを据え置き、あまつさえ値下げするという挙に出る。ついにコーストワイズ海運は、トン当たり三二ドルから一八ドルまで値下げせざるを得なくなった。五八年には同社はほとんど破産状態に陥り、新聞紙のロールが太平洋沿岸をのんびりと船で運ばれる光景は姿を消す。[1]

新聞紙と同じ運命をたどった貨物はほかにもある。綿布、オレンジ、化学品、木材などだ。アメリカの沿岸海運は、一九五〇年代に鉄道とトラックとの競争に負けて衰退した。沿岸海運に従事する船の数（タンカーを除く）は、五〇年には六六隻だったが六〇年には三五隻に減り、貨物輸送量は三分の二に落ち込んでいる。かつては地方経済の花形だった波止場は朽ちるに任された。四五〜五七年の一三年間でニューヨーク港を除く北米の港に投下された資本は、合計でわずか年四〇〇〇万ドルにすぎない[2]。

眠っていた港湾産業を目覚めさせたのは二つの出来事だった。そのどちらもコンテナリゼーションと密接な関係がある。一つは、一九五五年一二月にニューヨーク港湾局がニュージャージーの塩性湿地一八〇〇万平米に未来型コンテナ港を建設すると宣言したことである。完成の暁には、その当時で世界最大のコンテナ処理能力を備える見通しだった。そしてもう一つは、寄港先を減らすとマルコム・マクリーンが決定したことである。ひっそりと下されたこの決定は、各地の港にとって不吉な前兆だった。パンアトランティック海運の保有船は高価な船内クレーンを備えており、どの港にコールしても問題はないはずだ。それなのにルート上にある主要港すべてをコールする当初の計画を変更し、効率のよい四つの港、すなわち母港のニューアークに加えてジャクソンビル（フロリダ州）、ヒューストン（テキサス州）、サンファン（プエルトリコ）に的を絞ると決めたのである。

ポートエリザベスの建設と、タンパ（フロリダ州）やモービル（アラバマ州）への寄港取り止め。一見すると無関係なこの二つの出来事は、コンテナ輸送の普及が港に与える影響を象徴するものと言える。港にとって、コンテナ船を迎え入れるためには従来とは桁外れの設備投資をしなければならない。一方、海運会社にとっては、沿岸を航海し、貨物を求めてどの港にも立ち寄る時代は終わろうとしていた。建造にカネがかかり、必然的に効率を命とするコンテナ船は、大量の貨物を高速で運ばなければ利益が出ない。したがって、大量の貨物が確保できスムーズな荷役が保証される港でなければコールする価値がなかった。それ以外の小さな都市は、艀かトラックで十分ということになる。

一九五〇年代末には、各地の港湾当局はもうこのことをよく理解していた。コンテナ輸送がさかんになればなるほど海運は少数の大型港に集中し、港は生き残りを賭けて競争しなければならなくなる。大型コンテナ船を迎え入れるためには、港に広い敷地を確保し、巨大なクレーンと広大なコンテナヤードを建設して、港に直結する道路や橋を建設しなければならない。それは、海運会社の資金力でできることではなかった。巨大な港がもたらす雇用と税収を望むなら、政府が乗り出さざるを得ない。大規模なコンテナ港の資金調達と建設・運営に政府の深い関与が必要になることは明白だった。[3]

流れに取り残されたポートランドとサンフランシスコ

この新しい現実に最初に目覚めたのは、西海岸である。西海岸の港は、一九五〇年代を通じて、あからさまに言えば停滞していた。シアトル～アラスカ航路、カリフォルニア～ハワイ航路などごく一部を除き、内航海運は衰退する一方である。当時のアメリカの貿易では圧倒的にヨーロッパの占める比率が高く、たとえば五五年の貨物取扱量をみると、太平洋岸の港が占める割合は、原油を除けば一一％にすぎない。原油と石化品を含めても、西海岸全部を合計した数字よりニューヨーク港（ニューアークとポートエリザベスを含む）一港の方が大きかった。[4]

最大の原因は地理的条件である。港湾都市そのものは大都会であり急成長中でもあったが、いかんせん背後に抱える地域が小さく人口もすくない。ロサンゼルス港とサンフランシスコ港を持つカリフォルニア州の総人口は、一九六〇年の時点でわずか六〇〇万人である。東に広がるロッキー山脈八州の人口は、合計してもニューヨーク市におよばない。シアトル港から内陸に向かって最初にぶつかる主要都市はミネアポリスだが、すでに二五〇〇キロほども離れていた。西部の産業が急速に発展していると言っても、東部や中西部の工業地帯に太刀打ちできるのは、ロサンゼルスからロングビーチにかけての一帯だけである。東海岸ではボルチモアとフィラデルフィアの背後に巨大な貿易需要を抱えるピッツバーグとシカゴがあるが、西海岸の港には、内陸部にそうした市場が存在しない。太平洋の向こうに存在する未来の貿易相手国、たとえば韓国、中国や東南アジアの国々は、戦争で疲弊していたり、政情不安だったりした。原油以外の貨物は頭打ちか減少気味で、港の未来は暗い。たとえばシアトルは、六〇年の貨物取扱量が一〇年前より一〇%もすくなかった。シアトルにほど近いピュジェット湾にある木材専門のタコマ港は、木材会社が鉄道輸送に切り替えたため、取扱量が三〇%以上も減った。ポートランドも一七%減である。五〇年代に上向きだったのは、ライバルのサンフランシスコ港に負けまいと埠頭や倉庫に投資したロサンゼルス港だけだった。[5]

この冴えない状況を打開するチャンスを与えてくれたのが、コンテナリゼーションである。ハワイ航路でコンテナ輸送のノウハウを学んだマトソン海運のおかげで、西海岸の港は自分たちの可能性に気づいた。マトソン海運はハワイ向けコンテナ航路の可能性を調査した際に、西海岸の港がトラック発着地であるデンバーやソルトレイクシティのハブになると構想していた。このアイデアを活かせば、さびれた港を立て直すのも不可能ではない……。最初に行動を起こしたのはサンフランシスコだった。サンフランシスコ港には古ぼけた桟橋が九六あるが、どれも一九二〇年代の遺物で、木製の狭い桟橋がほとんどである。中には丈夫なものもあったが、いずれにせよトラックが乗り入れられるような幅がない。専門家の意見を聞いたうえで外航船八隻が接岸できるような大型ターミナルを建設することが決まり、五八年に州議会は、港建設のために五〇〇〇万ドルの州債発行を承認する。当時としてはきわめて大規模な投資だった。[6]

負けじと続いたのがシアトルである。シアトルの二一の桟橋はどれも戦前に建設されたもので、一九五〇年代後半に使用されていたのはわずか六基にすぎない。保税地区は、港湾局が閉鎖を考えるほど閑散としていた。だが、五九年に地元のテレビ局がさびれた港風景をドキュメンタリー番組に仕立てたことから、実業界が動き出す。大手企業のトップが集まって港湾委員会が結成され、六〇年七月には大々的な建設計画が発表された。三二〇〇万ドルを投じ、コンテナターミナル二基を含む最新鋭の港を整備するというのである。港は突然注目の的になった。六〇年一一月には、建設計画第一期分の資金調達のために一〇〇〇万ドルの州債発行が承認されている。[7]

ロサンゼルス港もこれに追随し、新たにロングビーチ港とハーバー・フリーウェイが建設された。市当局は港の重要性を熱心に説いて回り、その甲斐あって一九五九年の住民投票で歳入担保債の発行が可決されている。六〇年にはマトソン海運のハワイ向けサービスが二年目を迎え、同社が保有するコンテナの数は七〇〇〇に達していた。ニューアークでシーランドが展開していた事業に比べれば規模は小さかったけれども、ロサンゼルスを西海岸最大のコンテナ港に押し上げるには十分な規模である。州議会の後押しを受けた市の港湾課はコンテナ埠頭とクレーンの建設を決断し、総工費三七〇〇万ドルに上る五カ年計画を発表した。[8]

だが何と言っても劇的な変化が訪れたのは、オークランドである。オークランドはサンフランシスコ湾の東岸にあり、農産物を専門に積み出す、まるで眠っているような港だった。規模としてはロングビーチ、シアトル、ポートランドの三分の一にも満たない。港の周辺に工業地帯があることはある。ドッグフード、ドライアイス、ブレーキ部品の工場などだが、もうだいぶ前から港を利用しなくなっていた。入ってくる貨物はほとんどなく、ヨーロッパの船会社はサンフランシスコで荷揚げすると大半の貨物もそこで積み込み、最後にオークランドで果物の缶詰やアーモンド、ウォールナッツの類をちょいと載せて帰っていくのだった。港湾局は一九五七年に歳入担保債を発行し古い埠頭を改修するが、これだけではたいして効果は上がらなかった。思いがけないチャンスが巡ってきたのは、サンフランシスコ港の港務監督が、マトソン専用のコンテナターミナル建設を拒絶したときである。どうやらこの監督は、コンテナ輸送は一時的な現象だと判断したらしい。そこで、マトソンは五九年にコンテナ荷役専用の世界初の陸上クレーンを建設するにあたり、サンフランシスコを見限ってアラメダを選ぶ。アラメダはオークランドの西八キロ、埠頭からほんの目と鼻の先のところにある。[9]

オークランド港の当局者は、マトソンのコンテナ・オペレーションに目が釘付けになった。やがて一九六一年の初め、アメリカン・ハワイアン海運がコンテナ船建造のための補助金を政府に申請する。[10] パナマ運河を通ってカリフォルニアの野菜・果物の缶詰を東海岸に運ぶ計画だった。この貨物はオークランドにも大いに関係があったから、港湾当局も後押しすることを決め、港務監督のダッドリー・フロストと主任技師のベン・ナッターは「アメリカン・ハワイアン海運」と表紙に記入されたファイルを携えると六一年四月にワシントンに飛ぶ。ところが、ワシントンで言われたのはちがう名前だった。「ああ、その会社は忘れてくれ。それより、シーランドに会ってくるといい」。「シーなんだって、と私は聞き返したものだ」とナッターは回想している。[11] ともあれ二人はさっそくニューアーク港を訪れた。シーランドの幹部はわざわざ会議を止めて二人に会い、驚くべきことを言う。「ニューアーク～カリフォルニア航路でコンテナ輸送サービスを開始することになった。もし妥当な価格でターミナルを提供してくれるなら、よろこんでオークランドを拠点にしよう」[12]。

オークランドはそれまでコンテナ船を迎え入れたことがない。だが、ただちに未来のコンテナ港に変身すべく取り組みを始めた。[13] そしてナッターは、まったく新しいリース契約を考案する。シーランドが支払う基本リース料だけで、ターミナル建設コストは十分回収できる。だから取扱量に応じて払ってもらうトン当たりの料金は、一定額で頭打ちにしよう。そうすれば、シーランドは貨物量を増やせば増やすほど平均リース料が下がることになるから、オークランドに寄港する魅力的なインセンティブになるはずだ……[14]。オークランドは六〇万ドルを投じてバース二基を整備。さらに、大型コンテナ船が入港できるよう水深を深くした。そして一九六二年九月、世界最大級の貨物船であるシーランドのエリザベスポート号が、パナマ運河を通ってロングビーチとオークランドに寄港した。[15]

西海岸の港は二年の間に倍々ゲームで投資を増やしていたが、それでも生き残りをけた競争は始まったばかりだった。港のすぐ横に鉄道のヤードを二カ所持つオークランドがまず優位に立つと、ロサンゼルスは一九六二年に一四〇〇万ドルの州債を発行して対抗する。隣接するロングビーチも黙ってはいない。油田を抱えるロングビーチは五〇年代を通じ原油掘削による地盤沈下に悩まされてきたが、これがおさまると、ロサンゼルスより水深が深くなった。ロングビーチ港はシーランドがカリフォルニアで寄港する最後の港の座をがっちり確保すると、原油収入を使って一二四万平米の埋立地にターミナルを建設。双子の港と言ってよいロサンゼルスとロングビーチはたちまち係船料の値引き合戦をするようになり、石油収入のないロサンゼルスは不利な立場に追い込まれる。「ロングビーチとオークランドは不当な補助金を受けているから、シーランドとの取引を禁止せよ」とロサンゼルスとサンフランシスコが連邦海事委員会（FMC）に訴え、あっさり却下されるという一幕もあった。北ではシアトルがコンテナターミナル二基を建設中である。当時の同港にはアラスカ海運のコンテナ船しかコールしないのに、六二年八月までにはさらに三〇〇〇万ドルを投じてターミナルを拡張すると発表していた。こんな具合に、港はどこも建設ラッシュだった。一〇年近く横這いだった非軍用貨物が、六二〜六五年には三割以上増加している。[16]

こうした混戦状況で、オークランドがふたたびスパートをかけた。オークランド港湾局は、バースに続いて外港と呼ばれる区画を整備したいと考えていた。外港は堤防で二分され、そこに鉄道の廃線が残っている。そして空港拡張工事で予算を使い果たし手を付けかねていた港湾局に、ベイエリア高速鉄道局が助け船を出してくれたのである。港の下にトンネルを掘る許可をくれれば堤防脇の不要施設や線路を撤去しようとの願ってもない申し出に、港湾局が飛びついたのは言うまでもない。おまけにトンネルを掘った土で新しい堤防とコンテナターミナルも建設できるとあって、一二基のバースに五六万平米のコンテナターミナルという野心的な計画が立てられた。スタドラルクレーンを配置できるよう、埠頭の幅は約二五メートルとる。いちばん外側の埠頭はサンフランシスコから二キロしか離れていないが、大型船が入港できるこちらの方がはるかに有利にちがいない……。

計画が固まった段階でオークランド港湾局は一九六三年に日本へ、翌六四年にはヨーロッパへ視察団を派遣し、コンテナリゼーションに対する船会社の関心が高いことを確認して自信をつける。オークランド港のバースを借りようと確約してくれる船会社はまだなく、歳入担保債を発行することはできなかったが、世の中は何が幸いするかわからない。「さびれた町に雇用を創出するため」という理由で、連邦経済開発局が一〇〇〇万ドルの補助金を出してくれたのである。そこで港湾局は、船会社とのリース契約が一つも決まっていないまま、大胆にもターミナル建設に着手する。新しい環境法規制が施行される寸前の駆け込み建設だった。こうして港湾整備が始まると、さっそく借り手が現れる。シーランドが一〇万平米のターミナルと大型岸壁クレーン二基のリース契約を結んだ。さらに数カ月後には、当時はまだ内航海運専門だったマトソン海運が、オークランドを起点にアジア向けコンテナ輸送サービスを開始すると発表している。[17]

長らく休眠状態にあった港が熱狂的に拡張競争を繰り広げたのは、港を巡る経済事情ががらりと変わったからでもある。一九六〇年代には、健全な地方経済を支えるのは製造業だというのが常識だった。一方、港の価値の大半は、港湾労働という雇用の創出を別にすれば、輸送需要の大きい製造業が近くに立地しているかどうかで決まっていた。ところが早くも六六年にシアトルの港湾当局者は、時代の空気が変わり始めたことを意識する。シアトル市そのものに産業がなくてもかまわない。国際物流の中心地になってしまえばいいのである。そうなれば、人口がすくないことはハンデにならない。シアトルはワシントン州の田舎の港ではなく、アジアとアメリカ中西部を結ぶ物流の中心地と位置づけるべきだ、という発想だった。港湾プランナーのティン・リ・チョウは、正確に未来を予想して次のように書いている。「もはや物流は、生産と消費を結びつけるだけの他業種に依存した産業ではない。独立した産業として逆に生産と消費のあり方を決めるのが、物流である」[18]。ほとんど同じような内容の報告書が、同じ年にサンフランシスコ市にも提出されている。こちらを書いたのは、コンサルティング会社アーサー・D・リトルだった。サンフランシスコ港の現状に警鐘を鳴らす内容で、「卸売業、陸運業、倉庫業はいずれ対岸の港、つまりオークランドに移転してしまうだろう。市内の産業と港との距離が近いことは、もはやさしたるメリットではない」と結論づけている。[19]

将来の明るい見通しに勇気づけられたシアトル、オークランド、ロサンゼルス、ロングビーチはせっせと港の拡充を推進した。シーランドは、一九六四年にシアトル〜アラスカ航路でコンテナ輸送を開始。その数日後にはアラスカ大地震があり、建設資材や救援物資などの輸送需要が急増している。さらにベトナム増派が決定されたため、ロサンゼルスとロングビーチから積み出される軍用物資は増える一方だった。[20]また、オークランドから積み出される非軍用物資も、六五年には三六万トンだったのが、六八年には一五〇万トンと四倍に増え、さらに六九年には三〇〇万トンと倍増している。日本やヨーロッパの船会社が争ってコンテナ輸送サービスを開始したためだ。その頃には、オークランドの貨物取扱量の六〇%はコンテナで占められるようになった[21]。ロサンゼルスでは日本の船会社四社がターミナルを利用。水深の浅いロサンゼルス港はいずれ大型船を受け入れられなくなると見越したロングビーチは、三基のターミナル建設に着手した。一〇隻の大型船を同時に捌けるというもので、シーランドの専用ターミナルだけで四〇万平米以上ある。シアトルもターミナル三基を新設した。十分なスペースのない港には大型コンテナ船が寄港しなくなると見抜き、先行投資したのである[22]。

　こうした流れに取り残された港が二つあった。一つはポートランド、もう一つはサンフランシスコである。ポートランドは一九五〇年代にはシアトルに匹敵する取扱量を誇った港だが、コンテナ港を建設するだけの資金がなかった。その結果、シアトルの貿易取扱量が六三〜七二年に倍増したのに対し、ポートランドはほぼ横這いに終わっている。七〇年に日本のコンテナ船がシアトルに寄港するようになると、ポートランドには日本製品がシアトルからトラック輸送されるようになってしまった[23]。サンフランシスコの方は、まず地理的条件が不利だった。北に突き出した半島のため、鉄道は南向け一方向のみ。港湾当局は水路を深くしてなんとか港を立ち直らせようとしたが、コンテナ埠頭の建設が大幅に遅れたため、ついに長年サンフランシスコを母港にしていたアメリカン・プレジデント海運までオークランドに移転してしまう[24]。そして六九年には、数十年にわたってサンフランシスコ名物の一つだったスウェーデンの船会社ジョンソン海運のネオンサインが撤去される。見慣れた巨大な文字が対岸のオークランドで輝くのを見たとき、サンフランシスコ市民は、自分たちの港が栄えた時代は終わったのだとしみじみ感じたものだった[25]。

出遅れた港はフィーダー港に

一九五〇年代に西海岸が港建設ラッシュに沸いていた頃、東海岸はひどく静かなものだった。グレース海運がベネズエラ向けコンテナ輸送サービスから撤退すると、コンテナ輸送に本格的に取り組むのはシーランドだけである。他の船会社はコンテナリゼーションを看板に掲げてはいても、内情は他の貨物との混載だった。しかも、港がどこもコンテナ輸送サービスに乗り気でない。熱心なのは、シーランドの母港であるニューアークとポートエリザベスだけだった。その背景には、ロサンゼルスを除く太平洋岸の港が五〇年代後半には衰退してコンテナに活路を求めたのに対し、大西洋岸とメキシコ湾岸の港は安定した輸送需要に支えられていたという事情がある。アメリカ発着外航航路の貨物輸送量をみると、六六年の上位一〇航路のうち九つまでは大西洋・メキシコ湾岸の港が起点になっている。したがってコンテナリゼーションに対する関心は低く、貴重な予算を注ぎ込んでまで港を改修しようとする自治体はほとんどなかった。[26]

こうした事情を尻目に、ニューヨーク港湾局が管轄するニューアークとポートエリザベスは着々と発展していった。外航航路でコンテナ輸送サービスが始まるとそのペースは一段と上がり、一九六五年には数社がニュージャージーを起点にヨーロッパ向けコンテナ輸送を開始すると発表。十数隻のコンテナ船が発注された。だが東海岸のほかの港では、コンテナリゼーションはいっかな進まない。原因はどこも同じだった——労働組合と予算である。

第六章で触れたように、ニューヨークでは年間所得保障と引き換えにギャング（沖仲仕の作業班）の人数を削減することで一九六四年に労使が合意している。だが他の港は、フィラデルフィアを除き、まだ交渉がまとまっていなかった。また、ニューヨークでは五〇年代に埠頭地区風紀委員会が設置され質のわるい公営仲仕を廃止していたが、東海岸の他の港では七〇年代になるまで、臨時雇いの沖仲仕がまだ大量に出入りしている。ボストンの港湾労働者の平均労働日数は、週一・五日だった。ニューオーリンズでは二日である。コンテナが本格導入されれば荷役は常雇いだけで十分こなせるから、臨時雇いの出番はなくなってしまう。ニューヨークで大量の労働者が職を失ったのを目の当たりにしている国際港湾労働者連盟（ＩＬＡ）は、東海岸のすべての港で所得保障を勝ちとるまで一歩も引かない構えだった[27]。

組合同士の対立もコンテナリゼーションの足を引っ張った。ボストンはシーランドのヨーロッパ航路でコールしてもらおうと、一一〇万ドルを投じてコンテナターミナルとクレーンを一九六六年に建設した。ところがせっかくのターミナルも、まずＩＬＡの内紛で閉鎖され、次にＩＬＡとトラック運転手組合との対立で閉鎖されるという始末で、シーランドも他社もボストンに寄港しなくなってしまう。ＩＬＡとトラック運転手組合はコンテナ貨物の仕分けを巡ってもニューヨーク港などで対立し、延々七〇年まで争った[28]。

予算もボルチモアを除き各港共通の問題で、どこもそれを理由にコンテナターミナルの建設を先送りした。フィラデルフィアは、産業界から突き上げられてやむなく一九六五年に州債発行を決断するが、それでも市の動きは鈍く、このままでは年間一〇〇万トンの貨物を失うとの報告書が出されてようやく本腰を入れている。同港のターミナルが完成したのは七〇年だった。マイアミはＲＯ－ＲＯ船専用ランプは建設したものの、コンテナ船用のバースは手つかずである。モービルをはじめとするメキシコ湾岸の港にいたっては、カリブ海沿岸諸国との貿易には大型コンテナ船は必要ないと判断し、コンテナリゼーションに予算は割かないことを決定した。メキシコ湾岸で長いこと最大の港だったニューオーリンズは、混載船の埠頭でコンテナ船の荷役も行うという非効率を続け、専用埠頭がオープンしたのは七一年になってからだった。しかも、この埠頭に向かう水路は浅すぎて使いものにならないことがのちに判明している。対照的に、シーランドの拠点の一つであるヒューストンはコンテナリゼーションを推進し、メキシコ湾岸最大のコンテナ港に変貌を遂げた。[29]

こんな状況だったから、東海岸で大規模なコンテナ施設を備えた港は、ニューヨーク港湾局が管轄する双子の港ニューアークとポートエリザベスだけだったのである。一九七〇年当時の東海岸では、コンテナ港はほかにハンプトンローズ（バージニア州）しかなく、それもニューヨーク港全体の貨物取扱量の一割強にすぎない。

コンテナという新しい輸送形態は、港の経済を大きく塗り替えようとしていた。六〇年代後半に登場した新建造のコンテナ船は、積載量が桁外れに多く、大量の貨物をすくない航海数で運べる。巨額の建造費を短期間で回収するためにはコンテナ船を常時稼働させる必要があり、船会社としては寄港地の数を極力減らし、荷役時間をできるだけ短くしたかった。設備が整っていない港は単なるフィーダー港（支線港）とみなされ、主要港からフィーダー・サービスを受けるだけに成り下がる。大型船が大型港に集中する傾向が進む一方で、一旦「二流」の港とみなされると「一流」に這い上がるのはむずかしかった。というのも、コールのすくない港は巨額の建設費を回収するために数すくない寄港船から高い利用料をとらざるを得ず、ますますそっぽを向かれるという悪循環に陥りやすいからである。ゲームに乗り遅れた港は、設備を整えればアピールできるだろうという希望的観測の下に巨額の先行投資に踏み切るか、ターミナル建設コストを負担してくれる大手海運会社を探すしかなかった。[30]

出遅れたにもかかわらず、積極果敢な投資で大型コンテナ港への変身を果たした港も中にはある。たとえばサウスカロライナ州チャールストンは、一九六五年に最初のコンテナ船が立ち寄ったとき、コンテナ船用のバースもクレーンも一つしかなかった。しかし、六〇年代末にシーランドがチャールストンでの業務拡大を決意すると、州が保有するこの港は大々的な改修計画に乗り出す。そして当初は六万平米のコンテナターミナル一基しかなかったのが、八〇年代初めには総面積一二〇万平米のターミナル三基を持つにいたっている。同港のコンテナ取扱量は七〇年にはほとんどゼロだったが、七三年には全米八位、二〇〇〇年には四位に躍進した。チャールストンのすぐ南にあるジョージア州サバナ港も出遅れ組である。七〇年にようやく最初のクレーンを建設したが、その後はチャールストンと同じような発展の軌跡をたどった。[31] だが、出遅れ組に挽回のチャンスがあったのはコンテナ輸送が萌芽期にあった六〇年代前半までで、七〇年代に移行すると逆転のチャンスは激減する。「すべての港を維持する必要はもうない」のだと、七〇年代初めに商務省は言いきっている。[32] 古い歴史を持つ港、たとえばボストン、サンフランシスコ、ガルフポート（ミシシッピ州）、リッチモンド（カリフォルニア州）は、コンテナ時代には別の生き残りの道を探さなければならなかった。[33]

ハブ港としてのフェリクストウ、ロッテルダム

コンテナ輸送の歴史を振り返ってみると、最初の一〇年間はアメリカだけの出来事だったことがわかる。世界中の港、鉄道、政府、労組は、アメリカを見守っていた。コンテナが数千単位で港湾労働者の仕事を奪い、栄えていた港を朽ち果てさせるのを、港と産業の関係がすっかり様変わりするのをみていた。このように十分な予備知識があったにもかかわらず、コンテナが世界に拡がり始めたとき、多くの港がそのスピードに翻弄される。世界の名だたる港のいくつかは、自分たちがボストンと同じ運命をたどるのを知った。その一方で、誰も聞いたこともなかったような小さな港町が一気に大型コンテナ港として生まれ変わっている。[34]

中でも変化がいちばん激しかったのがイギリスである。ロンドンとリバプールは、一九六〇年代前半まで同国が誇る最大の港だった。当時は内陸輸送コスト抑制のため、貿易企業の大半が港の近くに工場や物流拠点を持っており、六四年には輸出企業の四〇%、輸入企業の六〇%以上が港から四〇キロ以内の立地を選んでいた。都市そのものが巨大な産業センターであるロンドン、そして背後に主要工業地帯のミッドランドを擁するリバプールは、それぞれがイギリスの貿易の二五%以上を扱う。他の港は軒並み五%以下で、はるか後方に引き離されていた。[35]

ロンドンもリバプールも地方自治体が運営しており、一九四〇年代から近代化の必要を痛感しながらも、強力な運輸一般労働組合（ＴＧＷＵ）との対決に悩まされてきた。荷役を行う零細企業が乱立し船が入港するたびに指名争いをしており、沖仲仕はみな日雇いである。雇い主も労働者も「その日暮らし」の状況では、荷役機械化に投資する余裕はどこにもなかった。五〇年代半ばから

生産性は横這いにもかかわらず賃金の方は着々と上がり、六〇年代半ばの常雇い仲仕の稼ぎはイギリスの平均的労働者を三〇％も上回っていたという。ちなみに五〇年代半ばまでは、この格差は一八％におさまっていた。[36]

政府は港湾近代化に取り組む委員会を設置し、一九六六年には荷役会社の削減案が提案されている。零細企業を統合して資金力を増強し、近代的な荷役設備に投資させようとの狙いだった。もしもうすこし時間があったら、この案はうまくいっていたかも知れない。先行したアメリカでも、東西両岸で労組の交渉がまとまるまでには五年近い年月を要したのだから。だがイギリスに残された時間はあまりにもすくなかった。六六年三月には、ユナイテッドステーツ海運が混載船に大量のコンテナを積んでニューヨークからロンドンにやって来る。翌月にはシーランドの大型コンテナ船フェアランド号が北大西洋を横断し、ロッテルダム、ブレーメン、スコットランドのグレンジマウスに寄港した。シーランドからヨーロッパ航路開設の通知があったのはわずか一年前だったにもかかわらず、ロッテルダムとブレーメンは埠頭を拡大し、浚渫して水深を確保し、コンテナ荷役用のクレーンを建設している。ロンドンは何もしなかった。フェアランド号は、だから、ロンドンに寄港しなかったのである。[37]

ロンドンというのはそもそも厄介な港で、コンテナ船にはまるで不向きである。テムズ川河口から数十キロも上流に位置しており、川を遡って埠頭にたどり着くのは在来船でもむずかしかった。大型船は河口近くで艀に貨物を移さなければならない。大型船から小さな艀にコンテナを移すだけでも、重労働はさておき、むやみにコストがかかることは言うまでもない。さらに四〇フィート・

コンテナを牽引した数百台のトレーラーがロンドン市内の狭い道を連なっていく様子は、想像するだけで悪夢と言うほかなかった。リバプールの古ぼけた埠頭も、ロンドン以上に魅力に乏しい。政府の諮問機関である英国輸送港湾審議会は、コンサルティング会社のマッキンゼーに助言を求めた。マッキンゼーの報告には次のように書かれている。「コンテナ輸送は近い将来ごく少数の海運会社に集中し、規格サイズのコンテナのみを満載した巨大な専用船で行われるようになるだろう。船、鉄道、トラックを結ぶコンテナの高速かつシームレスな輸送を実現し規模の経済を生かすためには、港の大型化が必須である。コンテナリゼーションの結果、海上貨物輸送に伴うコストは半分に減ると予想される」。ただし、とマッキンゼーは付け加える。「コスト削減が実現できるのは、どこか巨大な港一港に北米からの貨物を集中させ、国内の他の都市とは専用列車でコンテナを輸送する体制を整えた場合に限られる」[38]。ほぼ同じ頃、アーサー・D・リトルもコンテナ輸送の将来を予測した報告書を発表している。それによると、アメリカからイギリス向けは毎週一八〇〇TEU（二〇フィート・コンテナ換算個数）、イギリスからアメリカ向けは一五八〇TEUのコンテナ貨物が運ばれるようになるという[39]。こうした予想は、TGWUにとって脅威以外の何ものでもない。コンテナは港で開封されないまま内陸の倉庫や工場まで運ばれるだろう。われわれの重要な仕事は、もうなくなってしまう……。

輸送港湾審議会と各地の港湾局は、二億ポンド（一九六七年の為替レートで五億五〇〇〇万ドル相当）に上る巨額の予算を組み、六五～六九年の五カ年計画で港の改修整備を行うことを決める。中でも最も多くの予算が割り当てられたのが、ロンドン港湾局によるティルバリーのコンテナターミナル建設だった。総工費は三〇〇〇万ポンド（同八三〇〇万ドル）に上る。ティルバリーはロンドンからテムズ川を約三〇キロ下ったところにあり、市内の交通渋滞の影響も受けないし、人口の多いイングランド南東部へのアクセスもいい。ティルバリーならヨーロッパ最大のコンテナ港になれると政府は期待した。ここに大水深のバースを五基建設し、それぞれに八万平米のコンテナヤードを設ける。このほかロンドンの南に位置するサザンプトン、そしてアイリッシュ海に面したリバプール北のシーフォースにコンテナ港が建設されることになった。[40]

ティルバリーがコンテナ港として開港したのは一九六七年のことである。このとき港湾労働者に「希望退職」が募られたが、ただちに労働組合は体のいい解雇であると反発。そして、ちょうど一〇年前のニューヨークのＩＬＡよろしくコンテナ排斥運動を起こし、六八年一月に埠頭を閉鎖した。[41]

ＴＧＷＵは強力ではあるが、じつはイギリスのすべての港を網羅しているわけではない。ロンドンの北東一四〇キロにあり北海に面したフェリクストウは、ＴＧＷＵに加盟していない。と言うより無視されていた。海岸沿いにある小さな港町の一つにすぎないとみなされていたためだろう。二つしかない埠頭はフェリクストウ鉄道のものだが、一九五三年と五九年の嵐で施設はだいぶ破損していた。細々と穀物とヤシ油の輸入が行われ、港湾労働者の数はわずか九〇人。労組もなくガラのわるい臨時雇いもいない、船会社からみれば面倒のすくない港ではあった。

一九六六年、英政府が躍起になって各国の船会社にティルバリーを売り込んでいる頃、フェリクストウ鉄道はシーランドとの契約交渉を進めていた。並行して三五〇万ポンド（一〇〇〇万ドル）というささやかな予算を投じ、ターミナルの整備とクレーン建設も行っている。シーランドは、翌六七年七月から小型船でロッテルダム～フェリクストウのシャトルサービスを開始し、すぐにアメリカからの直接輸送も始めた。六八年にティルバリーがストライキで閉鎖されると、ちっぽけな港町だったフェリクストウは一躍イギリス最大のコンテナ港にのし上がる。ストライキが解除されると海運各社はティルバリーを利用するようになったが、同港ではコンテナ船の入港が相変わらず御法度だったため、結局六九年になってもコンテナ港として機能していたのはフェリクストウだけだった。この頃には週二、三便がフェリクストウを起点として北大西洋航路に就航するほか、北海を隔てたロッテルダムとのシャトルサービスもあり、同港は合計一九〇万トンのコンテナ貨物を扱っている。[42]

もっともその間には、邪魔だてする企みも何度かあった。ティルバリー建設に肩入れしたイギリスの二つの海運コンソーシアムが、同港の閉鎖が長引くのに苛立ち、このままではティルバリーが不利になると考えて、ライバルの足を引っ張るという姑息な手段に出たのである。手始めに、英米航路を仕切る同盟へのシーランドの加盟申請を却下した。これは、シーランドがただちにイギリスの裁判所に訴え出て撤回させている。お次にアメリカの小さな船会社コンテナマリン海運がスコットランドのウィスキー・メーカー向けにアメリカからの通し運賃（フェリクストウからスコットランドまでの内陸輸送も含む）を提案したのを、「規則違反」として却下した。こちらは怒ったアメリカの連邦海事委員会（ＦＭＣ）が同盟の運賃決定権を制限すると脅し、ようやく事態は決着している。[43]

こんないざこざをよそにフェリクストウはコンテナ港としての地位を着々と固めていくが、そのあおりをもろに受けたのがロンドンだった。コンテナ船が入港できる港では、わずか四年間で荷役効率が六六％も向上している。荷役効率のわるいロンドン港はすっかり愛想を尽かされた格好だった。ティルバリーが開港した六七年、由緒ある東インド埠頭が何の前触れもなく閉鎖される。そしてフェリクストウがのしてくると、六八年にはロンドン塔に隣接するセントキャサリン埠頭とすぐ横のロンドン埠頭が、七〇年には対岸のサリー埠頭も閉鎖された。一四四あった埠頭のうち七一年に稼働しているのは半分に減り、残りもほとんどが閉鎖に追い込まれている。港湾労働者の数も同時期に二万四〇〇〇人から一万六〇〇〇人に減り、工場や倉庫は内陸部に移転し、港ならではの共同社会も姿を消していった[44]。

頑固なＴＧＷＵがティルバリー港へのコンテナ船入港にようやく同意したのは、閉鎖から二七カ月もたった一九七〇年四月のことである。ところが、三週間におよぶ全国一斉の港湾ストが始まったため、不運なこの港はすぐにまた閉鎖されてしまう。荷役の機械化で常雇いの熟練工が優遇され臨時雇いが不利になることに抗議してのストライキだった。七％の賃上げでストライキは解決し、ロンドンでは賃金倍増と引き換えにコンテナ化が容認された。晴れてティルバリーはコンテナ船を迎えフル稼働できるようになったのである。だが、長期にわたる閉鎖の代償はあまりに高かった。港が再開されたとき、ティルバリーがヨーロッパのハブ港になる機会はすでに奪われていた[45]。

新しいハブ港として台頭したのはロッテルダムである。一五世紀から続く伝統ある港だったが、ドイツ軍の爆撃を受けて一九四〇年に多大な損害を被った。この状況がかえって幸いしたと言えるだろう。港の復興に当たり、計画担当者は白紙の状態から未来型の港を設計することができたからである。旧港は小さくて水深も浅く、貨物の三分の二は艀に移す状況だった。新港はマーズ川沿いに建設することが決まり、五〇年代に工事がスタートする。オランダ・ドイツ両国が欧州経済共同体（ＥＥＣ）に加盟すると、道路・鉄道・沿岸海運を介してドイツに連絡するロッテルダムはきわめて有利になった。貿易の大幅増が追い風となり、六二年にロッテルダムは貨物取扱量でニューヨークを抜き世界最大の港となっている。同港は早い段階でコンテナターミナル用地を確保していたし、オランダの港湾労働者がコンテナリゼーションに拒絶反応を示さなかったこともあり、六六年からはスムーズにコンテナ船の受け入れが始まる。イギリスが港湾ストで立ち往生した二年半の間に、ロッテルダムはさらにコンテナターミナルの建設に六〇〇〇万ドルを投じ、バース一〇基を整備。ロンドン経由でイギリスの各地に送られていた貨物はロッテルダムを経由するようになり、ロッテルダムは世界最大のコンテナ港への道を着実に歩んでいった。[46]

一方イギリスでは、港湾当局が資金難に陥ったリバプールも深刻な状況に直面する。議会は一九七一年に緊急支援計画を可決し、第二のフェリクストウとすべく政府が市から埠頭を買い上げ、余剰労働者の解雇とシーフォース新桟橋・コンテナターミナルの建設に公的資金が注ぎ込まれた。そして、七二年にロイヤルシーフォース埠頭が操業を開始すると、リバプールの古い一〇基の埠頭（うち二基は二世紀におよぶ歴史を誇る）はその栄光の歴史に幕を下ろす。大英帝国の海運の中心地であった国際都市リバプール。キュナード海運やホワイトスター海運といった名だたる船会社が母港としたこの町の経済は破綻し、三〇年近くその状態が続いた。

コンテナリゼーションは、イギリスの港の勢力図をすっかり塗り替えたと言えるだろう。コンテナ登場以前にはロンドンと並ぶ主要港だったリバプールだが、荷役コストが高すぎ、コンテナ化に対応できなかった。そもそもアイリッシュ海に面するリバプールは、大陸欧州との貿易で不利な立地だったという要因もある。七〇年には、コンテナ貨物のうちリバプールを経由したのは八％にすぎず、工業製品の海上輸送全体に占める比率も一〇％まで下がっていた。コンテナ国際輸送が始まってからわずか五年足らずで、製造業は一斉にリバプールを見捨てて移転したのだった。[47]

イギリスは一九七三年にEECに加盟し、大陸欧州との貿易がさかんになる。これはロンドンをはじめ南部に位置する港にとって有利だったが、にもかかわらず、ロンドンは往年の繁栄を取り戻すことはできなかった。[48]七五年にイギリスの海運業界誌フェアプレーは、「ロンドンはロッテルダム、ニューヨークに次ぐ世界第三の港だったが、すでにアントワープ、ハンブルク、ルアーヴルに追いつかれている。この状況が続くようならロンドンは中枢港の地位を失い、大陸欧州の支線港に成り下がるだろう」と指摘している。[49]衰退の一途をたどるロンドンを尻目に、フェリクストウは上り調子だった。六八年に一万八二五二TEUにすぎなかったコンテナ取扱量は七四年には一三万七八五〇TEUに達し、対米貿易量でイギリス最大の港となっている。イギリスの港を通過するコンテナ貨物のじつに四〇％がフェリクストウ一港に集中。かつては統計から漏れていたような小さな港が、コンテナリゼーションの規模の経済を最大限に発揮するようになった。[50]

予想を超えたシンガポールの躍進

欧米で繰り広げられるコンテナ化の過程を、アジアはじっくりと見守っていた。アメリカの東海

表5 | 1969年における世界のコンテナ港

港名	コンテナ貨物取扱量（単位：トン）
ニューヨーク・ニュージャージー	4,000,800
オークランド	3,001,000
ロッテルダム	2,043,131
シドニー	1,589,000
ロサンゼルス	1,316,000
アントワープ	1,300,000
横浜	1,262,000
メルボルン	1,134,200
フェリクストウ	925,000
ブレーメン・ブレーマーハーフェン	822,100

資料：Bremer Ausschuß für Wirtschaftsforschung, Container and Traffic（1971年）

岸ではほとんどの港が乗り気でなく、ニューヨークやサンフランシスコは多額の税金を無駄遣いしたし、最後はコンテナ港として成功を収めるフィラデルフィアでさえ、最初は投資を渋った。イギリスでは政府が労組に対して弱腰で、後手後手に回った。大陸欧州では、コンテナ時代を見越して先手を打った港、とくにロッテルダム、アントワープ、ブレーメンがしっかりと地位を確保した——一部始終を見守っていた太平洋沿岸のアジア各国にとって、教訓ははっきりしていた。コンテナリゼーションを成功させるには大きな改革が必要だ。その改革は計画的にやらねばならない[51]。

時はアジアに味方しているようにみえた。だが専門家は、長距離コンテナ輸送に懐疑的だった。混載船からフルコンテナ船に切り替えると、荷役コストは大幅に圧縮される。しかし一旦出港して洋上に出れば、船を動かすコストに変わりはない。つまり、コンテナ輸送が最も適しているのは距離の短いルートということになる。短いルートなら、荷役コスト削減や停泊日数短縮の効果が総コストに大きく反映されるからだ。その一方で、アメリカ~日本、イギリス~オーストラリアのような長距離航路ではさほどコスト削減効果が得られない、と専門家は指摘した。中には、太平洋航路では元が取れないと言い出す向きもあったほどである。巨費を投じた大型コンテナ船を数週間におよぶ航海に投入し挙げ句に空のコンテナを持ち帰るのでは、コストは回収できないと言われた。[52]

専門家がどう言おうと、一九六六年冬に北大西洋でコンテナ輸送が始まったとき、アジア各国は大いに注目した。そして、同年にシーランドが沖縄の米軍基地向けにコンテナ輸送を開始すると、日本では運輸省(現国土交通省)の管轄下にある海運造船合理化審議会がコンテナリゼーション推進を提言したことは前章で述べたとおりである。これを受けて運輸省が東京、神戸にコンテナ船用バース二二基の建設計画を発表する一方で、シーランドは横浜の埠頭建設を進めた。オーストラリアの海運審議会の反応も早かった。当時はまだどこの船会社もシドニーに寄港する気はなさそうだというのに、古い埠頭を改修する計画を立て、六六年九月には入札を実施している。そして、六七年九月には極東航路に初めてフルコンテナ船が就航した。マトソン海運所有の船で、東京からサンフランシスコ行きだった。その翌年には、コンテナ輸送が早くも大規模に展開されている。国際海運会社の船が次々にオーストラリアに寄港するようになり、横浜と並んでシドニー、メルボルンはあっという間に世界の主要コンテナ港に仲間入りした。[53]

他の国も負けてはいない。台湾は国を挙げて取り組み、五つの港でコンテナターミナル建設に着手した。香港では本国政府の肝いりで一九六六年八月にコンテナ調査委員会が設置され、一二月には「コンテナターミナルがなければ貿易に占める香港の地位は低下し、経済は悪影響を受ける」との勧告が出されている。そして、アジアのどこよりもコンテナリゼーションに熱心だったのは、シンガポールだった。[54]

シンガポールは、もともとはマレーシア連邦の一州だったが、六五年に分離独立を果たした比較的新しい国である。小さな島に英陸海軍合わせて三万五〇〇〇人が駐留しており、港は海運よりも海軍基地として重要だったと言える。基地と港では民間人二万五〇〇〇人が働いていた。商業港としては規模が小さく、埠頭は五、六基しかないうえ、外航船は沖合で小型船に貨物を積み替えなければならない。貨物取扱量はニューヨークの五分の一以下で、港湾局は暇を持てあましていた。埠頭と倉庫に居住施設やオフィスを含めても、港の資産価値は五〇〇〇万ドルに満たなかっただろう。[55]

しかし独立を勝ちとると同時に、シンガポール政府は外国からの投資を呼び込み、製造業を中心に猛烈な勢いで経済開発に取り組む。政府の強力な指導力を背景に、埠頭の近代化もスムーズに進んだ。まずはギャングの人数編成が二七人から二三人に減らされ、荷役作業も二交替制に切り替えられて、荷役効率が大幅改善されている。さらに一九六五年には、港湾局がイーストラグーンとして知られる在来船用の埠頭にバース四基を建設すると発表した。だが、数カ月とたたないうちに大西洋でコンテナ輸送サービスが始まり、港湾局はこれに機敏に反応する。当初の計画は撤回され、六六年にコンテナ専用埠頭の建設計画が改めて発表された。[56]

シンガポールは、コンテナ港として東南アジアのハブ港になるという明確な戦略を打ち出す。世銀から総工費の半分に当たる一五〇〇万ドルの融資を受けると、一九六七年からさっそくターミナル建設が始まった。大型ターミナルを用意して、日本や欧米からの長距離外航船を受け入れようという計画である。同年にコンテナの第一陣（ほとんどが空）が到着している。翌六八年に英軍が三年以内に基地を閉鎖すると発表したが、シンガポール政府はびくともしなかった。逆に跡地を利用した造船その他の産業振興を計画し、併せて港の拡張も検討している。先見性に優れた港湾局は、まだコンテナ港建設計画の第一段階も終わっていないうちに、「造船業界の動向やコンテナ輸送の状況によっては港の一段の拡充が必要である」と報告している。[57]

そして一九七〇年になると、日本以外の太平洋岸の港にも大型コンテナ船が続々と寄港するようになった。そしてその瞬間に、長距離航路ではコンテナリゼーションのメリットはあまり見込めないという専門家の指摘がお笑い草であったことが判明した。七二年六月には三六〇〇万ドルを投じたイーストラグーン埠頭が予定より三カ月早く開業し、シンガポールはきわめて効率のよい港として世界にその名を轟かせるようになる。極東を除くアジアでは全長二七〇メートルにおよぶ巨大コンテナ船が入港できる唯一の港として、たちどころにアジアの中枢港の地位を確保した。本船荷役はここで行い、貨物は小型船に積み替えられてタイ、マレーシア、インドネシア、フィリピンの支線港に送られる。ギャングはわずか一五人編成。四八万平米の新コンテナヤードに三日以上放置されたコンテナには法外な割増料金がかかるとあって、シンガポールは世界で最も荷役効率の高い港との評判を獲得した。[58]

シンガポールの躍進ぶりはあらゆる予想を超えていた。新ターミナル開業前の一九七一年の時点では、シンガポール港湾局が予想した一〇年後のコンテナ取扱量は一九万TEUだった。しかし八二年の取扱量は一〇〇万TEUを軽く超え、同港はコンテナ港として世界六位にランクされている。八六年にはシンガポール一港でフランスのすべての港を上回るコンテナを扱い、九六年には日本を抜く。そしてついに二〇〇五年には、原油を除く一般貨物で香港を抜いて世界最大となった。二〇一〇年には上海に抜かれたものの、世界二位の座は揺るがず、五〇〇〇以上のグローバル企業がこの小さな島国の港をハブ港として利用する。シンガポールの特徴は、取り扱う貨物の八〇%がトランシップ貨物だということである。二〇一四年には、三四〇〇万TEUのコンテナがシンガポールを通過した。港湾運営を一手に引き受けるのは、世界最大級の港湾会社PSAインターナショナルである（もともとは政府機関だったが、オペレーション部門が一九九七年に民営化された）。いまや同社自体がグローバル化を遂げ、全世界で三〇近い港の運営をてがけている。シンガポールの港湾運営や物流管理のノウハウが貴重な輸出品となったわけだ。輸送の力がかくも大きいことを、シンガポールは華麗に実証したのである。[59]

第十一章 浮沈

シーランド、巨大たばこ会社に身売り

どうやらすこし先走りすぎたようだ。話は多少前後するが、ここでふたたびマルコム・マクリーンの後を追ってみよう。一九六九年一月一〇日、海運業界に激震が走った。コンテナ海運の父マクリーンが率いるシーランドが身売りしたのである。世間を驚かすには申し分のないタイミングだった。いったいなぜそんなことをしたのだろうか。

わずか三年前の一九六六年初めには、コンテナ輸送はまだよちよち歩きの子供だった。まとまった数のコンテナを運んでいた海運会社はシーランドとマトソン海運の二社だけで、それも国内航路だけである。船も、古ぼけた改造船だった。世界の貿易はコンテナリゼーションとは無縁で、コンテナ荷役のためのクレーンを備えた港などはどこにも存在せず、工業製品も食品も一〇〇年前と同じように沖仲仕にかつがれて一個一個運ばれていた。ある大手船会社の経営者は六六年に「コンテ

ナ専用船といったものが今後一〇年以内に普及するとは思えない」と堂々と発言している。[1]

ところがたった三年間で世界は変わった。一九六六年の春に国際コンテナ輸送が始まると、六八年にはアメリカの港のコンテナ取扱量は三四〇〇TEU（二〇フィート・コンテナ換算個数）に達している。小さな数字だが、三年前にこの数字がゼロだったことを忘れてはいけない。[*]ロッテルダム、ブレーメン、アントワープ、フェリクストウ、グラスゴー、モントリオール、横浜、神戸、そしてベトナムのサイゴンとカムラン湾にはコンテナ荷役のための最新設備が整った。三一隻のコンテナ船を持つシーランドは、他を引き離し世界最大のコンテナ海運会社となっている。売上高は六五年が一億二〇〇万ドル。ベトナム、ヨーロッパ、日本に進出を果たした六八年には二億二七〇〇万ドルを記録した。だがコンテナ輸送は、活発化すると同時にカネのかかるビジネスになってもいた。シーランドの負債は六八年末に一億一〇〇〇万ドルに達し、うち二二〇〇万ドルは一年以内に返済期日が到来する。しかも、次の年には六隻の改修に三九〇〇万ドル、さらにコンテナと荷役設備に三二〇〇万ドルの設備投資が予定されていた。[2]

コンテナ海運業界の競争は軍拡競争のようなもので、一旦始まるととどまるところを知らない。第一世代のコンテナ船は東海岸とメキシコ湾岸の沿岸海運に投入され、やがてプエルトリコ、ハワイ、アラスカ、さらにヨーロッパにコンテナ革命を起こした。だがこのときの船は専用船ではなく、ほとんどが全長一五〇メートル程度の小さな船で、速度もせいぜい一六、七ノット、運べるコンテナの数も二〇〇個かそこらである。[3]たいていは混載貨物や冷蔵貨物、場合によっては旅客まで載せていた。[4]船倉にセルを備えコンテナを一〇〇〇個以上運べたのは、全世界でも三隻しかない。この第一世代コンテナ船の長所は、ただ同然だったことぐらいである。六八年末時点で七七隻あった米国籍コンテナ船のうち五三隻までが戦時中の輸送船を改造したもので、船会社は専用セルのない船倉に苦心惨憺してコンテナを押し込んだ。荷役作業では沖仲仕がいちいちコンテナによじ登ってクレーンのフックを掛けたものである。[5] コンテナを運ぶたびに損をする船会社が多かったのも無理はなかった。

第二世代のコンテナ船はまったくちがう。一九六九年末の時点で新造船一六隻が就航し、さらに五〇隻が建造中だった。これらの船はもちろんただ同然とはいかず相応の値札がつくが、設計段階からガントリークレーンの使用が想定され、荷役効率は格段に向上している。新世代の最初の船はアメリカンランサー号で、北大西洋でシーランド最大のライバルであるユナイテッドステーツ海運の所属だった。[6] アメリカンランサー号は六八年五月にニューアークからロッテルダム、ロンドン、ハンブルクへと処女航海をしている。この船はコンテナ船としては当時世界最大で、積載能力は一

＊　混載貨物の輸送量は、重量トンまたは容積トンのいずれか大きい方で表す。容積トンは容積をトンに換算する標準的な方法で、重量に換算する際の係数は、海上では一立方メートル＝一〇〇〇キログラムがよく使われる。初期のコンテナ輸送にもこの方法が適用されていた。しかしコンテナ船の積載能力やクレーンの吊り上げ能力は重量よりもコンテナの個数で表すほうが適切なため、一九六〇年代半ば頃から港や船会社はコンテナの取扱個数を誇示するようになる。ただし単なる個数ではサイズがわからず、また空か満載状態かも判別できないため、海事協会は一九六八年から、二〇フィート・コンテナ換算の個数（20-foot equivalent unit）、略してＴＥＵを使うことにした。四〇フィート・コンテナは二ＴＥＵとなる。マトソン海運の二四フィート・コンテナは、一・二ＴＥＵと表記された。

二一〇TEU、しかも速度は二三ノットとシーランドの船の一・五倍である。ユナイテッドステーツ海運はさらに六隻を建造すべく九五〇〇万ドルの補助金を申請していた。もちろん新型船を発注していたのは同社だけではない。欧米のほか日本の船会社も造船ラッシュに加わっていた。航路事情や輸送需要に応じ、大西洋航路では一〇〇〇～一二〇〇TEU級が、太平洋航路ではもっと大型の一三〇〇～一六〇〇TEU級が注文されている。

第二世代のコンテナ船建造費は、大手でもたじろぐほど巨額だった。あるコンサルタントが後に計算したところによると、一九六七～七二年に全世界で投じられたコンテナリゼーション関連の支出総額は一〇〇億ドル近いという。[7] 現在のドルでは四〇〇億ドル前後になる。[8] ヨーロッパの船会社は、一社ではとても投資の負担に耐えられなかった。なにしろ六六年の時点では、イギリスの船会社三七社の税引後利益を合計しても、六〇〇万ポンド（一億七〇〇〇万ドル相当）に届かなかったのだ。[9] そこで、共同事業体オーバーシーズ・コンテナーズ・リミテッドを設立して六隻分の建造費一億八五〇〇万ドルを分担した。ベルギー、フランス、スカンジナビアの小規模四社もコンテナ船隊の増強を狙っており、力を合わせれば英米に太刀打ちすることも可能だと考えていた。

資金面ではアメリカの船会社は多少有利だった。政府の補助金と軍用物資の輸送需要があったからである。とはいえ、大儲けにはほど遠い。一九六五～六七年のシーランドの利益は合計三〇〇〇万ドルに達したが、そのほとんどは内航航路で上げたものである。海運で全米最大手のユナイテッドステーツ海運が同時期に上げた利益は四〇〇万ドルにすぎない。それでも彼らは、提携や合弁の必要は感じなかった。というのもアメリカの船会社は、ヨーロッパの同業者にはない奥の手を使えたからである。それは、コングロマリットだった。ビジネスの世界に新風を吹き込もうと意気込む巨大多角企業がコンテナの隆盛に目をつけ、長年経営不振に喘いできた海運業を将来有望と見込んだのである。リットン・インダストリーズはもちろんシーランドに資金を注ぎ込んだ。そしてコングロマリットのウォルターキッドは、六九年一月にユナイテッドステーツ海運を買収する。[10]同じく、シティ・インベスティングもムーア・マコーマック海運の買収に名乗りを上げた（結局ムーア・マコーマックが六八年に大赤字を計上してこの話は立ち消えになったが）。「新参のこの巨大企業群は、海のロマンなどというものには何の興味もない。財務報告書だけをみて企業を売り買いする」とニューヨークタイムズ紙は報じている。[11]

だが財務報告書を読むことにかけては、マルコム・マクリーンの方がはるかにうわてである。マクリーンは競争の行き着く先がどうなるかよく知っていたし、自社が資産の許す限り債務を背負い込んでいて、それ以上どこからも借りられないこともわきまえていた。シーランドの株式一〇％を保有する筆頭株主のリットンにしても、もう一銭も出せない状況である。そこでマクリーンが目をつけたのは、全米最大のタバコ会社R・J・レイノルズ・インダストリーズという、誰も予想もしなかった巨大企業だった。ノースカロライナ州ウィンストン・セーラムに本社を構えるレイノルズは、本業のタバコから上がる利益を活用して多角化を進めていた。タバコの消費量が一九六八年に減少を記録し、タバコの広告宣伝を規制する動きも出てきて（実際、七一年にはテレビ広告が禁止された）、中核事業に影がさし始めた頃である。[12]海運会社が必要とする巨額の設備投資は、法人税対策上も好都合だった。それにマクリーンとは「地元のよしみ」もある。マクリーン・トラック運送会社は一〇年ほどウィンストン・セーラムを本拠にしていたのだ。という次第でレイノルズは五億三〇〇〇万ドルを用意し、マクリーン・インダストリーズの株主向けに、株と引き換えにレイノルズの株を受け取るか、一株五〇ドルでレイノルズに売るか選ぶよう提案をする。筆頭株主だったリットンは、これで巨額の利益を上げた[13]。かつてのダニエル・K・ルートウィヒがそうだったように、六五年にシーランドに投資したリットンの八五〇万ドルはこのとき五〇〇〇万ドルになったのである。シーランドの経営陣の多くは初め「身売り」という言葉に大ショックを受けたが、すぐに自分たちが大金持ちになったのを知って慰められた[14]。

なぜマクリーンはこの時期に売却に踏みきったのだろうといぶかる人はすくなくなかったが、すぐにその疑問は氷解する。マクリーンはすでに前の年から、革新的なコンテナ船ＳＬ７の設計に着手していたのである。ユナイテッドステーツ海運ご自慢のランサー号すら時代遅れにみえるほどの超高速新鋭船だった。全長は三〇〇メートルで、豪華客船クイーンメアリー号に一、二メートル足りないだけである。積載能力は、一三五フィート・コンテナ一〇九六個（一九〇〇ＴＥＵ相当）。だが、何と言ってもＳＬ７最大の売りはスピードだった——三三ノットである。シーランド保有の最速船のゆうに二倍のスピードで、世界一周が五六日でできる計算だった。つまりＳＬ７が八隻あれば、世界一周便を毎週運航できることになる。ユナイテッドステーツ海運はランサー号ならニューアークからロッテルダムまで六日半でこなすと豪語していたが、ＳＬ７ならなんと四日半だった。オークランドから横浜まで太平洋横断の旅もわずか五日半である。これを上回る速度を出せる船は当時一隻しかなく、それも客船のユナイテッドステーツ号だった[15]。

マクリーンはまたしても誰よりも早く戦略的優位に立つ策を講じたのである。SL7は太平洋航路に投入する計画だった。シーランドは同盟に加盟しているから公定運賃をとらなければならないが、他社もそうなのだから、高速船は集荷の点で有利になるとマクリーンは考えたのである。一九六九年夏、R・J・レイノルズは、子会社のシーランドがSL7八隻を発注すると発表。価格は一隻三二〇〇万ドルで、これにコンテナや荷役設備などを含めると、SL7関連の設備投資は総額四億三五〇〇万ドルに達した。マクリーン・インダストリーズにとっては、たとえ資金調達ができたとしても、社運にかかわる大ばくちだっただろう。だが、レイノルズにとってはささやかな額だった。この巨大企業は、シーランドが安価に燃料を購入できるよう、石油会社アメリカン・インディペンデント・オイルを買収するほど潤沢な資金を持っていたのである。[16]

貿易立国日本の成功

コンテナ・ブームの最初の舞台となったのは北大西洋だったが、第二幕が華やかに繰り広げられたのは太平洋である。日本の港を最初のフルコンテナ船が出港したのは、一九六七年九月だった。当初はマトソン海運と日本の船会社の共同運営だったが、ノウハウを学んだ日本はあっさりマトソンを外し、翌年九月にはカリフォルニア向けコンテナ輸送サービスを開始している。シーランドはマトソンの翌月、ベトナムからの戻り船を横浜と神戸に寄港させた。東洋の小国にコンテナリゼーションが浸透するだろうかと心配する暇もないうちに、日本とカリフォルニアの間を行き交うコンテナ貨物の量は、重量ベースで北大西洋の三分の二に達する。日本の海上輸出貨物は六七年には二七一〇万トンだったのが、コンテナ輸送が始まった六八年には三〇三〇万トンに増え、コンテナ輸送が通年で行われた六九年には四〇六〇万トンに達した。金額ベースでみても、日本のアメリカ向け輸出は六九年だけで二一％増を記録している[17]。

コンテナ積みできない自動車が輸出増のかなりの部分を占めていたとはいえ、コンテナリゼーションが貨物増加の大きな原因だったことはまちがいない。わずか三年足らずで、日本からアメリカに送られる輸出貨物の三分の一近くがコンテナ化され、オーストラリア向けではその比率は二分の一に達している[18]。

コンテナのメリットを最初に実感したのは、エレクトロニクス・メーカーだった。電子製品は壊れやすいうえ盗難にも遭いやすく、まさにコンテナにあつらえ向きの商品である。エレクトロニクス製品の輸出は一九六〇年代前半から伸びていたが、コンテナ化で海上運賃が下がり、在庫費用が圧縮され、保険料が安くなると、日本製品はアメリカ市場を、続いてヨーロッパ市場を席巻するようになる。テレビの輸出は六八年には三五〇万台だったが、七一年には六二〇万台に、同時期にテープレコーダーは一〇五〇万台から二〇二〇万台に増えている。エレクトロニクス製品だけではない。アパレルやテキスタイルもコンテナ化のおかげで息を吹き返した。人件費の高騰のせいで一度は頭打ちになったのだが、輸送コストが下がったために一時的ながら競争力を回復したのである[19]。

一九六九年になると、ユナイテッドステーツ海運がアメリカ〜日本航路に八隻の高速コンテナ船を投入する計画を発表。こうした状況をみた日本政府は、経済開発戦略の中心に海運を据える方針を打ち出す。新規五カ年計画では、商船の数を五〇％増やすという野心的な目標が掲げられた。そして日本で建造した船舶を使ったコンテナ輸送サービスを推進すべく、四億四〇〇〇万ドルの補助金財源を確保する。いま考えると信じられないほど寛容な補助金だった。船会社は新造船の五％しか自己資金を用意する必要はない。残りは政府系の日本開発銀行（現日本政策投資銀行）が出してくれる。三年間は返済猶予、四年目から一〇年間で返済するが、金利は五・五％で、政府が開銀から借り入れる利率より低かった。これで足りない分は市中銀行から調達しなければならないが、それでも借入金利のうち二％は政府が負担してくれる。言ってみればプレゼントのようなものだった。日本の船会社は七〇年末までに、合計一五八隻をすべて日本の造船メーカーに発注した。[20]

日本以外では、一九六九年七月に香港に初めてフルコンテナ船が入港している。このときはまだコンテナターミナルさえなかったという。翌年からシーランドが韓国航路に、マトソン海運が台湾、香港、フィリピン航路にフルコンテナ船を投入する。太平洋航路に投入された船はたちまち合計七三隻、輸送能力は二五万ＴＥＵに達した。このほかにもオーストラリアから欧米、日本向けにフルコンテナ船が就航し、七一年にはヨーロッパ〜極東航路にも登場した。[21]

世界中の造船所は大忙しである。そして、東アジアの港は数年におよぶ改修工事を終え、新しい船の到着を待ち構えていた。アジアの貿易は急伸し、貿易立国日本の成功が太平洋岸の国々で再現されていった。たとえば、韓国の海上輸出貨物は一九六九年に二九〇万トンだったのが七三年には六〇〇万トンに達し、アメリカ向け輸出は三年間で三倍に伸びている。輸送コストの低下で衣料品が輸出競争力をつけたことが大きかった。香港も同じような経過をたどっている。四〇万平米を埋め立てコンテナ港を建設する前の香港はおよそ原始的な港で、大型船ははるか沖合で艀に貨物を移さなければならなかった。だが、新港完成後は大型コンテナ船が直接接岸。衣料品、プラスチック製品、小型家電などが世界各国に輸出され、七〇〜七二年に重量ベースでは二七％増（三〇〇万トンから三八〇万トンへ）、金額ベースでは三五％増を記録した。

台湾でも、一九七〇年に一四億ドルだった輸出が七三年には四三億ドルに達し、輸入も倍以上に伸びている。シンガポールも同じような傾向を示した。オーストラリアでは、コンテナリゼーションと時を同じくして輸出構造の変化が起きている。従来の食肉、鉄鉱石、羊毛に加えて工業製品の輸出が急増し、鉱物・食品以外の輸出が六六〜七〇年に年一六％のペースで増えた。六八年以前には工業製品の輸出は穀物や食肉の半分以下だったが、七〇年になるとほぼ拮抗する。こうしてオーストラリアは資源依存型経済を脱却し、バランスのとれた経済へ移行することに成功した[22]。

もちろん、こうした変化の原因はコンテナリゼーションだけにあったのではない。だがその一端を担っていたことは確かである。一九七二年にマッキンゼーが行った調査では、コンテナ輸送がまだ混載船で行われていた六七年のオーストラリア〜ヨーロッパ航路と、フルコンテナ船が導入された六九年の様子が比較されている。前者では、オーストラリアを出港した船がふたたび母港に向かうまでにヨーロッパで一一の港をコールしていた。一方、フルコンテナ船が寄港するのはティルバリー、ハンブルク、ロッテルダムだけ。いずれも集荷量の多い巨大港である。大量のコンテナを集中的に捌くから、コンテナ一個当たりの荷役コストも時間も大幅に圧縮された。六七年にはオーストラリア〜ヨーロッパの往復に七〇日を要していたが、六九年にはこれが三六日になっている。これだけでも、単純に三四日分のコスト削減が実現する。海上保険料は混載船時代に比べ八五％引き下げられ、梱包費用も激減した。海上運賃そのものも下がっている。フルコンテナ船によるコスト削減効果は劇的であり、オーストラリア航路からは在来船がまたたく間に姿を消した。[23]

猛烈な造船ラッシュを背景に、商船の世界はすっかり様変わりする。一九六七年にはコンテナ船と呼べるものはアメリカ籍船五〇隻のみで、それも戦時中の輸送船を改造したものだったが、六八〜七五年にはフルコンテナ船四〇六隻が定期航路に投入されている。その大半が、かつての船の二倍以上の大型船だった。そのほか貨物のすくない航路にセミコンテナ船二〇〇隻、RO－RO船三〇〇隻が就航している。コンテナリゼーションが本格化したのは、まさにこの頃だったと言えるだろう。[24]

アメリカでは商船構成もがらりと変わっている。一九六八年にはまだ六一五隻の混載船が現役で貨物を運んでいたが、その後六年間で半分以上が姿を消し、発展途上国の海運会社に売られるかスクラップにされた。代わって登場したのは、少数精鋭の大型高速船である。船腹数の減少を理由に海運業の衰退と嘆く向きもあったが、事実はちがう。十数隻の大型コンテナ船は、「錆びたバケツ」と陰口をたたかれた数百隻の老朽船よりもたくさんの貨物を運ぶのである。船の数だけをみればほぼ半分に減ったが、積載能力一万五〇〇〇トン以上の船は、六八年に四九隻だったのが七四年には一一九隻に増えている。しかも新型の蒸気タービンのおかげで、平均速度は一七ノットから二一ノットに上がった。大西洋横断に要する日数は、まる一日短縮されている。[25]

これほどの大型船がこれほど大量に投入されたのだから、貨物輸送能力が飛躍的に増えたのは言うまでもない。そこにはコンテナリゼーションの経済原理が働いている。コンテナ輸送サービスというものは、スタートするその瞬間から大規模にやらねばならない。貨物を求めてあちこちの港に立ち寄りなんとか利益をひねり出していた在来船とは、わけがちがうのである。巨額の資本を一気に投じて十分な数の船とコンテナをそろえ、大型港を結ぶ定期航路に高頻度のサービスを実現しないと勝ち目はない。となれば、あらゆる主要ルートに複数の大手船会社が大量の船を投入し貨物を奪い合うことになる。主要国際航路の輸送能力は、一九六八〜七四年で一四倍に拡大した。六六年には一握りの小型コンテナ船の姿しかみられなかった北大西洋航路で、七四年には年間一〇〇万個のコンテナが運ばれている。七〇年にスタートした日本〜アメリカ西海岸のコンテナ輸送サービスでは、七三年には早くも三〇隻が就航した。[26]

供給過剰

いくら需要が堅調であっても、これほど大規模な供給拡大を消化できるほどではなかった。そうなると、結末は一つしかない。海運業界は、値下げ競争という苦痛に満ちた局面に突入することになった。

供給過剰という現象は、海運業界では珍しい話ではない。貨物の量はいつの時代もきわめて不安定で、景気や運賃や貿易障壁に左右されるし、もちろん戦争や禁輸といった政治面の影響も受ける。だが一九五〇年代、六〇年代には、在来船のスペースと輸送需要の間にずれが生じても、死活問題までには発展しなかった。商船の大半は戦時中の輸送船の払い下げだったため、船会社はさほど借金をしなくていい。出費のほとんどは燃料、人件費、係船料、荷役費用などのランニングコストだったから、貨物がすくなくなったら船を休ませておけば、コストは発生しなかった。

ところが大型コンテナ船ではそうはいかない。建造のために巨額の資金を借り入れているから、元本と利息を返済しなければならないのだ。最新鋭のコンテナターミナルも、専用ターミナルであれば借金でつくったものだし、港湾局から借りるのであればリース料を払わなければならない。これらは貨物がいくらすくなくても払わねばならない固定費であり、コンテナ輸送ではこうした固定費が総費用の四分の三を占めた。こうなると、どの船会社もおいそれとは船を休ませられない。ランニングコストをまかなえるだけの貨物を確保できる限り船を動かし続ける必要があり、どこかの船主がのんきに船を休ませて供給過剰が解消するということは望めなかった。需要が供給に追いつくまで、供給過剰は続く。そしてすくない貨物の争奪戦が激しくなればなるほど、運賃が下がるのは避けられなかった[27]。

コンテナ輸送の関係者がこの事態を予測していなかったわけではない。一九六七年に英政府に提出されたある報告書には、早くも「コンテナの規格が決まった現在、各社が一斉にコンテナ化に走れば行きすぎになるおそれがある」と書かれている。コンテナリゼーションの早い段階で行われたある調査報告によると、二五ノットでコンテナ一二〇〇個を運ぶ船が五隻あれば、英米間の貨物輸送需要はすべてまかなえるという。ヨーロッパ〜アメリカ航路の一般貨物は二五隻のコンテナ船があれば十分捌けるとする報告もあった。また別の報告では、ファレル海運が発注した最新鋭のコンテナ船五隻があれば、オーストラリアからアメリカ向けの輸出品はすべて運べるという。だが当時すでに、全世界で数百隻のコンテナ船が発注済みだった。これらの船は、大西洋でも太平洋でも、すくなくとも七四年までは半分空で航海することになるだろうと専門家は予測した。六八年に米政府に提出されたある報告書は、「北大西洋では早ければ七〇年代にもコンテナ輸送能力は供給過剰になる」と警告している。[28]

この警告は、予想より早く現実のものとなった。一九六七年、つまりフルコンテナ船が就航して一年足らずで、北大西洋同盟はコンテナの運賃を一〇％引き下げたのである。アメリカのある大手船会社の社長は「悪夢だ」と嘆いたが、これは始まりにすぎなかった。多すぎる船にすくなすぎる貨物。長いこと難攻不落だった海上運賃体系が木っ端微塵になろうとしていた。[29]

国際航路の貨物運賃は、国内航路とはちがい、政府ではなく海運同盟によって決められる。海運同盟とはつまりは航路ごとのカルテルであり、アメリカ起点の航路だけでも一一〇もの同盟が存在した。運賃体系は加盟各社の協議で決定されるが、輸送量の多い船会社の発言権が強かったようである。同盟船を使う荷主にはこの公定運賃が適用され割引はいっさいしないというのが建前だが、実際には半ば公然と規則破りが行われていた。たとえば、大口荷主への払戻し（リベート）などは日常茶飯事である。アメリカを中心とする航路の同盟はオープン・コンファレンス方式をとっており、運賃を公表し定期航路を維持する海運会社であれば自由に加盟できるが、それ以外の同盟はクローズド・コンファレンス方式で、運賃も非公開なら新規加盟も極端に制限されていた。加盟は任意で、政府が船会社に加盟を強制することはない。だが自主独立でやっていこうとすると、ただちに加盟会社が運賃の大幅割引で対抗してくるため、結局は長いものに巻かれる方が得だと悟ることになるのだった。[30]

同盟が運賃を決めるやり方は、鉄道とほぼ同じだった。運賃は品目別に重量ベースと容積ベースの二体系が設定され、軽いがスペースをとるものには容積ベースの運賃が、小さいが重いものには重量ベースの運賃が適用される。だがコンテナ貨物の場合には、中身が何であっても輸送コストは変わらないから、品目別の運賃はまったく意味をなさないはずである。しかし、コンテナが登場した時点では混載船を運航する同盟船会社の発言力が大きかったため、品目別の運賃体系が固守された。たとえば北大西洋では、コンテナ貨物のトン当たり運賃は混載貨物と同一で、コンテナの内容物が単一品目の場合に限り五〜一〇%の割引が適用される。これだけでもおかしいが、コンテナの内容物が多品目にわたる場合にはさらにナンセンスだった。たとえば、ヨーロッパ〜オーストラリア航路について一九六七年に下された決定によると、混載コンテナの内容物は、各品目のトン当たり運賃に基づくという。つまり正しい運賃を計算するためには、コンテナを開封していちいち中身の重量を量らなければならない[31]。

こんな理屈に合わない方式が長続きするはずもなかった。船会社にとってコンテナの中に何が入っているかは問題ではない。問題はとめどない供給過剰であって、採算割れしない限り、とにかく貨物を集めることが先決だった。一九六七年初め、マルコム・マクリーンがかつて経営していたウォーターマン海運は、アメリカ〜南ヨーロッパ航路の運賃を一律固定方式に切り替える。内容物にかかわらず、二〇フィート・コンテナなら四〇〇ドル、四〇フィートなら八〇〇ドルである[32]。その時点でまだウォーターマン海運はフルコンテナ船を持っていなかったし、この方式をまねる船会社もなかったが、それでもこの決断が運賃体系に与えた影響は大きかった。「妥当な運賃引き下げを行わないなら同盟を脱退する」と脅す船会社が出始めたのである。同盟はなんとかして既存の体系を維持しようとあがいたが、無駄だった。六九年夏、大西洋同盟は空中分解する。船会社八社が新しい同盟を結成して品目別の運賃体系を廃止し、コンテナ輸送にふさわしい運賃算定方式を導入した。[33]

人為的に高く設定された運賃体系が崩壊すると、船会社の利益は当然ながら減ってしまう。そうなれば、残された道は業界再編しかなかった。国際航路でコンテナ輸送が始まって三年足らずの一九六九年七月には西ドイツ最大の二社が合併し、ハパックロイドとなった。北大西洋に巨大海運会社が誕生したのである。[34] その三カ月後にマルコム・マクリーンが同じような行動に出る。マクリーンが好きなやり方は、ライバルを呑み込んでしまうことである。政府に邪魔だてされなかったら、シーランドは東海岸唯一の強敵シートレイン海運を五九年に、プエルトリコのライバルだったブル海運を六二年に買収していただろう。今回マクリーンはR・J・レイノルズの資金力にモノを言わせ、総額一二億ドルでユナイテッドステーツ海運に大胆な取引をオファーした。ユナイテッドステーツ海運が発注済みのコンテナ船一六隻全部を二〇年間借り受けるという提案である。どれも積載能力は一〇〇〇TEU以上、速度は二〇ノット以上の最新鋭船で、完成の暁には同社がコンテナ輸送能力で他社を引き離すのはあきらかだった。これをそっくり借り受けてしまえば、ほとんどのライバルを押しのけてシーランドが両大洋でシェアを奪えるという目算だった。[35]

競合他社はごうごうと非難の声を上げた。結局、マクリーンのオファーは政府の横槍で実現しなかったのだが、[36] 各社は迅速に対抗策を講じる。一九七〇年初め、グレース海運がプルーデンシャル海運と合併した[37]。マトソン海運は外航海運進出の野望を諦め、七〇年に船を売却し、ホノルルを太平洋貿易のハブ港にする構想を断念した。ムーア・マコーマック海運は新造船四隻を売却し、北大西洋から撤退する[38]。イギリスの二社、ベン海運とエラーマン海運はイギリス〜極東航路を共同運営することを決め、北欧の三社は保有船舶を統合し、スキャンサービスという新会社を発足させた[39]。

だがこれだけでは問題は解決しなかった。オーストラリアでは、一九六九〜七一年にオーバーシーズ・コンテナ海運が三六〇〇万ドルの損失を計上。ハパックロイドも同時期に三年連続で赤字を計上している。北大西洋ではコンテナ輸送能力の三分の一が使われずじまいだった。アメリカン・エクスポート・イスブランセン海運は七〇年と七一年に立て続けに巨額の赤字を出した結果、親会社の株式がニューヨーク証券取引所で取引停止となり社長は更迭されるという騒ぎになっている。大西洋と太平洋の両方で事業を展開するユナイテッドステーツ海運は、七〇年に一四〇〇万ドル、翌年もほぼ同額の赤字を計上した。シーランドでさえ、ユナイテッドステーツ海運との取引を政府に差し止められたため、六九年には三九〇〇万ドルあった利益が七〇年には二一〇〇万ドル、七一年には一二〇〇万ドルに落ち込んでいる。R・J・レイノルズは、海運会社に出資した他のコングロマリット同様、コンテナ輸送はけっして金の鉱脈ではないことを思い知らされた[40]。

生き残りに必死の大手海運会社は、ついに競争の制限という昔ながらの解決策に行き着く。ヨーロッパ・極東航路の大手五社（イギリス二＋日本二＋ドイツのハパックロイド）は太平洋航路のコンソーシアムを結成し、ＴＲＩＯと名付けた。ＴＲＩＯグループは新造船を一九隻に制限し、船ごとに各社にコンテナ・スペースを割り当てている。続いて、スウェーデンの船会社数社とデンマークのネドロイドが同じようなコンソーシアムを結成した。こちらはスカンダッチ（ScanDutch）として知られている。こうして二つの企業連合が誕生したおかげでヨーロッパと極東を結ぶルートでは競合が大幅に減り、運賃下落にようやく歯止めがかかった。大西洋にはこれよりもっと強力なカルテル、北大西洋プール協定が誕生している。欧州六カ国一五船社の輸送能力を統合するもので、六カ国の政府が後押しし、一九七一年六月に締結された。協定では各社に輸送量をきっちりパーセンテージで割り当て、すべての船に同一運賃を適用し、運賃収入を配分する仕組みだった。最終的には最低運賃制も盛り込まれている。「プール協定がなかったら、きっとすさまじい値引き合戦になっていただろう」とある経営幹部は七二年に認めている。[41]

一九七二年に入ると景気は世界的に持ち直し、貨物量も上向く。七一～七三年にコンテナ輸送量は二倍近くに増え、コンテナ船はようやく満載状態で運航されるようになった。海運各社もふたたび黒字に転換している。だが、コンテナリゼーション初の値下げ競争をくぐり抜けた海運業界は、すっかり様変わりしていた。独立系企業はほんの一握りに減っていたし、どの会社も海運の未来に何の幻想も抱いていなかった。コンテナ輸送では値下げ競争は避けられないと誰もが理解したのである。景気が低迷して貨物量が減るか、あるいは輸送能力が供給過剰になるかすれば、必ず再発するにちがいない。そうなれば運賃は、輸送コストぎりぎりのところまで引き下げられるだろう……。こうした状況で、船会社には「もっと大きくもっと速く」というプレッシャーがつねにかかるようになった。いざ価格競争となったときに、ローコスト体質の企業の方が生き残れる可能性は高いからである。[42]

石油ショックの打撃

そして、たしかに値下げ競争はまた起きた。それも、あまり間を置かずに。あとから考えれば、一九七二年と七三年はほんの中休みだったのである。この時期に鉱工業生産はアメリカで一八%、カナダで一九%、日本で二二%、ヨーロッパで一二%伸びた。貿易は力強く拡大し、供給過剰だったコンテナ海運業界は、フルコンテナ船が二年間で一四三隻も投入されたにもかかわらず、供給不足に陥っている。七三年になると、第四次中東戦争の影響で原油価格が急騰するが、それも初めのうちは海運業界にとって天の恵みだと思われた。一バーレル当たりの輸送量が多いフルコンテナ船は、当時まだ残っていた在来船よりずっと有利だったからである。コンテナ貨物の量は、七三年だけで四〇%も増えている。海運各社は燃料を節約し航海数を減らすため、航行速度を落とすよう命じた。これで需給はいよいよ逼迫し、運賃はうなぎ登りで上昇する。各同盟は数百回に上る運賃改定を行い、さらに為替変動、燃料費の高騰、港の混雑などを理由にサーチャージを請求した。「運賃が一五%引き上げられたうえにサーチャージが加算され、輸送コストは二五〜三〇%膨らんだ」と国連貿易開発会議（UNCTAD）は報告している。[43]

翌年に入っても海運業界の好況は続いた。ドル安も手伝って、アメリカの輸出はこの年に四二%の大幅増を記録している。運賃引き上げに加え、プール制だのコンソーシアムだのといったさまざまな取り決めが功を奏し、海運各社の財務報告は魔法でもかけられたように好転する。[44] シーランドは七三年にかろうじて一六〇〇万ドルの利益を確保しただけだったが、七四年には一億四二〇〇万ドルの利益を計上している。[45] 一六隻の新型船から赤字を垂れ流していたユナイテッドステーツ海運でさえ七四年には黒字転換を果たし、一六〇〇万ドルの利益を計上した。[46]「いま利益を上げられない経営者は永久に上げられない」とは、当時のある経営者のセリフである。

だが、石油ショックはついに海運業界に壊滅的打撃を与え始める。一九七四年の後半に入ると、世界が深刻な不況に陥ったのだ。原油高による物価高騰を防ぐため各国の中央銀行が一斉に引き締めに転じたことがきっかけだった。工業生産は落ち込み、それに伴って貿易も低迷する。七五年には戦後初めて工業製品の輸出が減少を記録し、海上貨物量は六%減となった。だがいくら貿易が低迷しても、一旦注文した船はおかまいなしに建造され海に送り出される。新しい船が進水するたびに供給過剰に拍車がかかり、船会社の価格決定力は弱まった。[47]おまけに旧ソ連のコンテナ船が大西洋と太平洋の両方で競争に参入する。これらは盟外船で法外に安い運賃を提示してくるから、価格競争は一層激化した。海運同盟は七四〜七六年にかけて、なんと六〇〇回も運賃引き下げあるいはサーチャージの撤廃に追い込まれている。[48]

この二回目の危機は、船会社自身の判断ミスのせいで一層深刻化した面がある。一九七〇年代前半に建造された数百隻のフルコンテナ船は、六〇年代後半に設計されている。当時は中東戦争の影響でスエズ運河が閉鎖されていたため、ヨーロッパからアジア、オーストラリアへ喜望峰回りで行かなければならず、高速船が必要だった。高速船は必然的に燃料喰いだが、当時は原油価格が安かったため、燃費効率は無視されている。[49]ところが七〇年代半ばになると、状況は完全に逆転してしまう。燃料コストが四倍に跳ね上がり、北大西洋では七二年に輸送コストの四分の一にすぎなかった燃料費の比率が、七五年になると半分に達するようになった。[50]しかもスエズ運河は、予想外に早く七五年に再開された。ヨーロッパ～極東航路で燃費のわるい高速船を使う理由はなくなったのである。ほとんどの船会社が、まちがった時期にまちがった船を運航することになってしまった。

中でも大打撃を受けたのが、超高速船ＳＬ７である。慎重な分析ではなく本能に従って行動するマルコム・マクリーンは、一九六八年に取締役会の反対を押しきってこの船の建造を決定し、シーランドを買収したレイノルズも計画を後押ししている。[51]だが、世界最速のコンテナ船は世界一の大喰らいでもあった。一日で五〇〇トンの燃料を燃やしてしまうのである。全速航海中の燃料消費量はライバル船の三倍にも達した。[52]バンカー重油の価格がたった数カ月の間にトン当たり二二ドルから七〇ドルに跳ね上がったとき、ＳＬ７は採算割れを起こす。レイノルズは「ＳＬ７は世界最速のコンテナ輸送サービスを実現する」と強気の発言で株主を説得したが、実際にはこの巨大船は利益を上げられなくなっていた。

なんとか後始末をつけなければならなかった。すでに巨大企業の官僚的なやり方に嫌気が差していたマクリーンは、一九七五年から持株を売り始め、二年後に取締役会を去る。レイノルズはレイノルズで、海運ビジネスは浮き沈みが激しく思い通りにならないことに苛立ちを募らせていた。そしてシーランドの組織再編を行い一段とコスト管理を厳しくするが、効果はなく、とうとう八〇年に一億五〇〇〇万ドルの損失を計上したうえでＳＬ７を定期航路から外す。就航八年足らずの出来事だった。ＳＬ７は海軍に引き取られ、高速補給船に改修された。その四年後にレイノルズは海運ビジネスからすっかり足を洗い、シーランドを独立企業としてスピンオフした。[53]「当社の株式に興味をお持ちの投資家のみなさんは、資本集約型で景気循環の影響を受けやすい運輸業には関心がないので」と、経営陣はアナリストにスピンオフの理由を説明している[54]。

たしかにその通りである。急成長を夢見て一九六〇年代後半にコンテナ輸送に賭けたコングロマリットは、苦い失望を味わう結果に終わった。シーランドにせよどこにせよ、海運会社はポラロイドやゼロックスではない。独自技術から次々にヒット商品を生み出し数十年にわたって高利益を上げ続けるといったことを期待するのは、所詮無理である。船会社が売るのは、基本的には小麦や大豆や鉱石や鉄鋼と同じコモディティなのだ。外的要因の影響を強く受け、売上げも利益率も景気の変動やライバルの動向に左右される。コンテナ海運の急成長期は終わった。コンテナ輸送が国際的なビジネスになってから一〇年とたたない七六年に、フィナンシャルタイムズ紙は次のように論評している。「コンテナリゼーションは貨物輸送の歴史における飛躍的前進の象徴であり革命的な影響をもたらしたが、もはやそのほとんどは終わった[55]」。

この論評の前半は正しい。だがコンテナリゼーションの革命的な影響は、終わるどころか始まったばかりだった。

第十二章 巨大化

ユナイテッドステーツ海運を買収

マルコム・マクリーンが持株を売却しR・J・レイノルズの取締役会をひっそりと去っていったのは、一九七七年二月のことである。この結婚はどうみても失敗だった。マクリーンは大企業の官僚主義にうんざりしていたし、のべつ変わる戦略に困惑してもいた。とはいえ、最大の原因は、マクリーンがつねに新しい目標を追い求めるタイプだったことである。のちにマクリーン自身が語ったとおり、「要するに私は起業家で彼らは経営者だった。経営者の集団に起業家を入れるとろくなことにならない」[1]。

マクリーンはシーランドの運営に直接タッチしなくなった一九七〇年頃から、すでに九〇〇〇万ドルを投じてゴルフクラブのパインハーストを買収していた。生まれ故郷のマクストンにほど近いノースカロライナ州中部にある名門クラブである。続いて小さな保険会社、不動産会社、貿易会社も買った。そして、七三年にはノースカロライナ州東部の湿地帯で新事業に着手する。一七六〇平方キロの広大なファースト・コロニー・ファームズは、友人のダニエル・ルートウィヒがアマゾンで始めたプランテーションがモデルだった。ファースト・コロニーは、おそらくアメリカ史上最大の農地開発事業と言えるだろう。マクリーンは湿地を排水して泥炭を採取し、次に泥炭からメタノールを抽出するためのプラントを建設する。近くには養豚場も建設する予定だった。完全管理方式でブタを育て、一定の体重に達したら食肉処理場に送り込む。もちろん処理場も建設する計画である。ところが、泥炭の採取が環境保護運動の槍玉に挙げられてしまう。年間一〇万頭のブタを育てられる養豚場は、出鼻を挫かれた格好だった。七七年に買収の話を持ちかけられると、マクリーンは一二〇〇万ドルプラス二〇年分の利益の四〇%という条件で、あっさり養豚場を手放すことを決めた。そして何か新しいことはないかと探し始める。[2]

新しいものはすぐにみつかった。一九七七年一〇月、マクリーンはなんとユナイテッドステーツ海運を買って周囲をあっと言わせる。

ユナイテッドステーツ海運は、けっしてお得な買い物とは言えない。海運で全米最大手の地位は、だいぶ前にシーランドに奪われている。一九六九年に同社を買収した親会社のウォルターキッドは、ことあるごとにこのお荷物を厄介払いしようと画策していた。あの有名な豪華客船ユナイテッドステーツ号は米政府に売却され、七〇年代はほぼ赤字続きである。それでもマクリーンは同社に価値を見出していた。一億六〇〇〇万ドル（うち五〇〇〇万ドルは負債の返済に充てられた）で、マクリーンは三〇隻の船、ニューヨーク市スタッテン・アイランドの広大な新コンテナターミナル、ヨーロッパおよびアジア航路を手に入れる。シーランドとはちがいユナイテッドステーツ海運は、国際航路で政府補助金の受給資格があった。もっともこれは良し悪しで、収入源が確保される反面、船の運航に役人が口を出すのだが。

翌一九七八年、ユナイテッドステーツ海運がささやかな利益を上げると、マクリーンは例によって大胆な計画を思いつく。他社船の一・五倍はあろうかという超大型コンテナ船を建造し、世界一周航路に就航させようというのである。タイミングはわるくなかった。七〇年代の造船ラッシュが終わって造船所の受注残は減ってきており、建造費が下がってきたからである。海運では、たとえば行きは満杯だが帰りは半分空といった貨物量の不均衡がつきものだが、世界一周航路ならそれを解決できるとマクリーンは考えた。いまから発注する船は非常に安いコストで建造できるだろう。だから、コンテナ輸送を成功させる重要な要素すなわち規模を実現できるはずだ……。

一九七〇年代後半の海運産業は、必死で規模を追い求めていた。船が大きくなればコンテナ輸送コストは下がる。港が大きくクレーンが強力になれば、荷役コストは下がる。七〇年代初めに主流だった二〇フィート・コンテナはすでに四〇フィート・コンテナに取って代わられ、荷役時間も船の停泊時間も大幅に短縮されていた。こうしてコストが削減されれば、その分を有効な投資に回すことができる。これは好循環と言っていいだろう。コンテナ一個当たりのコストが下がれば運賃を下げることができ、運賃が下がればたくさんの貨物を集荷できる。そうなれば単位コストはますます下がる、という図式である。コンテナ輸送は、規模の経済がモノを言う産業の代表格だった。

船会社は、この規模のルールになんとか従おうとした。混載船の時代には、たった一つのルートしか運航しない船会社も珍しくなかった。一九六〇年の北大西洋航路には、上はキュナード海運から下はたった一隻の船しか持っていない弱小企業にいたるまで、二八もの船会社が参入していたものである。だがコンテナ時代が到来すると、弱小企業に生き延びる余地はなくなった。そして生き残ったシーランド、ユナイテッドステーツ海運、ハパックロイドなどの大手は、自社船で、あるいは他社船のスペースを借りてでも、あらゆる主要航路に参入しようとする。貨物が多いほど固定費を分散できるからだ。事業範囲を拡げれば拡げるほど、たくさんの貨物、たくさんのコンテナを確保できる。それにネットワークを拡大すれば、グローバル企業を顧客に抱えるチャンスが増えるという大きなメリットもあった。[3]

一九七六〜七九年に、外航海運会社が保有するフルコンテナ船の数は二七二隻増えた。コンテナ輸送能力は七〇年代を通じて毎年二〇%増え、四倍に膨れあがる。世界のコンテナ船隊の積載能力合計は、七〇年には一九〇万トンだったが、八〇年には混載船を除いても一〇〇〇万トンに達している。[4]

規模の追求は、船腹数の増加だけでなく船自体の大型化をも意味する。一九六六年に大西洋を横断した最初のコンテナ船、シーランドのフェアランド号は全長一四〇メートルにすぎなかったが、六〇年代末に登場したコンテナ専用船は、一八〇メートルに達している。そして七二年頃から就航した高速船は、全長二七〇メートル、幅二四メートルで、喫水が一二メートルはあった。ここまで大きくなればもう限界かと当時は思われたものである。北米大西洋岸からアジアに向かうにはパナマ運河を通らねばならないが、この運河の水門は、船幅三二・三メートル以下、喫水一二メートル以下でないと通れないからだ。だが石油ショックが思わぬ怪我の功名をもたらす。燃料節約のため平均速度が落とされた（七三年には平均二五ノットだったのが、八四年には二〇ノットになった）おかげで船を流線型にする必要がなくなり、積載能力が強化されたのである。七八年に就航したコンテナ船は、どれも三五〇〇ＴＥＵを運ぶことができた。一〇年前なら、一隻一週間でアメリカ中の港から貨物を集荷できるほどの積載能力である。

パナマ運河を通航できる最大船型という意味でパナマックス級と呼ばれるこうした大型船は、それまでの船に比べコンテナ輸送コストが格段に減っている。まず建造費そのものが、能力に比して安い。三〇〇〇個のコンテナを運ぶ船は一五〇〇個を運ぶ船の二倍の鉄鋼を使うわけではないし、二倍の馬力を持つエンジンが必要でもないからである。しかも新しい船ほど操縦が自動化されるから、乗組員の数がすくなくて済み、人件費が軽減される。燃料消費量にしても、船のサイズに比例して増えるわけではない。また、一九八〇年代に建造された船の積載能力は四二〇〇ＴＥＵに達したが、一トン当たりの輸送コストは三〇〇〇ＴＥＵ級の船と比べて四〇％、一八〇〇ＴＥＵ級と比べるとなんと六〇％以上も抑えられていた。[5]

こうして船は大型化の一途をたどっていく。コンテナ輸送における規模の経済の効果は大きく、しかもはっきりしていたから、一九八八年になるとパナマ運河を航行できないほどの大型船も発注されるようになった。オーバーパナマックスと呼ばれる巨大船は、深い水深と長い岸壁を持つ港にしか入港できない。融通がきかず、経済的とは言いかねる船だが、ある一つのことだけはきわめて効率的にこなした。それは、両端に大水深の港を持つ航路の往復である。たとえば香港～ロサンゼルス、シンガポール〜ロッテルダムなどだ。二点を結ぶルートを猛スピードで往復し、停泊時間も切り詰めれば、大量の貨物をローコストで運ぶことが可能だった。二一世紀が始まろうとする頃、船会社は一万TEU級、つまり四〇フィート・コンテナなら五〇〇〇個運べる船を注文し始める。そして、もっと大きな船も設計されるようになっていった。

「問題はサイズだ」

船が大きくなれば、当然ながら港も大きくしなければならない。一九七〇年の時点で世界最大のコンテナ港はニューアークとポートエリザベスだったが、両港を合わせてもコンテナ取扱量は二九万二〇〇〇TEUにすぎない。だが八〇年になると、これにユナイテッドステーツ海運のスタッテン・アイランド埠頭を加えたニューヨーク港全体で、その七倍ものコンテナを扱っている。イギリス発のコンテナのほぼ全部を扱うフェリクストウとティルバリーでも、同国経済の不振にもかかわらず、一〇年間で取扱量は三倍以上に増えた。ロッテルダム、アントワープ、ハンブルクから香港、横浜、高雄にいたる大型港は、七〇年代後半だけで取扱量が倍以上に増えている。そして、巨大港にに貨物が集中する傾向はますます顕著になっていった。たとえば七六年をみると、アメリカのコンテナ輸出貨物の二五%が神戸とロッテルダムで、二五%がアジアとヨーロッパのわずか五つの港で捌かれている。[6]

港の巨大化にはコンテナ船の大型化と同じ理屈が働いている。つまり、コンテナ一個当たりのコストをできるだけ切り詰めるということである。船は、造船不況と言われた一九七〇年代後半でも六〇〇〇万ドルはしたから、負債を返済するためにとにかく船を稼働させ、港で停泊する時間をできるだけ短縮しなければならなかった。港が大きければ大きい船を迎え入れ、巨大な高速クレーンですばやく荷役を完了して送り出せる。それに、大きい港は道路や鉄道の便もいいから貨物が滞留することもない。処理能力が高いほどコストは下がるという理屈で、この頃のある報告書はただの一言、「問題はサイズだ」と結論づけている。[7]

その通り。問題はサイズであって立地ではなかった。かつての港は、乱暴に言えば貨物の流れを断ち切ることで繁栄していた。運送業、卸売業、流通業などが港の近くに集中していたのは、流入してくる貨物を一旦そこで堰き止め、改めて送り出すためだった。港は背後に控える内陸部と経済的に密接に結びついており、内陸部は港の「属国」だという地理学者もいたほどである。

だがコンテナ時代には、属国は存在しない。もはや港は通過地点にすぎず、貨物を堰き止める障害物はなく、大量のコンテナはほとんどとどまることなく通りすぎて行く。船会社は、高い元手のかかった船をできるだけ遊ばせないよう、ごく少数の港を中心にルートを組み立てた。荷主は、自分の荷物がどこを通過するかなど気にしない。たとえば、イリノイのメーカーが韓国に製品を輸出するとき、まずはトラックでロングビーチまで運ばれるのか、それとも鉄道でシアトルへ送られるのか、どちらでもよかった。まして韓国で荷下ろしをするのが釜山でも仁川でもまったく気にならない。地理的条件に縛られないとなれば、コストが安い方がいいに決まっている。荷役コストはどこが安いか。係船料その他のポートチャージは。また、港から内陸部への輸送の便は……。こうして、輸送ルートの始めから終わりまでにかかるトータルコストがルートを選ぶ決め手になった。[8]

この新しい港の地理学は、従来とは異なる貿易パターンを生み出す。地中海に面した南フランスのメーカーは、地中海ではなく英仏海峡に面したルアーヴルを使う。スコットランド向けの貨物は、フェリクストウかティルバリーで下ろされて鉄道で運ばれる。日本からサンフランシスコ向けの貨物は、サンフランシスコにごく近いオークランドではなく、シアトルに送られる。シアトルからサンフランシスコまで鉄道輸送しても、寄港先を減らす方が安上がりだからだ。メキシコ湾沿いの港湾都市は、ヨーロッパやアジア向けの貨物を送るのに、自分たちの港を使わずチャールストンかロサンゼルスまで運んだ。メキシコ湾岸に立ち寄るのは不経済だからと船会社にきらわれたためである。そしてバージニア州では、チェサピーク湾西口に位置するハンプトンローズが、湾奥にあるボルチモアに取って代わった。ボルチモアに落ち度があったわけではない。だがヨーロッパ航路に就航する船は、ハンプトンローズにスイッチすれば年四回余計に往復できる。そして六〇〇〇万ドルの船が絡んでいるとなれば、四航海の差はあまりに大きかった。[9]

繁栄する港が地元にもたらす経済的利益は、まだ大きかった。だから港を持つ大都市圏には陸運、鉄道、倉庫関連の雇用が集中したはずだし、通関業者や貨物仲介業者も必要になり、港湾関連事業からの税収も期待できたはずだ。だがどこに雇用が発生するかは、地理的条件よりもソロバン勘定のほうに左右される。たとえば、シアトルのように背後の地方市場の規模が小さい場合には、主要コンテナ港としての地位を確保し、それによって経済的利益を得るという現実的な目標をめざしやすい。[10]東京やロンドンのように巨大都市を抱える港が繁栄するとは限らないのである。決定権を握るのは船会社であり、大型船にコールしてもらうために、港は競わなければならなかった。[11]

競争の激化は、すさまじい投資の拡大を招いた。世界銀行とアジア開発銀行は、一九七〇年代に開発途上国の港湾プロジェクトに一三億ドルを投資している。アメリカ各地の港は七三〜八九年に合計二三億ドルをコンテナ荷役施設の建設に注ぎ込んだ。船会社がその交渉力にモノを言わせ、新バースの建設や最新鋭のクレーンの導入、水路の浚渫などを港湾当局に迫ったためである。港はバースやターミナルを用意し有力船会社と長期リース契約を結ぼうと躍起になったが、めでたく契約締結にこぎ着けても、必ずしも利益がもたらされるとは限らなかった。港をスイッチするのは船会社の勝手だったし、現実にそういうことはひんぱんにあったからである。そうなれば港は最低保証料しか手にすることはできない。アメリカでは契約後一年以内に港を乗り換える船会社が三〇を数えており、港によっては輸送量の激減という悲劇に直面した。最新鋭の設備を整えてもうまくいく保証はなかった。[12]オークランドは七〇年代後半に大型予算を組んでコンテナターミナルを建設したが、ロングビーチにしてやられた。さらに巨額の追加投資をしたところ、八三年に環境保護団体から訴えられて港の浚渫工事が中止という憂き目に遭っている。[13]すると、アメリカン・プレジデント海運はさっさとオークランドを見限ってシアトルにスイッチした。しかしそのシアトルにしても、八五年にはタコマの後塵を拝する運命だった。同じピュジェット湾にあり南にほんの数キロしか離れていないタコマは四四〇〇万ドルを投じてターミナルを建設し、まんまとシーランドを横取りしたのである。[14]

サッチャー首相、二一の港を売却

競争激化の中で、港湾施設投資の多くは無駄に終わっている。ボルチモアは新埠頭のおかげで一九八〇年頃には貨物量が増加したが、二〇〇〇年になると二〇年前以下の水準に落ち込んでいる。台湾が巨費を投じた高雄は大成功だったが、同じ予算を注ぎ込んだ台中は失敗に終わった。サンディエゴ港に据え付けられた高価なクレーンはあまり活用されないうちに見捨てられたが、これはサンディエゴに限った話ではない。また、実行面でうまくいかなかったアイデアもある。たとえば、埠頭に引込線を敷設し船から直接貨車に荷下ろしをする方式は全然機能しなかった。作業のペースに合わせて機関車をすこしずつ前進させるのは意外に時間がかかり、荷役作業に支障を来すことがわかったのである。このため引込線の多くは役に立たずじまいだったが、そのコストは港側がかぶらなければならなかった。[15]

こうして港湾事業にはリスクがつきものだということが、ようやく政府にもわかってくる。一九六〇年代、七〇年代には、コンテナ輸送発展のためには政府の公共支出が不可欠だった。フェリクストウと香港を除くあらゆる主要港は、公的資金を使って建設されている。資金力に乏しい船会社や荷役会社には港湾建設など望むべくもなく、当時はほかに方法がなかったと言えるだろう。だが必要な予算が膨らむにつれ、政府や自治体は港の運営に及び腰になった。「港は、初めは小食だったのにいまでは大喰らいだ」と、シアトル港の責任者は八一年にこぼしている。船会社が別の港に寄港するようになったり、あるいはルートそのものを打ち切ったりすれば、港湾当局は使われないクレーンや打ち捨てられたターミナルの借金を払い続けなければならない。それは、政府や自治体にとって重すぎる負担だった[16]。

打開策を最初に打ち出したのは、イギリスのマーガレット・サッチャー首相である。サッチャー政権は、一九八一年に二一の港を民間企業に売り渡した。他国もこれに追随する。マレーシアは、ポートクランのコンテナターミナルを八六年に民間企業にリースした。こうしてほとんどの港が、荷役会社、輸送会社、海運会社などが出資する民間事業体の手で運営されるようになる。その頃には海運会社は巨大企業と化しており、港湾運営に必要な資本を調達できるようになっていたのである。民間の港湾事業体は、政府とちがい、地方経済の発展に尽くす義務はない。彼らは投資回収を確実にするため、銀行保証を要求し担保をとって、長期契約を要求した。政府は昔ながらの「地主」に戻り、港湾周辺地域を民間に貸すだけとなる。こうして二〇世紀が終わる頃には、コンテナ取扱港の半分近くが民間に運営されるようになった[17]。

世界一周構想と大型倒産

一九七七年、コンテナ海運は記念すべき節目を迎える。在来船しか就航していなかった最後の主要ルート、南アフリカ〜ヨーロッパ航路でコンテナ輸送サービスが始まったのだ。コンテナリゼーションは世界中で同時進行していたのではなく、貨物量のすくないアフリカや中南米では相変わらず在来船が幅を利かせていた。商業的にみればこれらのルートはニッチ市場であり、あまり利益が期待できないからである。対照的に基幹航路は、マルコム・マクリーンが予想したとおり「海の高速道路」と化していた。八〇年には、アメリカ東海岸から日本向けにフルコンテナ船週一七便が就航。ヨーロッパからは、アメリカ向けが週二三便、日本向けが八便である。オーストラリア〜アメリカ東海岸のような長距離航路でも、南行き・北行きどちらも週平均二・五便が就航していた[18]。

こうした状況で、船会社は新しいルートを考え始める。行って戻ってくるのではなく、世界を一周するルートはどうだろう……。

世界一周航路は、混載輸送の時代には検討の対象にもならなかった。船は遅く、寄港地は多く、停泊日数は長い。ニューヨークを出港して北大西洋を横断し、ジブラルタル海峡、スエズ運河を通り、シンガポール、香港、横浜に立ち寄り、ロサンゼルスからパナマ運河を経てニューヨークに戻ってくるまでに、ゆうに半年はかかるだろう。だが、高速船で寄港地を減らし荷役日数も切り詰められれば、三カ月で一周することが十分可能だった。マクリーンが去ってから一年後の一九七八年、R・J・レイノルズは一隻五八〇〇万ドルの高速船一二隻を発注し、シーランドが「世界一周ルートに週一便を投入する」と発表する[19]。

アイデア自体は非常識とは言えない。すでに書いたように、ほとんどの船会社は輸送量のアンバランスに頭を悩ませていた。たとえば北太平洋航路では、日本の輸出攻勢が強まる中、アメリカ向けの方が日本向けよりはるかに多くなっていた。ところが中東航路では逆の現象が起きている。石油収入の潤沢な中東諸国は工業製品の輸入が多いが、輸出は原油が大半だからコンテナ船は使えない。東回りで世界一周すれば、中東でコンテナをすべて下ろし、前回下ろした空のコンテナを回収して日本まで運ぶ。途中でシンガポールや香港に立ち寄り、インドやタイなど途上国との短距離の輸送をこなす。そのうえで、日本の輸出品を積み込んでアメリカに戻ればアンバランスの問題はうまく解決できそうだった。

だが、この発想にも問題点はあった。二点間を往復する航路と異なり、さまざまな寄港地がルート上にある場合、貨物量にはかなりのバラツキがある。たとえばニューヨーク～ロッテルダム間の貨物量にふさわしい船は、シンガポール～香港間ではどう考えても大きすぎる。それにどこかで嵐、ストライキ、クレーンの故障その他さまざまな理由で遅れが生じれば、そのあとのスケジュールは次々に狂ってくるから、たとえば「ロッテルダム出港は毎週水曜日」という具合にはいかなくなってしまう。実際、イスラエルのジム海運が一九八〇年にアメリカ東海岸から東回りでスエズ経由アメリカ西海岸までというほぼ世界一周便を就航させたとき、遅延が大問題になった。予定から一日以内に入港できたのは全航海中六四%のみで、七航海に一回はまる一週間遅れた。二点を結ぶ航路の方が定時性にすぐれていると荷主が判断すれば、世界一周便は十分な貨物を確保できない。これらの点を考慮したシーランドは、結局世界一周ルートを断念した。

だが、諦めなかった会社が二社ある。一社は、台湾のエバーグリーン海運（台湾名は長榮海運）だった。やり手の起業家チャン・ユンファ（張榮發）が一九六八年に創設した海運会社で、当初は不定期貨物船を運航していたが、その後太平洋航路と極東航路で定期サービスを開始し、コンテナ船も投入して大手にのし上がっている。八二年五月に同社は日本と台湾の造船所にコンテナ船一六隻総額一〇億ドルを発注した。東西双方向の世界一周フルコンテナ・サービスを開始するというふれこみである。積載能力は二七二八ＴＥＵ。Ｇクラスと呼ばれ、エバー・ギフテッド、エバー・グローリー、エバー・グリーミーという具合にすべてＧで始まる名前が付けられた。速度は二一ノットで、一九港をコールする。東回り、西回りともに一〇日に一便就航し、東回りは八一日で、西回りは八二日で一周する予定だった。[20]

そしてもう一社が、マルコム・マクリーン率いるユナイテッドステーツ海運である。同じく一九八二年に、マクリーンはコンテナ船一四隻を発注する。アメリカの造船所ではなく韓国の大宇を選んだから、補助金の受給資格はない代わりに、政府の指導を受けずにどこにでも船を投入することができた。積載能力は四四八二TEUで、エバーグリーンのGクラスの一・五倍以上に当たる。幅が広く平たくて、造船技師チャールズ・クシンに言わせると「海に浮かぶ巨大な靴箱」だった。マクリーンの戦略はチャンとはちがい、スピードを追求しなかったためである。マクリーンは、燃料喰いで利益を上げられなかったSL7の失敗ですっかり懲りたのだった。ユナイテッドステーツ海運の一四隻は原油価格が高い時期に発注されたこともあり、燃費重視で、速度は一八ノットに抑えられた。したがって、世界一周に要する日数はGクラスより多くなる。[21]

マクリーンは、一四隻を「エコノシップ」と名付けた。燃費効率にすぐれ、しかもコンテナ一個当たりの輸送コストがきわめて小さい。船だけで五億七〇〇〇万ドルもかかったが、ユナイテッドステーツ海運の持株会社であるマクリーン・インダストリーズ（このために新設された会社だが、かつての会社の名前が付けられた）は資金調達には苦労しなかった。コンテナ海運の生みの親であるマルコム・マクリーンが海運業界に復帰し「世界一周バス・サービス」を始めると聞いて、投資家はよろこんで出資したのである。[22]

この新サービスが果たして利益を上げられるかどうかは、じつは当初から疑問視されていた。というのも、当時コンテナ海運業界は苦難の時を迎えていたのである。シートレイン海運は一九八一年に倒産。デルタ海運とムーア・マコーマック海運は、八二年にユナイテッドステーツ海運の軍門に下っている。ハパックロイドは債務の返済に窮して本社ビルを売り払った。台湾のオリエントオーバーシーズは、二七億ドルに上る負債を抱え再建を迫られている。そして、フェリー事業とコンテナ輸送を手がけるイギリスのシーコンテナーズは破綻寸前だった。エバーグリーンとユナイテッドステーツ海運が世界一周コンテナ輸送サービスを開始する頃には、事態は一段と悪化していた。北太平洋では、八三年五月からの一年間で空きスペースが二〇%も増えるなど供給過剰が顕著になり、アメリカから日本向けのコンテナ船は半分空という状況である。ロイズ・シッピング・エコノミスト誌は、「シェアを確保するため船会社は大幅な運賃引き下げを迫られている」と報じている。[23]

おまけに世界一周コンテナ輸送サービスは、期待したようにスムーズにはいかなかった。二点を結ぶ航海とは異なり、世界一周航路でどこかに寄港する場合には針路を大きく逸れることになる。だから寄港地の数を大幅に切り詰めない限り、航海日数がむやみに多くなってしまう。その結果、世界一周ルートでコールするはずだった港の多くには、フィーダー船で貨物が運ばれることになった。ハブ港でフィーダー船に積み替えてシャトルサービスを行うのである。この方式だと本船の航海日数は短縮できるが、貨物自体の輸送日数は長くなる。エバーグリーンの世界一周コンテナ船はイギリスへの寄港を完全に打ち切り、ハブ港としてフランスのルアーヴルを選んだ。そして年間二〇万TEUに達するイングランド、スコットランド、アイルランド向けのコンテナ貨物はルアーヴルから運ばれている。マクリーンのエコノシップは喫水が深く、よほど深い港でないと接岸できなかった。満ち潮の間に出港しなければならないため、埠頭に貨物を積み残したままということもあったほどである。それでも航海日数はあまり減らなかった。たとえば、アメリカン・プレジデント海運の船と鉄道を組み合わせたインターモーダル輸送では日本発の貨物をアメリカ西海岸で揚げて鉄道で東海岸へ送り、ニューヨークまでわずか一四日でカバーするが、エバーグリーンもユナイテッドステーツ海運も、この日数では到底こなせない。それでも両社ともに、自分たちの船が正解ではないという事実を直視しようとはしなかった。さらに定時運航の成績もお粗末だった。ビスケー湾で嵐が起きたりドバイでクレーンが故障したりするたびに、横浜でもロングビーチでも顧客は待ちぼうけを喰わされたものである。[24]

時経ずして災厄が訪れる。マクリーンの読みでは一九八五年に原油価格は一バーレル二八ドルから五〇ドル程度に上がるはずだったのが、一四ドルまで下落したのだ。ユナイテッドステーツ海運の燃費がよいがのろい船は、一夜にして場違いになってしまった。そして、中東の産油国は気前よく輸入するわけにはいかなくなり、エコノシップに積まれるはずだった中東向け貨物は激減する。しかも競争は厳しさを増していた。七〇年代にコンテナの猛攻の前に膝を屈したのは、経営不振に陥った古い体質の船会社だった。だが、八〇年代の海運業界で競っているのはいずれ劣らぬ強者ぞろいであり、けっして隙を見せない。マクリーン・インダストリーズは八四年こそ六二〇〇万ドルの利益を計上したが、翌八五年には六七〇〇万ドルの赤字に転落。八六年上半期には配当打ち切りを余儀なくされる。債務再編を試みるマクリーンの必死の努力もむなしく、八六年の一～九月には売上高八億五四〇〇万ドルに対し二億三七〇〇万ドルの損失を計上。[25] ヨーロッパのコンテナターミナルは利用料の現金払いを要求するようになり、債権者からの督促は厳しくなる。同年一一月二四日、持株会社のマクリーン・インダストリーズは一二億ドルの負債を抱えて破産を申請し、ユナイテッドステーツ海運の一切の運航は中止された。[26]

この倒産は当時としては過去最大級であり、余波も大きかった。[27] 五二隻の船は世界各地の港で差し押さえられた。融資元の七つの銀行は、担保に押さえたエコノシップからなんとか資金を回収しようと躍起になる。この巨大船をほしがる船会社はなかなかみつからず、ようやく一六カ月後に、元値の二八％でシーランドに売却された。一万個以上のコンテナと五五〇〇台のシャーシはフレキシバン・リーシングに買い叩かれた。[28] スタッテン・アイランドの専用コンテナターミナルのリース契約（年間リース料一二〇〇万ドル）はただちに解約され、浚渫とターミナル建設工事に六〇〇〇万ドルを投じた港湾局には借金の山だけが残された。ファースト・コロニー・ファームズは銀行が差し押さえたが、結局は野生動物に献上されている。担保を押さえていなかった二億六〇〇〇万ドル相当分の債権者はほとんど丸損を被った。マルコム・マクリーンが保有していたマクリーン・インダストリーズ株式の八八％は紙くずとなり、マクリーン本人も、副社長を務めていた息子も更迭される。そして数千人が失業した。

「マルコムは、ユナイテッドステーツ海運の倒産からとうとう立ち直ることができなかった」と長年の仕事仲間は話している。[29] マクリーンは公の場から姿を消し、記者連中も遠ざけ、人前に出ることを避けるようになった。失敗を忘れられず、何千人もの社員を路頭に迷わせたことがいつまでも脳裏から離れなかったようだ。それでも彼はじっとしていられない男だった。ユナイテッドステーツ海運の倒産から五年後の一九九一年、マクリーンは小さな海運会社を始める。七七歳になっていた。[30] かつてのシーランドの経営幹部はほとんどが海運業界の重鎮となっており、彼らに懇請されてマクリーンもたまには同業者の集まりなどに顔を出すようになる。マクリーンは敬意を払われるべき存在だと誰もが感じていた。[31] 二〇〇一年五月三〇日、マクリーンの葬儀の朝には世界中のコンテナ船が汽笛を吹鳴して弔意を表している。

ユナイテッドステーツ海運の破綻は多くの人にとって災厄だったが、マルコム・マクリーンがつくりあげたコンテナ海運業界は、この大型倒産にもびくともしなかった。破綻の翌年の一九八六年には、コンテナリゼーション関連投資が全世界で七六〇億ドルに上っている。そして九九年末までにさらに一三〇〇億ドルの投資が見込まれていた。もっと大型の船。一二時間で揚げ積みを完了できるような最新鋭の港。毎分一個のコンテナを扱えるような高性能クレーン……。コンテナ輸送はビッグビジネスになっていた。そしてコンテナリゼーションの拡大とともに、輸送コストは下がり続けていった。[32]

第十三章 荷主

コンテナ革命のゆるやかな影響

国際航路でコンテナ輸送が始まると、海運という古めかしい業界にまったく新しいダイナミズムが持ち込まれた。これは、海運会社の株主にとっては不運だったと言うべきかも知れない。あとになってハパックロイドのカール・ハインツ・サージェルが述べたように、一〇年にもわたって続いた運賃対決は「船会社にとっては途方もない損害をもたらしたが、荷主には突破口を与えた」からである。なぜそうなったのだろう。コンテナは輸送業界に広まり世界経済の中に深く組み込まれるようになる過程で、どんな影響をおよぼしたのだろうか。[1]

コンテナの影響を最初に受けたのは、海運業界という比較的狭い産業である。船主、港、港湾労働者などだ。船会社はコンテナに移行するための巨額の費用を負担して青息吐息になり、ほんの一握りしか生き残れなかった。港は文字通り生まれ変わり、巨大なターミナルの開発投資という新しい役割を果たすようになった。そして港湾労働者は、労働組合の力で所得保障こそ勝ちとったものの、結局はそのほとんどが港から姿を消した。

海運業界はこうした劇的な変化を経験したが、当初それは他の産業に波及効果をもたらすにはいたらなかった。そもそも海運業自体が世界経済に占める割合は小さかったし、港湾労働者が就労人口全体に占める割合も微々たるものだったからである。コンテナ革命の最も重大な影響が現れたのはもっとあとになってから、つまり世界中の無数の製造業、卸売業、小売業など運ぶべき品物を持つあらゆる産業にとって、コンテナリゼーションが意味を持つようになってからのことである。何をどこで作ってどこで売るか、何かを輸出または輸入したときに割が合うかどうかを考えるとき、かつては運賃が非常に重要な要素だった。この要素の重みが変わったとき、コンテナリゼーションは世界経済を様変わりさせたのである。

とはいえ、この変化はただちに起きたのではない。コンテナ船が国際航路で定期運航されるようになってから一〇年が過ぎた一九七五年の時点でさえ、国連貿易開発会議（UNCTAD）が「長期的にみると定期運航コストは削減され、少数の船会社に利益をもたらした」と報告している程度である。だがその後の一〇年で、状況はすっかり変わった。[2]

コンテナ化による運賃への影響

それではここで、国際航路のコンテナ運賃がどのように推移したか、簡単に振り返ってみよう。

国際コンテナ輸送が始まった一九六〇年代半ば過ぎから七〇年代前半までに、船会社のランニングコストは、荷役コストを筆頭に大幅に下がった。資本コストは増えたものの、当初は古い船を改造してコンテナ用のセルをつけるだけだったから、目の玉が飛び出るほどではない。コンテナ船用バースの建設コストは在来船用の一〇倍に上ったが、人時間当たりの貨物処理量は二〇倍になるから十分に元が取れる。しかも輸送能力は在来船を大きく上回るので、貨物一トン当たりでみた第一世代コンテナ船の運航コストは在来船よりだいぶ安かった。[3] UNCTADの七〇年の報告書では、コンテナ船による貨物輸送コストは在来船の半分以下とされている。[4]

このコスト削減の恩恵は、いくらかは荷主に「おすそわけ」されている。従来の品目別の運賃体系から平均運賃を算出するのはむずかしいが、それでも断片的なデータから推定する限り、国際コンテナ輸送の登場で運賃が押し下げられたことはまちがいない。ただし船会社のコストが下がったほどには、運賃は下がっていないようだ。というのも、当初は混載船でコンテナを運ぶケースが圧倒的に多かったこともあり、海運同盟はコンテナ貨物も在来貨物と同じ扱いにしたからである。

このためコンテナ貨物の運賃は混載貨物とさほど変わらず、コンテナの中に多品目が含まれている場合、わずかな割引が適用されるにすぎなかった。単一品目であればもうすこし割引率がよくなったが、それでもたいしたことはない。たとえば、ヨーロッパからオーストラリア向け定期サービスが始まった一九六九年の記録によると、ウェールズのあるメーカーが冷蔵庫を輸出したところ、単一品目に適用された割引率はたった一一％だったそうである。数量がすくなく混載扱いになったときは、ほとんど割引を受けられなかった。また、オーストラリア産食肉を冷蔵コンテナにフルロードで輸出したときの割引率は、わずか八・六五％にとどまっている。[5]

運ぶ側からすれば、混載貨物の割引率が小さいことには立派な理由があった。フルロードであれば、荷主の工場から荷受人の手元まで開封せずに送り届けることができる。これが、コンテナの最も経済的な使い方だ。だが混載となれば、輸送業者か船会社がどこかの時点でコンテナ詰めをしなければならないから、運賃は割高になる。残念ながら一九六〇年代のほとんどのメーカーは、コンテナをいっぱいにできるような生産方式をとっていなかった。だいたいは注文を受けてから生産し、そのたびに送るというやり方である。ヨーロッパとアメリカを結ぶ航路について工業製品の海上輸送二三五件を対象に行われた六八年のある調査によると、貨物の四〇%が一トン未満、八四%が一〇トン未満だったという。これではとてもフルロードにはならないから、荷主はコンテナのメリットを享受することができなかった。[6]

一九六九年になると第二世代のコンテナ船が登場し、コスト構造はがらりと変わる。新世代の船は荷役を最優先に考えて設計されており、荷役コストは一段と下がった。ただし十一章にも書いたとおり、在来船や第一世代のコンテナ船とちがい、第二世代の船は固定費が大きい。まず、船の建造やコンテナの購入などに巨額の資金を借り入れているから、元本と利息の返済がある。また、在来船の場合は寄港時期や貨物量に応じて係船料や使用料を払えばよかったが、新世代の大型コンテナ船ではターミナルやヤードやクレーンを長期リースすることになる。どれも、貨物量の多寡にかかわらず払わなければならない費用である。それに、在来船時代にはあり得なかった空コンテナの輸送費用も、ばかにならなかった。たとえば、六九年のアントワープ港で扱ったコンテナの数は一〇万個に達するが、その半分以上が空だったという。[7]コンテナの追跡調査や積付プランの作成に必要なコンピュータ・システムにも新たな投資が必要だった。[8]

こうなるとできるだけ大量の貨物を運び、固定費を広く薄く分散させることが必要になる。さいわい大型で高速の第二世代コンテナ船は、年間輸送量が格段に多い。たとえば、一九七〇年代初めにヨーロッパ～極東航路に投入されたフルコンテナ船は、第一世代の四倍の貨物を運ぶことができた。[9]しかも高速なうえ港での荷役時間も短縮されるから、年間の往復航は平均三・三回から六回に増えている。[10]おかげで年間輸送量は六、七倍に達した。[11]ただし利益を確保するには、スペースの七五％は埋めなければならない。そこがコンテナ船の損益分岐点であり、[12]これを上回れば固定費を広く分散し、コンテナ一個当たりのコストを低く抑えることができる。となると利益が上がるかどうかは、貨物の量次第ということになる。そして、貨物量が景気循環の影響を受けることは言うまでもない。景気が世界的に低迷するようなことがあれば、船会社にとってはダブルパンチだった。貨物量が減るからコンテナ一個当たりの固定費は高くなるうえ、すくない貨物を奪い合うから、運賃水準を維持するのもむずかしくなってしまう。

一九七〇年代前半にまさにそれが起き、コンテナ運賃を大幅に押し下げた。ある銀行が七一年に行った調査によると、ドイツからニューヨークに機械を輸出するコストは三〇％以上の大幅減となっている。スコットランドのウィスキー蒸留所からオーストラリアのリンゴ栽培農家にいたるまで、あらゆる荷主が混載船を使うのをやめてコンテナに切り替え始めたのは、この頃である。これは、運賃が大幅に下がったことの何よりの証拠と言えるだろう。一方で、七一年には北大西洋プール協定が結ばれており、運賃急落に青ざめた船会社が収益確保に躍起になったことがうかがえる。[13]

そして、石油ショックが起きた。原油価格は一九七二年から上がり始めていたが、七三、七四年の第四次中東戦争で急騰する。このとき、他のどの産業にもまして深刻な打撃を受けたのが運輸業である。原油価格は、七二年には平均一バーレル＝三ドルちょっとというところだったが、七四年には一二ドルを突破している。このため輸送コストは、トラックにせよ、鉄道、船にせよ急上昇した。もちろん製造業など他の産業も影響を受けたが、原油依存度の高い運輸業ほどではなかった。

とりわけ深刻な打撃を被ったのが、新世代のコンテナ船である。燃料の心配をしなくてよかった頃に設計された高速の新型船は、混載船の二、三倍は燃料喰いだった。一九七〇年代の初めには燃料費の運航コストに占める割合はせいぜい二割程度だったが、七四年になると一気に五割に達し、船会社にとって重い負担となる。[14]運賃値上げだけでは足りず、海運同盟は燃料と為替のサーチャージを課す。原油価格が上がり続けドルが下がり続ける間、サーチャージは繰り返し引き上げられ、とくに燃料費の比率が高い長距離航路の運賃がはなはだしく上がっている。[15]やむなく輸入企業も輸出企業も遠国との取引を避けるようになり、コンテナの魅力はだいぶ色褪せてしまった。[16]

高どまりした国際輸送コスト

一九七〇年代の輸送コストがどう推移したか、正確に分析するのは意外にむずかしい。この期間を通じてコンテナ一個当たりの固定運賃が維持されていたのはじつは北海航路など比較的短距離の航路だけで、他の航路ではコンテナの中身も考慮して計算されていた。したがって平均コストを把握するのも、その推移を追跡するのも困難である。[17]輸送コストのおおよその動向を推定するには、運賃そのもののほかに参考にできるデータが三種類ある。一つは、不定期船のチャーター料である。一九六〇年代、七〇年代の海運業界誌などをみると、トン当たりのチャーター料が急上昇していることがわかる[18]。ただし、不定期船が運ぶのは穀物などのばら積み貨物がほとんどで工業製品はすくないから、コンテナ輸送コストの参考にはあまりならない。コンテナ輸送が主流になるにつれ、不定期船はコンテナ化に適していない低価格品の輸送に追いやられており、チャーター料とコンテナ貨物の運賃は連動しなくなる傾向にある。

二つ目は、ドイツ運輸省が作成するライナーインデックス（定期貨物指数）である。この指数をみると、コンテナ輸送が始まった一九六六年に運賃は横這いになるが、一九六九～八一年に急上昇していることがわかる。ただし、この指数から世界の運賃動向を推定するのは危険だ。対象となっているのは北ドイツ、オランダ、北ベルギーの港を通過する貨物だけで、全世界ではなく、しかも在来貨物がかなりの比率を占めているからである。また、マルク相場の影響も大きく受けたとみられる。六六年には一ドル＝四マルクだったが、七二年には三マルク、七八年にはたった二マルクという具合に、当時は一方的なマルク高だった。それもあって、ライナーインデックスの上昇率は、七〇年代の物価上昇率をかなり下回っている[19]。

三つ目は、コンテナ船の標準チャーター料である。これは、ハンブルクの代理店ウィルヘルム・A・N・ハンセンが一九七七年から発表している。ハンセンのデータによると、運賃は七八年と七九年に下落した。ただし、この数字はチャーター市場に回った比較的小型のコンテナ船のもので、大型船の運賃がこれと一致するかどうかは不明である[20]。

一九六〇年代、七〇年代の運賃には、ほかにもこまかい要素が絡んでいる。まず、国際航路の運賃はドル建てで表示されることが大半だから、為替が変動すればほとんどの国が影響を受ける。さらに、たいていの海運同盟は同盟船のみを使用する荷主に二〇%程度のディスカウントを適用していた。したがって、同盟発表の運賃を鵜呑みにすることはできない。そのうえ大口荷主は、表向きには公定運賃を払いながら、陰でこっそりリベート(払戻し)をとっていた。これは違法行為であり、シーランドは七一〜七五年に秘密裡に一九〇〇万ドルものリベートを払ったかどで四〇〇万ドルの罰金を科されている。[21]

それに、混載船の存在も考えなければならないからややこしい。コンテナ輸送が始まってからもかなり長いこと、混載船は定期航路に就航していた。アメリカの一般貨物の半分以上が一九七三年まで混載船で運ばれていたし、貨物量のすくないアフリカや中南米航路では八〇年代まで混載船が主力だった。[22] したがってこの時期については、コンテナ貨物の運賃だけを切り離して調べるのは不可能である。また、インフレの影響も受けていたはずだ。七〇年代にはどの先進工業国でも消費者物価が二倍以上に上昇した。したがって、もしもコンテナのおかげで名目輸送コストがほんとうに下がったとしたら、驚くべきことである。

荷主の払う「平均的な」海上運賃がコンテナリゼーションによってどう変化したかを計算することがいかに無益な試みか、おわかりいただけただろうか。そもそも荷主は多種多様な品目をさまざまな通貨建てで取引しているうえ、数百種類もの同盟レートで運賃を支払っているのだから、それも当然かもしれない。ともあれ全体としてみると、国際貨物運賃はコンテナリゼーションが主流になった一九六八年か六九年に下がり始め、七二、三年頃まで下落基調が続いた。ここで原油価格が高騰し、運賃は上昇に転じて、これが七六、七年まで続いている。タンカーを除くアメリカ籍船の運賃はほぼこの傾向を示しており、運賃が上昇に転じる七五年まで、海運会社の収益は減り続けた。[23]

コンテナが登場し物流の世界に革命をもたらさなかったら、どうなっていただろうか。港湾労働者の賃金は一九七〇年代を通じて上昇し続けたが、混載貨物の生産性はほとんど向上していない。労働集約型の荷役がずっと続けられていたら、コストが膨らんだことは確実である。[24]原油価格がピークに達し燃料サーチャージのせいで運賃がぐんぐん上がった七六年でさえ、混載船に戻そうと考えた荷主はほとんどいなかった。

またコンテナの影響を考えるには、海上運賃以外の費用にも目を向ける必要がある。輸出でも輸入でも、海上運賃のほかに港と内陸部との陸上輸送、梱包、倉庫、港湾使用料、保険などさまざまな費用が発生するからだ。混載船の時代には、どの費用が大きくどれが小さいかはケースによってまちまちだった。たとえば一九六八年のデータによると、アメリカからヨーロッパ向けに輸出された梱包材料のトン当たり輸送コストは、船が三八一ドル、トラックは三四ドルである。一方、港から遠い内陸の工場から送られた自動車部品の場合は、船が二〇ドル、トラックが一五二ドルだった。海上運賃が下がれば前者は大きく影響を受けるが、後者はそれほどでもないことになる。[25]

海上コンテナ輸送が始まった当初は、陸上運賃はさほど下がっていない。ほとんどの国では、トラックも鉄道も品目と距離に基づいて運賃を算定していたからである。アメリカの規制当局は、船会社が内陸輸送込みの通し運賃を設定することも、陸運会社に値引きを要求することも禁じていた。

したがって、たとえば広島からシカゴにテレビを輸出する場合、シカゴの輸入業者はまず日本国内のトラック輸送費を払い、太平洋を横断する海上運賃を払い、さらにアメリカ国内の内陸輸送費を払い、それやこれやの手配をするフォワーダーに手数料を払わなければならない。原油価格と人件費が高騰した一九七〇年代には、当然ながら内陸輸送コストも上昇した。アメリカの輸出企業は次第に内陸輸送が短く海上輸送が長いルートを選ぶようになったが、このことは、船よりもトラックの運賃上昇率のほうが高かったことを示している。[26]

また、コンテナ船がコールしなくなった港の近くに立地する企業は、わざわざ遠くの港まで送らねばならず、かえって輸送コストの負担が大きくなった。たとえば、混載船時代のニュージーランドでは一七の港が国際港として栄えていたが、大型コンテナ船の時代に突入すると、四港しかコールされなくなっている。イギリス第五の港だったマンチェスターも、海から六〇キロ近く運河を遡るのがコンテナ船にきらわれ、一九七〇年代にはすっかりさびれてしまう。おかげで地元企業は、リバプールかフェリクストウまでの内陸輸送費を負担する羽目に陥っている。またボストンにコンテナ船がめったに立ち寄らなくなった結果、ニューイングランド北部のメーカーはニューヨークまでトラック輸送せざるを得なくなった。[27]

一方、陸上運賃以外のコストは、コンテナ輸送の発展とともに確実に削減された。工場でコンテナをいっぱいにできる場合には、厳重な梱包は不要になる。またコンテナそのものが動く倉庫のようなものだから、保管費用も大幅に切り詰められた。盗難は急減し、輸送中の損傷も九五%という劇的な減少を記録している。これを受けて、保険料は三〇%引き下げられた。[28]航海日数と荷役時間の短縮により、輸送在庫のコストも圧縮された。

マルコム・マクリーンが一九五五年の時点で早くも見抜いていたように、荷主にとって問題なのは、船がいくらでトラックがいくらか、また保険はいくらか、といったことではなく、自社の工場から最終目的地までのトータルコストである。理想的にはドア・ツー・ドアの運賃を年代ごとに把握できれば、コンテナリゼーションの影響を完璧に捕捉することができるはずだ。だが、残念ながらそうしたデータは四〇年前にもなかったし、いまも存在しない。コンテナリゼーションが貿易に与えた影響を見積もるのは、当て推量に近いと言わざるを得ない。

確実に言えるのは、コンテナ輸送が始まっても一九七〇年代半ばまでは、国際輸送のコストはかなり高かったということである。米海事管理局（ＭＡＲＡＤ）が七六年にあるケースを詳細に調べ上げているが、それによると、ミシガン州ランシングからフランスのパリへ総額二万五〇〇〇ドルのホイールリムを輸出した際、輸送コストは五六三七ドルかかっている。つまり貨物の値段の二二・六％だ。内訳は、デトロイトからルアーヴルまでの海上運賃三六〇〇ドル、トラック輸送が六〇〇ドルちょっと、それに諸掛と保険が一三〇〇ドルちょっとである。さらにフランスで関税七％がかかった結果、フランスでのホイールリムの値段はミシガン州の一・三倍になっている。[29]

弱体化した海運同盟

何かが変わったのは、一九七〇年代後半のどこかの時点である。燃料費は上がり続けていたが、国際輸送の実質コストはあきらかに下がり始めたのだ。[30]

いったい何が原因なのか。一〇年前に国際コンテナ輸送が始まったときでなく、どうして七〇年代後半になってそうなったのか。この問いに答えるには、これまで本書であまり目立たなかったある集団に注目しなければならない。それは、荷主である。コンテナリゼーション時代には、輸送の買い手である荷主も、貨物輸送のコスト管理について新しい考え方を学ぶ必要に迫られた。そして彼らが賢くなり、抜け目なく立ち回り、さらに一致団結するようになったとき、輸送コストは下がり始めたのである。

混載船の時代には、荷主はさほど力を持っていなかった。たいていの国の政府は運賃値下げ競争をきらって海運同盟による運賃決定方式を支持したし、航路によっては低運賃の盟外船そのものの参入を禁止した。政府が盟外船の参入を認めた場合ですら、荷主はリベートと引き換えに同盟船を使ったものである。[31] こうした状況では、盟外船の参入はきわめて困難だった。荷主も、船会社も、政府も、外航船は鉄道と同じだと考えていた。つまり、コストが上がったらいつでも運賃に転嫁することが許される公共サービスだとみなしていたのである。「われわれの未来は、強力な荷主団体に支持された強力な同盟の存在にかかっている」。イギリスのある海運会社の社長は一九七四年にそう語った。まるで船会社と荷主が運命共同体であるかのように。[32]

国際コンテナ輸送が始まって巨額の資本投資が必要になると、航路ごとに数社しか生き残ることができず、同盟の結束はますます固くなった。それとともに、荷主との対決姿勢が強まっていく。一九七一年の北大西洋プール協定はその最たる例と言えるだろう。競合一五社が一丸となり、運賃下落を食い止めるために手を組んだのである。[33] ヨーロッパ〜オーストラリア航路では、六七年に一三社あった船会社が七二年には七社に収斂し、この七社は一致団結して競争を排除した。こうした動きに対して、荷主も次第に結束するようになる。七六年の時点ですでに、民間の荷主協会といった組織が三五カ国で活動するようになっていた[34]。

荷主ががっちり手を組んだ最初の例は、オーストラリアにみることができる。同国では農家の大半が輸出に依存しているが、一九七一年に羊を扱う畜産農家と羊毛の買い手を代表する四つの団体が結束し、貨物運賃の引き上げに反対したのだ。その翌年にはシンガポールのゴム輸出業者が同盟のサーチャージに反発し、四〇％も安い盟外船の使用に踏みきっている。またオーストラリアのある日用品メーカーは、日本向け輸出に盟外船を使用して貨物運賃を一〇％節約した。七三年になると東アジア〜ヨーロッパ航路で荷主の力が強まり、同盟は取引に応じざるを得なくなった。たとえばマレーシアのヤシ油生産者協会は、二年間の運賃凍結を勝ちとるという前例のない勝利を収めている。ＵＮＣＴＡＤの七四年の報告には「定期輸送運賃の引き上げに荷主が抵抗するようになった」と書かれている。七五年には、オーストラリアの食肉協会がアメリカ東海岸向け輸出に盟外船を使うと脅しをかけ、同盟から大幅割引をせしめた例もある[35]。

アメリカでは荷主団体が法的地位を保証されておらず、独禁法違反に問われるおそれがあることから、荷主が結束して船会社と交渉した例はすくない。だが、大口荷主はコンテナのメリットを最大限に活用すべく、それぞれに影響力を行使し始めた[36]。

コンテナリゼーションの初期には荷主はコンテナの効果的な活用方法をわかっておらず、混載貨物と同じように扱っていた。物流管理は各工場や営業所に任され、それぞれが自分たちの都合で貨物を送っていたのである。会社全体で貨物を取りまとめ、四〇フィート・コンテナをフルロードで送れば相当なコスト削減になったはずだが、工場や営業所の輸送担当者はそんなことは考えない。とりあえず目の前の貨物をドアの外に押し出すことが先決だった。こうなると、四〇フィート・コンテナをいっぱいにするほどの貨物はなかなか集まらない。このため荷主は小型の二〇フィート・コンテナの方を好んで使った。アメリカ最大の荷主である米軍も補給部門の担当が内陸輸送と海上輸送で分かれており、余計な出費をする結果となっていた[37]。

当時の企業の運輸部門は、工場の搬出口近くに陣取り、製造部門がつくったものを受け取って出荷の指示を受ける存在でしかなかった。担当者は世界各地の海運同盟やら鉄道会社やらの運賃表が山積みになった机に向かい、できるだけ運賃を安く抑えるべく悪戦苦闘する。安さだけでなく速さや安全性や信頼性も勘案したうえで、船会社に電話をかけるという手順だった。輸送手配を集中管理する仕組みがないうえ、当時のコンピュータ・システムはじつにお粗末だったから、比較的ましなシステムを持つ巨大な多国籍企業でさえ、同じような品目にそのときどきでまるでちがう運賃を払っていたようだ。ある化学メーカーによれば、「同じ北大西洋航路で同じサイズのコンテナなのに、あるケースでは一六〇〇ドル、別のケースでは八〇〇〇ドルだったこともある」という[38]。

大口荷主はたいてい航路ごとに必ず同盟船を使うといういわゆる一手積み契約を結び、それと引き換えに割引を受けていた。だがこれが荷主にとって結構な取り決めだったかと言えば、必ずしもそうではない。と言うのも、一手積み契約はスペースを保証するものではないからである。たとえばインド向けの貨物があるとしよう。いちばん出発の近い同盟船に空きスペースがない場合、次の同盟船を待たなければならない。盟外船や不定期船を使用すれば契約違反となり、法外なペナルティーを科されてしまう。ようやく空きスペースを予約できたとしても、その同盟船があちこちの港に立ち寄ってくるのをじりじりして待つことも多い。次々に貨物を送り出さねばならない運輸担当者にとって、船会社と喧嘩せずにやりくりするのはじつに頭の痛い仕事だった。[39]

船主が結束して影響力を強めようとすればするほど、荷主も対決姿勢を強めた。荷主にとっては、まず同盟の牙城を突き崩すことが先決である。

盟外船というものはいつの時代にもあったが、大規模輸送には対応できないため、大口荷主がこれを使うことは滅多になかった。盟外船の場合、同盟運賃よりも一〇〜二〇%は安いが、定期輸送は行えない。したがって、あるときにタイミングよく盟外船を使えても次の出荷時に必ずしも盟外船を使えるとは限らず、やむを得ずスポットで同盟船を使えば、一手積み契約の恩恵を受けられないから高いものにつく。輸送需要の量や時期がはっきり決まっていて計画的に対応できる荷主なら盟外船を使うリスクも冒せたが、受注や出荷の予想が立てにくいものを扱うメーカーの場合には、多少高くとも同盟と一手積み契約を結んでおく方が安全だった。[40]

コンテナが登場した当初、盟外船を運航する船会社は不利になったと考えられていた。小規模な会社では必要な投資ができないからである。たとえば、ある経済学者が一九七八年に行った試算によると、アメリカ〜アジア航路でコンテナ輸送を本格展開するには、五隻のフルコンテナ船とコンテナ、シャーシ、クレーンをそろえるために三億七四〇〇万ドルが必要だという。これほどの投資をすれば、同盟に加盟して運賃を高い水準に維持する方が得だということになる。だが七〇年代後半になると、コンテナ海運への参入はそれほど巨額の投資を必要としなくなった。まず船の建造費が下がり始めた。建造費は七〇～七五年末に四倍に跳ね上がったものの、石油ショックでタンカーの受注が激減し、造船所には閑古鳥が鳴くようになる。造船メーカーは競って値引きに応じ、造船所を稼働させるために赤字覚悟で建造を引き受けた。おかげで、デンマークのマースク海運や台湾のエバーグリーン海運など不定期航路を運航していた船会社も、コンテナ輸送に参入できるようになる。マースクとエバーグリーンはほとんどの航路で同盟に加盟しておらず、運賃はかなり安い。フルコンテナ船を備え始めた彼らは次々に荷主を横取りし、同盟にとって侮りがたい競争相手となった。七三年の時点では混載船しか所有していなかった両社だが、八一年にはマースクはフルコンテナ船二五隻を運航し、コンテナ海運で世界三位にのし上がっている。エバーグリーンも一五隻を持ち、世界八位につけた[41]。

太平洋航路を中心に、独立系の海運会社が相次いでコンテナ輸送に参入し始める。オリエントオーバーシーズ海運は一九七二年に、独立系としては世界で初めてニューヨーク～アジア航路でコンテナ輸送サービスを開始。運賃は同盟レートを一〇～一五%下回った。やはり独立系のコリア海運も、七三年に八八〇〇万ドルを投じてフルコンテナ船八隻を導入している。同じくロシアのファーイースタン海運は、横浜～ロングビーチ～オークランド航路で月二便のコンテナ・サービスを開始した。盟外船に切り替える荷主が続々と出現し、同盟運賃を記載した電話帳のようなぶあつい料金表は埃をかぶるようになる。七〇年代末には運賃体系がコンテナ一個当たりの固定料金に切り替えられ、同盟の価格交渉力は影も形もなくなった。フェリクストウ～香港の二〇フィート・コンテナの運賃は、八〇年に三六四五ドルだったのが、八三年には二一三六ドルになっている。そして八八年には、一〇年前よりも低い水準になった。ヨーロッパ～ニューヨークの四〇フィート・コンテナの運賃は、七九年には二〇〇〇ドルだったが、八〇年夏にはちょうど半分の一〇〇〇ドルである。そして、八一年一月にはフィリピン～北米航路の同盟が崩壊。盟外船が堂々と行き交うようになった。[42]

こうして荷主は力をつけ、海運同盟は弱体化していった。一九七〇年代に荷主の立場が強くなった原因として、もう一つ、運輸業の規制緩和が挙げられる。

一九七〇年代初め頃は、オーストラリアを除き、陸運業はどの国でも厳しく規制されていた。[43]鉄道はどこも国営だったし、トラック運送でも荷主より会社と労組の方が強く、規制の入り込む余地が大きかった。こうした陸運産業で、なぜ規制緩和が実現したのだろうか。原因を一つだけ挙げるとすれば、アメリカ最大の鉄道会社であるペンシルベニア・セントラル鉄道（ペンシルベニア鉄道とニューヨーク・セントラル鉄道が合併して生まれた鉄道）の破綻であろう。七〇年六月のことだった。ペン・セントラルに続いて中小の鉄道会社が続々と破綻し、トラックから鉄道を守っていた規制当局に批判が集中する。鉄道会社の救済に巨額の公的資金が注ぎ込まれたことは論議の的となった。そして七五年一一月、ジェラルド・フォード大統領は、州際交通委員会（ＩＣＣ）から権限の大半を取り上げる提案を打ち出す。翌年議会は、鉄道の規制緩和という初めての措置に踏みきった。

この問題を巡って、アメリカ国内では激しい議論が巻き起こっている。規制緩和を支持するのは、運賃引き下げでトラックに対抗したい当の鉄道と、規制緩和はコスト削減につながると期待する荷主や消費者団体である。一方、大口割引を受けている大企業は規制緩和による混乱を懸念し、また自分たちの力が弱まることを恐れた労組も反対陣営に回った。規制当局自身は段階的緩和を望み、過激な案は好ましくないという立場である。「現状では、一部の大口荷主が非常に大きな価格交渉力を持っている」とＩＣＣの委員長は警告し、政府がある程度のコントロールを行い陸運会社や鉄道を保護すべきだと述べた。[44]

こうして論戦が白熱する中、規制緩和派の旗印となったのがコンテナだった。時代遅れの規制の犠牲になり、本来の効率が実現できていないという主張である。

そもそもコンテナの基本的なコンセプトは、「輸送単位を共通化し、鉄道、トラック、船によるシームレスな貨物輸送を実現する」ことにある。だが、マルコム・マクリーンが最初のコンテナ船を送り出してから二〇年もたっているというのに、当時のコンテナ輸送はシームレスにはほど遠かった。たとえば、セントルイスからスペインまで「通し運賃」なるものが提案されたとしても、それは単に公定運賃を足し算したものにすぎない。[45] また内陸輸送でも、トラック運送会社は港からコンテナの長距離輸送をするのをあまりよろこばなかった。帰りは空荷になってしまう可能性が高かったからである。小口の荷主にとっても、コンテナのメリットはあまりなかった。また、鉄道はトレーラーを平台貨車で運ぶピギーバック輸送を展開してはいたが、これは厳密な意味でのコンテナ輸送ではない（トレーラーの上にコンテナが載っている）。それに、かなり長距離でないとメリットがない。ミネアポリスからシカゴまでの六四〇キロを、ピギーバックの場合一八時間、どうかすると二二時間かかるが、トラックなら八時間でこなしてしまう。しかも、有蓋貨車運賃との兼ね合いから料金もさほど安くなく、トラックの方が安いことも珍しくなかった。[46]

そして、シャーシを外した純然たるコンテナに対しては、当初鉄道は全然乗り気でなかった。一九六七年のことになるが、シーランドと鉄道がコンテナ輸送について協議した際、鉄道側はマクリーンが考えた値段の三倍をふっかけ、話は打ち切りになっている。しかし、七二年に「ミニブリッジ」と命名されたサービスが提案されたときには、合意が成立した。これは、たとえば東京からニューヨーク向けの貨物を西海岸のオークランドで陸揚げし、鉄道で大陸を横断する方式である。通し運賃が設定され、陸運を規制するＩＣＣと海運を規制する連邦海事委員会（ＦＭＣ）の両方から承認を取り付けて、ようやく実現にこぎ着けた。船会社によれば、ミニブリッジならパナマ運河を経由する長い航海をしなくて済むからコスト削減になるという。それに大きな声では言えないが、荷役コストの安い西海岸で荷揚げができる（逆に言えば、西海岸からヨーロッパ向けの輸出でわざわざミニブリッジを使ってニューヨークに送る荷主はいない）。結果的にこのサービスは失敗だった。日本からニューヨークに向けてテレビを輸送する場合、ミニブリッジを使うとたしかに数日は輸送期間が短縮される。だがすこしも安くはならなかった。テキサスから日本に合成ゴム製品を輸出する場合には、ミニブリッジを使ってロサンゼルス経由で送ると、ヒューストンから船に載せるときの三倍の運賃がかかった。[47]

規制緩和で、こうした状況はすっかり変わる。一九八〇年に議会で二つの法案が可決され、トラック運送会社はどんな荷物をどこにいくらで運んでもよいことになった。もちろん、帰りに集荷しても一向にかまわない。鉄道運賃に関しても、石炭や化学品などごく少数の例外を除き、ＩＣＣに決定権はなくなる。初めて鉄道会社と荷主は自由に運賃を決めていいことになった。「同一品目・同一距離には同一運賃」という長年の縛りが断ち切られたのである。[48]まったく同じ品物を同じ距離運んでも、大口荷主や長期契約をする荷主には気前よく割引が適用された。アメリカ国内の貨物輸送は劇的に変わり、運賃は大幅に下がる。八八年までには輸送費は二〇％近く安くなり、消費者にもそれが還元された。[49]

そしてコンテナ輸送は、規制緩和のメリットを最大限に受けることができた。長期契約を結んで貨物を確保できるようになった鉄道は、二〇年ほども継子《まま こ》扱いしてきたコンテナ輸送事業にようやく本腰を入れる。二段積みにしたコンテナの荷役がしやすいよう、車高の低い貨車が設計された（かつてマルコム・マクリーンが試みたタイプである）。行きに国際貨物、帰りに国内貨物を運んでもよくなったから、帰り道に空のコンテナを運ぶ無駄もなくなった。

一九八三年七月、アメリカン・プレジデント海運は初の試みとして、新型の二段積みコンテナカーだけで編成される貨物列車の運行契約を結ぶ。この実験は大成功を収め、数カ月のうちにたくさんの船会社が鉄道と一〇年契約を結ぶようになった。シアトル、オークランド、ロングビーチから中西部まで、輸入貨物を港からダイレクトに運べる便利さが好評だったのである。輸送日数も短縮されるうえ、相対交渉では一律運賃よりはるかに安いレートを引き出すことができた。八二年には、一トンのコンテナ貨物一マイル（一・六キロ）の鉄道運賃は平均四セントだったが、その後六年間でインフレ調整後の平均運賃は四〇％も下がっている。[50]鉄道運賃がこれだけ大幅に下がったおかげで、アジアからアメリカ東海岸向け貨物の三分の一以上が、西海岸で陸揚げされアメリカ大陸を鉄道で横断して運ばれるようになった。シームレスなコンテナ輸送を阻んでいた障害物は、ついに取り除かれたのである。[51]

荷主の価格交渉力

陸運業界が規制緩和されると、荷主は次に当然の成り行きとして海運業界に目をつける。そして、ここでも彼らは圧倒的な勝利を収めた。一九八四年運輸法でアメリカからの外国向け貨物輸送の規定が変更され、荷主と船会社との長期契約締結が認められるようになったのである。荷主は最低貨物量を保証するのと引き換えに、船会社から割引や優遇条件を受けることができる。優遇条件の中には増便などが含まれ、これらの条件は公表が義務づけられたから、他の荷主も同様の条件を要求できるようになった。運賃体系の決定権は引き続き同盟に残されたが、それに従うかどうかは加盟各社の裁量に委ねられた。

こうして荷主が強い立場になると、海上運賃には猛烈な下押し圧力がかかり始める。もっとも公定運賃は、下がってはいない。ロイズ・シッピング・エコノミスト誌によれば、イギリスからニューヨーク向け二〇フィート・コンテナの運賃は一九八〇～八八年に二倍になっている。だがこの数字はかなり疑わしいし、いずれにせよ公定運賃は何の目安にもならない。市場の相場を知る手がかりとなるのは、米軍が行う軍用物資輸送業務の入札である。応札できるのは米国籍の船会社に限られ、半年ごとに一般貨物のコンテナ（三二フィート以上）輸送の請負運賃を応札する。応札は義務ではないので、応札価格は通常の商用貨物の運賃水準より高いと考えていい。七九年一〇月の落札価格は、アメリカからアジア向けが往復いずれも四〇立方フィート当たり四〇・九四ドルだった。しかし、八六年には西航（アジア向け）が二・三九ドル、東航（アメリカ西海岸向け）が一五・八九ドルまで下がっている。同時期のアメリカの生産者物価は三〇％程度上昇しているのに、海上運賃は急落したのだった。[52]

こうして一九七〇年代半ば以降、盟外船社が勢力を伸ばし、また荷主が価格交渉力を手にしたおかげで、公定運賃は意味をなさなくなった。[53]「現在の貨物運賃はケースバイケースで決められており、公式発表された運賃体系から大きく乖離する例が多い」と世界銀行も認めている。[54]ニューヨークタイムズ紙はもっと遠慮がない。八六年に掲載された記事は、「運賃の急落、コストの急騰、中古船相場の下落に見舞われた悲劇の五年を経て、海運業界は転覆した」と断じている。その結果、荷主ひいては消費者がどれほど恩恵を被ったか、とても計算することはできない。だが、それが途方もなく大きかったことだけは確実である。アメリカン・プレジデント海運がのちにあきらかにしたところによれば、「コンテナリゼーションにより、アジアから北米向けの貨物運賃は四〇～六〇％下落した」という。[55]経済学者のダニエル・ベルンホーフェンらの調査によると、一九六六～九〇年にコンテナが国際貿易量の増加に果たした役割は、政府による貿易障壁撤廃の努力の二倍の効果があったという。ただの「箱」は、世界経済の規模をとてつもなく大きくしたのだった。[56]

第十四章 ジャストインタイム

バービー人形のサプライチェーン

頭の先からつま先までアメリカそのもののような女の子、バービーちゃん。だがこの人形は、アメリカ製ではない。玩具大手のマテルは企画を立てた一九五九年の時点ですでに、生産は日本の工場で行うことにしていた。数年後には台湾に工場を建設し、着せ替え用の服を縫製するようになる。九〇年代も半ばにさしかかる頃には、バービー人形は一段と「多国籍」になる。人形のボディはアメリカから送られた型を使って中国の工場で生産するようになった。ただし工場の設備は日本製やヨーロッパ製だ。ナイロンの髪の毛は日本製、ボディに使う樹脂は台湾製、染料はアメリカ製、木綿の服は中国製である。[1] バービーちゃんは、自分専用のサプライチェーンをグローバルに展開していると言えるだろう。[2]

バービー人形を支えるサプライチェーンは、コンテナがもたらした輸送革命の産物である。かつてはこうしたサプライチェーンは想像すらできず、一九五〇年代、六〇年代の製造業が最初にめざしたのは垂直統合だった。原料や部品を、ときには自社保有の鉱山や油田から自前で調達し、自社工場に、ときには自前のトラックや船で運び込む。そして、自社工場で生産加工して完成品にする方式である。だが、七〇年代後半から輸送費が大幅に下がり始め、またコンテナリゼーションにより船から鉄道、鉄道からトラックへとシームレスな輸送が実現するようになると、メーカーはなにも地元や国内ですべて調達する必要はないと気づく。原料や部品はサプライヤーと安定的な長期契約を結んで調達すればいい。そして、必要なタイミングで届けてもらうよう輸送会社と契約を結ぶ。こうして生産の分散化が始まった。ある製品、ある分野に特化したサプライヤーは、最新技術の導入や規模の経済の点ですぐれている。そうした専門メーカーが遠国にいても、輸送コストが安ければ、取引することは十分に可能だった。日本製の髪の毛、台湾製の樹脂、アメリカ製の染料を使って中国の工場でバービー人形を生産し世界中に輸出することも、いとも簡単になったのである。

このような可能性が最初に注目されたのは、一九八〇年代初めのことだった。日本のトヨタ自動車が開発したジャストインタイム方式である。トヨタは自前で部品製造を手がけるのをやめ、大量在庫をなくすと同時に高品質を確保する目的で社外の部品メーカーと長期契約を結んだ。部品メーカーは系列化などによりトヨタと密接な関係を結び、製品の設計段階から関与し、生産工程の流れを把握したうえでぴったりフィットする部品を製造し、ぴったりのタイミングで納める。もちろん、トヨタの厳格な品質基準に合格しなければならない。ラインで組み込む前にいちいちテストしなくて済むよう、トヨタが許容する不良発生率はきわめて低かった。部品メーカーはトヨタが必要なときに必要な数量だけ生産し、ごく限られた指定時間内にラインに送り届ける。ジャストインタイムと呼ばれる所以である。部品在庫が最小限に抑えられているため、ミスが許される余地はほとんどない。生産プロセス全体には自ずと規律が生まれ、サプライチェーンを構成する各部品メーカーは、任務を確実に果たすことが求められる。[3]

ジャストインタイム方式のすばらしさは、当初は日本国内でしか知られていなかった。だが一九八四年にトヨタがカリフォルニア州でゼネラルモーターズと合弁の現地生産を始めたとき、アメリカで俄然注目されるようになる。その年のうちにジャストインタイムに関する論文が三四本も業界誌に掲載され、八六年になるとその数は八一本に達し、世界中の企業がトヨタのめざましい成功を見習うようになった。[4]八七年には、フォーチュン五〇〇にランクされる米企業の五分の二がジャストインタイムを採り入れている。そして採り入れた企業の大多数が、これまでとは全然ちがう輸送方式に切り替えなければだめだと気づいた。[5]小さなトラック会社に、そのたびごとに荷物を運ばせるという具合にはいかない。定時輸送をきっちり守るためには、信頼できる大手運送会社と長期契約を結び、遅延ペナルティーを条件に盛り込む必要があった。こうなると、鉄道、船、トラックのいずれにせよ、幹線輸送ルートを網羅し高度な貨物追跡システムを備えた企業が圧倒的に有利になる。

一九八〇年代までは、ロジスティクスすなわち兵站は純粋な軍隊用語だった。だが八五年あたりから、包括的な生産・在庫・物流管理を意味する経営用語として使われる例が劇的に増えている。この言葉を使うのは製造業だけではない。小売業も自分たちのサプライチェーンを構築し、メーカーと消費者の間に立ちはだかる卸売業をスキップしている。最新の通信技術とコンテナ輸送で武装した小売業は、オリジナルデザインのシャツを企画し、アメリカ産の綿花からつくられた中国製布地を使ってタイの工場で縫製し、日本製ファスナーや台湾製樹脂を使ったマレーシア製ボタンを取り付け、インドネシアに送って刺繍を施す。そしてできあがったシャツを四〇フィート・コンテナに詰め、テキサスのショッピングモールやフランスのデパートで売る……。グローバル・サプライチェーンというものが当たり前になったのである。あまりにそれに頼りすぎたため、二〇〇一年九月一一日の同時テロの直後、アメリカの税関当局が国境での貨物検査を強化したとき、ミシガン州の自動車工場は操業停止を余儀なくされた。部品が入ってこなくなって立ち往生したのである。

ロジスティクスが高度化すると在庫水準が下がることは、統計にも表れている。在庫はコストである。在庫を持つと、売上代金が入ってこないのに倉庫代や金利などを負担しなければならない。信頼できる物流システムがあれば、たとえばメーカーは何週間、何カ月も前に部品を買い込んで無駄に倉庫の棚に眠らせておくのではなく、必要なタイミングで手に入れることができる。アメリカでは、ちょうどジャストインタイム方式が根を下ろし始めた一九八〇年代半ばから在庫水準が下がり始めた。デルなどの製造業もウォルマートなどの小売業もジャストインタイムの概念を極限まで押し進め、工場から消費者の元へ最短時間で届けることを事業戦略の中心に据えている。二〇一四年のアメリカの在庫は、売上高在庫比率が一九八〇年代の水準にとどまった場合と比べ、一・二兆ドル少なかった。在庫管理に必要な資金を年八％の金利で借り入れたとすれば、在庫の減少によって米企業は年間およそ一〇〇〇億ドルのコスト削減ができた計算になる[6]。

ジャストインタイムに代表される定時輸送は、コンテナなしには到底実現できなかっただろう。貨物を一個一個人力で運び、港に何日も停泊し、船からトラックへ、トラックから鉄道へ、と受渡しに煩雑な手順を要する時代には、「いつ着くか」を予想することは至難の業であり、遠くのサプライヤーから予定通りぴたりと貨物が到着することはまず期待できなかった。したがって生産ラインを滞りなく稼働させるためには、安全在庫を十分に抱えざるを得ない。だが、コンテナとコンピュータ・システムの登場で輸送の正確性が格段に向上したおかげで、サプライチェーンのグローバル展開が可能になった。輸送日数のほかに人件費、税金、補助金、エネルギー・コスト、関税などを勘案したうえで、いちばん安上がりでいちばん信頼できるサプライヤーを選べばよい。もちろんこのときに輸送コストも考慮するが、もはや決定的な要素ではなかった。

地理的条件が重大問題に

グローバリゼーションという現象は、歴史学者や経済学者がよく指摘するとおり、けっして目新しいものではない。一九世紀にすでに世界各国の結びつきはかなり強まっている。ナポレオン戦争後の数年間で関税率は引き下げられ、他の貿易障壁も減った。国際貿易は一時的な低迷はあっても基調的には拡大し、一八四〇年代に大洋を横断できる蒸気船が登場すると、輸送コストは急減している。一八四〇～一九一〇年に海上貨物運賃が七〇％も下がったおかげで、さまざまな商品や工業製品が世界中に輸出されるようになった。また、一九世紀版インターネットとも言うべき電気通信網の出現によって、遠い国の市場動向を知ることも可能になる。穀物、食肉、繊維などの値段を調べ、自国の値段が上がったら安い国から輸入するとか、品不足になった国に輸出するといったことも行われた。[7]

だが二〇世紀末に起きたグローバリゼーションは、だいぶ性質がちがう。国際貿易の主役は、もはや原料でもなければ完成品でもなかった。一九九八年のカリフォルニアに運ばれてきたコンテナの中身をもし見ることができたら、完成品が三分の一足らずしか入っていないのに驚かされるだろう。残りはグローバル・サプライチェーンに乗って運ばれる、いわゆる「中間財」である。ある場所で一部に加工を施され、次の処理をするために別の場所に送られていく。会計用語で言えば「仕掛品」に当たる。世界中を行き交うコンテナの中に入っているのはテレビやドレスではなく、合成樹脂であったり、エンジン部品であったり、ネジやレバーであったり、そう、バービー人形の髪の毛であったりする。[8]

世界を股にかけたこの分業システムでは、頂点に位置する製造事業者なり小売業者なりがサプライチェーンの構成要素ごとに最も経済的な立地を見極める。[9] モノの輸送が高くついた時代には、こんなグローバル・サプライチェーンはあり得なかった。高い輸送コストがちょうど関税障壁のように貿易を阻んでいたからである。おかげで製造業に従事する労働者は他国との競争から遮断され保護されたが、その代償として、消費者は高い製品を押しつけられていた。だがコンテナの導入で国際輸送コストが下がり、また輸送の安全性・信頼性が向上すると、企業は人件費の安い海外に拠点を移すようになり、北米、西欧、日本の製造業では大量の雇用が失われることになった。かくして労働集約的な作業は人件費の安い国で行うことが当たり前になる。[10] とはいえ、人件費の安い国はいくらでもある。そこで、さまざまな部品や原料は、どこであれ最も安く供給できるところから調達することになる。そうなると、逆に輸送コストのわずかな差が調達先の決め手になるケースもあった。

コンテナリゼーションの経済原理に基づいて構築されるグローバル・サプライチェーンは、なかなか微妙なバランスの上に成り立っている。距離は無視できない要素だが、決定的な要素でもない。移動距離が二倍になっても運賃は二割程度しか増えないケースも珍しくないからだ。したがって、市場からはるか離れた場所もサプライチェーンに組み込まれる可能性は十分にある。ただしそのためには、効率のよい港と大量の需要が存在することが必須条件だった。[11]

コンテナ輸送のカギを握るのは、量である。量が多ければ多いほど、一個当たりの輸送コストは下がる。輸送需要がすくない都市や効率的な輸送インフラが整っていない都市では、輸送コストは割高になる。そうなると、グローバル市場をめざすメーカーにとってあまり魅力的ではなくなってしまう。アメリカの多くの工業都市がさびれていった一九七〇年代、八〇年代に、ロサンゼルスだけが工場立地として伸びたのは、同国最大のコンテナ港を抱えていたからにほかならない。[12] そしてロサンゼルス港が繁栄したのは、アジアからの大量の輸入品を捌くのに好立地だったからである。カリフォルニア州が輸入するものだけでなく、全米向けの輸入品がここで陸揚げされた。また、太平洋に面したアジア各国が「世界の工場」となった大きな理由は、大型コンテナ港が林立し輸送コストを世界一安く抑えていたからだ。[13] 一九九〇～二〇一三年には、中国だけで民間主導の港湾建設プロジェクト七二件に一四〇億ドルが投じられた。そのほかに国家主導のプロジェクトに数十億ドルが注ぎ込まれている。[14] ヨーロッパでも事情は変わらない。アントワープは一九八七～九七年に四〇億ドルという途方もない予算を港の拡張に注ぎ込んだが、それはひとえに生き残るためだった。だがアフリカの国々は貧弱な港しか持たず、コンテナ船も滅多に立ち寄らない。となると、世界最低水準の人件費も製造業にとって魅力にはならなかった。[15]

大型船がひんぱんに立ち寄り内陸輸送の便もいい港が手近にあれば、輸送コストが安くなるだけでなく、輸送日数を短縮することができる。コンテナが登場する前、貿易の大半を混載船が担っていた頃には、出港予定日の数週間前に工場を出荷して、港の倉庫でスタンバイさせなければならなかった。船は一六ノットというまるで砕氷船のようなのろさで進み、港に立ち寄るたびに非生産的な沖仲仕の作業に合わせて何日も停泊したものである。だがコンテナ時代になると、月曜日に生産された製品が火曜日にはニューアークに運び込まれ、混載船時代だったらまだ積み込みが完了しないうちにドイツに到着してしまう。それでも、輸送の高速化の追求には終わりがないらしい。ある試算によると、海上貨物の輸送日数が一日増えるだけで、輸出業者のコスト負担は〇・八%増えるという。ということは、中国からアメリカまで一三日の航海では、関税が一〇%余計にかかるのと同じことになる。主要港を利用できる荷主は、輸送日数を節約できる点できわめて有利だった。小さな港に頼るしかない荷主は、本船のコールを長々と待つか、主要港からのフィーダー・サービス(積替輸送)を利用しなければならない。いずれにせよ余計な時間、つまりコストがかかる。空輸すればたしかに時間は短縮できるが、付加価値が低いがゆえに貧しい国で作られる品物を運ぶには、あまりに運賃が高すぎる。[16]

「技術革新はほぼ不可避的に一部の人の生活水準を押し上げ、他の人の生活水準を押し下げる」[17]という経済史家ジョエル・モキルの指摘は、他の技術と同じくコンテナに関しても当たっている。ただし国際規模で考える限りにおいて、である。コンテナリゼーションが地理的な不利を作り出すわけではないが、地理的条件をかつてなく重大な問題にしたとは言えるだろう。

コンテナが登場する前は、輸送というものは誰にとっても平等にカネがかかった。国際物流で最もコストがかかるのは荷役だが、これはどの荷主にとっても同じだった。ところがコンテナリゼーションが始まると、荷主の立地によって輸送コストが大幅に下がるケース、そうでないケースが出てくる。内陸国、輸送インフラが整っていない内陸部、経済規模が小さくコンテナ輸送に見合うだけの輸送需要を持たない国や地域は、混載貨物時代よりも厳しい状況に追い込まれた。ある調査によると、内陸国の輸送コストは海に面した国の一・五倍に達するという。また別の調査では、コンテナをボルチモアから南アフリカのダーバンまで運ぶ運賃は二五〇〇ドルだが、ダーバンからレソトのマセルまで三四〇キロをトレーラートラックで運ぶのに七五〇〇ドルかかるという。また二〇〇二年の世銀報告によれば、中国では内陸部から港まで運ぶ運賃が、港からアメリカまでの運賃の三倍かかると指摘された。中国は遅まきながら教訓を学び、貨物取扱量で世界一の上海港の能力を拡張するため、沖合に洋山深水港を建設した。二〇一七年末に開港し、一五万トン級の船が停泊できるようになった[18]。

輸送コストが高く、港湾使用料が嵩み、待ち時間の長い国はそれだけでも不利だが、さらに追い打ちをかけるのが貨物量の不均衡である。貨物の量が行きも帰りもほぼ同じという航路は滅多にない。たとえば東行きの貨物が多く西行きがすくないと、東の港に空コンテナが滞留する。すると、東の側の荷主はコンテナを送り返す運賃を負担しなければならない。世界の海を運ばれるコンテナの約二〇%が空だとされるが、航路によってはその度合いが甚だしい。アメリカ最大のコンテナ港であるロサンゼルスでは、二〇一四年に送り出されたコンテナの半分が空だった。とはいえこのような不均衡にはメリットもある。中国が二〇〇一年に世界貿易機関(WTO)に加盟すると、同国の対米貿易黒字は爆発的に拡大する。なにしろ二〇〇〇年から二〇〇九年には、東アジアから北米行きのコンテナ量は、北米から東アジア行きの二・五倍に達したのである。[19] 起業家は早速これに目を付けた。アメリカからアジア向けの安い海上運賃を活かし、付加価値の低いものをコンテナに詰めればよい。たとえば古紙や穀物などである。二〇一四年にアメリカの農家は、大豆を満載した四〇フィート・コンテナ五万個以上を輸出した。かつては大豆のようなものはコンテナ詰めには適さないとされていたのだが、農作物の輸送にもコンテナが使用されるようになると、従来は予想もしなかった市場が開けてくる。たとえばカナダの農家は、オオムギやキャノーラといった特殊な作物にアジアの買い手が気前よく払ってくれることを発見した。これらの作物は、安価な使い捨ての樹脂製内張りを施したコンテナに詰めて運ばれていく。[20]

巨大船、巨大港のデメリットも

コンテナ輸送の革命期は一九八〇年代前半でほぼ終わったが、その余波はずいぶん長いこと消えなかった。続く三〇年間、コンテナ輸送の浸透とともに国際貨物運賃が押し下げられるにつれ、コンテナ貨物の量は五倍にまで拡大する。[21] ドイツ最大の港であるハンブルク港の貨物取扱量は、一九六〇年には一一〇〇万トンだった。それが九六年には四〇〇〇万トンを上回り、その八八%がコンテナ貨物となっている。その半分以上がアジア発だった。二〇一四年にはハンブルク港の貨物取扱量は一億トンに達している。[22] 欧州でも日本でもアメリカでも安価な輸入品が高価な国産品を押しのけて店に並ぶようになり、家電、アパレルをはじめとする消費財の価格はすさまじい勢いで下落する。低価格品（したがって輸送コストの占める比率が高い）を全世界に送り届けるなどということは、コンテナなしではけっして実現しなかっただろう。一九九〇年代後半に先進国で物価が下がったのは安価な輸入品によるところが大きく、三〇年におよぶインフレ基調に終止符を打つ一因となった。

コンテナリゼーションのおかげでグローバル・サプライチェーンに新たに組み込まれた国や都市がある一方で、外されてしまった国や都市もある。たとえば、韓国はコンテナリゼーションの追い風をいっぱいに受けて急浮上したが、パラグアイはすっかり遅れをとった。だが風向きはいつも同じではない。一九八〇年代には、遅れてきた参入者が成功を収めている。アメリカのチャールストン、フランスのルアーヴル、そして韓国の釜山がそうだ。そして九〇年代に入ると、同じことがもっと大規模にアジアで繰り返された。バングラデシュとベトナムがアパレルの重要な輸出国に成長したことに伴い、チッタゴンとハイフォンが大規模な港湾として頭角を表す。インド洋では、かつてはスリランカのひなびた港だったコロンボが重要なコンテナ港に発展した。オマーンのサラーラに至っては、コンテナ船が初めて寄港したのが一九九八年という遅咲きの港だが、インド洋に積み換え拠点を欲しがっていた船会社の思惑と一致し、一〇年もしないうちに年間一五〇万以上のコンテナを扱うようになっている。

二〇世紀の終わり頃になると、コンテナ海運業界は、船会社が世界規模で結成する一握りのコンソーシアムに支配されるようになった。コンソーシアムが運航する巨大船は二点間を結ぶことが多いが、運ぶ品物が必ずしもその航路沿いで生産されたものではなく、また最終目的地が消費地ではないといったケースが次第に増えている。どの航路にどの船を投入するか、どこに寄港するかの決定権は彼らコンソーシアムにあり、したがって港の命運もその手に握られることになった。どうにもならない自然条件を理由に港が選別されるケースも、もちろんある。不運にも水深が浅く巨大船が入港できない港などがそうだ。だが、政府の投資や民間の港湾オペレーターの奮闘で比較優位が変わるケースもすくなくない。二〇一四年の世界上位二〇のコンテナ港をリストアップしてみると、それがよくわかる（表6参照）。上位二〇港のうち一一港は、一九九〇年にはコンテナ取扱量がごく少ないか、ゼロだった。中には港として存在していなかったところもある。二〇〇〇年までは、中国の国際貿易貨物のほぼ全部を香港が扱っていた。中国本土には大規模なコンテナ港が一つもなかったからである。だが二〇一四年には、世界の上位一〇港のうち七港までが中国で占められるようになった。そして、ヨーロッパの港、いや正確には西半球の港は、上位一〇港には一つも入らなかったのである。

新しく登場した港は民間が運営しているケースが多く、中には資金調達も民間で行っている場合もある。そうした港は、とにかく船を動かし続けなければならないコンテナ輸送の必須条件を満た

表6 | 世界のコンテナ港取扱量ベスト20(単位:百万TEU)

	港名	国名	コンテナ取扱量		
			1990	2003	2014
1	上海	中国	0.5	11.4	35.3
2	シンガポール	シンガポール	5.2	18.4	33.9
3	深圳	中国	0.0	10.7	24.0
4	香港	中国	5.1	20.8	22.2
5	寧波舟山	中国	0.0	2.8	19.5
6	釜山	韓国	2.3	10.4	18.7
7	青島	中国	0.1	4.2	16.6
8	広州	中国	0.1	2.8	16.6
9	ドバイ	ドバイ	1.1	5.1	15.3
10	天津	中国	0.3	3.0	14.0
11	ロッテルダム	オランダ	3.7	7.1	12.3
12	ポートクラン	マレーシア	0.5	4.8	10.9
13	高雄	台湾	1.5	8.8	10.6
14	大連	中国	0.0	1.7	10.1
15	ハンブルク	ドイツ	2.0	6.1	9.3
16	アントワープ	ベルギー	1.6	5.4	9.0
17	厦門	中国	0.0	2.3	8.6
18	東京・横浜	日本	1.5	3.3	8.5
19	タンジュン・ペレパス	マレーシア	0.0	3.5	8.5
20	ロサンゼルス	アメリカ	2.6	6.6	8.3

資料:Containerisation International Year Book and UN economic and Social Commission for Asia and the Pacific.

すべく計画されており、きわめて効率がよく、船を無駄に足止めさせない。船が貴重な時間を費やして停泊する価値があるのは、そうした港だけである。二〇一四年の世界のコンテナ輸送のうち、四六%はわずか二〇の港しか経由していない。その二〇港で最も小規模な港でさえ、二〇フィート・コンテナ換算で八〇〇万個以上を扱っている。効率的で貨物需要が潤沢な港には大型船がひんぱんに立ち寄り、そうした港同士が巨大コンテナ船によって直接結ばれるようになった。一九九〇～二〇一〇年には中国、マレーシア、タイで大型港が相次いで建設された。また、かつて古代ギリシャで繁栄した港ピレウスはさびれてコンテナ船がほとんど立ち寄らなかったが、二〇〇九年に中国遠洋運輸集団（コスコ）が同港の港湾運営会社を買収して大型投資をして以来、コンテナ取扱量は一〇年間で三倍に増え、欧州七位に躍進している。これらの港を利用すれば時間もコストも最小限で済むから、輸入の場合にはコスト削減に、輸出の場合には価格競争力の強化につながる。港の効率が悪く巨大船があまり立ち寄らない国、つまりは貧しい国の企業は、ロジスティクスが足かせになってグローバル市場で伍してゆけなくなった。[23]

こうした不利は、一時的に輸出が落ち込む以上の重大な意味を持つ。旧態依然の港や非効率な港に呪われた国は、グローバル経済で躍進を遂げようにも致命的な障害を抱えることになる。二〇〇四年に世界銀行は、もしもペルーがオーストラリアに匹敵する優秀な港を持てたら、それだけで貿易量は現在より二五%は増えるだろうと推定した。ペルー政府はこれを真剣に受け止め、その後の一〇年間で二〇億ドルを港湾整備に投じた結果、貿易は大幅に拡大している。対照的にタンザニアは、港湾の近代化を渋った。同国の主要港ダルエスサラームが隣国ケニアのモンバサ港と同程度に効率的だったら、平均的なタンザニアの世帯は二〇一二年に年間支出の八・五％を節約できたはずだ。港湾の近代化を怠った国は、単線しかない鉄道の支線のような存在になってしまう。そして主要港からフィーダー・サービスを受けるしかない。大型コンテナ船は単に「箱」を運んでいるだけのようにみえる。だが実際には、一国の経済をグローバル・サプライチェーンに結ぶ媒介役を果たしているのである。[24]

コンテナ船は、二一世紀の最初の数年で一段と大型化した。二〇〇一年の時点では、トラックサイズのコンテナを三〇〇〇個以上運べる船は数えるほどで、世界の貿易の大半を運んでいるのはもっと小さい船だった。だが二〇一五年には、四〇フィート・コンテナ一万個を運べる巨大船が世界の貨物輸送に登場し、ほんの二〇年前には最先端だった船がお払い箱になる。一部の推定によると、巨大コンテナ船はアジアからヨーロッパまでのコンテナ輸送コストを三〇％以上削減したという。フルサイズのコンテナを一万個積んだ船は、三〇〇〇個運ぶ船と比べ、コンテナ一個当たりの燃費が半分で済む。それに乗組員の数は変わらない。

だがそうしたメリットはあるものの、新型船には見逃せないデメリットもある。二〇〇八～一〇年のグローバル金融危機後に世界の貨物量が過去五〇年間の半分まで落ち込んだ状況で投入された船は、膨大なキャパシティを追加することになり、コンテナ輸送の多くが利益を圧迫される結果となった。それに巨大船の建造には巨額の融資を伴うため、十分な貨物が集まらないと採算がとれず、船主は大きなリスクを背負い込むことになる。また巨大船は、前世代の船より速度を落とし、フィーダー港へ送る貨物を増やして積み替え時間を延ばし、つまりは荷主のコストを増やすことによって利益の大半を確保している。巨大船が入港すれば、ターミナルでは当然ながら大量のコンテナの積み降ろしをしなければならないが、巨大船のサイズゆえに荷役に問題が生じる。コンテナを横二三列に並べられるほど船の幅が広いため、クレーンのアームが十分に長くないと片側からは届かないのだ。かといって巨大クレーンを設置すればしたで、ターミナルに他のクレーンを設置する余地がなくなってしまう。結果的に荷役の時間が長くなり、せっかく海上で稼いだ時間の一部を埠頭で無駄にすることになる。

巨大船は、港湾とその所有者である自治体の財政をも脅かす。「船会社は何らかのプロジェクトを計画するときに、輸送チェーンの他の参加者に事前にほとんど相談しないことがわかった。船会社の側から港湾当局などに協調を持ちかけた事例はおろか、事前に何らかの通告を行った事例も見当たらなかった」と、ある信頼できる調査報告は二〇一五年に述べている。世界中の港湾当局は五〇フィートの水深を確保するために、何十億ドルも投じて浚渫を行ってきた。また地上ではトラック用のゲートの設置、高速道路と連絡する道路の建設、大量のコンテナを捌く車両基地の整備などが必要だ。オランダ政府はロッテルダムからドイツ国境までコンテナを運ぶ貨物専用鉄道の建設に五八億ドルを投じたものの、これほど巨額の投資を回収するのは困難だと判明する。他の港湾との競争に加えて他の輸送方式との競争があるので、おいそれと港湾使用料や鉄道運賃を上げるわけにもいかない。そのうえ、船が巨大化すればコールの回数は減る。かつては巨大ではない船が定期的に寄港していた港でも、巨大コンテナ船が週一回やって来るだけになり、巨額の予算を投じた港湾インフラが時には何日も使われないままとなる。世界で何十もの港が巨大船でも入港できるよう浚渫作業を行ったというのに、十分な数の船がコールせず、投資が無駄になる例もすくなくない。二〇一二年にオープンしたドイツのヴィルヘルムスハーフェン港は、大水深を確保するために四億三四〇〇万ドルもの投資を行っている。ハンブルクやブレーメンには入港できない巨大船の寄港を期待してのことだ。だが残念ながら、ヴィルヘルムスハーフェン港では閑古鳥が鳴いている。[25]

この厳しい環境でのプロジェクトがいかにリスクを孕むかを雄弁に物語るのは、パナマ運河を措いてほかにあるまい。一九一四年に開通したもともとの運河は、いまとはまったくちがう時代のニーズには適っていた。パナマ運河を通航できる船は喫水一二メートル、船幅三二・三メートルまで（コンテナ船では五〇〇〇TEUクラス）で、これを超えると閘門《こうもん》を通過できない。パナマ政府は二〇〇七年から約六〇億ドルを投じて拡張工事に着手し、二〇一六年の竣工後にはニューパナマックスと呼ばれる喫水一五・二メートル、船幅四九メートル（同一万二〇〇〇TEUクラス）の船が通航可能になった。パナマ運河の拡張で東アジアからアメリカ東海岸向けや大西洋へ抜ける大型船が増加すると見込んで、アメリカの港湾は巨額の費用をかけて大水深の確保を急いだ。だがパナマ運河が拡張されたからと言って、必ずしも利用する船が急増するとは限らない。というのも、パナマ経由のルートはアジアと北米東岸を結ぶ唯一のコンテナ航路ではないからだ。現在は、西海岸で陸揚げして鉄道で東海岸へ運ぶルート、アジアからインド洋を通ってスエズ運河経由で大西洋に抜けるルートが競合している。前者は現時点で輸送費が嵩むが、もしアメリカの鉄道が運賃を引き下げ、西海岸の港湾が荷役の効率改善に努めたら、こちらのほうが魅力的になるかもしれない。パナマ運河の通航料は相次ぐ値上げで途方もなく高いうえ、閘門の通航待ちなどで余分に日数がかかるからだ。また、アジアの生産拠点が次第に人件費の高騰する中国から南アジアやアフリカに移転した場合、新たに拡張されたスエズ運河経由が魅力的になる。こちらのルートは、アフリカ向けの貨物を運べる、東海岸最大の消費地であるニューヨークに最初に寄港できるといったメリットがある。競合するルートに荷主を奪われたら、運河拡張や港湾整備への巨額の投資が回収できない可能性も否定できない。

人間を排除した自動化の進展

コンテナ輸送の絶え間ない変化に翻弄されるのは、港だけではない。そこで働く労働者ももろに影響を受ける。一九六〇年代には、港湾労働者の組合も雇用側もコンテナリゼーションが容赦なく労働需要を圧迫する痛ましい現実に対処しなければならず、埠頭の自動化を受け入れ、お払い箱になった労働者への補償協定に同意せざるを得なかった。コンテナ導入後の埠頭で必要な労働者はごく少数であり、混載船の時代と比べれば港湾労働ははるかに安全で報酬のよい仕事へと変貌を遂げる。港湾労働者組合が予想もしていなかったことに、コンテナリゼーションは大量の人員をクビにする一方で、残された人間の交渉力を強化した。コンテナ船は運用コストが嵩むため、船会社には係留日数を増やすような荷役の中断などを容認するゆとりはない。このため、ストライキをされるリスクを冒すぐらいなら、ターミナル運営事業者と協定を結ぼうとする。こうして港湾労働は高賃金のブルーカラー職業の代表格にのし上がった。偏屈な荒くれ者集団として長らく馬鹿にされてきた港湾労働者たちは、労働者階級のエリート格にのし上がったのである。

だが、そこで話は終わらない。一九九〇年代になるとコンピュータがチェッカー（検数人）に取って代わるようになり、積み込み・積み降ろし作業中のコンテナを追跡する彼らのクリップボードはもはや不要になった。チェッカーに限らず、それまで埠頭の荷役現場で行われていた作業の多くが、エアコンの効いたオフィスでスクリーンの前に座ったコンピュータ・オペレーターの仕事になっている。さらに二〇〇〇年代前半になると、無人搬送車（ＡＧＶ）が登場する。工場内ではずいぶん前から活用されてきたが、ついに埠頭でも活躍するようになったわけだ。無人搬送車が普及すれば、もはやコンテナヤードと埠頭のガントリークレーンとの間の運搬に運転手は不要になる。相前後して自動スタッキング・クレーン（ＡＳＣ）が登場し、ヤードに積み上げられたコンテナを吊り上げて正確にトレーラーに載せるようになった。ここでもまたクレーン運転士の仕事が、コントロールルームで七基か八基のクレーンを同時にモニターする技術者の仕事に置き換えられている。欧州最大のコンテナ港ロッテルダム港は大規模拡張工事を行い、二〇一四年に新しいマースフラクテ2ターミナルが開業した。既存ターミナルの沖合を埋め立てて建設されたこのターミナルは、自動化が高度に進化している。たとえば輸出用貨物を積んだトラックが到着すると、自動化システムがナンバーを読み取り、ドライバーにターミナルへの搬入時刻を通知する。指定時刻になると、センサーがドライバーの本人確認を行い、トラックとコンテナをスキャンしたうえで、自動ゲートからの入場を許可する。同時に別の自動化システムが、コンテナヤードを取り巻くセキュリティ・フェンスのどの位置にトラックを停止させるかを指示する。トラックがその位置にバックで停車すると、コンピュータ制御されたクレーンが荷台からコンテナを降ろしてフェンス内に運び込み、所定の位置に積む。万事問題がなければトラックは退出するが、入場から退場まで人間には誰にも会わない。

コンテナ荷役プロセスのうち、頑強に自動化に抵抗していたのは、船と岸壁の間のハンドリングである。ガントリークレーンの運転室でこの作業を行う労働者は、ブルーカラーのエリート中のエリートだ。器用さ、俊敏さに加えて鋭い視力が必要で、波で上下動する船の上からコンテナを吊り上げ、岸壁上で待機する搬送車にスムーズに載せる作業、岸壁に運び込まれたコンテナを船倉内のセルガイドに従って正確に積み込む作業をこなす。コンテナ一個を水平に、同時にもう一個を垂直に移動できるクレーンなどのイノベーションのおかげで作業はスピードアップされたものの、人間の運転士はやはり必須だった。地上四五メートルの運転室でガラスのフロア越しにはるか下でゆらゆら揺れるコンテナを見下ろしながら、どんなコンピュータよりも巧みにコンテナの微妙な動きに合わせて操作できるからだ。

ところが二〇一〇年に、突如としてクレーン運転士の職は危うくなる。パナマ運河のカリブ海側入り口に位置するコロンのマンサニージョ港（中南米最大級のコンテナ港である）で、快適なコントロールルームに陣取ったオペレーターがガントリークレーンを遠隔操作するようになったのだ。コントロールルームは岸壁から八〇〇メートルほども離れており、オペレーターはスクリーンを見ながらジョイスティックでクレーンを操作する。初めのうちはうまくいかなかったが、ベテランのクレーン運転士は操作をする際に音にも気を配っていることがわかる。そこで集音マイクをクレーンに取り付け、コントロールルームにはスピーカーを設置すると、オペレーターは作業現場の機械音や金属音を把握できるようになり、スムーズな操作が行えるようになる。システムの信頼性が向上した結果、二〇一四年には同ターミナルには運転室のないガントリークレーンが設置されるようになった。つまり、遠隔操作しかできないクレーンである。新種のクレーンは人間の仕事を消滅させたわけではないが、スキルの価値を大幅に下げた。ベテランが退職したとき後釜に坐る若手オペレーターは、きっとコンテナ荷役よりもゲーム操作のほうが得意だろう。

第十五章

付加価値

アントワープの試み

アントワープは小さいながらも国際都市である。ベルギー北端に位置し、スヘルデ川右岸に建設された街で、中世の頃から港として栄えた。戦争で何度となく破壊されながらも、世界に開かれた港として、またさまざまな創意工夫を凝らす進取の気性に富んだ街として、富み栄えてきたのである。歴史家のフェルナン・ブローデルは、一六世紀には「この都市は国際経済の中心地であった」と書いている。二〇世紀後半になっても、アントワープ港は世界最大級に位置づけられていた。[1]

だが二一世紀が始まる頃には、警戒すべき兆候が現れてくる。何と言ってもアントワープは、いくら魅力的な港湾都市とはいえ、世界の中では低成長の地域に位置する。ヨーロッパ経済のダイナミズムは、かつてに比べればかなり衰えてしまった。そのうえアントワープの主要後背地であるドイツは、人口の減少が始まる。追い討ちをかけるように、消費者の支出パターンが変化し、支出の大半がサービスに向かうようになった。あいにくなことに、ヨガのレッスンから熱帯への旅行にいたるまで、サービスには貨物を運ぶ必要がない。こうした現象はすべて、アントワープの命綱である輸入貿易とって悪い予兆だった。さらに、製造業のグローバル展開が次第に先細りになってきた。一九六〇年代後半から二〇〇〇年代前半にかけては、ヨーロッパで経済成長が一ポイント上昇するごとに、国際貿易が三〜四％増えていた。この貿易拡大を牽引したのが、新しいサプライチェーンの展開である。まず、欧州連合（ＥＵ）が加盟国間の関税障壁を引き下げて貿易を大幅に自由化した。続いて製造業が東アジアで大躍進を遂げた。だがこうした産業再編が永久に続くはずもない。再編が一段落したとき、アントワープ港を通過する貨物の量は、欧州経済の（すでに低い）成長を大幅に上回ることはあるまい、と港湾当局のエコノミストは予測した。だが彼は、大幅どころかまったく上回らないだろう、と言うべきだった。

ヨーロッパでは貿易の活況がじき終わるという予想は、アントワープで公的な議論の的になる。そうなったら港はちがう方向をめざすべきだということで、アントワープ市当局の意見は一致した。もう貨物量を追い求めて北に一〇〇キロに位置するロッテルダムと競り合うのはやめるべきだ。とくに、アントワープを通過するだけの貨物をむやみに欲しがるべきではない。それよりもアントワープは、そのすぐれた資源を活かすことを考えるべきである。埠頭周辺の土地を再開発し、海運関係の企業を誘致してはどうか。そうすれば、単に貨物を扱うよりずっとアントワープの強みを活かせるだろう。港湾当局の明快な説明によれば、「これは、トン数を争うゲームではない。雇用と多様化、そして付加価値の創出をめざすゲームなのだ」ということになる。[2]

こうした発言は、港湾ビジネスの劇的な変化を反映したものだ。二〇世紀後半には、港は躍起になって貨物取扱量の拡大を追い求めていた。そして大型船の寄港を増やそうと、埠頭、倉庫、機械設備に莫大な投資をした。港湾の成功を測る物差しは、トン数で表す貨物取扱量（トン）とTEU（二〇フィート・コンテナ換算）で表すコンテナ取扱量だったのである。だがその規模が途方もなく増えるにつれて、港は快適な場所とは言えなくなってくる。なにしろシンガポールの二〇一四年の取扱量は一九九〇年の六倍、釜山にいたっては八倍に増えているのである。その結果、従来は港周辺で行われていた作業の多くが別の場所に移転された。たとえばコンテナへの貨物の積み込み（バンニング）と取り出し（デバンニング）の作業は、埠頭から遠く離れた物流拠点で行われるようになっている。また本船の積み付けプランの作成などは、何も港の近くにいなくても、コンピュータとインターネット環境さえあればどこでもできる。海運に携わる多くの人が、貴重な港湾周辺の土地を占領した巨大な設備が発生させる騒音やディーゼルの粉塵や混雑をなぜ我慢しなければならないのか、と考えるようになった。しかもその巨大な設備は、ごく少数の雇用しか創出しないのである。

この切実な問いに対してアントワープが出した答は、ある訴訟の影響も受けている。港湾当局は港湾地区の土地を民間業者に貸す際に、借り手の用途が真の利益をもたらすかどうかを考慮していないのではないか、と訴えられたのである。そこで港湾当局は、どの程度の雇用機会を創出するか、また労働者が付加する価値はどれほどか、といったことを基準に借り手を選ぶことになった。港湾周辺の土地を稀少資源と位置づけ、地域経済に最大限の利益をもたらす事業者を選定する。たとえば、石油タンクの運営業者はほとんど雇用を生まないので選ばれない。到着する貨物の加工や処理に携わる施設は、多くの雇用を創出するので選ばれる、という具合である。

新たな方向を模索するアントワープには、競争相手が大勢いた。ロッテルダムやルアーヴルといった近くの港だけではない。コンテナ輸送量が増え、荷主が貨物管理の高度化を図るようになると、海から離れた場所に物流の集積地が出現し始めた。ロジスティクス・クラスターと呼ばれるものが、それだ。クラスターは港湾ではなく、鉄道駅、河川港、空港の近くに形成される例が多い。一カ所に複数の物流センターが集約され、貨物の保管、トラックから鉄道あるいは空輸（またはその逆）、集荷・配送といった物流関係はもちろん、到着した物資の選別、小分け、加工、再梱包といった加工処理施設も併設される。このような巨大集積地は、当然ながら利用する企業も多く、単一の物流センターには到底望めないほどの大量の貨物を捌く。ここで注意すべきは、ロジスティクス・クラスターは単に貨物を保管して右から左へ流すのではなく、従来製造業に属すと考えられていた作業も手がけるということである。[3]

かくしてコンテナは、経済地理学を再び書き換えることになった。たとえば、パナマ運河の大西洋側の入り口に位置する港コロンは大変貌を遂げる。コロンには古くから広大な自由貿易地域《フリーゾーン》が設けられ、域内の物資は保税扱いとなるため、古びた倉庫や事務所が軒を連ね、南米やカリブ海沿岸諸国向けの貨物を扱っている。とはいえ、そこでやっていることと言えば、四〇フィート・コンテナを開けて靴やテレビといった中身を倉庫に保管し、必要に応じてベネズエラやジャマイカ向けに小口梱包して出荷する、といった程度のことだ。多くの商品が卸売業者からも小売業者からも注文がかからないまま倉庫で眠っていて、最後は廃棄処分されることになる。だが一九九五年に米軍の基地跡地にオープンしたマンサニロ国際ターミナルはそんなけだるい光景を一新し、より高度なロジスティクス・オペレーションを展開するようになった。たとえば外国で製造された医薬品が近代的な施設に運び込まれ、温度管理の行き届いた部屋で保管される。そして注文に応じて個別に包装され、買主の国に合わせたラベルや注意書きが貼付され、値札が付けられる。従来なら製薬プラントで行われ、製造工程の邪魔になっていた作業が、いつの間にかパナマの物流拠点で行われるようになったのである。

アントワープにも、複数の大規模な物流拠点が存在する。イスラエルからキュウリを満載したコンテナ、エクアドルからバナナを積んだコンテナが到着すると、今度は艀《はしけ》か鉄道でオランダのフェンロへ送られる。そこで洗浄、選別され、個別に梱包されて、ヨーロッパ各地のスーパーマーケットに配送されるのである。ライン川を遡ってドイツのデュイスブルクへ向かう貨物もある。そこでは製造を停止した製鉄所や高炉が近代的な物流センターに生まれ変わり、何千もの新しい雇用を創出している。またアントワープから南東八〇キロに位置するラークダルには、ナイキが欧州最大級の物流センターをアルバート運河沿いに建設した。スポーツウェアやシューズを満載したコンテナは運河を艀で運ばれるという具合に、環境に配慮したロジスティクスが展開されている。こうした物流拠点は、それまで他の場所で行われていた作業を集約することによってグローバル・サプライチェーンに価値を付加すると同時に、地元の雇用を増やすという利点がある。

港湾は、もはや有利な立地だというだけで繁栄が約束される時代ではなくなった。今日のサプライチェーンは鉄道、トラック、船、港湾、物流センターなどさまざまな組み合わせで展開されている。アントワープを経由するとすれば、それはトータルで見たコストや所要時間が他のルートを選ぶより有利だから、という理由に尽きる。だから港は、貨物の通過を円滑化・迅速化することで存在理由を強化しなければならない。アントワープは、艀輸送サービスの拡充で港としての魅力を高めた。艀は陸送困難な超大型貨物や大型トラック五〇台分もの貨物を一度に運べるという利点があり、アントワープからドイツ、フランス、スイスへローコストで送り届けることができる。さらに、輸入業者泣かせの書類手続きを簡素化したこともアントワープの優位性を高めた。とはいえアントワープには、アジアから来るコンテナ船がヨーロッパで立ち寄る最初の港になるのか、最後の港になるのかを自ら決めることはできない。最初か最後かのちがいは一週間程度だが、これが貨物の経由地を決定的に左右することになる。

ジェベル・アリとドバイ経済

港の優位性を高める努力の最もはなばなしい成功例としては、ペルシャ湾岸のドバイ首長国を挙げるのがよいだろう。長らく小さな漁港だったドバイの経済は、ダウ船と呼ばれる伝統的な木造帆船による物資輸送に依存していた。ダウ船が潮の干満を利用して近くのアラブ首長国連邦との間を行き来するというのどかな光景である。この状況を打開すべく、ドバイ政府は一九七六年に、ドバイの南西数キロに位置するジェベル・アリにコンテナ港を建設する計画を発表する。天然の良港に恵まれないドバイだったが、そんなことは障害にはならなかった。わずか数年のうちにジェベル・

アリは世界最大級の貿易港に発展し、ダウ船は観光客の観賞用になった。

計画のタイミングも絶妙だった。港建設の第一期が完了したのは一九七九年で、原油価格が高騰したためサウジアラビアには現金がうなっていたが、大量に流入する消費財を捌く近代的な港がなかったのである。このニーズに手際よく応じたのがドバイだった。この小さな成功を足がかりに、ドバイ政府は一九八五年に広大な自由貿易地域を設ける。荷主は貨物をそこに持ち込み、港近くの保税倉庫で保管し、必要に応じて船積みすればよい。自由貿易地域では輸入関税ゼロ、再輸出関税ゼロ、しかもこの地域に立地する企業には法人税がかからない。こうしてジェベル・アリは、中東向け貨物の最終寄港地からハブ港へと変貌を遂げる。ジェベル・アリが世界トップクラスにのし上がったのは、汚職や腐敗がなく、かつ効率がよいとの評判が高まったおかげでもあった。港湾労働組合のようなものが存在せず、徹底的な効率追求が可能だったことも幸いした。二〇一三年には、同港の一船一時間当たりの平均コンテナ取扱量が世界最高水準に達している。また自動化も進み、毎日九〇〇〇台以上のトラックの積み降ろしをほとんど待機時間ゼロで捌く。港湾運営の任に当たるのは、政府系のドバイ・ポーツ・ワールド（ＤＰＷ）である。この会社自体も急成長を遂げ、現在では世界四〇カ国で七八のターミナルオペレーションを請け負っている。

ジェベル・アリは二〇〇八〜〇九年のグローバル金融危機の間も拡張に次ぐ拡張を行い、二〇一五年には三つのターミナルで巨大船一〇隻の荷役を同時にこなせるまでになった。同港のコンテナ取扱量はニューヨークとロサンゼルスの合計よりも多い。さらに野心的な計画も進行中だ。需要状況に応じて第七ターミナルまで拡張の余地があるほか、貨物用の鉄道も建設中で、完成の暁にはアラブ首長国連邦全土とサウジアラビアにまで港からスムーズに貨物を運べるようになる。さらに港のすぐ南には世界最大級の国際貨物飛行場も建設中で、アジアとヨーロッパを海と空で結べるようになるという。一九五〇年代にマルコム・マクリーンが構想して日の目を見ずに終わった計画が、とうとう実現しようとしている。

公式統計があまりないのだが、ジェベル・アリがドバイ経済の活況に一役も二役も買っていることはまちがいない。二〇一三年のドバイおよび自由貿易地域からの再輸出額は、同国の国内総生産を大幅に上回った。輸入高の半分近いおよそ一兆ドル相当の商品がアラブ首長国連邦に属す他の首長国、サウジアラビア、東アフリカ、南アジアに再輸出されている。ペルシャ湾岸のハブ港の地位をジェベル・アリが獲得したおかげで、ドバイは中東の金融ハブにのし上がり、不動産関連、企業向けサービス、金融サービスが同国経済のゆうに四分の一を占めるようになる。めざましい発展を遂げ繁栄するドバイは、外国人居住者や観光客を大量に呼び込んできた。そして彼らの消費財や住宅の需要が、ジェベル・アリに入ってくる貨物の量を一段と増やしている。

こうして世界の上位一〇港に確実にランクインするジェベル・アリだが、その立地はペルシャ湾の入り口からやや入ったところで、理想的とは言いがたい。中国や東南アジアからスエズ運河をめざす船にとっては、かなりの回り道になる。また人口は少なく、土地は乾燥して不毛だ。「空虚な四分の一」と呼ばれるルブアルハリ砂漠には人も住まない。そのうえ、ペルシャ湾岸には優位を競う大型港がいくつも存在する。車で南西に一時間の距離にあるアブダビには複数の大型港があり、ドバイの北東にはシャールジャとホール・ファカンがある。これだけ不利な材料が揃っているのだから、政府が意を決してコンテナ港の建設に乗り出さなかったら、ドバイはいまも小さな漁港のままだっただろう。それがいまでは、先見の明と周到な計画と巨額の投資のおかげで、砂漠の周縁部に位置する小さな首長国が世界に拡がるサプライチェーンの重要な要と位置づけられるまでになった。

「箱」と世界経済

コンテナの歴史が始まった一九五六年春を思い出してほしい。あの頃はグローバル・サプライチェーンという言葉すら存在していなかった。あのときニューアーク港で初めてコンテナを積んで出港するアイデアルX号を見送った誰一人として、貨物輸送がこれほど劇的に変わるとは夢にも思わなかったにちがいない。この「箱」の歩んできた道をたどってみて何とも驚かされるのは、専門家や先駆者でさえ繰り返し予想を誤ったことではないだろうか。コンテナは、触れるものすべてを変えるという点でも、その変わり方が誰にも予測できなかったという点でも、まことに一筋縄ではいかない存在だった。

コンテナの歴史を振り返ったとき、マルコム・マクリーンの天才ぶりを疑う人は誰もいないだろう。「貨物を箱に入れて運ぶ」という発想の卓越さは、万人（ただし港湾労働者組合を除いて）が認めるところである。だが、ただの箱が輸送革命を起こすとは、当時は誰も考えていなかった。せいぜいのところ国内輸送市場で海運がすこしばかりシェアを取り戻し、ハワイやプエルトリコに利益をもたらす程度だろうとみられていたのである。トラック運送業界はコンテナを無視し、鉄道はあからさまに拒絶した。当の海運会社がコンテナに注目し始めたときも、船倉に積み付けるさまざまな貨物の一形態であって、慣れ親しんだ仕事に新種が追加されただけとみなされたものである。コンテナの意味を全然理解していなかった点では、港湾労働者も人後に落ちない。先見の明のあるハリー・ブリッジェズは、一九六〇年に西海岸港湾労働者を代表して荷役機械化交渉に臨んだが、その彼にしても、コンテナが港の仕事におよぼす影響を過小評価していた。その点では東海岸のトーマス・グリーソンも同じである。五九年にグリーソンは、コンテナの導入でニューヨーク港の労働者は三〇%削減されるだろうと警告した。だが、彼はまったくまちがっていた。六三〜七六年にニューヨーク市の港湾労働者は七五%が姿を消したのである。

コンテナリゼーションは、船会社自身のもくろみもあっさりと裏切ってのけた。コンテナと一般貨物を一緒に運ぼうとか、旅客も一緒に乗せようなどと考えた船会社は、コンテナのメリットを生かせずに敗れ去っている。コンテナ船の規模やコンテナのサイズを読み誤った船会社もすくなくない。マクリーン自身も、何度も選択を誤った。一九七三年の石油ショックの直前に燃料喰いの高速船ＳＬ７を発注し、原油価格が急落した頃に燃費はいいが鈍足のエコノシップを建造した。しかもエコノシップを世界一周航路に投入し、倒産の原因をつくっている。また読者は、輸送専門家が「太平洋横断のような長距離航路にはコンテナは向かない」と論じたことを覚えておられるだろう。もちろんこれは甚しい見当外れだった。欧米向けの貨物を大量に抱えるアジアの港は、ほどなく世界最大級にのし上がっている。

先んずればことを制す――多くの海運会社はそう考えていたが、ことコンテナリゼーションに関する限り、それは生き残りの必須条件ではなかった。マトソン海運は、先手を打てば荷主をがっちりつかまえられると考え、太平洋航路でのコンテナ輸送サービスで一番乗りを果たした。だが他社が続々と無遠慮に参入してくると、顧客というものは簡単にスイッチするのだと思い知らされる。ムーア・マコーマック海運は大西洋航路で最初にコンテナ輸送サービスを始めたが、先手のメリットを生かすことはできなかった。南米航路で一番乗りを果たしたグレース海運にしても、生き残れていない。

二一世紀初めのコンテナ海運業界をみると、世界最大級と目される海運会社の多くは比較的参入が遅かったことに気づく。デンマークのマースクが最初のコンテナ船を建造したのは一九七三年で、アイデアルX号より一七年も遅く、北大西洋でコンテナ輸送サービスが開始されてから七年も経っている。スイスのメディテラニアンは七〇年まで存在すらしていなかったし、エバーグリーンにしても設立は六八年である。こうした企業の特徴は、財務管理と経営手腕に秀でていることだ。古い体質の船会社が持ち合わせていない能力だが、コンテナ時代の船会社に求められるのは、海の知識よりも資金調達や情報システムの知識なのである。かつての船会社は政府から補助金を受けるのと引き換えに自国籍船の使用を義務づけられ、航路にも規制があった。だが潤沢な資金力を持つ新時代の船会社は、政府の補助金を必要とせず、したがって指導も受けない。国旗をはためかせ国の威信を重んじる海運業界にあって、最終的に生き残ったのは徹頭徹尾インターナショナルな企業だった。海運最大手のマースクの本社はデンマークにあるが、二〇一五年までにイギリスのオーバーシーズ・コンテナーズ、南アフリカのマリン、オランダのネドロイド、そしてマルコム・マクリーンのあのシーランドを買収。さらに二〇一六年にはドイツのハンブルク・スードを買収して世界シェアは一八％を上回る見通しだ。保有するコンテナ船は七〇〇隻を突破した。

民間企業が何度もコンテナを見誤ったように、国や地方自治体も何度も失策を犯した。ニューヨーク市もサンフランシスコ市もコンテナリゼーションの重要性を無視し、在来船を想定した港の改修に何億ドルも無駄にした。どちらの港も、工事が終わらないうちに時代遅れになっている。イギリス政府は巨費を投じて新港ティルバリーを建設したが、古ぼけた港町フェリクストウの民間埠頭が一夜にして国内最大のコンテナターミナルになるとは考えもしなかったにちがいない。運輸当局も似たり寄ったりである。日本の運輸大臣は海運会社の集約により供給過剰を回避し利益を確保しようともくろんだが、太平洋航路の運賃急落を目の当たりにして断念せざるを得なかった。アメリカの規制当局と政治家は、造船業、海運業、陸運業、鉄道の既得権益を守ろうとするあまり、改革を先送りした。早い段階で規制緩和に踏みきっていたら、コンテナ輸送によるコスト削減の恩恵をもっと早くに受けることができただろう。補助金や規制はアメリカの輸送産業を強化するために用意されたのだが、一部の利益団体を潤しただけで、結果的にはアメリカ籍商船の競争力を損なっている。[4]

貿易がこれほど拡大すること、それも遠い国との貿易がさかんになることは、コンテナ国際輸送が始まった段階でも予想されていなかった。一九五〇年代後半にニューヨークの貨物輸送について研究したハーバード大学のベンジャミン・シニッツ経済学教授は、コンテナが導入されればニューヨーク周辺の製造業はニューイングランドや中西部に比べ輸送コストの点で有利になると結論づけた。[5]

また、同地区最大の産業であるアパレルに関しては、輸送コストに敏感でないからさほど影響を受けないと予測した。輸送コストが大幅に下落してあらゆるものを遠国から運べるようになり、アメリカの製造業を叩きつぶすとは考えもしなかったのである。だが教授を責めるのは酷だろう。海上運賃下落の影響を当時正確に予想できた人はほとんどいない。一九六〇年代を通じ、コンテナリゼーションの隆盛を予測する論文は次々に書かれているが、どれも貿易の流れは基本的には変わらず、貨物は徐々にコンテナに切り替わると見込んでいる。コンテナ輸送が世界の経済地図を一気に塗り替え、貿易量を大幅に増やすといった予測はほとんどなかったし、あってもまじめには受け取られなかった。

市場も国も何度もまちがいを犯し、民間部門も政府部門も何度も判断を誤った。そのたびにコンテナリゼーションは足を引っ張られ、世界経済になかなか貢献することができなかった。だが遂には「貨物を箱に入れて運ぶ」メリットと劇的なコスト削減効果が威力を発揮し、コンテナリゼーションは世界を席巻するにいたる。アイデアルX号の処女航海から六〇年後の二〇一五年には、三億TEU以上のコンテナが世界の海を行き交うようになった（その四分の一は中国発と推定される）。海だけではない。数えきれないほどのコンテナが国境を越えてトラックや鉄道で運ばれている。[6]

いまやどこでも目にすることができるコンテナ。だがこの「箱」は、ひどく厄介な社会問題を引き起こすようにもなっている。第一に、大量のコンテナが放置されるようになった。傷んでいて再使用できないが修理するほどの価値はないという無用の長物が、そのまま野積みされている光景をあちこちで見かける。第二に、ディーゼル燃料で動くコンテナ船やトラックなどの排気ガスが深刻な環境汚染を引き起こしている。また、とどまるところを知らない貨物量の増加と港の拡張は渋滞、騒音をもたらし、ディーゼル排気による発ガン率の上昇も報告された。対策は容易ではなく、ロサンゼルスとロングビーチの浄化だけで一一〇億ドルかかると見込まれる。そして第三に、コンテナの流入は公安当局にとって頭痛の種以外の何ものでもない。あの箱の中に放射性物質を詰め込んだいわゆる「汚い核爆弾」が入っていて、港に到着したら爆発するようにセットされていたらどうなるだろうか。港も背後の都市も放射能で汚染され、国際貿易は大混乱に陥るだろう。「テロ・コンテナ」が船に積み込まれるのを防ごうと、いまでは多くのターミナルのゲートに放射能検出器が備えつけられている。また、コンテナにマットと簡易便器を取り付け移民の密入国手段に使うケースも後を絶たない。正規の貨物を収めた何千、何万のコンテナの中から「人間コンテナ」を探し出すのは容易ではなく、入国管理官が摘発できるのはごく一部にすぎない[7]。

これらの問題はどれも重大であるが、それでも、コンテナ輸送の勢いを脅かすにはいたっていない。コンテナはいまなお大型化が進んでいる。現在の主流は四〇フィート・コンテナだが、四八フィート・コンテナ、さらには五三フィート・コンテナも登場した。これで、一回に一個しか運べないトレーラーの輸送能力は一段と強化されたわけである。世界のコンテナ船の運航船腹量は二〇一四年に初めて減少したが、これは大型船が就航する前に小型船が廃棄処分に回されたためで、一時的な現象だった。二〇〇五〜一五年に世界のフルコンテナ船は二倍以上に増え、国際貿易の伸びを大幅に上回った。その結果、海上運賃は超低水準まで落ち込んでいる。船の数が増えただけでなく、船自体も巨大化の一途をたどっている。二〇〇五年の時点では、四〇フィート・コンテナ四〇〇〇個（すなわち八〇〇〇TEU）を運べるコンテナ船は超大型とみなされていた。だが一〇年後の二〇一五年には、二万TEUを運べる船が登場している。これは、ワインボトルを一億四四〇〇万本運べる計算だ。さらに大型の船も建造中である。

かつてはパナマ運河の閘門が船の大きさの限界と考えられていたが、もはや巨大船はそれを突破してしまった。いま造船技師が頭を悩ませるのは、マレーシアとインドネシアを隔てるマラッカ海峡である。太平洋とインド洋を結ぶ主要航路だが、岩礁や浅瀬が多く可航幅が狭い。マラッカマックス（マラッカ海峡を通過できる最大船型）のコンテナ船が実現した場合、全長は四〇〇メートル、幅は六〇メートル以上、喫水は一八メートルほどになり、積載能力は二万五〇〇〇TEU（標準的な四〇フィート・コンテナで一万二五〇〇個）に達するはずだ。ただしこれほど幅が広いと分厚い鋼材を使わなければならず、貨物スペースが減るため、経済効率が悪いとも考えられる。こんな船が万一沈没したら、損害額は二〇億ドル近くに上るだろう。マラッカマックスが入港可能な港は世界に数えるほどしかなく、どこに寄港するかは大問題になりそうだ。沖合に建設される革新的な大水深の海上港が、その答となるのかも知れない。そのような港では、小型船が陸と往復するか、陸と橋で結んで鉄道かトラック輸送でコンテナを運ぶことになるだろう。コンテナ取扱量で世界一を誇る上海港の沖合三〇キロに建設された洋山深水港は、まさにそれだ。二〇〇二年から工事が始まり、二〇一七年末に第四期の工事が完了した。水深は一五メートルあり、上海市とは橋が架けられている。洋山地区を含めた上海港の二〇一八年のコンテナ取扱量は四二〇万TEUに達した。[8]

この先、コンテナ船とコンテナ港はコスト効率からみて最適なサイズに落ち着くのだろうか。それとも、もっと巨大でもっとコストのかかる船や港が出現し、それでもなお一段の規模の経済を実現するのだろうか。どちらの方向に進むかによって、「箱」は再び世界経済に大きな影響を与えることになるだろう。

解説

激化するコンテナターミナルへの投資競争

野村総合研究所上級コンサルタント
森川 健

「コンテナ物語」の改訂に沿えて一言、記載させて頂く。筆者は会社勤めを始めた1990年代に東京港や大阪港、名古屋港、横浜港、博多港の港湾計画に携わる機会があり、当時は新規のコンテナターミナル整備が一番の焦点であった。わが国では新規のコンテナターミナルの計画フェーズは終了しつつあるものの、グローバルにはますますコンテナ輸送が拡大し、途上国における経済発展には港湾のコンテナターミナル整備が必須事項になりつつある。特に本書の改訂ではここ10年位のコンテナの状況が追加されており、国際物流に携わる方々には是非ともご一読いただきたい。

第二次世界大戦前から海上輸送は船一艘を貸しきって利用するのが一般的であった。今でも原油や鉄鉱石、石炭、化学品などはこの方式で輸送される。精密機械や食品といった軽薄短小の貨物は海上輸送には適合しないと思われていた中で登場したのが海上コンテナ輸送である。言い換えると大量ロットから小ロット輸送にも対応可能としたのがコンテナである。コンテナというサイズが規格化された輸送容器が登場し、船舶への積降《つみおろし》の機械化が進む。コンテナ輸送の専用船が登場し、別途発展する情報システムを活用しながらスケールメリットが働くドアツードアの輸送が可能となる仕組みとなっていた。

発展期のコンテナ

コンテナの発展には戦争が大きな影響を及ぼしている。ベトナム戦争では米国のロジスティクスという概念に従って、前線に切れ間なく軍事物資を供給することが重要とされ、その手段としてコンテナが活用された。その後、コンテナが国際海上輸送のキーとなり、１９８０年代から急成長が始まる。これを受けて各国で港湾間の競争がスタートし、ニューヨークとニュージャージー、ロサンゼルスとロングビーチ、ロッテルダムとアントワープといった近接港湾で競争激化が顕著になっていく。

日本でも高度経済成長期の輸出手段からスタートし、その後は輸入手段としてコンテナ輸送が拡大し、横浜港と東京港、神戸港と大阪港、北九州港と博多港といった近接港湾での競争が激化していき、当時、船や荷主を誘致するために「ポートセールス」という言葉も生まれてきた。ガントリークレーンやトランスファークレーン、ストラドルキャリアなどのコンテナの荷役に活用される機械が動きまわるコンテナターミナルは「装置産業」と言われて多大な投資が伴うものの、船や荷主が一定数集まれば確実に儲かり、背後圏の経済成長に大いに貢献する輸送システムへと発展していった。

この中で船会社間のアライアンスや船舶の大型化が進展していった。船舶の大型化はコンテナターミナルにも波及し、岸壁の水深や延長で対応していく必要が高まり、大水深岸壁の整備が世界中で推進された。船舶は当初、パナマ運河を通行可能ないわゆるパナマックスという船型が限界と言われていたが、これを超える巨大船が投入され、ハブ＆スポートという概念が入ってきた。改革開放以前でさほど多くの貨物が輸出入されない中国は神戸港と香港港をハブとしていたし、シンガポール港はタイ等の東南アジアのハブとなっていた。このような熾烈な競争の中で海上コンテナ輸送はますます発展していくのだった。

Ａ－港湾への動きも

中国の改革開放によって海上コンテナ輸送は、北米、欧州、東アジアの3極間の輸送に重点を置く時期が続いていく。そしてＢＲＩＣｓの台頭、さらには南米やアフリカへの期待が高まってきている。新興国が経済成長すると輸出入貨物が増加し、その手段はコンテナである。そこで投資先としてグリーンフィールドであるコンテナターミナルへの投資競争が激化してきている。

例えばタイのレムチャバン港はコンテナターミナルの開発がＰｈ．2まで終了し、Ｐｈ．3が建設途上であるが、開発権は既に売買が終了している。コンテナターミナルのオペレーターは当初、船会社系列のオペレーターが多かったが、ＰＳＡやハチソンに代表されるオペレーターの専業者が登場し、新興国のコンテナターミナルの開発権の奪い合いが起こっている。

日本の総合商社も遅まきながらこの分野に進出している状況であり、今後の経済成長が期待される南米やアフリカの開発権のコンセッションも既にスタートしている状況にあり、ますます海上輸送の手段としてのコンテナが注目されているところである。

従来、「荷役」に代表される港湾での作業は労働集約産業として発展してきた。これを打破したのがコンテナである。巨大なガントリークレーンを使った船からの積降、コンテナターミナル内の荷役に使われるトランスファークレーンといった荷役機械が登場し、港湾の荷役は劇的に変化してきた。

ここにきてセンサー技術も含めたITによって自動化の取り組みが顕著になっている。ハンブルク港やロッテルダム港、釜山新港、名古屋港などでは半自動の仕組みが既に導入されている。釜山新港の現代ターミナルではトランスファークレーンのオペレーターに若い女性が採用されており、彼女たちは1人で数台のトランスファークレーンを担当し、ゲームで使われるジョイスティックを駆使してトラックの積降の微調整だけを実施している。言い換えるとそれ以外は自動的にオペレーションが可能となっている。

日本でも国土交通省が「AI港湾」というコンセプトのもとで、コンテナターミナルのさらなる省力化や自動化を検討している。本書に記されているが、強風が吹く中でのガントリークレーンのオペレーションは職人技であるものの、センサー技術とAIを駆使することでさらなる開発が期待されるところである。

国際海上輸送の主力として成長してきたコンテナは、世界経済の成長に伴いまだまだ成長するといわれている。その背景にあるものが詳細に記載された本書を是非ともご一読頂ければ幸いである。

原注

略語

AAA	アメリカ規格協会
COHP	コンテナリゼーション・オーラル・ヒストリー・プロジェクト、国立アメリカ歴史博物館、スミソニアン協会、ワシントン
GPO	アメリカ政府印刷局
ICC	アメリカ州際交通委員会
ILA	国際港湾労働者連盟
ILWU	国際港湾倉庫労働者組合
ISO	国際標準化機構
JOC	ジャーナル・オブ・コマース
MACV	南ベトナム軍事援助司令部
Marad	アメリカ海事管理局
MCC	モーター・キャリア・ケース
MH-5	第五荷役機械委員会
MSTS	軍事海上輸送部
NACP	国立公文書館、カレッジパーク、メリーランド州
NARA	国立公文書館・記録管理
NBER	全米経済研究所
NYMA	ニューヨーク市立公文書館
NYT	ニューヨーク・タイムズ
OAB/NHC	公文書館分館、海軍歴史研究所、ワシントン
PACECO	パシフィック・コースト・エンジニアリング・カンパニー

第1章

1. Steven P. Erie, Globalizing L.A.: *Trade, Infrastructure, and Regional Development* (Stanford, 2004).

2. Christian Broda and David E. Weinstein, "Globalization and the Gains from Variety," Working Paper 10314, NBER, February 2004.

3. Jefferson Cowie が著書の中のケーススタディで示したように、低い製造コストを狙った資本移動は目新しい現象ではない。以下を参照されたい。*Capital Moves: RCA's Seventy-Year Quest for Cheap Labor* (Ithaca, NY, 1999). 同書が取り上げたのはコンテナリゼーションによる生産拠点の地理的移動ではないが、消費地から離れた場所で生産しても経済的に成り立つ物品の範囲が広がったと指摘している。というのも、生産地と消費地との間を高い信頼性と精度で輸送できるようになると同時に、生産者は世界各地から原料を調達することが容易になったからだ。

4. Richard Pollak, *The Colombo Bay* (New York, 2004) および Rose George, *Ninety Percent of Everything* (New York, 2013).

5. アメリカの元沿岸警備隊員のスティーブン・フリンは、積み込まれた４フィート・コンテナを完全

に検査するのに 2004 年には検査官５人で３時間を要したと述べている。となれば、2014 年の平均的な週日にロサンゼルスとロングビーチ港を通過するすべてのコンテナを検査するには、30 万人時間かかる計算だ。となると、この２つの港だけで検査官４万人が必要になる。

6. コンテナ輸送のセキュリティ向上に関しては、以下を参照されたい。Flynn, *America the Vulnerable: How the U.S. Has Failed to Secure the Homeland and Protect Its People from Terror* (New York, 2004), chap. 5.

7. 輸送コストに関するデータがあてにならない理由はいくつもある。第一に、平均コストは運ぶ貨物の組み合わせによって大きく変わる。かつて ICC では鉄道貨物のトンキロ当たり平均運賃を平均コストの基準に使っていたが、コストの年間変動率は石炭の需給状況に大きく左右される。第二に、従来のコストは、おおむね輸送プロセスの単一の区間（たとえば二つの港の間の海上輸送）のみを対象にしており、ドア・ツー・ドアではなかった。第三に、輸送コストを適切に評価するためには、質的向上も考慮すべきである。たとえば積替時間の短縮や盗難の減少などだ。しかしそうしたデータは存在しない。第四に、大量の貨物輸送は大企業の企業グループ内で行われたり、船会社と個別の大口契約を結ぶという形で行われたりしている。こうした数字は通常公表されないため、経済全体における輸送コストの現状を正確に把握することはできない。以下を参照されたい。Edward L. Glaeser and Janet E. Kohlhase, "Cities, Regions, and the Decline of Transport Costs," Working Paper 9886, NBER, July 2003, p. 4.

8. U.S. Congress, Joint Economic Committee, *Discriminatory Ocean Freight Rates and the Balance of Payments,* November 19, 1963 (Washington, DC, 1964), p. 333; John L. Eyre, "Shipping Containers in the Americas," in Pan American Union, *Recent Developments in the Use and Handling of Unitized Cargoes* (Washington, DC, 1964), pp. 38–42. エアのデータはアメリカ港湾協会の調べによる。

9. Douglas C. MacMillan and T. B. Westfall, "Competitive General Cargo Ships," *Transactions of the Society of Naval Architects and Marine Engineers* 68 (1960): 843.

10. Joint Economic Committee, *Discriminatory Ocean Freight Rates*, p. 342.

11. U.S. Bureau of the Census, *Historical Statistics of the United States* (Washington, DC, 1975), p. 887.

12. Eyre, "Shipping Containers in the Americas," p. 40.

13. Paul Krugman, "Growing World Trade: Causes and Consequences," *Brookings Papers on Economic Activity 1995*, no. 1 (1995): 341; World Trade Organization, *World Trade Report 2004* (Geneva, 2005), pp. 114–129. David Hummels, "Transportation Costs and International Trade in the Second Era of Globalization," *Journal of Economic Perspectives* 21, no. 3 (2007): 152 はいずれも、「劇的なコスト縮小がコンテナリゼーションの結果とは言い切れない」と主張している。

14. Robert Greenhalgh Albion, *The Rise of New York Port* (New York, 1939; reprint, 1971), pp. 145–146; Peter L. Bernstein, *Wedding of the Waters: The Erie Canal and the Making of a Great Nation* (New York, 2005); Douglass North, "Ocean Freight Rates and Economic Development, 1750–1913," *Journal of Economic History* 18 (1958): 537–555. W.・W.・ロストウ『経済成長の諸段階―1 つの非共産主義宣言』（ダイヤモンド社）では、1840 年代、50 年代のアメリカの経済が「離陸」した最大の要因は鉄道だったと主張している。またアルフレッド・チャンドラー『経営者の時代―アメリカ産業における近代企業の成立　上・下』（東洋経済新報社）も、最重要要素は鉄道だったとする。Robert William Fogel, *Railroads and American Economic Growth* (Baltimore, 1964), p. 235 はロストウ の見解を否定し、「経済の潜在力を引き出すうえで最大の働きをしたのは鉄道ではなかった」と主張する。Albert Fishlow もロストウの主張を否定したが、安い運賃が農業に重要な影響を与え、地域経済の再編につながったことは認めている。以下を参照されたい。Albert Fishlow, *American Railroads and the Transformation of the Ante-bellum Economy* (Cambridge, MA, 1965) および "Antebellum Regional Trade Reconsidered," *American Economic Review* (1965 supplement): 352–364.

15. シカゴの発展に鉄道が果たした役割については、以下を参照されたい。William Cronon, *Nature's Metropolis: Chicago and the Great West* (New York, 1991) および Mary Yeager Kujovich, "The Refrigerator Car and the Growth of the American Dressed Beef Industry," *Business History Review* 44 (1970): 460–482. イギリスの例は、Wray Vamplew, "Railways and the Transformation of the Scottish Economy," *Economic History Review* 24 (1971): 54 を参照されたい。

16. 輸送と都市開発については、James Heilbrun, *Urban Economics and Public Policy* (New York, 1974), p. 32 および Edwin S. Mills and Luan Send., "Inner Cities," *Journal of Economic Literature* 35 (1997): 731 を参照されたい。航空輸送については、Caroline Isard and Walter Isard, "Economic Implications of Aircraft," *Quarterly Journal of Economics* 59 (1945): 145–169 を参照されたい。

17. このパラグラフに関連するきわめて重要な論文は、Robert Solow, "Technical Change and the Aggregate Production Function," *Review of Economics and Statistics* 39, no. 2 (1957): 65–94. である。

18. Joel Mokyr, "Technological Inertia in Economic History," *Journal of Economic History* 52 (1992): 325–338; Nathan Rosenberg, "On Technological Expectations," *Economic Journal* 86, no. 343 (1976): 528.

19. Warren D. Devine Jr., "From Shafts to Wires: Historical Perspective on Electrification," *Journal of Economic History* 43 (1983): 347–372, Paul A. David, "The Dynamo and the Computer: An Historical Perspective on the Modern Productivity Paradox," *American Economic Review* 80 (1990): 355–361; Stephen D. Oliner and Daniel E. Sichel, "The Resurgence of Growth in the Late 1990s: Is Information Technology the Story?" *Journal of Economic Perspectives* 14, no. 4 (2000): 3–22; and Dale W. Jorgenson and Kevin J. Stiroh, "Information Technology and Growth," *American Economic Review* 89, no. 2 (1999): 109–115.

20. Erik Brynjolfsson and Lorin M. Hitt, "Beyond Computation: Information Technology, Organizational Transformation, and Business Performance," *Journal of Economic Perspectives* 14, no. 4 (2000): 24.

21. Paul M. Romer, "Why, Indeed, in America? Theory, History, and the Origins of Modern Economic Growth," Working Paper 5443, NBER, January 1996.

22. David Ricardo, *The Principles of Political Economy and Taxation* (London, 1821; reprint, New York, 1965), pp. 77–97. Richard E. Caves and Ronald W. Jones は Heckscher-Ohlin モデルを使い、汎用性の高い財の生産に比較優位を持つ国にとって輸送コストは貿易に悪影響を与えないことを示した。くわしくは、以下を参照されたい。*World Trade and Payments: An Introduction, 2nd ed.* (Boston, 1977). また、Miltiades Chacholiades, *Principles of International Economics* (New York, 1981), p. 333 は、貿易にコストはかからないという暗黙の前提の下での国際市場の均衡を解説している。

23. この分野での画期的な論文は、Paul Krugman, "Increasing Returns and Economic Geography," *Journal of Political Economy* 99, no. 3 (1991): 483–499 である。

24. 輸送コストの変動の影響については、Krugman and Anthony J. Venables, "Globalization and the Inequality of Nations," *Quarterly Journal of Economics* 110, no. 4 (1995): 857–880, and in Masahisa Fujita, Paul Krugman, and Anthony J. Venables, *The Spatial Economy: Cities, Regions, and International Trade* (Cambridge, MA, 1999) にくわしい。

25. David Hummels, "Have International Transportation Costs Declined?" Working Paper, *University of Chicago Graduate School of Business*, 1999, and the International Monetary Fund, World Economic Outlook, September 2002, p. 116 は、ここ数十年間、海上貨物運賃は大幅には下落していないと指摘する。一方、James E. Anderson and Eric van Wincoop, "Trade Costs," *Journal of Economic Literature* 42 (September 2004): 691–751 と C.line Carrere and Maurice Schiff, "On the Geography of Trade: Distance Is Alive and Well," World Bank Policy Research Working Paper 3206, February 2004 は、貿易の流れを決定づけるうえで輸送コストはいまも重要な意味を持つと主張する。David Coe らは "The Missing Globalization Puzzle," International Monetary Fund

Working Paper WP/02/171, October 2002 の中でこれらの主張に技術的な批判を加え、長距離の国際貿易は現実に増えているとして、輸送コストの低下がグローバリゼーションを促したと示唆する。また Daniel M. Bernhofen, Zouheir El-Sahli, and Richard Kneller, "Estimating the Effects of the Container Revolution on World Trade," CESifo working paper 4136, February 2013 は、貿易パターンの変化においてコンテナは重要な役割を果たしたと主張する。Gisela Rua, "Diffusion of Containerization," Federal Reserve Board of Governors Working Paper, October 2014 も同意見である。

26. コンテナの歴史に最も近いと言えるのは、Theodore O. Wallin, "The Development, Economics, and Impact of Technological Change in Transportation: The Case of Containerization" (Ph.D. diss., Cornell University, 1974) である。以下も参照されたい。Brian Cudahy, *Box Boats: How Container Ships Changed the World* (New York, 2006) および Arthur Donovan and Joseph Bonney, *The Box That Changed the World: Fifty Years of Container Shipping—An Illustrated History* (East Windsor, NJ, 2006).

第 2 章

1. Otto Hagel and Louis Goldblatt, *Men and Machines: A Story about Longshoring on the West Coast Waterfront* (San Fran-cisco, 1963) には、西海岸の埠頭における荷役のドラマチックな写真が収録されている。

2. Debra Bernhardt によるブルックリンの沖仲仕 Peter Bell のインタビュー（1981 年 8 月 29 日）。New Yorkers at Work Oral History Collection, Robert F. Wagner Labor Archive, New York University, Tape 10A. 元沖仲仕 Jock McDougal の回想は Ian McDougall, *Voices of Leith Dockers* (Edinburgh, 2001), p. 28 に、サンフランシスコの元沖仲仕 Bill Ward の回想は ILWU oral history collection, viewed July 5, 2004, at http://www.ilwu.org/history/oral-histories/bill-ward.cfm?renderforprint=1. に収録されている。

3. グレース海運の Andrew Gibson とのインタビュー : Box AC NMAH 639, COHP.

4. Alfred Pacini and Dominique Pons, *Docker a Marseille* (Paris, 1996), p. 174; T. S. Simey, ed., *The Dock Worker: An Analysis of Conditions of Employment in the Port of Manchester* (Liverpool, s1956), p. 199; New York Shipping Association, "Annual Accident Report Port of Greater New York and Vicinity," January 15, 1951, in Vernon H. Jensen Papers, Collection 4067, Box 13, Folder "Accidents-LongshoreInd."

5. Charles R. Cushing, "The Development of Cargo Ships in the United States and Canada in the Last Fifty Years" (manuscript, January 8, 1992); Peter Elphick, *Liberty: The Ships That Won the War* (London, 2001), p. 403.

6. Ward interview, ILWU; 元沖仲仕 George Baxter へのインタビュー : McDougall, *Voices of Leith Dockers*, p. 44.

7. 前掲書 Pacini and Pons, *Docker a Marseille*, p. 137 には荷揚げの様子が描かれている。

8. U.S. Department of Commerce, Bureau of Economic Analysis, "Estimates of Non-Residential Fixed Assets, Detailed Industry by Detailed Cost," available at http://www.bea.gov/bea/dn/faweb/Details/Index.html; Andrew Gibson interview; Paul Richardson interview, July 1, 1997, Box ACNMAH 639, COHP.

9. 商船のコストは、以下の Geoffrey V. Azoy, Chemical Bank, in U.S. House of Representatives, Committee on Merchant Marine and Fisheries, Hearings on HR 8637, To Facilitate Private Financing of New Ship Construction, April 27, 1954, p. 54 の証言に拠った。MacMillan と Westfall は 1958 年に、荷役と港湾諸費用は C2 型貨物船による短距離輸送の場合、全費用の 51・8%、長距離輸送では 35・9%を占めると見積もっている。"Competitive General Cargo Ships," p. 837.

10. 各国の港湾労働者の労働条件については、以下を参照されたい。Sam Davies et al., eds., *Dock*

Workers: International Explorations in Comparative Labour History, 1790–1970 (Aldershot, UK, 2000).

11. U.S. Bureau of the Census and Bureau of Old-Age and Survivors Insurance, *County Business Patterns*, First Quarter, 1951 (Washington, DC, 1953), p. 56; George Baxter interview in McDougall, *Voices of Leith Dockers*, p. 44; unnamed longshoreman quoted in William W. Pilcher, *The Portland Longshoremen: A Dispersed Urban Community* (New York, 1972), p. 41; Pacini and Pons, Docker a Marseille, p. 46; Paul T. Hartman, *Collective Bargaining and Productivity* (Berkeley, 1969), p. 26; David F. Wilson, *Dockers: The Impact of Industrial Change* (London, 1972), p. 23.

12. 1951年にニューヨーク州が港湾の労働条件について調査を行い、港湾が抱える多くの問題についてくわしい報告を行った。その要約は以下を参照されたい。New York State Department of Labor, "Employment Conditions in the Longshore Industry," New York State Department of Labor Industrial Bulletin 31, no. 2 (1952): 7.

13. Eric Arnesen, Waterfront Workers of New Orleans: Race, Class, and Politics, 1863–1923 (New York, 1991), p. 254.

14. Paul Trilling, "Memorandum and Recommendations on the New York Waterfront," December 14, 1951, in Jensen Papers, Collection 4067, Box 12, Folder "Appendix Materials."

15. ILA代表のJoseph P. Ryanは最後は収賄の科で更迭されるのだが、1951年に雇用主に対し労働者に高利で貸す方法を指南している。以下を参照されたい。"Ryan Message to Members 1951" in Jensen Papers, Collection 4067, Box 13, Folder "Bibliography—Longshoremen Study Outlines," and *Waterfront Commission of New York Harbor*, Annual Report, various years. Mullman's testimony is reported in "Newark Kickback Inquiry," *NYT*, December 16, 1954.

16. 以下を参照されたい。Peter Turnbull, "Contesting Globalization on the Waterfront," *Politics and Society* 28, no. 3 (2000): 367–391, and in Vernon H. Jensen, *Hiring of Dock Workers and Employment Practices in the Ports of New York, Liverpool, London, Rotterdam, and Marseilles* (Cambridge, MA, 1964), pp. 153, 200, and 227. On Rotterdam, see also Erik Nijhof, "Des journaliers respectables: Les dockers de Rotterdam et leurs syndicates 1880–1965," in *Dockers de la Mediterranee a la Mer du Nord* (Avignon, 1999), p. 121.

17. Wilson, *Dockers*, p. 34.

18. イギリスの年金制度については、Wilson, *Dockers*, p. 118を参照されたい。

19. アムステルダムとロッテルダムでは、港湾労働者の大半が荷役会社に直接雇われていた。フルタイムで雇用されていない労働者の多くは、1日に2回斡旋所に顔を出せば、通常の賃金の80%を受け取ることができた。平均すると、彼らは週39時間分の賃金を受け取り、週48時間労働を基準に9時間分の賃金が保障されていた。くわしくは、以下を参されたい。Scheefvaart Vereeniging Noord, dated May 1, 1953, in Jensen Papers, Collection 4067, Box 13, Folder "Reports on Foreign Dock Workers." ハンブルクの事情は、以下を参されたい。Klaus Weinhauer, "Dock Labour in Hamburg: The Labour Movement and Industrial Relations, 1880s–1960s," in Davies et al., Dock Workers, 2:501.

20. Raymond Charles Miller, "The Dockworker Subculture and Some Problems in Cross-Cultural and Cross-Time Generalizations," *Comparative Studies in Society and History* 11, no. 3 (1969): 302–314. 以下も参照されたい。 Horst Jurgen Helle, "Der Hafenarbeiter zwischen Segelschiff und Vollbeschaftigung," *Economisch en Sociaal Tijdschrift* 19, no. 4 (1965): 270.

21. マルセイユの港湾労働者は、1955年に固定的なシフト制を要求してストライキを行った。Pacini and Pons, *Docker a Marseille*, p. 118.

22. Pilcher, *The Portland Longshoremen*, p. 22.

23. イギリス労働省の資料によると、フルタイム勤務の港湾労働者の週給は、第二次世界大戦前は、建設業で働く労働者より30～40%高かった。だが仕事にありつけない日が多いため、平均でみると、10%高い程度にとどまる。以下を参照されたい。Wilson, *Dockers*, p. 19.

24. Richard Sasuly, “Why They Stick to the ILA,” *Monthly Review*, January 1956, 370; Simey, *The Dock Worker*, pp. 44–45; Malcolm Tull, “Waterfront Labour at Fremantle, 1890–1990,” in *Davies et al., Dock Workers,* 2:482; U.S. Bureau of the Census, U.S. Census of Population and Housing, 1960 (Washington, DC, 1962), Report 104, Part I.

25. Lester Rubin, *The Negro in the Longshore Industry* (Philadelphia, 1974), pp. 34–44.

26. ニューヨーク、ニューオーリンズ、カリフォルニアでの人種に関する偏見や差別は、以下を参照されたい。Bruce Nelson, *Divided We Stand: American Workers and the Struggle for Black Equality* (Princeton, 2001), chaps. 1–3, Daniel Rosenberg, *New Orleans Dockworkers: Race, Labor, and Unionism*, 1892–1923 (Albany, 1988), and Arnesen, *Waterfront Workers of New Orleans.* さらにくわしい説明は、以下を参照されたい。William Z. Ripley, “A Peculiar Eight Hour Problem,” *Quarterly Journal of Economics* 33, no. 3 (1919): 555–559. また人種差別全般については、以下を参照されたい。Robin D. G. Kelley, “‘We Are Not What We Seem’: Rethinking Black Working-Class Opposition in the Jim Crow South,” *Journal of American History* 80, no. 1 (1993): 96; Seaton Wesley Manning, “Negro Trade Unionists in Boston,” *Social Forces* 17, no. 2 (1938): 259; Roderick N. Ryon, “An Ambiguous Legacy: Baltimore Blacks and the CIO, 1936–1941,” *Journal of Negro History* 65, no. 1 (1980): 27; Clyde W. Summers, “Admission Policies of Labor Unions,” *Quarterly Journal of Economics* 61, no. 1 (1946): 98; Wilson, Dockers, p. 29.

27. Charles P. Larrowe, *Harry Bridges: The Rise and Fall of Radical Labor in the United States* (New York, 1972), p. 368.

28. ポートランドについては Pilcher, *The Portland Longshoremen*, p. 17 を、アントワープについては Helle, “Der Hafenarbeiter,” p. 273 を、エジンバラについては以下を参照されたい。Eddie Trotter and Tom Ferguson in McDougall, *Voices of Leith Dockers*, pp. 132 and 177. マンチェスターについては、Simey, *The Dock Worker*, p. 48 を参照されたい。

29. Wilson, *Dockers*, p. 160.

30. 港湾労働者の文化については、以下を参照されたい。Pilcher, *The Portland Longshoremen*, pp. 12 and 25–26; Wilson, *Dockers*, p. 53; and Miller, “The Dockworker Subculture,” passim.

31. John Hall and D. Caradog Jones, “Social Grading of Occupations,” *British Journal of Sociology* 1 (1950): 31–55.

32. Wilson, *Dockers*, pp. 101–102; Clark Kerr and Abraham Siegel, “The Interindustry Propensity to Strike—an International Comparison,” in *Industrial Conflict,* ed. Arthur Kornhauser, Robert Dublin, and Arthur M. Ross (New York, 1954), p. 191; Miller, “The Dockworker Subculture,” p. 310. 港湾労働者が最も好戦的でなかったのは、ニューヨークである。ニューヨークでは、労組の指導者が腐敗しており、また、アイルランド系キリスト教系労働者の結束が固く他の労働者グループに対抗したため、労働者の過激な行動は影を潜め、1916～45 年にストライキは一度もなかった。Nelson, *Divided We Stand*, pp. 64–71. 以下も参照されたい。*Tony Kushner's 2009 play The Intelligent Homosexual's Guide to Socialism and Capitalism with the Key to the Scriptures.*

33. Rupert Lockwood, *Ship to Shore: A History of Melbourne's Waterfront and Its Union Struggles* (Sydney, 1990), pp. 223–225; Arnesen, *Waterfront Workers of New Orleans*, p. 254; David F. Selvin, *A Terrible Anger* (Detroit, 1996), pp. 41 and 48–52; Pacini and Pons, *Docker a Marseille*, pp. 46 and 174; 元港湾労働者 Tommy Morton へのインタビュー : McDougall, *Voices of Leith Dockers*, p. 112.

34. 賃金引き下げに対する腹いせの盗みについては、Selvin, *A Terrible Anger,* p. 54 を参照されたい。

35. Wilson, *Dockers*, p. 53. Tommy Morton へのインタビューでも盗みが言及されている。McDougall, *Voices of Leith Dockers*, p. 115; and in Pilcher, *The Portland Longshoremen*, p. 100.

36. 休憩は、もともとは冷蔵ホールドで働く労働者に与えられていたが、リバプールとグラスゴーでは次第に一般貨物にも広がった。以下を参照されたい。Wilson, *Dockers*, pp. 215 and 221. 生産性については、以下を参照されたい。Miller, “The Dock-worker Subculture,” p. 311; MacMillan and Westfall,

"Competitive General Cargo Ships," p. 842; Wilson, *Dockers*, p. 308; and William Finlay, *Work on the Waterfront: Worker Power and Technological Change in a West Coast Port* (Philadelphia, 1988), p. 53.

37. 1920 ～ 21 年のコンテナについての興味深い論文 2 本が以下に掲載されている。"Uniform Containerization of Freight: Early Steps in the Evolution of an Idea," *Business History Review* 43, no. 1 (1969): 84.

38. アメリカにおける初期のコンテナ導入については、以下を参照されたい。G. C. Woodruff, "The Container Car as the Solution of the Less Than Carload Lot Problem," speech to Associated Industries of Massachusetts, October 23, 1929, and "Freight Container Service," speech to Traffic Club of New York, March 25, 1930. コンテナの可能性に関する先見性に富む論文として、以下がある。Robert C. King, George M. Adams, and G. Lloyd Wilson, "The Freight Container as a Contribution to Efficiency in Transportation," *Annals of the American Academy of Political and Social Science* 187 (1936): 27–36.

39. ICC の裁定は、173 ICC 448 に定められている。ノースショア海運の運賃は、ICC Docket 21723, June 6, 1931 に審議の記録がある。ICC の決定の影響については、以下を参照されたい。Donald Fitzgerald, "A History of Containerization in the California Maritime Industry: The Case of San Francisco" (Ph.D. diss., University of California at Santa Barbara, 1986), pp. 15–20.

40. Lockwood, *Ship to Shore*, p. 379.

41. Wilson, *Dockers*, p. 137, and Rene Borruey, *Le port de Marseille: Du dock au conteneur,* 1844–1974 (Marseilles, 1994), pp. 296–306.

42. George W. Jordan, personal correspondence, November 15, 1997. 以下も参照されたい。"Steel Containers," *Via–Port of New York*, July 1954, pp. 1–5.

43. H. E. Stocker, "Cargo Handling and Stowage," *Society of Naval Architects and Marine Engineers,* November 1933.

44. Containers: Bulletin of the International Container Bureau, no. 5 (June 1951): 12 and 68; Fitzgerald, "A History of Containerization," p. 35; Padraic Burke, *A History of the Port of Seattle* (Seattle, 1976), p. 115; Lucille McDonald, "Alaska Steam: A Pictorial History of the Alaska Steamship Company," *Alaska Geographic* 11, no. 4 (1984).

45. Pierre-Edouard Cangardel, "The Present Development of the Maritime Container," *Containers,* no. 35 (June 1966): 13 (author's translation).

46. *Containers*, no. 13 (June 1955): 9, and no. 2 (December 1949): 65.

47. *Containers*, no. 19 (December 1957): 18 and 39.

48. Peter Bell のインタビューで初期のコンテナの荷役に言及されている。Waldemar Isbrandtsen of Isbrandtsen Company の発言は、International Cargo Handling Coordination Association, "Containerization Symposium Proceedings, New York City, June 15, 1955," p. 11 に、フォークリフトについての Frank McCarthy of Bull-Insular Line は p. 19 にある。以下も参照されたい。A. Vicenti, president, Union of Cargo Handlers in the Ports of France, *Containers,* no. 12 (December 1954): 20.

49. *Containers,* no. 1 (April 1949): 48 (author's translation).

50. 1956 年に協定が成立するまで、コンテナを受け取る側の国が到着したコンテナ自体と内容物に課税するケースが多かった。*Containers*, no. 33 (June 1965): 18.

51. National Research Council, Maritime Cargo Transportation Conference, *Transportation of Subsistence to NEAC* (Washington, DC, 1956), p. 5.

52. U.S. National Research Council, Maritime Cargo Transportation Conference, *The SS Warrior* (Washington, DC, 1954), p. 21.

53. U.S. National Research Council, Maritime Cargo Transportation Conference, *Cargo Ship*

Loading (Washington, DC, 1957), p. 28.

第 3 章

1. Fitzgerald, "A History of Containerization," pp. 30–31.

2. *North Carolina: A Guide to the Old North State* (Chapel Hill, 1939), p. 537; *Robesonian,* February 26, 1951.

3. Malcolm P. McLean, "Opportunity Begins at Home," *American Magazine* 149 (May 1950): 21; *News and Observer* (Raleigh), February 16, 1942, p. 7; *Robesonian*, February 26, 1951.

4. McLean, "Opportunity," p. 122.

5. マクリーン運送の初期の歴史は、以下を参照されたい。"Malcolm P. McLean, Jr., Common Carrier Application," ICC *Motor Carrier Cases* (hereafter *MCC*) at 30 *MCC* 565 (1941).

6. *McLean Trucking Co. v.* U.S., 321 U.S. 67, January 14, 1944.

7. マクリーンの新事業が認可されたのは、1944 年 9 月である。43 *MCC* 820. マクリーンが最初に買収したのは、McLeod's Transfer Inc., で、1942 年のことである。3 社が異議を申し立てたが承認された。38 *MCC* 807. 戦争末期にはさらに American Trucking を買収している。40 *MCC* 841 (1946). 1946 年度の財務報告は、以下にある。48 *MCC* 43 (1948).

8. 州をまたがるトラック輸送は、1946 年の時点で 304・5 億トンの貨物を運んでいた。1950 年には、六五六・五億トンに達している。ICC, *Transport Economics,* December 1957, p. 9. 同時期の鉄道輸送量は横ばいである。鉄道のトン・マイル当たり収入は、1942 年にトラック輸送の 23%、56 年には 26・8%だった。以下を参照されたい。*Transport Economics*, November 1957, p. 8.

9. 著者によるインタビュー : Paul Richardson, Holmdel, NJ, January 14, 1992.

10. *M.P. McLean, Jr.—Control; McLean Trucking Co.—Lease—Atlantic States Motor Lines Incorporated*, ICC No. MC-F-3300, 45 *MCC* 417; *M.P. McLean, Jr.—Control; McLean Trucking Company, Inc.—Purchase (Portion)—Garford Trucking, Inc.,* ICC No. MC-F-3698, 50 *MCC* 415.

11. *Cigarettes and Tobacco from North Carolina Points to Atlanta,* 48 *MCC* 39 (1948).

12. マクリーンは経営不振に陥ったカロライナ・モーター・エクスプレスの経営権を 1952 年に一時的に取得し、マネジメント・プログラムを活用して建て直した。その経緯は以下を参照されたい。*M.P. McLean, Jr.—Control; McLean Trucking Company—Control—Carolina Motor Express Lines, Inc.* (Earl R. Cox, Receiver), 70 *MCC* 279 (1956). 著者によるインタビュー : Paul Richardson, Holmdel, NJ, July 20, 1992, and Walter Wriston, New York, June 30, 1992.

13. *M.P. McLean, Jr.—Control; McLean Trucking Co.—Lease—Atlantic States Motor Lines Incorporated*, 45 *MCC* 417; *M.P. Mc-Lean, Jr.—Control; McLean Trucking Company, Inc.—Purchase (Portion)—Garford Trucking, Inc.,* 50 MCC 415; ICC, *Transport Statistics in the United States* 1954, Part 7, Table 30.

14. 著者によるインタビュー : Walter Wriston, New York, June 30, 1992.

15. 著者による電話インタビュー : William B. Hubbard, July 1, 1993.

16. 著者による電話インタビュー : Earl Hall, May 12, 1993; Robert N. Campbell, June 25, 1993.

17. 最初の計画の説明は、以下を参照されたい。A. H. Raskin, "Union Head Backs 'Sea-Land' Trucks," *NYT,* February 17, 1954.

18. PANYNJ, *Foreign Trade* 1976 (New York, 1977), p. 23; 著者によるインタビュー : Paul Richardson, Holmdel, NJ, July 20, 1992; PNYA, Weekly Report to Commissioners, March 13, 1954, 16, in Doig Files; PNYA, Minutes of Committee on Port Planning, April 8, 1954, 2, in Meyner Papers, Box 43.

19. Pan-Atlantic Steamship Corporation, "Summary of Post–World War II Coastwise Operations," mimeo, n.d.; Wriston interview; Phillip L. Zweig, *Wriston: Walter Wriston, Citibank, and the Rise and Fall of American Financial Supremacy* (New York, 1995), p. 78.

20. このややこしい取引の詳細は、以下を参照されたい。ICC, Case No. MC-F-5976, *McLean Trucking*

Company and Pan-Atlantic Steamship Corporation—Investigation of Control, July 8, 1957.

21. "I.C.C. Aide Urges Waterman Sale," *NYT*, November 28, 1956. 著者によるインタビュー : Gerald Toomey, New York, May 5, 1993.

22. 著者によるインタビュー : Walter Wriston, New York, June 30, 1992.

23. マクリーンからの聞き取りは、以下に拠った。Zweig, *Wriston*, p. 79.

24. 著者によるインタビュー : Walter Wriston; Zweig, *Wriston*, p. 81; Janet Berte Neale, "America's Maritime Innovator," program for AOTOS Award 1984. 財務関係の詳細はマクリーン・インダストリーズの年次報告書には記載されていない。

25. McLean Industries, Annual Report for the year ending December 31, 1955.

26. マクリーンが活用したプログラムは、本来は海運会社を支援するためのもので、新興企業の支援が目的ではなかった。くわしくは、以下を参照されたい。Andrew Gibson and Arthur Donovan, *The Abandoned Ocean: A History of United States Maritime Policy* (Columbia, SC, 2000), p. 176.

27. "Railroads Assail Sea-Trailer Plan," *NYT*, February 11, 1955; ICC, *McLean Trucking Company and Pan-Atlantic Steamship Corporation—Investigation of Control*; McLean Industries, *Annual Report*, 1955, pp. 5 and 11; U.S. Department of Commerce, *Annual Report of the Federal Maritime Board and Maritime Administration*, 1955 (Washington, DC, 1955), p. 14, and 1956 (Washington, DC, 1956), p. 7; K. W. Tantlinger, "U.S. Containerization: From the Beginning through Standardization" (paper presented to World Port Conference, Rotterdam, 1982); "T-2's Will 'Piggy Back' Truck Trailers," *Marine Engineering/Log* (1956), p. 83.

28. コスト分析は、著者のインタビュー : Guy F. Tozzoli, New York, January 13, 2004 に拠った。

29. パンアトランティック海運は、Ro-Ro 船を建造するアイデアを 1956 年には断念していた。おそらくは建造費を節約するためと、運用に柔軟性を持たせるためと思われる。"Pan Atlantic Changes Plans for Roll-On Ships," *Marine Engineering/Log* (December 1956), p. 112.

30. このパラグラフの記述の多くは、以下に拠った。Tantlinger, "U.S. Containerization"; 著者による電話インタビュー : Keith Tantlinger, December 1, 1992; 著者によるインタビュー : Keith Tantlinger, San Diego, January 3, 1993. これらのコンテナはオーシャン・バン海運のために製造されたもので、同社は 36 個のコンテナを艀まで運んだ。艀はアラスカ貨物海運がシアトル～アンカレッジ～シュアード間を運航していた。これらのコンテナは、貨物を保護するための小さいスチール製のボックスとはまったく別物である。この種の小さいスチール製ボックスを初めて使用したのはアラスカ・スチームシップ海運で、1953 年のことだった。なお同社は 12 フィートの木製のボックスをサスティナ号で運んだ実績もあり、この船を世界初のコンテナ船とみなす人もいる。以下を参照されたい。Tippetts-Abbett-McCarthy-Stratton, *Shoreside Facilities for Trailership, Trainship, and Containership Services* (Washington, DC, 1956), p. 45; McDonald, "Alaska Steam," p. 112; and Burke, *A History of the Port of Seattle*, p. 115.

31. Tantlinger, "U.S. Containerization"; 著者のインタビュー : Keith Tantlinger, January 3, 1993; 著者による電話インタビュー : Earl Hall, May 14, 1993.

32. スプレッダーの特許 U.S. Patent 2,946,617 号は、1960 年 7 月 26 日に承認された。

33. Tantlinger interview.

34. "Tank Vessels Begin Trailer Runs in April," *JOC*, February 19, 1956.

35. Marc Felice, "The Pioneer," article appearing in program for the AOTOS Award 1984.

36. Pierre Bonnot, "Prospective Study+ of Unit Loads," *Containers*, no. 36 (December 1956): 25–29.

37. Pan-Atlantic Steamship Corporation, "Summary of Operations."

38. "ICC Aide Urges Waterman Sale," *NYT*, November 28, 1956, p. 70; ICC, *McLean Trucking Company and Pan-Atlantic Steamship Corporation—Investigation of Control*.

39. 1928 年にシートレイン海運が貨物列車を運ぶ写真は、以下を参照されたい。*Fairplay*, June 17,

1976, p. 15.

40. Borruey, *Le port de Marseille*, p. 296.

41. Fitzgerald, "A History of Containerization," p. 2.

42. Cangardel, "The Present Development of the Maritime Container."

第 4 章

1. 著者による電話インタビュー : Robert N. Campbell, June 25, 1993.

2. Tantlinger, "U.S. Containerization"; Cushing, "The Development of Cargo Ships."

3. コンテナ、シャーシ、冷蔵ユニット、ツイストロックはすべて米国特許 US patent 3,085,707 でカバーされている。特許はさんざん遅れた末に、1963 年 4 月に承認された。

4. スカジット鉄工所は 1990 年代初めに閉鎖され、会社の記録の大半は失われた。

5. Campbell interview; Tantlinger, "U.S. Containerization."

6. *Marine Engineering/Log* (November 1955), p. 104; PNYA, Minutes of Committee on Operations, February 2, 1956, Meyner Papers, Box 44; Paul F. Van Wicklen, "New York—The Port That Gave Containerization Its Oomph," in Containerization and Intermodal Institute, *Containerization: The First 25 Years* (New York, 1981); "Tanker to Carry 2-Way Loads," *NYT*, April 27, 1956. 貨物船の改造に関しては、以下にくわしい。"Full-Scale Container Ship Proves Itself," *Marine Engineering/Log* (December 1957), p. 67, 著者による電話インタビュー : Robert N. Campbell, June 25, 1993.

7. McLean Industries, *Annual Report*, 1957, p. 8.

8. Tantlinger, "U.S. Containerization".

9. McLean Industries, *Annual Report*, 1957 and 1958.

10. McLean Industries, *Annual Report*, 1958; Campbell interview.

11. 著者による電話インタビュー : Earl Hall, October 2, 1992; 著者による電話インタビュー : William Hubbard, July 1, 1993; 著者によるインタビュー : Charles Cushing, New York, April 7, 1993.

12. William L. Worden, *Cargoes: Matson's First Century in the Pacific* (Honolulu, 1981), p. 120.

13. Ibid., pp. 114–120; Fitzgerald, "A History of Containerization," pp. 39–41.

14. 著者による電話インタビュー : Leslie A. Harlander, November 2, 2004; 著者によるインタビュー : Charles Cushing, New York, April 7, 1993.

15. Statement of Matson president Stanley Powell Jr., U.S. House of Representatives, Committee on Merchant Marine and Fisheries, *Cargo Container Dimensions*, November 1, 1967, pp. 48–49.

16. Weldon, "Cargo Containerization in the West Coast–Hawaiian Trade," *Operations Research* 6 (September–October 1958): 650.

17. Weldon, "Cargo Containerization," pp. 652–655.

18. Ibid., pp. 661–663.

19. Les Harlander, interview by Arthur Donovan and Andrew Gibson, June 19, 1997, COHP.

20. Harlander interview, COHP; Keith Tantlinger から George D. Saunders 宛の 1992 年 12 月 3 日付書簡。この書簡の中でタントリガーは「私はハーランダー兄弟が船の周りをうろついて鵜の目鷹の目で調べているのを見つけた。そこで、船から離れろと命じた」と書いている。著者が 2004 年に電話インタビューをしたところ、ハーランダーはパンアトランティックの招待客のふりをして船を訪れたことを思い出した。

21. Harlander interview, COHP; American Society of Mechanical Engineers, *The PACECO Container Crane*, Alameda, California, May 5, 1983.

22. 揺れ防止の特殊装置については、以下を参照されたい。L. A. Harlander, "Engineering Development of a Container System for the West Coast–Hawaiian Trade," *Transactions of the*

Society of Naval Architects and Marine Engineers 68 (1960): 1079.
23. Harlander interview, COHP; Harlander, "Engineering Development," p. 1053. コンテナは非常に頑丈にできていたようだ。製造から23年後の1981年になっても、当初製造された600個の85%が使用されていた。
24. Harlander interview, COHP.
25. ラッシングについては、以下にくわしい。Harlander, "Engineering Development," p. 1084.
26. Foster Weldon, "Operational Simulation of a Freighter Fleet," in National Research Council, *Research Techniques in Marine Transportation*, Publication 720 (Washington, DC, 1959), pp. 21–27.
27. Fitzgerald, "A History of Containerization," p. 47.
28. American Society of Mechanical Engineers, *The PACECO Container Crane*.
29. Leslie A. Harlander, "Further Developments of a Container System for the West Coast–Hawaiian Trade," *Transactions of the Society of Naval Architects and Marine Engineers* 69 (1961): 7–14; Fitzgerald, "A History of Containerization," pp. 57–59; Worden, *Cargoes*, pp. 143–144.
30. Jerome L. Goldman, "Designed to Cut Cargo-Handling Costs," *Marine Engineering/Log* (1958), p. 43.
31. たとえばBenjamin Chinitzは貨物輸送に関する著作の中で、コンテナリゼーションにほんの数行しか触れず、「今後数十年以内にピギーバック（鉄道によるコンテナ輸送）サービスを採用するケースはごくわずかしかなく、コンテナの海上輸送はさらに少ないだろう」と1960年に予想した。Benjamin Chinitz, *Freight and the Metropolis: The Impact of America's Transport Revolution on the New York Region* (Cambridge, MA, 1960), pp. 83, 86, and 161.
32. McLean Industries, *Annual Reports*, 1957–60; Campbell interview.
33. John Niven, *American President Lines and Its Forebears,* 1848–1984 (Newark, DE, 1987), p. 211.
34. U.S. Department of Commerce, *Annual Report of the Federal Maritime Board and Maritime Administration*, 1958, p. 4; Edward A. Morrow, "All-Container Ship Welcomed by Port on Her Debut," *NYT*, January 13, 1960; John P. Callahan, "Container Vessel on First Run," *NYT,* January 30, 1960; "Grace Initiates Seatainer Service," *Marine Engineering/Log* (1960), p. 55; Harold B. Meyers, "The Maritime Industry's Expensive New Box," *Fortune*, November 1967. ベネズエラの一件では、背後にＩＬＡがいたと考えられる。以下を参照されたい。George Panitz, "NY Dockers Map Annual Wage Drive," *JOC*, December 20, 1961.
35. PNYA, *Annual Report,* various years; "Puerto Rico Trailer Service," *NYT,* April 22, 1960; "Bull Line Gets Container Ships," *NYT*, May 5, 1961; "Transport News: Sea-Land Service," *NYT,* December 17, 1959.
36. ICC, *Transport Statistics,* Part 5, Table 4, various years.
37. McLean Industries, *Annual Report*, 1960. トラック輸送大手のコンソリデーテッド・フレイトウェイのGerald Toomeyの回想によれば、同社の会長は1962年に、シーランドはあと2年ももたないだろうと述べたという。著者によるインタビュー : Gerald Toomey, New York, May 5, 1993.
38. Edward A. Morrow, "Seatrain Spurns Shipping Merger," *NYT,* August 12, 1959; Campbell interview; McLean Industries, *Annual Report*, 1958.
39. 著者によるインタビュー : Gerald P. Toomey, May 5, 1993.
40. 以下を参照されたい。Arthur Donovan and Andrew Gibson interview with Scott Morrison, July 8, 1998, COHP.
41. Cushing interview, April 7, 1993.
42. 著者によるインタビュー : William Hubbard, July 1, 1993.
43. 著者による電話インタビュー : Kenneth Younger, December 16, 1991.
44. 著者によるインタビュー : Paul Richardson, Holmdel, NJ, January 14, 1992.

45. 著者によるインタビュー : Charles Cushing.
46. Sea-Land Service, presentation to Sea-Land management meeting, Hotel Astor, New York, December 12–14, 1963, mimeo.
47. Werner Baer, "Puerto Rico: An Evaluation of a Successful Development Program," Quarterly Journal of Economics 73, no. 4 (1959): 645–671; A. W. Maldonado, Teodoro Moscoso and Puerto Rico's Operation Bootstrap (Gainesville, 1997).
48. 著者によるインタビュー : Gerald Toomey, May 5, 1993; 著者によるインタビュー : William B. Hubbard, July 1, 1993.
49. Edward A. Morrow, "U.S. Antitrust Inquiry Begun into Proposed Sale of Bulls Lines," *NYT*, March 29, 1961.
50. George Home, "Bull Steamship Company Sold to Manuel Kulukundis Interests," *NYT*, April 22, 1961; Edward A. Morrow, "Decision Put Off in Bull Line Case," *NYT*, August 4, 1961.
51. シーランドは船を６年で償却していた。長期資産である船を６年で償却するのは異例だ。この方法だと短期的には苦しいが、減価償却の終わる数年後には大きな利益を計上できる。このやり方は、専門家からはあまり評価されていない。1960 年代半ばには、税務当局から 15 年で償却するよう指導をうけている。著者によるインタビュー : Earl Hall, May 21, 1993, and McLean Industries *Annual Report*, 1965.
52. ブル海運への払い下げ妨害は、かなり見苦しい行動だった。彼は議会公聴会で、老朽船の払い下げは「贈呈プログラム」であると主張したが、ウォーターマン海運もそのプログラムの適用申請をしたことを認めざるを得なかった。そして申請は「まちがいだった」と弁明している。"M'Lean Attacks Ship Exchanges," *NYT*, August 17, 1961.
53. "Bull Line Stops Puerto Rico Runs," *NYT*, June 25, 1962; "Sea-Land to Add to Trailer Runs," *NYT*, June 26, 1962; 著者によるインタビュー : Gerald Toomey, May 5, 1993; 著者によるインタビュー : William B. Hubbard, July 1, 1993; 著者による電話インタビュー : Amadeo Francis, April 28, 2005.
54. Toomey interview; U.S. Census Bureau, *Statistical Abstract*, various issues.
55. Sea-Land Service, "The Importance of Containerized Ocean Transportation Service to Puerto Rico," mimeo, n.d. [1969].
56. McLean Industries, *Annual Reports*, 1962 and 1965.
57. Cushing interview.
58. McLean Industries, *Annual Report*, 1962; Toomey interview.
59. ICC, *Transport Statistics*, 1963, Part 5, Table 4.
60. 著者によるインタビュー : Richard Healey, January 19, 1994; Toomey interview, Richardson interview, July 12, 1992; Hubbard interview.
61. "It wasn't unusual" from Healey interview; Campbell interview; Hubbard interview; Richardson interview, January 14, 1992.
62. George Panitz, "Sea-Land Plans Alaska Service," *JOC*, April 1, 1964.
63. ICC, *Transport Statistics*, various issues.
64. Hall interview.
65. Presentations to Sea-Land management meeting, Hotel Astor, New York, December 12–14, 1963;

第 5 章

1. Edward F. Cavanagh Jr., New York City commissioner of marine and aviation, to Board of Inquiry on Longshore Work Stoppage, January 14, 1952, in Jensen Papers, Collection 4067, Box 16. 以下も参照されたい。Chinitz, *Freight and the Metropolis*, pp. 21, 50.

2. Carl W. Condit, *The Port of New York*, vol. 2, *The History of the Rail and Terminal System from the Grand Central Electrification to the Present* (Chicago, 1981), pp. 103–107.

3. ニュージャージーの利益団体は、単一料金規定を破棄させようと 1921 年に運動した。以下を参照されたい。Jameson W. Doig, *Empire on the Hudson: Entrepreneurial Vision and Political Power at the Port of New York Authority* (New York, 2001).

4. Chinitz, *Freight and the Metropolis*, p. 41.

5. PNYA, "Proposal for Development of the Municipally Owned Waterfront and Piers of New York City," February 10, 1948, p. 64; *NYT*, May 17, 1952.

6. Waterfront Commission of New York Harbor, *Annual Report for the Year Ended June 30, 1954*, p. 33, and *Annual Report for the Year Ended June 30, 1955*, p. 13.

7. 公営仲仕組合に関する興味深い言及が以下の書簡にみられる : a July 28, 1952, letter from Waldman & Waldman, the ILA's counsel, to ILA president Joseph P. Ryan recommending changes in the operation of Local 1757, in Vertical File, "International Longshoremen's Association," Tamiment Library, New York University.

8. 公営仲仕の正規料金表は、以下に掲載されている。Truck Loading Authority, "Official Loading Charges in the Port of New York," in Jensen Papers, Collection 4067, Box 13.

9. 1963 年になっても、トラック輸送業界は、トラック運転手たちが埠頭での優先順位を獲得するために袖の下に毎年 100 万ドルも払わされていると苦情を述べている。以下を参照されたい。New York City Council on Port Development and Promotion, minutes of November 18, 1963, Wagner Papers, Reel 40532, Frame 728.

10. *County Business Patterns*, 1951, p. 56.

11. Robert Murray Haig, *Major Economic Factors in Metropolitan Growth and Arrangement* (New York, 1927; reprint, New York, 1974), esp. pp. 64–65 and 96–97. 同書に掲載された地図を見ると、他の産業、とくにアパレル産業は、港へのアクセスを必要としなかったことがわかる。

12. *County Business Patterns*, 1951, pp. 2, 56; Chinitz, *Freight and the Metropolis*, pp. 31, 96.

13. *County Business Patterns*, 1951.

14. New York City marine and aviation commissioner Vincent A. G. O'Connor, Address to Brooklyn Rotary Club, October 17, 1956, Wagner Papers, Reel 40531, Frame 1585.

15. PNYA, *Outlook for Waterborne Commerce through the Port of New York*, November 1948, Table VIII; Census Bureau, *Historical Statistics*, p. 761; Thomas Kessner, *Fiorello H. LaGuardia and the Making of Modern New York* (New York, 1989), p. 559.

16. Chinitz, *Freight and the Metropolis*, pp. 77–78.

17. Ibid., p. 202.

18. PNYA, "Proposal for Development," p. 65.

19. 1955 年 6 月 30 日までの 1 年間に、荷主は待ち時間、埠頭での滞留、ターミナルでの追加料金などに関して「非公式の苦情」八九件を申し立てた。「その多くが、ニューヨーク港周辺でのトラックの積み降ろしに関するものだった」と記録されている。U.S. Department of Commerce, *Annual Report of the Federal Maritime Board and Maritime Administration*, 1955, p. 33.

20. Nelson, *Divided We Stand*, pp. 71–73; Vernon Jensen, *Strife on the Waterfront* (Ithaca, NY, 1974), pp. 105–110 and chap. 6; Philip Taft, "The Responses of the Bakers, Longshoremen and Teamsters to Public Exposure," *Quarterly Journal of Economics* 74, no. 3 (1960): 399.

21. 埠頭地区風紀委員会の代表である Samuel M. Lane は 1951 年 1 月に、ニューヨーク海運連盟は「まったく絶望的だ」と述べ、その腐敗ぶりを非難した。Waterfront Commission Press Release 1040, January 27, 1955, in Jensen Papers, Collection 4067, Box 16.

22. 埠頭地区風紀委員会の当初の試みは、犯罪委員会と港湾局の協力を得て行われている。以下を参照されたい。State of New York, *Record of the Public Hearing Held by Governor Thomas E. Dewey on the*

Recommendations of the New York State Crime Commission for Remedying Conditions on the Waterfront of the Port of New York, June 8–9, 1953, and PNYA, "Comparison of Plans for Improvement of Waterfront Labor Conditions in the Port of New York," January 29, 1953; A. H. Raskin, "C-Men on the Waterfront," *NYT Magazine*, October 9, 1955, p. 15; letters from Lee K. Jaffe, director of public relations, PNYA, to Steve Allen, NBC Television, November 1, 1957, and from Daniel P. Noonan, director of Public Relations, Department of Marine and Aviation, to Steve Allen, October 31, 1957, Wagner Papers, Reel 40531, Frames 1920 and 1922.

23. くだんの映画は、港を舞台に反抗的な労働者と保守的な組合リーダーとの政治抗争を描くミュージカルだった。結局、民間が所有する埠頭で撮影されている。

24. 古い桟橋については、以下を参照されたい。New York City Planning Commission, *The Waterfront* (New York, 1971), p. 89; Cavanagh letter to Board of Inquiry; George Home, "City Action Seen on Port Program," *NYT*, August 7, 1952.

25. Austin J. Tobin, *Transportation in the New York Metropolitan Region during the Next Twenty-five Years* (New York, 1954), p. 7.

26. 1932 年にロワー・マンハッタンに建設された大規模なトラック・ターミナルは、数少ない例外の一つである。Doig, *Empire on the Hudson*, pp. 84–104 and 118–119.

27. Wallace S. Sayre and Herbert Kaufman, *Governing New York City: Politics in the Metropolis* (New York, 1960), p. 341.

28. A cover letter in PNYA, *Marine Terminal Survey of the New Jersey Waterfront* (New York, 1949); Doig, *Empire on the Hudson*, pp. 259–260.

29. カルマンは終戦から９カ月と経たないうちに論文を発表し、港湾と空港の大々的な改良が急務であると指摘するとともに、港湾局には大型プロジェクトを遂行する能力があるとしている。まだ港湾局が港湾整備に関して何の権限の持たないうちに書かれた論文は、きわめて先見性に富むと言えよう。"Now the Port Authority, with 25 years behind it, prepares for a new era of sea, land, and air traffic." See "Our Port of Many Ports," *NYT Magazine*, May 5, 1946, p. 12.

30. 一連の経緯については、以下を参照されたい。John I. Griffin, *The Port of New York* (New York, 1959), p. 91; PNYA, "Proposal for Development"; Austin J. Tobin, statement to New York City Board of Estimate, July 19, 1948, Doig Files; PNYA, *Annual Report* 1949, p. 7; PNYA, *Marine Terminal Survey*, 5; Doig, *Empire on the Hudson*, pp. 353–354 and 538.

31. ＩＬＡが果たした役割については、Joshua Freeman, *Working-Class New York* (New York, 2000), p. 161 を参照されたい。

32. 1946 年の段階で、市当局は港湾局が港の改良を行う考えを断固として退けている。「港湾局はニューヨーク港と何の関係もなく、港に手を加える権限は一切ない」とした。以下を参照されたい。"Rejuvenated Port to Rise in Future," *NYT*, November 23, 1946.

33. PNYA, *Weekly Report to Commissioners*, April 5, 1952; "Betterments Set for Port Newark," *NYT*, April 9, 1952; Charles Zerner, "Big Port Terminal Near Completion," *NYT*, January 31, 1954; Edward P. Tastrom, "Newark Port to Start Operating New $6 Million Terminal Soon," *JOC*, March 9, 1954; "Awaits Bid for Piers," *Newark Evening News*, December 8, 1952.

34. "Modernizing the Docks," *New York World-Telegram*, December 9, 1952.

35. "City's Port Costs Show Blunder in Rejecting Authority's Aid," *Brooklyn Eagle*, December 17, 1952.

36. マクリーンは非常に短期間で計画を練り上げ、2、３カ月のうちに公表した。以下を参照されたい。Raskin, "Union Head Backs 'Sea-Land'Trucks." Tobin, "Transportation in the New York Metropolitan Area during the Next Twenty-five Years," pp. 10–12.

37. PNYA, *Minutes of Committee on Port Planning*, September 2, 1954, Meyner Papers, Box 43; PNYA, *Minutes of the Commissioners*, December 9, 1954, 232, Meyner Papers, Box 43; June 29,

1955, 216; October 26, 1955, 316 and 322, all in Meyner Papers, Box 44; PNYA, Thirty-fifth Annual Report, 1956, pp. 1–4.

38. Press release, Office of the Governor, December 2, 1955; PNYA, *Minutes of Committee on Port Planning*, January 5, 1956, Meyner Papers, Box 44.

39. エリザベスに関する港湾局の当初の見解は、*Marine Terminal Survey*, p. 26 にみられる。そこではニューアーク、ジャージー、ホーボーケン、ウィーホーケン、ノースベルゲンの港湾としての可能性が検討されているが、エリザベスは工業用地だと評価されている。

40. ニューアークの占める比率は、以下に拠った。PNYA, *Annual Report* 1955, p. 9, and PANYNJ, *Foreign Trade* 1976.

41. Chris McNickle, *To Be Mayor of New York: Ethnic Politics in the City* (New York, 1993), pp. 97–107.

42. 1954 年の予算案については、以下を参照されたい。Wagner Papers, Reel 7709, Frame 1372.

43. John J. Bennett, chairman, City Planning Commission, to Henry L. Epstein, deputy mayor, March 11, 1954, Wagner Papers, Reel 7709, Frame 1179; New York Department of Marine and Aviation, press release, August 24, 1955, Wagner Papers, Reel 40531, Frame 1220; Jensen, *Strife on the Waterfront*, p. 147; Wagner letter to City Planning Commission in Wagner Papers, Reel 40507, Frame 843.

44. Cullman to Lukens, December 9, 1955.

45. Lukens to file, December 12, 1955, in Doig Files.

46. O'Connor address to New York Symposium on Increasing Port Efficiency, November 28, 1956, Wagner Papers, Reel 40531, Frame 1554.

47. Department of Marine and Aviation, "Rebuilding New York City's Water-front," September 5, 1956, Wagner Papers, Reel 40531, Frames 1603–1639.

48. "Statement of Vincent A. G. O'Connor, Commissioner of Marine & Aviation, regarding Operation of Grace Line Terminal at Marine & Aviation Piers 57 and 58, North River," Wagner Papers, Reel 40531, Frame 1268.

49. 1963 年に発足したニューヨーク港湾開発評議会は、ニューヨークでの一般貨物荷役コストがトン当たり 10 セントのところ、ボルティモアでは 5 セントだと見積もっている。Wagner Papers, Reel 40532, Frame 866.

50. 港湾労働者は桟橋ごとに「レギュラー」と「レギュラー・エクストラ」の優先雇用権を持っていた。運送会社が桟橋を乗り換えようものなら、優先権を巡って激しい争いになったものである。

51. O'Connor address to convention of ILA, July 11, 1955, Wagner Papers, Reel 40531, Frame 1314.

52. Department of City Planning, *Newsletter*, November 1956, Wagner Papers, Reel 40507, Frame 1596.

53. Oral history interviews with Robert F. Wagner, May 21, 1988, Julius C. C. Edelstein, April 5, 1991, and Thomas Russell Jones, June 10, 1993, in LaGuardia and Wagner Archive, LaGuardia Community College, Queens, NY.

54. McNickle, *To Be Mayor of New York*, p. 121.

55. Downtown–Lower Manhattan Association, "Lower Manhattan" (1958), p. 6.

56. Press release, September 4, 1957, Wagner Papers, Reel 40531, Frame 1945; press release, September 11, 1957, Wagner Papers, Reel 40531, Frame 1957; O'Connor statement at Board of Estimate capital budget hearing, November 18, 1958, Wagner Papers, Reel 40532, Frame 1149.

57. Interview with Guy F. Tozzoli, New York, January 13, 2004.

58. Letter from Howard S. Cullman and Donald V. Lowe to Mayor Wagner and the Board of Estimate, September 18, 1957, Wagner Papers, Reel 40531, Frame 1448.

59. "Statement by Vincent A. G. O'Connor, Commissioner of Marine and Aviation, regarding Port of New York Authority's Attack on Lease with Holland-America Line for $18,723,000 Terminal, New Pier 40, to Be Built at the Foot of West Houston Street, Manhattan," September 19, 1957, Wagner Papers, Reel 40531, Frame 1936.

60. James Felt, chairman, City Planning Commission, to O'Connor, September 23, 1959, Wagner Papers, Reel 40508, Frame 691; City of New York Department of City Planning, "Redevelopment of Lower Manhattan East River Piers," September 1959, Wagner Papers, Reel 4058, Frame 693; Moses to Felt, September 29, 1959, Wagner Papers, Reel 40508, Frame 688.

61. O'Connor to Board of Estimate, November 25, 1959, Wagner Papers, Reel 40531, Frame 2179. たしかに、当時まだ地域の有力者だったモーゼスは、貨物輸送に何の興味も持っていなかったようである。権威ある評伝にも、港や海運については何ら言及されていない。以下を参照されたい。Robert A. Caro's authoritative biography, *The Power Broker: Robert Moses and the Fall of New York* (New York, 1974). またモーゼスの自伝にも、「かつては栄華を誇った港もいまや死にかかっている」という１行以外には、開運に関する記述はない。以下を参照されたい。*Public Works: A Dangerous Trade* (New York, 1970), p. 894. モーゼスをよく知るトッツォーリは、モーゼスは自動車と旅客輸送には関心があったが、港湾や貨物荷役には関心がなかったと話している。著者によるインタビュー：New York, January 13, 2004.

62. Condit, *The Port of New York,* 2:346.

63. U.S. Department of Commerce, *Annual Report of the Federal Maritime Board and Maritime Administration,* 1957 (Washington, DC, 1957), p. 12; PNYA, *Minutes of the Commissioners,* February 14, 1957, p. 98, Meyner Papers, Box 44; PNYA, *Weekly Report to the Commissioners*, November 15, 1965, Doig Files; "Full-Scale Container Ship Proves Itself," 6.

64. U.S. National Academy of Sciences, *Roll-On, Roll-Off Sea Transportation* (Washington, DC, 1957), p. 9.

65. "Propeller Club Annual Convention," *Marine Engineering/Log* (November 1958), pp. 64–65.

66. PNYA, "Report on Port Authority Operation of Port Newark & Newark Airport, January 1, 1960–December 31, 1960"; Chinitz, *Freight and the Metropolis*, p. 156.

67. エリザベスの役人は、市当局の同意を得ない限り土地に手を付けないとの 1951 年の協定を破ったと抗議した。以下を参照されたい。PNYA, *Weekly Report to the Commissioners,* March 31, 1956; letter, Austin J. Tobin to Elizabeth mayor Nicholas LaCorte, May 21, 1956; New Jersey governor Robert B. Meyner to Elizabeth city attorney Jacob Pfeferstein, June 4, 1956; Memo, Francis A. Mulhearn, PNYA legal department to Tobin, June 29, 1956, all in Doig Files.

68. PNYA, *Minutes of Committee on Construction,* March 26, 1958, Meyner Papers, Box 44; O'Connor address on Marine and Aviation Day, May 23, 1961, Wagner Papers, Reel 40532, Frame 325.

69. Anthony J. Tozzoli and John S. Wilson, "The Elizabeth, N.J. Port Authority Marine Terminal," *Civil Engineering*, January 1969, pp. 34–39.

70. "Creation of a Container Port," *Via—Port of New York,* Special Issue: Transatlantic Transport Preview (1965): 31.

71. New York Department of Marine and Aviation, press release, January 23, 1961, Wagner Papers, Reel 40532, Frame 357; Remarks by Mayor Robert F. Wagner, August 30, 1962, Wagner Papers, Reel 40532, Frame 457; Walter Hamshar, "Face-Lift for the Waterfront," *New York Herald Tribune*, November 2, 1963; "NY Port Development Scored," *JOC*, December 23, 1963.

72. New York City Planning Commission, "The Port of New York: Proposals for Development" (1964), pp. 8, 13, and Plate 2; Minutes of New York City Council on Port Development and Promotion, November 18, 1963, Wagner Papers, Reel 40532, Frame 728; "Report on

Recommendations by the Steering Committee to the Committee for Alleviating Truck Congestion and Delay at the Waterfront of the City of New York," October 7, 1965, Wagner Papers, Reel 40532, Frame 978.

73. King to Tobin, November 8, 1965; PNYA, *Minutes of the Commissioners*, November 10, 1965; PNYA, press release, November 15, 1965; PNYA, *Minutes of the Commissioners*, September 8, 1966.

74. PNYA, transcript of "New Jersey Observations," WNDT-TV, November 15, 1965, all in Doig files.

75. "One Dispute at a Time," *NYT*, July 12, 1966.

76. PNYA, *Annual Report*, 1996, p. 14; First National City Bank, "The Port of New York: Challenge and Opportunity," June 1967, pp. 27, 30; *Longshore News*, October–November 1966, p. 4.

77. Edward C. Burks, "Jersey Facilities Set Port Agency Pace," *NYT*, May 11, 1975; Edith Evans Asbury, "Port Agency Scored on Jersey Project," *NYT*, July 17, 1966; PANYNJ, *Foreign Trade* 1976, p. 12.

78. Brown to Lindsay, May 12, 1966, in Mayor John V. Lindsay Papers, NYMA, Reel 45087, Frame 1560; PNYA, "The 1970 Outlook for Deep Sea Container Services (New York, 1967)," p. 2; PNYA, *Container Shipping: Full Ahead* (New York, 1967); "Containers Widen Their World," *Business Week*, January 7, 1967; George Home, "Container Revolution, Hailed by Many, Feared," *NYT*, September 22, 1968.

79. Memo, Halberg to Brown, May 11, 1966, Lindsay Papers, Reel 45087, Frame 1561.

80. 提案されたバーチカル型コンテナ・デポの計画を立てたのは、ニューヨークの Speed-Park Inc. である。以下を参照されたい。R. D. Fielder, "Container Storage and Handling," *Fairplay*, January 5, 1967, p. 31.

81. Lindsay to Tobin, June 29, 1970, in Lindsay Papers, Confidential Subject Files, Reel 45208, Frame 668.

82. Halberg to Deputy Mayor Robert W. Sweet, September 29, 1967, in Lindsay Papers, Department of Marine and Aviation, Reel 45087, Frame 1653; *Longshore News*, April 1967, p. 4, November 1967, p. 4, October 1968, p. 1, and October 1969, p. 1; Werner Bamberger, "A 90-Second Depot for Containerships Studied," *NYT*, December 1, 1966; Paul F. Van Wicklen, "Elizabeth: The Port of New York's Prototype for the Container Era" (manuscript prepared for Ports and Terminals, April 28, 1969); memo, Patrick F. Crossman, commissioner of economic development, to Lindsay, April 2, 1970, in Lindsay Papers, Confidential Subject Files, Reel 45208, Frame 707.

83. Joseph P. Goldberg, "U.S. Longshoremen and Port Development," in *Port Planning and Development as Related to Problems of U.S. Ports and the U.S. Coastal Environment*, ed. Eric Schenker and Harry C. Brockel (Cambridge, MD, 1974), pp. 76–78; *Containerisation International Yearbook* 1974 (London, 1974), p. 76; Waterfront Commission of New York Harbor, *Annual Report*, various years; *County Business Patterns*, 1964, 34–91, and *County Business Patterns*, 1973, pp. 34–111.

84. Condit, *The Port of New York*, 1:346; Bill D. Ross, "The New Port Newark Is Prospering," *NYT*, December 12, 1973; Goldberg, "U.S. Longshoremen and Port Development," p. 78; David F. White, "New York Harbor Tries a Comeback," New York, October 16, 1978, p. 75; Richard Phalon, "Port Jersey Development Could Cut Brooklyn Jobs," *NYT*, January 14, 1972; New York City Planning Commission, *The Waterfront*, p. 35; William DiFazio, *Longshoremen: Community and Resistance on the Brooklyn Waterfront* (South Hadley, MA: Bergin & Garvey, 1985), pp. 34–35.

85. Bureau of the Census, *U.S. Census of Population and Housing* 1960 (Washington, DC, 1962), Report 104, Part I, and 1970 *Census of Population and Housing* (Washington, DC, 1972), New York

SMSA, Part I. 1970 年の区画境界は、1960 年と同じではない。このため小区における経済状況の変化について最終結論を出すためには、こまかく事例を拾わなければならない。Housing data from New York City Planning Commission, "New Dwelling Units Completed in 1975," Mayor Abraham Beame Papers, NYMA, Departmental Correspondence, City Planning Commission, Reel 61002, Frame 167.

86. 産業構造の変化については *County Business Patterns*, 1964, 1967, and 1976, Part 34 を、コンテナリゼーションがニューヨーク市の経済に与えた影響については、Marc Levinson, "Container Shipping and the Decline of New York, 1955–1975," *Business History Review* 80 (2006): 49–80 を参照されたい。

87. 産業構成調整後の推定によると、ニューヨークで 1945 〜 56 年に建設された工場は、労働者 1 人当たりの床面積が 4550 平方フィートに達したのに対し 1922 年以前に建設された工場の場合は 1040 平方フィートだったという。以下を参照されたい。Edgar M. Hoover and Raymond Vernon, *Anatomy of a Metropolis* (Cambridge, MA, 1959), pp. 31, 57–58. 同書には、大都市圏内に立地する企業に課される税金は、ニューヨーク州の他の地域に立地する場合より大幅に高いことも示されている。

88. ある推定によると、1970 年代後半には、コンテナを港湾から鉄道貨物駅までトラック輸送する運賃はブルックリンでは 85 〜 120 ドルなのに対し、ニュージャージーではたった 21 ドルだったという。White, "New York Harbor Tries a Comeback," p. 78 を参照されたい。

89. Marilyn Rubin, Ilene Wagner, and Pearl Kamer, "Industrial Migration: A Case Study of Destination by City-Suburban Origin within the New York Metropolitan Area," *Journal of the American Real Estate and Urban Economics Association* 6 (1978): 417–437.

90. Ellen M. Snyder-Grenier, *Brooklyn! An Illustrated History* (Philadelphia, 1996), pp. 152–163; "Red Hook," in The Columbia Gazeteer of North America, 2000 on-line edition; Finlay, *Work on the Waterfront*, p. 61; Richard Harris, "The Geography of Employment and Residence in New York since 1950," in *Dual City: Restructuring New York*, ed. John Mollenkopf and Manual Castells (New York, 1992), p. 133; New York State Department of Labor, *Population and Income Statistics*; Brian J. Godfrey, "Restructuring and Decentralization in a World City," *Geographical Review*, Thematic Issue: *American Urban Geography* 85 (1995): 452.

第 6 章

1. New York Shipping Association, "Proposed Revision of General Cargo Agreement for the Period October 1, 1954 to September 30, 1956," October 20, 1954, and "Proposed Revision of the General Cargo Agreement for the Period October 1, 1954 to September 30, 1956," December 28, 1954, both in ILA files, Robert F. Wagner Labor Archive, New York University, Collection 55, Box 1.

2. 著者によるインタビュー : Thomas W. Gleason, New York, September 29, 1992, and with Guy F. Tozzoli, New York, January 14, 2004.

3. 港湾委員会は腐敗を一掃するために港での雇用手続きを変えたがっていた。一般に、桟橋の運用者（ニューアーク港のように桟橋がない場合は各雇用主）は個人ではなく 21 人のグループで雇う。最初に雇うのは「レギュラー」のギャングである。レギュラーだけでは足りないときは、「エクストラ」を雇う。この雇用方式は、港や桟橋によって大きくちがった。たとえばパンアトランティック海運は、レギュラーとして白人 4 グループ、黒人 4 グループを雇った。レギュラー全員を雇うほど仕事がないときは、ある桟橋のレギュラーは、他の桟橋でエクストラとして働くことができる。雇う側としてはエクストラに関しては自分で選びたいのだが、ＩＬＡは強硬に反対した。若者が優先的に雇われ、高齢者が仕事にあぶれるのを恐れたからである。これは、労組にとって非常に厄介な問題だった。ブルックリンの一部とニューアークではすでにギャングの賃金を一律とする協定をまとめており、これらの地域支部のリーダーたちは、港湾委員会が望んでいる港湾地区全体の雇用契約一本化に強硬に反対した。一方、

マンハッタン、ジャージー、ホーボーケンの地域支部は、港湾委員会との協定一本化を望んでいた。この問題に熱心に取り組んだにもかかわらず、ＩＬＡは一律賃金の導入に成功していない。パンアトランティック海運が 1956 年 10 月から翌 57 年 9 月の間に雇ったギャング 6 人の賃金をみると、1 人は平均 6000 ドルを上回ったが、2 人は 4500 ～ 4999 ドル、1 人は 3500 ドルだった。以下を参照されたい。Transcript of Waterfront Commission of New York Harbor union-management conferences on seniority issues in ILA District 1 Papers, Kheel Center, Catherwood Library, Cornell University, Collection 5261, Box 1. 賃金データは以下に拠った。New York Shipping Association, "Port-Wide Survey of Gang Earnings," September 12, 1958, in Jensen Papers, Collection 4067, Box 13. ＩＬＡはニューヨーク港で表立って人種差別を行ったわけではないが、ブルックリンには黒人だけの支部 968、ニューアークにも黒人だけの支部 1233 が存在した。ブルックリン支部は自分たちの桟橋を支配することができず、雇用側がエクストラを雇うときに黒人を避けようとすると不満を述べていた。以下を参照されたい。Testimony of Thomas Fauntleroy, business agent of Local 968, "In the Matter of the Arbitration between ILA-Independent, and Its Affiliated Locals, and New York Shipping Association," September 29, 1958, in Jensen Papers, Collection 4096, Box 5. 1959 年に、支部 968 は支部 18 と合併した。賃金水準はニューアークのほうがよかった。これは、ニューアーク市とは異なり、ニューアークでは特定のギャングを優遇するといったことはしなかったからである。ギャングは港湾委員会に「I」（イタリア系）、「N」（黒人）、「S」（スペイン系）というふうに記号で識別されていた。以下を参照されたい。P. A. Miller Jr., "Current Hiring Customs and Practices in All Areas in the Port of New York," Waterfront Commission, December 20, 1955, in Jensen Papers, Collection 4067, Box 14. ニューヨーク港の人種問題は、以下を参照されたい。Rubin, *The Negro in the Longshore Industry,* pp. 59–69, and Nelson, *Divided We Stand,* pp. 79–86.

4. Jensen, *Strife on the Waterfront,* pp. 173–183; Philip Ross, "Waterfront Labor Response to Technological Change: A Tale of Two Unions," *Labor Law Journal* 21, no. 7 (1970): 400; and "General Cargo Agreement Negotiated by the New York Shipping Association Inc. with the International Longshoremen's Association (IND) for the Port of Greater New York and Vicinity, October 1, 1956–September 30, 1959," in Jensen Papers, Collection 4096, Box 5.

5. New York Shipping Association, "Proposals for Renewal of the General Cargo Agreement Submitted by the New York Shipping Association, Inc., to the I.L.A. (Ind.)," October 29, 1956.

6. ILA Locals 1418 and 1419 proposal, September 5, 1956; New Orleans Steamship Association counterproposal, October 1, 1956; Board of Inquiry Created by Executive Order No. 10689, "Report to the President on the Labor Dispute Involving Longshoremen and Associated Occupations in the Maritime Industry on the Atlantic and Gulf Coast," November 24, 1956, all in ILA files, Collection 55, Box 1, Folder "Agreement, Negotiations, & Strikes, June–Dec. 1956, 1 of 2."

7. McLean Industries, *Annual Report*, 1958, p. 4.

8. Pacific Maritime Association, *Monthly Research Bulletin,* January 1959; "Hopes Dim for Accord between Dock Union, New York Shippers, Pacts Expire Tonight," *Wall Street Journal,* September 26, 1959. Field comment in Jensen, Strife on the Waterfront, p. 228.

9. *NYT,* November 18, 1958; and November 27, 1958.

10. Port of New York Labor Relations Committee press release, December 17, 1958, in Jensen Papers, Collection 4067, Box 13.

11. Jacques Nevard, "I.L.A. Demands Six-Hour Day and Curbs on Automation," *NYT,* August 11, 1959; Ross, "Waterfront Labor Response," p. 401.

12. Jack Turcott, "Pier Strike Ties Up E. Coast, Spurs Revolt," *New York Daily News,* October 2, 1959; Jensen, *Strife on the Waterfront*, pp. 235–247.

13. Jensen, *Strife on the Waterfront,* pp. 247–250; "Dock Union, Shippers Sign Agreement on

Labor Contract," *Wall Street Journal*, December 4, 1959. Barnett's comment appears in New York Shipping Association, "Progress Report 1959," p. 5.

14. Walter Hamshar, "I.L.A. Container Pact Gives N.Y. Cargo Lead," *Herald Tribune*, January 3, 1960.

15. Jacques Nevard, "Port Gains Noted in New Pier Pact," *NYT*, January 3, 1960.

16. Jensen, *Strife on the Waterfront*, pp. 250–253. 組合側の懸念は、以下を参照されたい。The statement by New York Shipping Association chairman Alexander Chopin in New York Shipping Association, "Progress Report 1959," p. 8.

17. ＩＬＷＵの歴史については、以下を参照されたい。Bruce Nelson, *Workers on the Waterfront: Seamen, Longshoremen, and Unionism in the 1930s* (Champaign, 1990); Selvin, *A Terrible Anger*; Larrowe, *Harry Bridges*; Howard Kimeldorf, *Reds or Rackets? The Making of Radical and Conservative Unions on the Waterfront* (Berkeley, 1988); Stephen Schwartz, *Brotherhood of the Sea: A History of the Sailors' Union of the Pacific, 1885–1985* (Piscataway NJ, 1986); Henry Schmidt, "Secondary Leadership in the ILWU, 1933–1966," interviews by Miriam F. Stein and Estolv Ethan Ward (Berkeley, 1983); and ILWU, *The ILWU Story: Two Decades of Militant Unionism* (San Francisco, 1955). ストライキの回数は、Charles P. Larrowe, *Shape Up and Hiring Hall* (Berkeley, 1955), p. 126 に拠った。また Andrew Herod, *Labor Geographies: Workers and the Landscapes of Capitalism* (New York, 2001) では、港湾労働者組合の力が維持された要因を探っている。対象は主にＩＬＡだが、ここで述べられたことの多くはＩＬＷＵにも当てはまる。

18. ロサンゼルス港の 48 項目におよぶ「尻ポケット・ルール」は、以下に掲載されている。Pacific Maritime Association in U.S. House of Representatives, Committee on Merchant Marine and Fisheries, *Study of Harbor Conditions in Los Angeles and Long Beach Harbor*, July 16, 1956, p. 14. 臨時雇い労働者に依存する産業の労組におけるルールの重要性は、Hartman, Collective Bargaining, p. 41 に強調されている。西海岸の港におけるルールの例は、以下を参照されたい。Hartman, *Collective Bargaining*, pp. 46–72, and Lincoln Fairley, *Facing Mechanization: The West Coast Longshore Plan* (Los Angeles, 1979), pp. 16–17.

19. "Working Class Leader in the ILWU, 1935–1977," interview with Estolv Ethan Ward, 1978 (Berkeley, 1980), p. 803.

20. J. Paul St. Sure, "Some Comments on Employer Organizations and Collective Bargaining in Northern California since 1934" (Berkeley, 1957), pp. 598–609.

21. Louis Goldblatt, "Working Class Leader in the ILWU, 1935–1977," interviews by Estolv Ethan Ward (Berkeley, 1977), p. 784; Clark Kerr and Lloyd Fisher, "Conflict on the Waterfront," *Atlantic* 183, no. 3, (1949): 17.

22. St. Sure, "Some Comments," p. 643 には、裁判沙汰になるのを避けるためにブリッジェズが慎重にストライキや契約失効を回避したと書かれている。以下も参照されたい。Larrowe, *Harry Bridges*, p. 352.

23. Merchant Marine and Fisheries Committee hearings, *Study of Harbor Conditions in Los Angeles and Long Beach Harbor*, October 19–21, 1955, and July 16, 1956.

24. Larrowe, *Harry Bridges*, p. 352.

25. 公式発言は、以下を参照されたい。"Report of the Coast Labor Relations Committee to the Longshore, Ship Clerks and Walking Bosses Caucus," March 13–15, 1956, in ILA District 1 Files, Collection 5261, Box 1, Folder "Pacific Coast Experience."

26. Herb Mills, "The San Francisco Waterfront—Labor/Management Relations: On the Ships and Docks. Part One: 'The Good Old Days' " (Berkeley, 1978), p. 21; Fairley, *Facing Mechanization*, p. 48; Hartman, *Collective Bargaining*, pp. 73–83.

27. よく知られた事例では、サンフランシスコ港の労働監督官がある船を視察に訪れたところ、4 人し

かおらず、その4人は船倉でコーヒーを飲んでいた。残り4人は野球を見に行っていて夜中に帰ってくるという。以下を参照されたい。Larrowe, *Harry Bridges*, p. 352. Hartman, *Collective Bargaining*, pp. 84–88; ILWU, "Coast Labor Relations Committee Report," October 15, 1957.

28. Jennifer Marie Winter, "Thirty Years of Collective Bargaining: Joseph Paul St. Sure, Management Labor Negotiator 1902–1966" (M.A. thesis, California State University at Sacramento, 1991), chap. 4.

29. Hartman, *Collective Bargaining*, pp. 87–89; Sidney Roger, "A Liberal Journalist on the Air and on the Waterfront," interview by Julie Shearer (Berkeley, 1998), p. 616.

30. ILWU, "Report of the Officers to the Thirteenth Biennial Convention," Part I, April 6, 1959, p. 11.

31. Fairley, *Facing Mechanization*, p. 64 では、6時間労働制がいかに悪用されていたかが説明されている。投票の詳細については、Hartman, *Collective Bargaining*, p. 91 を参照されたい。組合員の説得のむずかしさは、以下の漫画にもよく表れている。"Here Lies Young Mr. Overtimer—Survived by a Loving Family Who Wishes He Had Worked Less and Lived Longer," *Dispatcher*, the ILA newspaper.

32. 港湾労働者へのインタビュー : Bill Ward, then a member of ILWU Local 13 in Wilmington, CA, in ILWU–University of California at Berkeley Oral History Project.

33. ILWU, "Report … to the Thirteenth Biennial Convention," p. 10.

34. Roger, "A Liberal Journalist," p. 187.

35. くわしくは、以下を参照されたい。Fairley, *Facing Mechanization*, pp. 103–104; Hartman, *Collective Bargaining*, pp. 90–94; Larrowe, *Harry Bridges*, pp. 352–353.

36. 組合側の提案全文は、以下に収録されている。Fairley, *Facing Mechanization*, p. 80.

37. Fairley, *Facing Mechanization*, pp. 122–129; Hartman, *Collective Bargaining*, pp. 96–97; Winter, "Thirty Years of Collective Bargaining," chap. 5.

38. 計算方式については、Hartman, *Collective Bargaining*, p. 123 を参照されたい。

39. Fairley, *Facing Mechanization*, pp. 132–133, and Germain Bulcke, "Longshore Leader and ILWU–Pacific Maritime Association Arbitrator," interview by Estolv Ethan Ward (Berkeley, 1984), p. 66.

40. Pacific Maritime Association and ILWU, "Memorandum of Agreement on Mechanization and Modernization," October 18, 1960; Ross, "Waterfront Labor Response," p. 413.

41. 組合内部の分裂については、以下にくわしい。Fairley, *Facing Mechanization*, p. 125, and Winter, "Thirty Years of Collective Bargaining," chap. 5.

42. Hartman, *Collective Bargaining*, pp. 99–100 には、ＩＬＷＵ内部の反対者についての記述がある。

43. サンフランシスコ支部の組合員は、3分の1近くが54歳以上で、35歳以下はたった11%だった。以下を参照されたい。Robert W. Cherny, "Longshoremen of San Francisco Bay, 1849–1960," in Davies et al., *Dock Workers*, 1:137.

44. Hartman, *Collective Bargaining*, pp. 164–166.

45. Ibid., pp. 124–144 and 272–279; Finlay, *Work on the Waterfront*, p. 65.

46. Hartman, *Collective Bargaining*, p. 150.

47. Larrowe, *Harry Bridges*, p. 356.

48. Bridges statement in ILWU/PMA joint meeting, August 7, 1963, quoted in Hartman, *Collective Bargaining*, p. 147.

49. ibid., p. 148.

50. ibid., p. 178.

51. ibid., pp. 160 and 270.

52. ハートマンは、1960～63年の生産性向上のうち、コンテナは4%を占めると見積もっている。1964年までなら7～8%に達するという。前掲書 p. 162.

53. 機械化・近代化協定のカナダ版は、1960年11月21日に締結された。アメリカのちょうど1カ月後である。協定の詳細は、Jensen Papers, Accession 4067, Box 15を参照されたい。

54. Kempton column is cited in Jensen, *Strife on the Waterfront*, p. 261.

55. Goldberg, "U.S. Longshoremen and Port Development," 68–81; New York Shipping Association, "Progress Report 1959."

56. グリーソンへのインタビュー: July 31, 1981, Debra Bernhardt, New Yorkers at Work Oral History Collection, Robert Wagner Labor Archive, New York University, Tape 44. ただし、このインタビューの内容は信頼性に乏しい。

57. Peter Bell, interview by Debra Bernhardt, August 29, 1981, New Yorkers at Work Oral History Collection, Robert Wagner Labor Archive, New York University, Tape 10A.

58. Waterfront Commission of New York Harbor, *Annual Report* 1961–62, p. 16.

59. Werner Bamberger, "Container Users Study Royalties," *NYT*, November 24, 1960; "Container Board Set Up," *NYT*, April 11, 1961; Panitz, "NY Dockers."

60. 沖仲仕の仕事量は、ニューヨーク海事協会の資料から推定した。一部のデータはVernon Jensenのファイルに含まれているが、失われた記録もあり、全体像は把握できなかった。

61. An undated memo to all ILA members in the Port of New York in ILA Files, Collection 55, Box 1.

62. "Local No. 856, ILA, Proposals to 1962 Atlantic Coast District Wage Scale Committee and New York District Council," n.d., Collection 55, Box 1.

63. ILA, "Changes to Be Made in General Cargo Master Agreement," June 13, 1962.

64. John P. Callahan, "Anastasia Balks at I.L.A. Demands," *NYT*, July 17, 1962.

65. New York Shipping Association, "Monetary Offer to International Longshoremen's Association," August 1, 1962.

66. Memo from Walter L. Eisenberg, Ph.D., Economic Consultant, to Thomas W. Gleason, Chairman, ILA Negotiating Committee, Re Employer Proposals of August 1, 1962, n.d.; all in ILA Files, Collection 55, Box 1, Folder "Agreements, Negotiations, & Strikes 1961–63";

67. Gleason speech to World Trade Club, September 10, 1962, quoted in Jensen, *Strife on the Waterfront*, p. 269.

68. Jensen, *Strife on the Waterfront*, pp. 271–279.

69. "Statement by the Mediators," "Mediators' Proposal," and "Memorandum of Settlement," mimeographed, January 20, 1963; Congressional Record, January 22, 1963, p. 700; *Herald Tribune*, September 12, 1963, p. 27.

70. New York Department of Marine and Aviation, press release, January 23, 1961, Wagner Papers, Reel 40532, Frame 357; Remarks by Mayor Robert F. Wagner, August 30 , 1962, Wagner Papers, Reel 40532, Frame 457; Walter Hamshar, "Face-Lift for the Waterfront," *Herald Tribune*, November 2, 1963; Minutes of New York City Council on Port Development and Promotion, November 18, 1963, Wagner Papers, Reel 40532, Frame 728; John P. Callahan, "Automation Fear Haunts Dockers," *NYT*, June 9, 1964.

71. Jensen, *Strife on the Waterfront*, p. 301. 関連して、フィリップ・ロスの指摘も重要である。彼は1964年の時点ですでに、政府がこれ以上のストライキを容認しないだろう、とくに水増し雇用は認めないだろうと組合指導者は考えていた、と指摘している。以下を参照されたい。Phillip Ross, "Waterfront Labor Response," p. 404.

72. James J. Reynolds, chairman, Theodore W. Kheel, and James J. Healy, "Recommendation on Manpower Utilization, Job Security and Other Disputed Issues for the Port of New York," September 25, 1964.

73. *Brooklyn Longshoreman*, September 1964.

74. グリーソンは組合議長としての最初の交渉でストライキは避けたい考えだったが、組合員を抑え込む力はなかった。以下を参照されたい。*Strife on the Waterfront*, p. 307.

75. ジョンソン政権は、賃上げによるインフレを懸念していた。以下を参照されたい。Edwin L. Dale Jr., "Johnson Voices Inflation Fear," NYT, May 10, 1964.

76. ILA Local 1814, "Shop Stewards Information Bulletin," December 17, 1964, ILA Files, Collection 55, Box 1.

77. George Panitz, "New York Pier Talks Hit Surprising Snag," *JOC*, January 5, 1965.

78. Gleason interview by Debra Bernhardt.

79. 地方支部ごとの経緯は、以下を参照されたい。Congressional Record, January 12, 1965, p. 582. サウスアトランティック海運とメキシコ湾岸の港との協定では、ギャングを 18 人編成にすることで決着した。以下を参照されたい。George Home, "2 Southern Lines in Dockers' Pact," *NYT*, February 17, 1965.

80. ＩＬＡの協定成立にもかかわらず、ボストンでは紛争が発生してシーランドは同港でのコンテナ・サービスをキャンセルした。以下を参照されたい。Alan F. Schoedel, "Boston Talks in Deadlock," *JOC*, June 29, 1966, "Boston Containership Handling Dispute Ends," *JOC*, August 4, 1966, and "No Progress Reported in Boston Port Dispute," *JOC*, November 22, 1966.

81. Norman G. Pauling, "Some Neglected Areas of Research on the Effects of Automation and Technological Change on Workers," *Journal of Business* 37, no. 3 (1964): 261–273.

82. アメリカ自動化・雇用問題研究所は 1962 年にロンドンで会議を開き、翌年 "A Report to the President of the United States," April 30, 1963 を発表した。労働運動に関しては、以下を参照されたい。Arnold Beichman, "Facing Up to Automation's Problems," *AFL-CIO Free Trade Union News* 18, no. 2 (1963) and Reuben E. Slesinger, "The Pace of Automation: An American View," *Journal of Industrial Economics* 6, no. 3 (1958): 254, esp.

83. ケネディの発言は、1962 年 2 月 14 日の記者会見でのものである。港湾とよく似た興味深い問題が、印刷業界における自動化においても持ち上がった。以下を参照されたい。Michael Wallace and Arne L. Kalleberg, "Industrial Transformation and the Decline of Craft: The Decomposition of Skill in the Printing Industry, 1931–1978," *American Sociological Review* 47, no. 3 (1982): 307–324.

84. Ben B. Seligman, *Most Notorious Victory: Man in an Age of Automation* (New York, 1966), pp. 227 and 231; Juanita M. Kreps, *Automation and Employment* (New York, 1964), p. 20.

85. Seligman, *Most Notorious Victory*, pp. 238–241; Benjamin S. Kirsh, *Automation and Collective Bargaining* (New York, 1964), pp. 175–176.

86. Goldblatt, "Working Class Leader," p. 860.

87. Herod, *Labor Geographies* では、港湾労働の性質と行われる場所に注目した精緻な議論が展開されている。艀運送関連の雇用が失われることについては、*Longshore News*, December 1969, p. 3 を参照されたい。労働協定の反対論者は、コンテナリゼーションによって多くの労働がルーティン化し、スキルを要さなくなったと批判する。たとえば、以下を参照されたい。Herb Mills, "The Men along the Shore," *California Living*, September 1980. たしかにコンテナリゼーションによってある種のスキルが不要になったことはまちがいないが、他のスキルのニーズは大幅に増えた。たとえばシーランド海運が 1980 年にポート・エリザベスで雇った技術者の数は、20 年前にニューヨーク港全体で雇っていた数の 2 倍に達する。以下を参照されたい。David J. Tolan, interview by Debra Bernhardt, August 1, 1980, New Yorkers at Work Oral History Collection, Robert F. Wagner Labor Archives, New York University, Tape 123; Finlay, *Work on the Waterfront*, pp. 20, 121.

88. Stanley Aronowitz, *From the Ashes of the Old: American Labor and America's Future* (Boston, 1998), p. 31 は、労働協定のせいで港湾労働者の息子たちは「組合化されていない低賃金の小売業やサービス業で働かざるを得なくなった。こうした業界の賃金は、製造業や輸送業の半分である」と主張する。だがこれは、組合がもっとがんばっていれば埠頭は昔のままだっただろうというロマンティックな

仮定に基づいている。

89. Bell interview; Finlay, *Work on the Waterfront*, pp. 174–176.

90. Roger, “A Liberal Journalist,” p. 569.

91. 年間所得保障は、誰にとっても長期的に利益になったことがわかった。コンテナリゼーションによって仕事がなくなったニューヨーク港のＩＬＡ組合員は、取り決め成立から41年後の2006年まで賃金に代わる支払いを受けることができたのである。

第７章

第７章で参考にした資料の多くは民間のもので、公的なアーカイブでは入手できない可能性が高い。

1. European container census of 1955 reported in *Containers* 7, no. 13 (1955): 9; “Grace Initiates Seatainer Service,” *Marine Engineering/Log* (February 1960), p. 56.

2. International Cargo Handling Coordination Association, “Containerization Symposium Proceedings, New York City June 15, 1955,” p.3.

3. Reynolds Metals Co. study cited in John G. Shott, *Progress in Piggyback and Containerization* (Washington, DC, 1961), p. 11.

4. Douglas J. Puffert, “The Standardization of Track Gauge on North American Railways, 1830–1890,” *Journal of Economic History* 60, no. 4 (2000): 933–960, and “Path Dependence in Spatial Networks: The Standardization of Railway Track Gauge,” *Explorations in Economic History* 39 (2002): 282–314.

5. Puffert, “Path Dependence,” p. 286; A. T. Kearney & Co., “An Evaluation of the 35' Container Size as a Major Factor in Sea-Land's Growth,” typescript, 1967; Weldon, “Cargo Containerization”; “Grace Initiates Seatainer Service,” *Marine Engineering/Log* (February 1960), p. 56.

6. 互換性の欠如によって生じる経済的コストについては、多くの文献が論じている。以下を参照されたい。Joseph Farrell and Garth Saloner, “Installed Base and Compatibility: Innovation, Product Preannouncements, and Predation,” *American Economic Review* 76, no. 5 (1986): 940–955; Michael L. Katz and Carl Shapiro, “Systems Competition and Network Effects,” *Journal of Economic Perspectives* 8, no. 2 (1994): 93–115; and S. J. Liebowitz and Stephen E. Margolis, “Network Externality: An Uncommon Tragedy,” *Journal of Economic Perspectives* 8, no. 2 (1994): 133–150.

7. ロックイン効果については、以下を参照されたい。W. Brian Arthur, *Increasing Returns and Path Dependence in the Economy* (Ann Arbor, 1994), chap. 2.

8. Minutes of November 18, 1958, meeting of Committee on Standardization of Van Container Dimensions (hereafter Marad Dimensions Committee).

9. Minutes of November 19, 1958, meeting of Committee on Construction and Fittings (hereafter Marad Construction Committee); 著者による電話インタビュー : Vincent Grey, May 1, 2005.

10. Minutes of MH-5 Van Container Subcommittee, February 25, 1959.

11. Marad Dimensions Committee, December 9, 1958; Minutes of MH-5 Van Container Subcommittee, February 25, 1959.

12. 鉄道の積載可能容量については Tippetts-Abbett-McCarthy-Stratton, *Shoreside Facilities*, p. 8 を、鉄道の標準化については John G. Shott, *Piggyback and the Future of Freight Transportation* (Washington, DC, 1960), p. 33 および *Progress in Piggyback*, p. 19 を参照されたい。

13. F. M. McCarthy, “Aspects on Containers,” presented to Marad Construction Committee, December 10, 1958. ブルのサイズの選択については、以下に解説がある。International Cargo Handling Coordination Association, “Containerization Symposium

Proceedings," p. 19.

14. Minutes of Marad Dimensions Committee, April 16, 1959; letter, Ralph B. Dewey, Pacific American Steamship Association, to L. C. Hoffman, Marad, May 25, 1959; memorandum to various steamship company officials from George Wauchope, Committee of American Steamship Lines, June 16, 1959; minutes of Marad Dimensions Committee, June 24, 1959.

15. 高さに関するマトソンの立場は 1960 年 2 月 15 日に提出された「ＭＨ５株委員会ＡＳＡが提案した標準コンテナ高および長さを承認すべきでない理由に関する報告書」にあきらかである。

16. Edward A. Morrow, "Line Chides I.C.C. on Rate Policies," *NYT*, April 17, 1960.

17. Letter, W. H. Reich, chairman, Marad/Industry Container Standardization Committee on Construction and Fittings, to L. C. Hoffman, Marad, June, 25, 1959.

18. Morris Forgash, "Transport Revolution at the Last Frontier—The Thought Barrier," in *Revolution in Transportation*, ed. Karl M. Ruppenthal (Stanford, 1960), p. 59; "Uniformity Urged in Big Containers," *NYT*, September 12, 1959.

19. Minutes of MH-5 Size Task Force, September 16, 1959. 以下も参照されたい。Testimony of Les Harlander to the House Merchant Marine and Fisheries Committee, November, 1967.

20. MH-5 Executive Committee, minutes, May 4, 1961.

21. Vince Grey, "Setting Standards: A Phenomenal Success Story," in Jack Latimer, *Friendship among Equals* (Geneva, 1997), p. 40.

22. この時点まで、パンアトランティック海運は規格化プロセスに参加していなかった。マトソン海運は参加していたが、9 月 16 日の会議は前日になってから通知されたため、出席していない。以下を参照されたい。Letter of Robert Tate, Matson, to J. M. Gilbreth, Van Container Subcommittee, September 15, 1959.

23. グレース海運とアメリカン・プレジデント海運は、規格外のコンテナ船には補助金を出さないとの政府の脅しを気にして、補助金申請を修正し、20 フィート・コンテナを扱える船を建造するとした。

24. Ralph B. Dewey, Pacific American Steamship Association, to Herbert H. Hall, November 12, 1959; Dewey to L. C. Hoffman, Marad, November 12, 1959; Hoffman to Dewey, n.d.; Marad Dimensions Committee, January 14, 1960; Pacific American Steamship Association, minutes of special containerization committee, February 8, 1960; Dewey letter and statement to MH-5 committee, February 25, 1960. 投票は書簡 Hall to Dewey, June 20, 1961 で指示された。

25. Letter from George C. Finster, standards manager, American Society of Mechanical Engineers, to members of MH-5 committee, June 29, 1960; letter, George Wauchope to Committee of American Steamship Lines members, July 26, 1960; Pacific American Steamship Association, minutes of containerization committee, August 4, 1960; "U.S. Body Enters Container Field," NYT, April 28, 1961.

26. MH-5 committee minutes, June 6, 1961.

27. 規格が承認された手続きについては、以下の議会証言を参照されたい。Fred Muller Jr., U.S. House of Representatives, Committee on Merchant Marine and Fisheries, Cargo Container Dimensions, November 16, 1967. 規格の番号は、ASA MH5.1-1961 である。Federal Maritime Board and Maritime Administration press release NR 61-35, April 28, 1961.

28. MH-5 minutes, June 6, 1961.

29. Tineke M. Egyedi, "The Standardized Container: Gateway Technologies in Cargo Transportation," Working Paper, Delft University of Technology, 2000.

30. *Containers*, no. 30 (December 1963): 26; Egyedi, "The Standardized Container"; "Is Container Standardization Here?" *Via—Port of New York*, Special Issue: *Transatlantic Transport Preview* (1965): 28.

31. "Memorandum of Comment" by John J. Clutz, Association of American Railroads, to MH-5

Van Container Subcommittee #3, December 13, 1961.

32. Minutes, MH-5 Van Container Subcommittee #3, December 14, 1961; Tantlinger, "U.S. Containerization."

33. Tantlinger, "U.S. Containerization"; letter, M. R. McEvoy, president, Sea-Land Service, to Vincent G. Grey, American Standards Association, January 29, 1963.

34. Letter, James T. Enzensperger, Pacific American Steamship Association, to Eugene Spector, American Merchant Marine Institute, November 5, 1964; Tantlinger, "U.S. Containerization."

35. American Merchant Marine Institute, "Van Containers in Service," n.d. [circulated January 1965]; Pacific American Steamship Association, minutes of containerization committee, January 21, 1965; telegram, K. L. Selby, president, National Castings Co., to R. K. James, executive director, Committee of American Steamship Lines, January 7, 1965.

36. Pacific American Steamship Association, "SAAM Proposed Cargo Container Standards," January 20, 1965; Herbert H. Hall, "Facts Concerning the ASA-MH5 Sectional Committee Proposed Van Container Corner Fitting," June 14, 1965; Memorandum, Tantlinger to W. E. Grace, Fruehauf Corporation, August 12, 1965.

37. Murray Harding, "Final World Standards Set for Van Freight Containers," *JOC*, October 5, 1965; Harlander interview, COHP.

38. "Is Container Standardization Here?" p. 30.

39. 各国の状況は以下にくわしい。Letter, Harlander to Martin Rowbotham, chairman, second ad hoc panel on corner fittings, January 13, 1967, and letter, Robotham to panel members, February 1, 1967. このほか以下も参照されたい。Grey, "Setting Standards," p. 41; ISO, "Report of Ad Hoc Panel Convened at London Meeting," January 1967; 著者による電話インタビュー : Les Harlander, November 2, 2004.

40. Minutes of a meeting of "some members" of the MH-5 Securing and Handling Subcommittee, February 16, 1967.

41. コンテナと金具に関するＩＳＯの規格は、以下に掲載されている。*Jane's Freight Containers,* 1st ed. (New York 1968), pp. 4–11.

42. Minutes of MH-5 Demountable Container Subcommittee, July 20, 1967; Edward A. Morrow, "Rail Aide Scores Sea Containers," *NYT,* September 17, 1967.

43. ASA-MH-5 committee, cited in L. A. Harlander, "Container System Design Developments over Two Decades," *Marine Technology* 19 (1982): 366; Meyers, "The Maritime Industry's Expensive New Box."

44. 規格外の貨物を運ぶ運送会社にこのような追加的な規制を設けることについては、1967 年の下院商船漁業委員会の公聴会でも議論された。以下に収録されている。*Cargo Container Dimensions* (Washington, DC, 1968).

45. Minutes of MH-5 Demountable Container Subcommittee, November 9, 1965; memo, L. A. Harlander to S. Powell and others, Matson Navigation Company, November 12, 1965.

46. Minutes of ASA Group 1 Demountable Container Subcommittee, February 2, 1966; minutes of MH-5 Sectional Committee, June 23, 1966; letter, Hall to Tantlinger, November 1, 1966; Harlander interview, COHP; L. A. Harlander, "The Role of the 24-Foot Container in Intermodal Transportation," submitted to ASA MH-5 committee, June 1966; Statement of Michael R. McEvoy, president, Sea-Land Service, in House Merchant Marine and Fisheries Committee, *Cargo Container Dimensions*, p. 130; MH-5 Executive Committee, minutes, June 1, 1967.

47. Congressional Record, November 6, 1967, pp. 31144–31151; House Merchant Marine and Fisheries Committee, *Cargo Container Dimensions,* Gulick testimony, October 31, 1967, p. 28; Ralph B. Dewey testimony, November 16, 1967, pp. 162–169.

48. House Merchant Marine and Fisheries Committee, *Cargo Container Dimensions,* Powell testimony November 1, 1967, p. 50, and McLean comment November 16, 1967, p. 121.
49. Ibid., Powell testimony November 1, 1967, pp. 70–71; Harlander interview, COHP.
50. Minutes, combined meeting of MH-5 Load and Testing and Handling and Securing Subcommittees, November 30, 1966; Leslie A. Harlander, "Intermodal Compatibility Requires Flexibility of Standards," *Container News,* January 1970, p. 20; Minutes of MH-5 committee, January 29 and May 20–21, 1970; L. A. Harlander, "Container System Design Developments," p. 368.
51. Marad, "Intermodal Container Services Offered by U.S. Flag Operators," January 1973 (unpaginated).

第 8 章

1. ニューヨーク港の数字は、ＰＮＹＡのデータからの推定である。
2. 西海岸の数字は、Hartman, *Collective Bargaining*, p. 160 に拠った。
3. Ernest W. Williams Jr., *The Regulation of Rail-Motor Rate Competition* (New York, 1958), p. 208; Werner Bamberger, "Containers Cited as Shipping 'Must,' " *NYT*, January 21, 1959, and "Industry Is Exhibiting Caution on Containerization of Fleet," *NYT*, December 4, 1960.
4. 軍用物資は、1964 年にはアメリカ船籍の国際海運会社が扱う貨物のじつに 5 分の 1 を占めていた。
5. Werner Bamberger, "Lines Ask Rule on Cargo Bidding," *NYT*, July 14, 1966.
6. McLean Industries, *Annual Reports*, 1957–60; Werner Bamberger, "Lukenbach Buys 3 of 5 Vessels Needed for Containership Fleet," *NYT*, November 26, 1960; George Horne, "Luckenbach Ends Domestic Service," *NYT*, February 21, 1961; "Ship Line Drops Florida Service," *NYT*, March 2, 1961; "Grace Initiates Seatainer Service," *Marine Engineering/Log* (1960), p. 55; Niven, *American President Lines*, p. 211.
7. "Coast Carriers Win Rate Ruling," *NYT*, January 5, 1961.
8. ユナイテッド・カーゴ社がアメリカからヨーロッパ向けコンテナ・サービスを 1959 年に開始したが、同社が扱うのは 10 フィート・コンテナのみで、船倉に他の貨物と混載されて運ばれた。
Jacques Nevard, "Container Line Plans Extension," *NYT*, June 6, 1959.
9. Census Bureau, *Historical Statistics*, pp. 711 and 732; Beverly Duncan and Stanley Lieberson, *Metropolis and Region in Transition* (Beverly Hills, 1970), pp. 229–245.
10. Census Bureau, *Historical Statistics*, pp. 732–733; ICC, *Transport Economics*, July 1956, p. 10.
11. 1950 年以前のピギーバック輸送については、以下にくわしい。Kenneth Johnson Holcomb, "History, Description and Economic Analysis of Trailer-on-Flatcar (Piggyback) Transportation" (Ph.D. diss., University of Arkansas, 1962), pp. 9–13.
12. *Movement of Highway Trailers by Rail*, 293 ICC 93 (1954).
13. Irving Kovarsky, "State Piggyback Statutes and Federalism," *Industrial and Labor Relations Review* 18, no. 1 (1964): 45.
14. U.S. Census Bureau, *Statistical Abstract 1957*, Table 705, p. 564; Wallin, "The Development, Economics, and Impact," p. 220; ICC Bureau of Economics, "Piggyback Traffic Characteristics," December 1966, p. 6.
15. Curtis D. Buford, *Trailer Train Company: A Unique Force in the Railroad Industry* (New York, 1982); Comments of Roy L. Hayes, "Panel Presentations: Railroad Commercial Panel," *Transportation Law Journal* 28, no. 2 (2001): 516; Walter W. Patchell, "Research and Development," in *Management for Tomorrow*, ed. Nicholas A. Glaskowsky Jr. (Stanford, 1958), pp. 31–34; Shott, *Piggyback and the Future of Freight Transportation*, p. 7.

16. Comments of Richard Steiner, "Panel Presentations: Railroad Commercial Panel"; Holcomb, "History, Description and Economic Analysis," pp. 43–44; Eric Rath, *Container Systems* (New York, 1973), p. 33.

17. Holcomb, "History, Description and Economic Analysis," pp. 54–67; Rath, *Container Systems*, p. 33.

18. このパラグラフの詳細は、以下に拠った。U.S. District Court decision, *New York, New Haven & Harford v. ICC*, 199 F. Supp 635.

19. 運輸法の該当する条文は、こうある。「本法の目的に鑑みて、何らかの運送会社の運賃は、他の輸送手段を保護するようなレベルまで引き上げてはならない」。"Coast Carriers Win Rate Ruling," *NYT*, January 5, 1961; Robert W. Harbeson, "Recent Trends in the Regulation of Intermodal Rate Competition in Transportation," *Land Economics* 42, no. 3 (1966).

20. この件は、最高裁で全員一致により鉄道に有利な判決が下った。Supreme Court, *ICC v. New York, New Haven & Hartford*, 372 U.S. 744, April 22, 1963.

21. Holcomb, "History, Description and Economic Analysis," p. 220; Bernard J. McCarney, "Oligopoly Theory and Intermodal Transport Price Competition: Some Empirical Findings," *Land Economics* 46, no. 4 (1970): 476.

22. ニューヨーク・セントラル駅でフレキシバン・サービス利用企業上位 10 社のうち 5 社は運送会社だが、大手製造業 4 社、百貨店のモントゴメリー・ワードも含まれている。以下を参照されたい。Memo, R. L. Milbourne, New York Central, to managers, July 10, 1964, in Penn Central Archives, Hagley Museum and Library, Wilmington, DE, Accession 1810/Box B-1872/Folder 15.

23. Alex-ander Lyall Morton, "Intermodal Competition for the Intercity Transport of Manufactures," *Land Economics* 48, no. 4 (1972): 360.

24. ICC, "Piggyback Traffic Characteristics," pp. 6 and 58–60; Forgash, "Transport Revolution at the Last Frontier," p. 63; Robert E. Bedingfield, "Personality: Champion of the Iron Horse," *NYT*, February 22, 1959; "Trains and Trucks Take to the Ocean," *Via–Port of New York*, Special Issue: *Transatlantic Transport Preview* (1965), p. 26; ICC, *Transport Statistics in the United States, Part 9: Private Car Lines*, Table 5, various years.

25. ICC, "Piggyback Traffic Characteristics," p. 28.

26. カナダ経済の規模はアメリカよりかなり小さいが、1959 ～ 61 年に実施されたピギーバック輸送はアメリカの 3 分の 1 に達した。*Containers*, no. 35 (June 1966): 33.

27. Edward A. Morrow, "3-Way Piggyback Introduced Here," *NYT*, August 10, 1960; Robert E. Bedingfield, "PiggyBack Vans Span Ocean Now," *NYT*, March 12, 1961; *Containers*, no. 31 (June 1964): 25.

28. 著者によるインタビュー : Bernard Czachowski, New York, January 24, 1992.

29. PNYA, *Annual Reports*, various years; Hartman, *Collective Bargaining*, p. 270.

30. McLean Industries, *Annual Report*, 1965.

31. U.S. Department of Commerce, Marad, "United States Flag Containerships," April 25, 1969.

32. "Operators Uneasy on New Ships; Fear of Rapid Obsolescence Cited," *NYT*, May 24, 1959.

33 大西洋航路へのフルコンテナ船投入については、1964 年に議論された。以下を参照されたい。Scott Morrison interview, COHP.

34. Hall interview; George Home, "Intercoastal Trade," *NYT*, January 29, 1961, "Line Will Renew U.S. Coastal Run," *NYT*, February 23, 1961, and "U.S. Aid Is Denied for Coastal Runs," *NYT*, May 13, 1961.

35. このあたりの経緯の詳細は以下に拠った。Jerry Shields, *The Invisible Billionaire: Daniel Ludwig* (Boston, 1986), p. 224.

36. Earl Hall interview, October 2, 1992; Sea-Land, *Annual Report*, 1965.

37. Morrison interview, COHP.
38. Ibid.; Werner Bamberger, "Rules on Cargo Boxes Revised to Spur Use and Ease Shipping," *NYT*, March 17, 1966; Edward Cowan,
"Container Service on Atlantic Begins," *NYT*, April 24, 1966.
39. Cowan, "Container Service"; Edward A. Morrow, "New Stage Nears in Container Race," *NYT*, March 28, 1966; A. D. Little, *Containerisation on the North Atlantic* (London, 1967), p. 14.
40. Morrison interview, COHP.
41. Memorandum, B. P. O'Connor, director of international freight sales, to J. R. Sullivan, Weehawken division superintendent, New York Central Railroad, April 27, 1966, in Penn Central Archives, 1810/B-1675/8.
42. OAB/NHC, Post 1946 Command Files, MSTS, Box 889, Folder 1/1966; U.S. Department of Defense, news release No. 750-66, August 31, 1966; "US Is Firm on Its Plan for Bidding," *JOC*, June 29, 1966.
43. PNYA, *Annual Reports*; "The 1970 Outlook for Deep Sea Container Services," p. 2.
44. Edward Cowan, "Container Service on Atlantic Begins," *NYT*, April 24, 1966.
45. Wallin, "The Development, Economics, and Impact," p. 16; PNYA, *Container Shipping: Full Ahead*; "Countdown on for Container Ships," *Via—Port of New York*, Special Issue: *Transatlantic Transport Preview* (1965): 8; "Containerization Comes of Age," *Distribution Manager*, October 1968.
46. Werner Bamberger, "A Danger Is Seen in Container Rise," *NYT*, September 9, 1967.
47. "Containers Widen Their World," *Business Week*, January 7, 1967; Frank Broeze, *The Globalisation of the Oceans: Containerisation from the 1950s to the Present* (St. Johns, NF, 2002), p. 41.
48. Statement of Lester K. Kloss, A. T. Kearney & Co., in U.S. House of Representatives, Merchant Marine and Fisheries Committee, *Container Cargo Dimensions*, November 16, 1967, p. 183; "Containerization Comes of Age"; comment by U.S. Navy Capt. D. G. Bryce, "MSTS Area Commanders' Conference," March 4–7, 1969, OAB/NHC, Command Histories, Box 193, Folder 2/1989, p. 137.
49. Press release, German Federal Railroad, July 26, 1967, in Penn Central Archives, 1810/B-1675/6.
50. 有名な Beeching 報告は、数百に上る旅客専用駅と旅客輸送サービスの廃止を提言する一方で、イギリス全土に貨物輸送網を張り巡らせることを勧告した。その貨物輸送網では 20 フィートおよび 27 フィートのコンテナを積んだ「定期運行列車」を走らせ、トラックに奪われた工業製品の輸送シェアを奪い返すという。同報告書では、コンテナの海上輸送の飛躍的拡大が見込まれる現在、「港までの定期運行サービスはとりわけ魅力的だ」とした。以下を参照されたい。British Railways Board, *The Reshaping of British Railways*, Part 1 (London, 1963), pp. 141–148.
51. Letter, J. R. Sullivan, New York Central, to H. W. Large, Vice President–Traffic, Pennsylvania Railroad, April 11, 1966, in Penn Central Archives, 1810/B-1675/8.
52. Aaron Cohen, "Report on Containerization in Export-Import Trade," Traffic Executive Association–Eastern Railroads, April 20, 1966, in Penn Central Archives, 1810/B-1675/9. 53. Statement of James A. Hoyt, Grace Line, to Traffic Executive Association Eastern Railroads, January 30, 1967, in Penn Central Archives, 1810/B-1675/10.
54. Letter, Harold E. Bentsen, manager, international distribution, Whirlpool Corp., to B. P. O'Connor, director, international freight sales, New York Central Railroad, June 28, 1967 and letter, O'Connor to Bentsen, July 6, 1967, Penn Central Archives, 1810/B-1675/8.
55. Memo, D. L. Werby to W. R. Brooks, New York Central, July 20, 1967, Penn Central Archives, 1810/B-1675/10.
56. Letter, John A. Daily to J. R. Sullivan, New York Central, February 6, 1967, in Penn Central

Archives, 1810/B-1675/10.

57. Kenneth Younger interview, December 16, 1991.

58. "A Railroader on Containerization," *Distribution Manager*, October 1968; ICC, *Transport Statistics*.

第 9 章

1. 増派の正式決定は、以下に記述されている。National Security Action Memorandum No. 328, April 6, 1965.

2. Command History 1964, Military Assistance Command Vietnam (MACV), Record Group (RG) 472, NACP; Edward J. Marolda and Oscar P. Fitzgerald, *The United States Navy and the Vietnam Conflict*, vol. 2, *From Military Assistance to Combat, 1959–1965* (Washington, DC, 1986), pp. 357–358; *Sealift* 15, no. 6 (1965): 5.

3. Memorandum for the Commander in Chief, Pacific. Terms of reference for Honolulu conference, April 8, 1965, Historians Background Material Files, 1965, MACV, RG 472, NACP.

4. Information on backups is in MACV Fact Sheet, June 19, 1965, Mission Council Action Memorandums, Historians Background Material Files 1965, MACV, RG 472, NACP.

5. Command History 1966, MACV, pp. 709–715, RG 472, NACP; "No Congestion at Saigon Port," Vietnam Feature Service, Record 154933, VVA, Texas Tech University; Memorandum from W. S. Post Jr., Acting Commander, MSTS, to Secretary of Navy, Monthly Background Reports 1964–65, MSTS Command File, Box 895, OAB/NHC, Washington, DC.

6. William D. Irvin, "Reminiscences of Rear Admiral William D. Irvin" (Annapolis, 1980), p. 634.

7. プッシュ型については、以下を参照されたい。Interview with Lt. Col. Dolan, transportation officer, 1st Logistics Command, by Maj. John F. Hummer, March 30, 1966, in Classified Organizational History Files, 1966, 1st Logistics Command, U.S. Army Pacific, RG 550, NACP.

8. Joseph M. Heiser Jr., *A Soldier Supporting Soldiers* (Washington, DC, 1991), p. 104.

9. Edwin B. Hooper, *Mobility Support Endurance: A Story of Naval Operational Logistics in the Vietnam War, 1965–1968* (Washington, DC, 1972), p. 62; General Frank S. Besson Jr., speech to Council on World Affairs, Dallas, TX, May 7, 1968, in Oral History Program Former Commanders—Frank S. Besson, Jr., Historical Office, Headquarters, U.S. Army Materiel Command, 1986. James F. Warnock Jr., "Recorded Recollections of Lt. Col. James F. Warnock Jr., Executive Officer, 29th Quartermaster Group, 1st Logistics Command, 9 April 1966," Port Study, April 29, 1966, Classified Organizational History Files, 1st Logistics Command, Records of US Army Pacific, RG 550, NACP; Logistics Summary for the week ending July 30, 1965, General Records, Assistant Chief of Staff for Logistics, MACV, RG 472, NACP.

10. Westmoreland and Killen memorandum to the ambassador, March 12, 1965, Historians Background Material Files, MACV, RG 472, NACP; Joint Chiefs of Staff, Historical Division, *The Joint Chiefs of Staff and the War in Vietnam, 1960–1968, Part II*, pp. 21-23 and 21-28, Historical Division, Joint Secretariat, Joint Chiefs of Staff, Record 33179, VVA; Command History 1965, MACV, pp. 107–108 and 409.

11. Quarterly Command Report, Second Quarter, FY 1966, Classified Organizational History Files, 1st Logistical Command, Records of U.S. Army Pacific, RG 550, NACP; "MACV Fact Sheet," June 19, 1965; MACV, Historians Background Material Files, Minutes of Mission Council Meetings of June 28, 1965, July 6, 1965, and July 13, 1965, NACP 472/270/75/33/03, Box 20; *The Joint Chiefs of Staff and the War in Vietnam, 1960–1968, Part II*, p. 21-25; telegram, Secretary of State Dean Rusk to Vietnam Coordinating Committee, August 8, 1965, in Mission Council Action

Memorandums, 1965, Historians Background Material Files, MACV, RG 472, NACP; Talking Paper—End of Year Press Conference—Engineer Effort in Vietnam, December 21, 1965; Miscellaneous Memoranda, Historians Background Material Files 1965, MACV, RG 472, NACP.

12. 著者による電話インタビュー : Milton Stickles, June 1, 2004.

13. 海軍の軍事海上輸送部は3月11」日にベトナムを「危険地域」に指定した。その結果、商船が危険海域に入った場合、船員は1日当たり2倍の賃金を保障されるとともに、航行中に攻撃された場合や停泊中の港が攻撃された場合には、危険手当が支払われることになった。以下を参照されたい。Memorandum, Glynn Donaho, Commander, MSTS, to Secretary of Navy, May 11, 1965, in Monthly Reports, MSTS Command File, 1964–65, OAB/NHC.

14. MACV Command History 1965, p. 118; congressional visit in MACV, Historians Background Material Files, 1965, NACP 472/270/75/33/1-2, Box 8.

15. Briefing for Secretary McNamara, Ambassador Lodge, General Wheeler, November 28, 1965, Historians Background Material Files, MACV, RG 472, NACP.

16. *Sealift*, March 1966, p. 14; Command History 1965, p. 121, MACV, RG 472, NACP; "AB&T Employees Perform Critical Tasks in Vietnam," *Sealift*, August–September 1969, p. 6.

17. Lawson P. Ramage, "Reminiscences of Vice Admiral Lawson P. Ramage" (Annapolis, 1970), p. 535.

18. Command History 1965, p. 119, MACV, RG 472, NACP; Testimony of General Frank S. Besson Jr. to U.S. House of Representatives, Committee on Government Operations, Military Operations Subcommittee, August 4, 1970, p. 53.

19. Highlights, U.S. Naval Operations Vietnam, January 1966, OAB/NHC.

20. 著者によるインタビュー : Robert N. Campbell, June 25, 1993.

21. 著者によるインタビュー : William Hubbard, August 10, 1993; and Ron Katims interview, COHP; *Baltimore Sun*, January 22, 1966.

22. *The Joint Chiefs of Staff and the War in Vietnam, 1960–1968, Part II*, pp. 37-6 to 37-8; VVA, Record 33179; HQ MACV, Command History 1965, NARA 472/270/75/32/6-7, Box 1, pp. 231–232.

23. ベトナム増派前のＭＳＴＳによる最後の大規模輸送にシーランドは関わっていないが、これはすべて混載船で行われた。以下を参照されたい。*Sealift*, December 1964, p. 4, January 1965, p. 5, and March 1965, p. 13.

24. コンテナ船でコネックスを運ぶプランは検討されていた。Alan F. Schoedel, "Viet Containership Plan Eyed," *JOC*, January 26, 1966. 沖縄までの輸送案は以下に報告されている。Werner Bamberger, "Container Ships Sought for War," *NYT*, May 26, 1966.

25. Katims interview, COHP, and Operational Report—Lessons Learned for quarter ended July 31, 1966, Command Histories, 1st Logistics Command, USARV, RG 472, NACP.

26. シーランドが受注した沖縄向けおよびベトナム向け契約については、以下を参照されたい。Besson speech to National Defense Transportation Association Annual Transportation and Logistics Forum, Washington, DC, October 14, 1968, Historical Office, Headquarters, U.S. Army Materiel Command; 著者による電話インタビュー : Frank Hayden, former deputy head of contracts, MSTS, June 29, 2004; Department of Defense news release 458-66, May 25, 1966, Military Sea Transportation Service, Command History 1966, OAB/NHC, Washington, DC. "Ship Run Bid Refused," *Baltimore Sun*, June 24, 1966.

27. マンアワー不足については、以下を参照されたい。Besson presentation to Association of the United States Army, October 10, 1966, Historical Office, Headquarters, U.S. Army Materiel Command.

28. Briefing Data Prepared in Conjunction with Secretary of Defense McNamara's Visit to RVN, October 1966, General Records, Assistant Chief of Staff for Logistics, MACV, RG 472, NACP.

29. Operational Report—Lessons Learned for quarter ended July 31, 1966, 1st Logistical Command, p. 16.

30. Memorandum from Donaho on inspection trip to Asia, August 2–20, 1966, in Command Files, MSTS, OAB/NHC; Financial and Statistical Report, MSTS, various issues, OAB/NHC; Logistics Summary for 5–20 August, 1966, General Records, Assistant Chief of Staff for Logistics, MACV, RG 472, NACP; Operational Report—Lessons Learned for period ending January 31, 1967, 1st Logistics Command, RG 472, NACP Logistics Summary, 15 December 1966, 1st Logistical Command, RG 472, NACP;

31. *Pacific Stars & Stripes*, October 14, 1966.

32. Ramage, "Reminiscences," p. 532; Werner Bamberger, "Navy Augments Shipping for War," *NYT*, March 30, 1967; *Sealift*, May 1967, pp. 9–10.

33. Katims interview, COHP; Campbell interview; Logistical Summaries, June and September 1967, USRVN, RG 472, NACP; *Sealift*, October 1967, p. 20; "New Supply Concept Comes to Vietnam," *1st Logistical Command Vietnam Review* 1, no. 1 (1967).

34. Command History 1967, p. 772, MACV, RG 472, NACP;

35. John Boylston, interview with Arthur Donovan and Andrew Gibson, December 7, 1998, COHP, Box 639.

36. Vice Admiral Lawson P. Ramage, Remarks to Propeller Club of the United States, St. Louis, October 11, 1968, Command History, MSTS, OAB/NHC.

37. U.S. Army Materiel Command, "Sharpe Army Depot," November 1966; MSTS Area Commanders' Conference, March 5–8, 1968, p. 92, Command Histories, MSTS, AOB/NHC; MSTS Area Commanders' Conference, March 5–8, 1968, p. 102.

38. MSTS Area Commanders' Conference, March 5–8, 1968, p. 47; Logistical Summaries, 1968, USRVN, RG 472, NACP; Operational Report—Lessons Learned, October 31, 1968, Classified Organizational History Files, 1st Logistical Command, U.S. Army Pacific, RG 550, NACP; Memorandum from COMSERVPAC to COMNAVSUPSTSCOMME, June 30, 1968, Classified Organizational History Files, Assistant Chief of Staff for Logistics, RG 472, NACP; Memorandum from Commander, MSTS, September 26, 1968, Organizational History Files, Assistant Chief of Staff for Logistics, RG 472, NACP; Memorandum for Record, Expanded Containership Service to RVN, December 31, 1968, Classified Organizational History Files, Assistant Chief of Staff for Logistics, RG 472, NACP; Joseph M. Heiser Jr., *Vietnam Studies: Logistic Support* (Washington, DC, 1974), p. 199.

39. "Remarks of Malcom P. McLean" in MSTS, "MSTS/Industry Conference on Military Sealift, 12–23 December 1967," Command History, MSTS, OAB/NHC; Classified Organizational History Files for the Quarter Ending 30 April 1968, 1st Logistical Command, RG 472, NACP.

40. Besson testimony, August 4, 1970, p. 46.

41. Vice Admiral Lawson P. Ramage, Speech to National Defense Transportation Agency 22nd National Transportation and Logistics Forum, October 6, 1967, Command History, MSTS, OAB/NHC; "New Supply Concept Comes to Vietnam."

42. Besson remarks to National Defense Transportation Association, October 14, 1968, p. 13, and congressional testimony, August 4, 1970, pp. 73–75.

43. 調査委員会の答申は物議をかもし、一部しか実行されなかった。たとえばＭＳＴＳに港湾運営とトラック運用を任せることには反対があった。以下を参照されたい。Edwin B. Hooper, "The Reminiscences of Vice Admiral Edwin B. Hooper" (Annapolis, 1978), pp. 472–474.

44. Frank B. Case, "Contingencies, Container Ships, and Lighter-age," *Army Logistician* 2, no. 2 (1970): 16–22.

45. "Operation TOCSA: A Containerization First!" *Army Logistician* 2, no. 5 (1970): 14, and *Sealift*, April 1970, pp. 14–16.
46. Besson testimony, August 4, 1970, p. 47.
47. 競争入札については、以下を参照されたい。Ramage, "Reminiscences," pp. 540–542.
48. Military Prime Contract Files, July 1, 1965–June 30, 1973, Records of the Office of the Secretary of Defense, RG 330, NACP.
49. ICC, *Transport Statistics*, Part 5: Carriers by Water, Table 4.
50. Katims interview, COHP; 著者によるインタビュー：William P. Hubbard, July 1, 1993.
51. MSTS Area Commanders Conference, March 1968, pp. 63, 92, 96; Review and Analysis, March 1968, Command History, 1st Logistical Command, RG 472, NACP.
52. Memorandum from C. F. Pfeifer, Inspector General, on Asia trip October 8–18, 1967, Command Histories, MSTS, OAB/NHC; Classified Organizational History Files for the Quarter Ending April 30, 1968, 1st Logistical Command, Records of U.S. Army Pacific, RG 550, NACP.
53. *Jane's Freight Containers*, p. 309.
54. *Jane's Freight Containers, 1969–70* (New York, 1969), pp. 179–180; Mark Rosenstein, "The Rise of Maritime Containerization in the Port of Oakland, 1950 to 1970" (M.A. thesis, New York University, 2000), p. 95; memo, H. E. Anderson, Traffic Manager, Pacific Command, October 30, 1968, General Records, Assistant Chief of Staff for Logistics, MACV, RG 472, NACP.
55. Worden, *Cargoes*, pp. 150–153; Harlander interview, COHP.
56. Scott Morrison interview, COHP.
57. "Sea-Land Keeps Port Schedule," *Baltimore Sun*, March 18, 1968; Boylston interview, COHP; Rosenstein, "The Rise of Maritime Containerization," p. 96.
58. Marad, Office of Maritime Promotion, "Cargo Data," March 11, 1969.

第 10 章

1. Thomas B. Crowley, "Crowley Maritime Corporation: San Francisco Bay Tugboats to International Transportation Fleet," interview by Miriam Feingold Stein (Berkeley, 1983), p. 33.
2. Census Bureau, *Historical Statistics*, Q495–496, p. 757; Roger H. Gilman, "The Port, a Focal Point," *Transactions of the American Society of Civil Engineers*, 1958, p. 365.
3. Gilman, "The Port, a Focal Point." この論文は 1956 年に発表され、港湾整備への政府の関与を求めている。ギルマンはＰＮＹＡ港湾計画局の局長だった人物である。
4. U.S. Census Bureau, *Statistical Abstract 1951*, pp. 590–591.
5. Seattle Port Commission, *Shipping Statistics Handbook* (1963); Erie, *Globalizing L.A.*, p. 80.
6. Fitzgerald, "A History of Containerization," pp. 48, 91–93.
7. Booz-Allen & Hamilton, "General Administrative Survey, Port of Seattle," January 20, 1958, pp. VI-1–VI-12; Seattle Port Commission, "Report of the Marine Terminal Task Force to the Citizens' Port Commission," October 1, 1959, pp. 7, 12, 34; Burke, *A History of the Port of Seattle*, pp. 114–117; Foster and Marshall Inc., "Port of Seattle, Washington, $7,500,000 General Obligation Bonds," May 4, 1961.
8. Erie, *Globalizing L.A.*, pp. 80–88.
9. Woodruff Minor, *Pacific Gateway: An Illustrated History of the Port of Oakland* (Oakland, 2000), p. 45; Port of Oakland, "Port of Oakland," 1957; Ben E. Nutter, "The Port of Oakland: Modernization and Expansion of Shipping, Airport, and Real Estate Operations, 1957–1977," interview by Ann Lage, 1991 (Berkeley, 1994), pp. 51, 84, 139; Rosenstein, "The Rise of Maritime Containerization," p. 45.

10. アメリカン・ハワイアン海運は、船舶建造のための補助金を政府か受け取ったことは一度もなかった。

11. Nutter, "The Port of Oakland," pp. 78–79.

12. George Home, "Intercoastal Trade," *NYT*, January 29, 1961.

13. Rosenstein, "The Rise of Maritime Containerization," pp. 47, 69.

14. Nutter, "The Port of Oakland," pp. 79–80.

15. Port of Oakland, "60 Years: A Chronicle of Progress," 1987, pp. 17–18.

16. Erie, *Globalizing L.A.*, p. 89; Walter Hamshar, "Must U.S. Approve All Pier Leases," *Herald Tribune*, April 5, 1964.

17. Nutter, "The Port of Oakland," p. 82; Rosenstein, "The Rise of Maritime Containerization," pp. 98–104.

18. Ting-Li Cho, "A Conceptual Framework for the Physical Development of the Port of Seattle," Port of Seattle Planning and Research Department, April 1966, p. 15.

19. Arthur D. Little, Inc., *Community Renewal Programming: A San Francisco Case Study* (New York, 1966), p. 34.

20. Rosenstein, "The Rise of Maritime Containerization," pp. 65 and 85–86; Worden, *Cargoes*, 148;

21. Nutter, "The Port of Oakland," pp. 112, 120; Port of Oakland, "1957 Revenue Bonds, Series P, $20,000,000," October 17, 1978, p. 15;

22. Erie, *Globalizing L.A.*, p. 90; Seattle Port Commission, "Container Terminals 1970–1975: A Development Strategy," November 1969, pp. 1, 10.

23. Burke, *A History of the Port of Seattle*, pp. 116, 122; Erie, *Globalizing L.A.*, pp. 85–89; Minor, *Pacific Gateway*, p. 53; Fitzgerald, "A History of Containerization," pp. 91–93.

24. Niven, *American President Lines*, pp. 250–251.

25. Nutter, "The Port of Oakland," p. 84.

26. U.S. Department of Commerce, Marad, "Review of United States Oceanborne Trade 1966" (Washington, DC, 1967), p. 11.

27. Executive Office of the President, Economic Stabilization Program, Pay Board, "East and Gulf Coast Longshore Contract," May 2, 1972.

28. Alan F. Schoedel, "Boston Talks in Deadlock," *JOC*, June 29, 1966, and "No Progress Reported in Boston Port Dispute," *JOC*, November 22, 1966.

29. John R. Immer, *Container Services of the Atlantic*, 2nd ed. (Washington, DC, 1970), chaps. 14 and 15; Philadelphia Maritime Museum, "Delaware Riever Longshoremen Oral History Project: Background Paper," Vertical File, ILA Local 1291, Tamiment Labor Archive, New York University; *Longshore News*, December 1969; Charles F. Davis, "Ports of Philadelphia Posts Impressive Record," *JOC*, February 5, 1970; Bremer Ausschus fur Wirtschaftsforschung, *Container Facilities and Traffic in 71 Ports of the World Midyear 1910* (Bremen, 1971).

30. Matson Research Corporation, *The Impact of Containerization on the U.S. Economy* (Washington, DC, 1970), 1.88–98.

31. Robert J. McCalla, "From 'Anyport' to 'Superterminal,'" in *Shipping and Ports in the Twenty-first Century*, ed. David Pinder and Brian Slack (London, 2004), pp. 130–134. 32. U.S. Department of Commerce, Marad, "Containerized Cargo Statistics Calendar Year 1974" (Washington, DC, 1974), p. 7; Austin J. Tobin, "Political and Economic Implications of Changing Port Concepts," in Schenker and Brockel, *Port Planning and Development*, p. 269.

33. リッチモンド港の経緯については、以下を参照されたい。John Parr Cox, "Parr Terminal: Fifty Years of Industry on the Richmond Waterfront," interview by Judith K. Dunning (Berkeley,

1992), pp. 181–183.
34. PNYA, *Via—Port of New York*, Special Issue: *Transatlantic Transport Preview* (1965): 12–16.
35. Anthony G. Hoare, "British Ports and Their Export Hinterlands: A Rapidly Changing Geography," *Geografiska Annaler, Series B. Human Geography* 68, no. 1 (1986): 30–32; *Fairplay*, September 14, 1967, p. 5.
36. Wilson, *Dockers*, pp. 137, 309.
37. Ibid., pp. 181–191; Anthony J. Tozzoli, "Containerization and Its Impact on Port Development," *Journal of the Waterways, Harbors and Coastal Engineering Division, Proceedings of the American Society of Civil Engineers* 98, no. WW3 (1972): 335; *Fairplay*, May 16, 1968, p. 51.
38. McKinsey & Company, "Containerization: The Key to Low-Cost Transport," June 1967.
39. A. D. Little, *Containerisation on the North Atlantic*, p. 61; Turnbull, "Contesting Globalization," pp. 367–391.
40. "Developments in London," *Fairplay*, November 17, 1966, p. 29.
41. Wilson, *Dockers*, p. 239; J. R. Whittaker, *Containerization* (Washington, DC, 1975), pp. 35–42.
42. Wilson, *Dockers*, p. 152; *Fairplay*, July 18, 1968, p. 9.
43. Morrison interview, COHP; "UK Dockers Accept Pay Offer," *JOC*, March 23, 1970; Edward A. Morrow, "'Intermodal' Fee Stirs a Dispute," *NYT*, April 8, 1968; "Shipping Events: Inquiry Barred," *NYT*, July 26, 1968.
44. Hoare, "British Ports," pp. 35–39; D. J. Connolly, "Social Repercussions of New Cargo Handling Methods in the Port of London," *International Labour History* 105 (1972): 555. コノリーは、「近代的な荷役技術の導入」が「伝統的な波止場共同体の衰退とその当然の結果としての港湾労働者の社会的生活の低下」に直結したとしている。p. 566を参照されたい。
45. Turnbull, "Contesting Globalization," pp. 387–388; Wilson, *Dockers*, pp. 243–244; *Fortune*, November 1967, p. 152.
46. Bremer Ausschus fur Wirtschaftsforschung, *Container Facilities*, pp. 48–51.
47. National Ports Council, *Container and Roll-On Port Statistics, Great Britain, 1911: Part 1* (London, 1971), p. 31; National Ports Council, *Annual Digest of Port Statistics 1974*, Vol. 1 (London, 1975), Table 41; Henry G. Overman and L. Alan Winters, "The Geography of UK International Trade," Working Paper CEPDP0606, Centre for Economic Performance, London, January 2004. なお取扱量の比率は、空輸分を差し引いて計算した。
48. National Ports Council, *Annual Digest*. Overman and Winters はイギリスの港の勢力図が変わった原因を1973年以降の貿易パターンの変化にあるとし、コンテナリゼーションの影響を無視している。以下も参照されたい。Whittaker, *Containerization*, p. 33, and UK Department for Transport, "Recent Developments and Prospects at UK Container Ports" (London, 2000), Table 4.
49. *Fairplay*, April 3, 1975, p. 15, and April 17, 1975, p. 56.
50. Department for Transport, *Transport Statistics Report: Maritime Statistics 2002* (London, 2003), Table 4.3. この表には1965年におけるイギリスの68港の取扱量が掲載されているが、フェリクストウは含まれていない。
51. Katims interview, COHP.
52. *Jane's Freight Containers*, p. 324; A. G. Hopper, P. H. Judd, and G. Williams, "Cargo Handling and Its Effect on Dry Cargo Ship Design," *Quarterly Transactions of the Royal Institution of Naval Architects* 106, no. 2 (1964).
53. Bremer Ausschus fur Wirtschaftsforschung, *Container Facilities*; *Fairplay*, October 5, 1967.
54. *Jane's Freight Containers*, pp. 303–309; *Jane's Freight Containers 1969–70*, pp. 175–194; Daniel Todd, "The Interplay of Trade, Regional and Technical Factors in the Evolution of a Port System:

The Case of Taiwan," *Geografiska Annaler, Series B. Human Geography* 75, no. 1 (1993): 3–18.

55. Port of Singapore Authority, *Reports and Accounts*, 1964 and 1966.

56. Port of Singapore Authority, *A Review of the Past and a Look into the Future* (Singapore, 1971), p. 8.

57. Port of Singapore Authority, *Reports and Accounts*, 1968, p. 22.

58. *Fairplay*, November 7, 1974, p. 15; *Containerisation International Yearbook*; Gerald H. Krausse, "The Urban Coast in Singapore: Uses and Management," *Asian Journal of Public Administration* 5, no. 1 (1983): 44–46.

59. *Containerisation International Yearbook*; Krausse, "The Urban Coast in Singapore," pp. 44–46; Port of Singapore Authority *A Review*, p. 19; United Nations Economic and Social Commission for Asia and the Pacific, *Commercial Development of Regional Ports as Logistics Centres* (New York, 2002), p. 45.

第 11 章

1. この発言をしたのは、ファレル海運の会長ジェームズ・ファレル・ジュニアである。James A. Farrell Jr., chairman of Farrell Lines, to New York World Trade Club, *NYT*, June 7, 1966.

2. Matson Research Corp., *The Impact of Containerization*, 1:151; McLean Industries, *Annual Report*, 1968.

3. Tozzoli, "Containerization and Its Impact on Port Development," pp. 336–337; Marad, "United States Flag Containerships," April 25, 1969.

4. グレース海運が保有するもっとも大型のコンテナ船（1963 〜 64 年建造）には一等客室が 117 室あった。以下を参照されたい。*Jane's Freight Containers 1969–70*, p. 389.

5. 混載船にコンテナを積み込む面倒さは、以下にくわしい。Broeze, *The Globalisation of the Oceans*, pp. 29 and 41.

6. 新造船のフルコンテナ船第 1 号は、じつは 1964 年にオーストラリアで建造されたクーリンガ号である。船主はアソシエーテッド・スチームシップ。クーリンガ号は 14・5 トン・コンテナ（標準の 20 フィート・コンテナより小さい）をメルボルン〜フリーマントル国内航路で運んだ。船には積み降ろし用のガントリークレーン 2 基が備え付けられていた。クーリンガ号はコンテナリゼーションの発展の中で完全に行き詰まり、標準サイズのコンテナが登場すると競争力を失った。クーリンガ号の定期運航は大赤字を垂れ流した挙げ句に 1975 年に打ち切られている。以下を参照されたい。Broeze, *The Globalisation of the Oceans*, p. 34, and *The Australian Naval Architect* 2, no. 3 (1998): 6. Roy Pearson and John Fossey, *World Deep-Sea Container Shipping* (Liverpool, 1983), pp. 247–253.

7. McKinsey & Co., "Containerization: A 5-Year Balance Sheet" (1972), p. 1-1. マッキンゼーの推定では 40 億ポンドだった。これは、1970 年の為替レートでは 96 億ドルである。

8. 現在の価値に換算するに当たっては、アメリカの資本財の生産者物価指数を用いた。

9. *Fairplay*, January 12, 1967, p. 92, and January 11, 1968, p. 92A.

10. ICC, *Transport Statistics*, 1965–67; John J. Abele, "Smooth Sailing or Rough Seas?" *NYT*, January 19, 1969.

11. John J. Abele, "Investors in Conglomerates Are Seeing the Other Side of the Coin," *NYT*, April 13, 1969.

12. Frank V. Tursi, Susan E. White, and Steve McQuilkin, *Lost Empire: The Fall of R. J. Reynolds Tobacco Company* (Winston-Salem, 2000), p. 174.

13. John J. Abele, "Stock Exchange Ends Day Mixed," *NYT*, January 4, 1969.

14. Toomey interview; John Boylston interview, COHP.

15. Immer, *Container Services of the Atlantic*, pp. 194 and 198–200; Peter Stanford, "The SL-7: Sea-Land's Clipper Ship," *Sea History*, Fall 1978; Sea-Land advertisement, "SL-7," n.d.

16. *Lloyd's Shipping Economist*, August 1982, p. 36; "Sea-Land Line Orders 5 New Containerships," *NYT*, August 14, 1969; Tursi, White, and McQuilkin, *Lost Empire*, p. 176.
17. United Nations Economic and Social Commission for Asia and the Pacific, *Statistical Yearbook 1975* (Bangkok, 1977), pp. 205–208; Marad, *Foreign Oceanborne Trade of the United States*, 1970.
18. *Fairplay*, June 15, 1972.
19. United Nations, *Statistical Yearbook 1975*, p. 208.
20. Reuters, August 9, 1969; Marad, "Maritime Subsidies" (Washington, DC, 1971), p. 85.
21. Broeze, *The Globalisation of the Oceans*, p. 50; *Fairplay*, October 7, 1971, p. 41.
22. United Nations, *Statistical Yearbook 1975*, pp. 41–43, 127–129, 230–232, and 390; International Monetary Fund, *Direction of Trade Annual 1969–75* (Washington, DC, 1977), pp. 2–3; Matson Research Corp., *The Impact of Containerization*, 1:114–122; "Matson, Sea-Land to Expand Containership Services," *JOC*, March 18, 1970; *Fairplay*, February 16, 1967 and July 15, 1971, p. 11; OECD, *OECD Economic Surveys: Australia*, esp. 1979.
23. McKinsey & Co., "Containerization: A 5-Year Balance Sheet," p. 1-4.
24. Marad, "United States Flag Containerships," April 25, 1969; Pearson and Fossey, *World Deep-Sea Container Shipping*, p. 220.
25. Marad, "A Statistical Analysis of the World's Merchant Fleet," 1968 and 1974.
26. Pearson and Fossey, *World Deep-Sea Container Shipping*, p. 30; *Fairplay*, February 10, 1972, p. 40.
27. Matson Research Corp., *The Impact of Containerization*, 1:24.
28. P. Backx and C. Earle, "Handling Problems Reviewed," *Fairplay*, February 9, 1967, p. 36; McKinsey & Co., "Containerization: The Key to Low-Cost Transport," p. 57; *Fairplay*, November 24, 1966; Matson Research Corp., *The Impact of Containerization*, 2:4; Litton Systems Inc., "Oceanborne Shipping: Demand and Technology Forecast," June 1968, p. 6-2.
29. *Fairplay*, April 20, 1967, p. 42.
30. 同盟が競争と運賃上昇の抑制に成功したかどうかについては、長年にわたり議論されてきた。最近の概要については、以下を参照されたい。Alan W. Cafruny, *Ruling the Waves* (Berkeley, 1987), and William Sjostrom, "Ocean Shipping Cartels: A Survey," *Review of Network Economics* 3, no. 2 (2004).
31. *Fairplay*, August 24, 1967, p. 8; J. McNaughton Sidey, "Trans-Atlantic Container Services," *Fairplay*, October 5, 1967.
32. *Fairplay*, February 9, 1967, p. 41.
33. "U.S. Panel Weight a Boxship Accord," *NYT*, August 28, 1969.
34. Hans Stueck, "2 Big German Shipping Lines Plan Merger, *NYT*, July 4, 1969.
35. George Horne, "U.S. Lines Plans 16-Ship Charter," *NYT*, October 4, 1969; Werner Bamberger, "Line Sets Its Course on Time Charters," *NYT*, January 11, 1970.
36. "U.S. to Challenge R. J. Reynolds Bid," *NYT*, December 15, 1970.
37. George Horne, "Grace Line Is Tentatively Sold," *NYT*, February 7, 1969;
38. Fowle, "4 Freighters Sold for $38.4 Million," *NYT*, August 6, 1970.
39. Broeze, *The Globalisation of the Oceans*, p. 48; Farnsworth "Cooling the Rate War on the North Atlantic," *Business Week*, April 29, 1972.
40. *Fairplay*, July 15, 1971, p. 62, and December 9, 1971, p. 45; ICC, *Transport Statistics*, Part 5, Table 4, 1970 and 1971.
41. Broeze, *The Globalisation of the Oceans*, pp. 42 and 57–59; UNCTAD, *Review of Maritime Transport 1912–73*, p. 97; Gilbert Massac, "Le transport maritime par conteneurs: Concentrations et globalisation," *Techniques avancees*, no. 43 (April 1998); Gunnar K. Sletmo and Ernest W.

Williams Jr., *Liner Conferences in the Container Age: U.S. Policy at Sea* (New York, 1981), p. 308; "Cooling the Rate War."

42. Pearson and Fossey, *World Deep-Sea Container Shipping*, p. 25; Wallin" "The Development, Economics, and Impact," p. 883.

43. U.S. Council of Economic Advisers, *Economic Report of the President* (Washington, DC, 1982), p. 356; UNCTAD, *Review of Maritime Transport 1974*, p. 40.

44. UNCTAD, *Review of Maritime Transport 1972–73*, p. 96; Pearson and Fossey, *World Deep-Sea Container Shipping*, pp. 25, 220;

45. Clare M. Reckert, "R. J. Reynolds Profit Up 3% in Quarter," *NYT*, February 13, 1975.

46. "Their Ship's Finally Come In," *NYT*, September 8, 1974.

47. UNCTAD, *Handbook of International Trade and Development Statistics 1981 Supplement* (New York, 1982), p. 45; UNCTAD, *Review of Maritime Transport 1975*, p. 36, and *1976*, p. 32;

48. Robert Lindsey "Pacific Shipping Rate War Flares, Mostly on Soviet Vessel Build-Up," *NYT*, July 4, 1975.

49. イギリスの大手海運会社ペニンシュラ＆オリエンタルは、1968 年に、同社の計画はスエズ運河が恒久的に閉鎖されるとの前提で立案されたと認めた。他社も同じ前提だったとみられる。以下を参照されたい。*Fairplay*, July 4, 1968, p. 79, and Pearson and Fossey, *World Deep-Sea Container Shipping*, p. 248.

50. 燃料コストについては、以下を参照されたい。Sletmo and Williams, *Liner Conferences*, pp. 147 and 156.

51. 取締役会が反対した経緯は、以下にくわしい。John Boylston interview, COHP.

52. 燃料コストの比較は、以下にくわしい。Sletmo and Williams, *Liner Conferences*, p. 162.

53. シーランドとレイノルズの資本関係は、以下を参照されたい。Tursi, White, and McQuilkin, *Lost Empire*, chaps. 15–16 and 23; R. J. Reynolds Industries, *Annual Reports* from 1975 through 1980; transcript of R. J. Reynolds Industries Analyst Meeting, September 19–
21, 1976;

54. 最高財務責任者グウェン・ギレスピーの発言。November 1, 1984, p. 78. レイノルズ社の財務資料その他の資料は、同社のウェブサイトで閲覧できる。https://industrydocuments.library.ucsf.edu/tobacco/.

55. Colin Jones, "Heading for a Period of Consolidation," *Financial Times*, January 15, 1976.

第 12 章

1. 著者による電話インタビュー : Earl Hall, May 21, 1993; "Malcom McLean's $750 Million Gamble," *Business Week*, April 16, 1979.

2. "Pinehurst Club Is Sold for $9-Million," *NYT*, January 1, 1971; 著者による電話インタビュー : Dena Van Dyk, May 2, 1994; William Robbins, "Vast Plantation Is Carved Out of North Carolina Wilderness," *NYT*, May 8, 1974; *Business Week*, April 1, 1979.

3. Sletmo and Williams, *Liner Conferences*, p. 39.

4. *Lloyd's Shipping Economist*, September 1982, p. 9; Pearson and Fossey, *World Deep-Sea Container Shipping*, p. 220; UNCTAD, *Review of Maritime Transport*, various issues.

5. Michael Kuby and Neil Reid, "Technological Change and the Concentration of the U.S. General Cargo Port System: 1970–88," *Economic Geography* 68, no. 3 (1993): 279.

6. American Association of Port Authorities; Marad, "Containerized Cargo Statistics," various years; Pearson and Fossey, *World Deep-Sea Container Shipping*, p. 29; *Containerisation International Yearbook*, various years. なお、この時期の統計の解釈には注意が必要である。当時はまだ「コンテナ」の定義が統一されておらず、必ずしも 20 フィート・コンテナ換算になっていないからだ。また各

港の統計では、往々にして貨物を積んだコンテナと空のコンテナが区別されていない。

7. Hugh Turner, Robert Windle, and Martin Dresner, "North American Containerport Productivity: 1984–1997," *Transportation Research Part E* (2003): 354.

8. Yehuda Hayut, "Containerization and the Load Center Concept," *Economic Geography* 57, no. 2 (1981): 170.

9. Brian Slack, "Pawns in the Game: Ports in a Global Transportation System," *Growth and Change* 24, no. 4 (1993): 579–588; Kuby and Reid, "Technological Change," p. 280; *Containerisation International Yearbook*, 1988.

10. Port of Seattle, Marine Planning and Development Department, "Container Terminal Development Plan," October 1991.

11. Eileen Rhea Rabach, "By Sea: The Port Nexus in the Global Commodity Network (The Case of the West Coast Ports)" (Ph.D. diss., University of Southern California, 2002), p. 86. ラバックは、港の競争はゼロサムゲームだと主張するが、これは正しくない。輸送システム全体におけるコストが縮小すれば、国際貿易を刺激し拡大を促すからである。

12. UNCTAD, *Review of Maritime Transport 1979*, p. 29; Marad, "United States Port Development Expenditure Report," 1991; Herman L. Boschken, *Strategic Design and Organizational Change: Pacific Rim Seaports in Transition* (Tuscaloosa, 1988), pp. 61–65.

13. Christopher B. Busch, David L. Kirp, and Daniel F. Schoenholz, "Taming Adversarial Legalism: The Port of Oakland's Dredging Saga Revisited," *Legislation and Public Policy* 2, no. 2 (1999): 179–216.

14. Ronald E. Magden, *The Working Longshoreman* (Tacoma, 1996), p. 190.

15. *Fairplay*, July 3, 1975, p. 37; Slack, "Pawns in the Game," p. 582; Turner, Windle, and Dresner, "North American Containerport Productivity," p. 351; 著者による電話インタビュー : Mike Beritzhoff, Oakland, CA, January 25, 2005.

16. Boschken, *Strategic Design*, p. 200.

17. Hans J. Peters, "Private Sector Involvement in East and Southeast Asian Ports: An Overview of Contractual Arrangements," *Infrastructure Notes*, World Bank, March 1995.

18. Pearson and Fossey, *World Deep-Sea Container Shipping*.

19. *Lloyd's Shipping Economist*, January 1983, p. 10.

20. Ibid., p. 12 and March 1985, p. 4.

21. Daniel Machalaba, "McLean Bets That Jumbo Freighter Fleet Can Revive Industry," *Wall Street Journal*, September 26, 1986; Ron Katims interview, COHP.

22. Broeze, *The Globalisation of the Oceans*, p. 95.

23. Ibid., p. 84; *Lloyd's Shipping Economist*, April 1984, p. 7, and March 1986, p. 3; UNCTAD, *Review of Maritime Transport 1989*, p. 25; *JOC*, October 15, 1986.

24. Bruce Barnard, "Evergreen Set to Drop Felixstowe," *JOC*, October 22, 1986; Machalaba, "McLean Bets"; Kuby and Reid, "Technological Change," p. 279.

25. *Lloyd's Shipping Economist, January* 1987; Gibson and Donovan, *The Abandoned Ocean*, p. 218.

26. Susan F. Rasky, "Bankruptcy Step Taken by McLean," *NYT*, November 25, 1986.

27. 破産申請関連書類は以下に保管されている。*In re McLean Industries, Inc.*, the Southern District of New York, case numbers 86-12238 through 86-12241. このパラグラフの記述は、docket nos. 106, 107, 111, 133, 163 に拠った。

28. Daniel Machalaba, "Sea-Land Will Buy 12 Superfreighters Idled by U.S. Lines Inc. for $160 Million," *Wall Street Journal*, February 9, 1988.

29. 著者によるインタビュー : Gerald Toomey, May 5, 1993.

30. Daniel Machalaba, "Container Shipping's Inventor Plans to Start Florida–Puerto Rico

Service," *Wall Street Journal*, January 31, 1992.
31. ユナイテッドステーツ海運の元社員の見解はちがったようだ。"McLean Doesn't Deserve Award," letter to the editor, *JOC*, September 16, 1992.
32. R. M. Katims, "Keynote Address: Terminal of the Future," in National Research Council, Transportation Research Board, *Facing the Challenge: The Intermodal Terminal of the Future* (Washington, DC, 1986), pp. 1–3.

第 13 章

1. Comment of Karl Heinz Sager cited in Broeze, *The Globalisation of the Oceans*, p. 41.
2. UNCTAD, *Review of Maritime Transport 1975*, p. 43.
3. *Fairplay*, July 15, 1971, pp. 47 and 53.
4. UNCTAD の推定による輸送コストの内訳は以下のとおり。

貨物 1 立方メートルに要する平均コスト（1970 年）　単位：ドル

	資本コスト	運用コスト	荷役コスト	合計
在来船	2・30	3・81	17・00	23・11
コンテナ船	2・50	2・47	5・90	10・87

資料：UNCTAD

5. Matson Research Corp., *The Impact of Containerization*, pp. 40–41; *Fairplay*, February 1, 1968, p. 8.
6. OECD, "Ocean Freight Rates as Part of Total Transport Costs" (Paris, 1968), p. 24.
7. Bremer Ausschus fur Wirtschaftsforschung, *Container Facilities.*
8. たとえばダート・コンテナ・ラインはコンテナ 2 万個を常時追跡するために、1973 年にコンピュータ 1 台あたり 30 万ドル投資した。*Fairplay*, April 5, 1973, p. 40 を参照されたい。またユナイテッドステーツ海運は 1974 年まで、コンピュータの運用費として年 170 万ドルを投じている。*Fairplay*, April 4, 1974, p. 76　を参照されたい。
9. Broeze, *The Globalisation of the Oceans*, pp. 55–56.
10. コンテナ船が定期航路に投入されるようになった 1973 年には、平均速度 25 ノットで航行した。1968 年以前に建造されたばら積み船や混載船の大半は 20 ノット以下だから、だいぶ速い。
11. Wallin, "The Development, Economics, and Impact," p. 642.
12. 米議会技術調査局の *An Assessment of Maritime Technology and Trade* (Washington, DC, 1983), p. 71 では、損益分岐点を 85% としている。また、1980 年に海運会社 3 社を調べたところ、固定費は総費用の 53 ～ 65% で、損益分岐点がかなり下がったことがわかる。以下を参照されたい。J. E. Davies "An Analysis of Cost and Supply Conditions in the Liner Shipping Industry," *Journal of Industrial Economics* 31, no. 4 (1983): 420.
13. *Fairplay*, February 4, 1971.
14. Office of Technology Assessment, *An Assessment of Maritime Technology and Trade*, p. 71.
15. Sletmo and Williams, *Liner Conferences*, chap. 5. 国際通貨基金（ＩＭＦ）は、海上運賃が下落しなかったのは、コンテナ導入後に企業集中が起きたことも一因だとしている。だがプール協定その他の反競争的な取り決めによって運賃が長期にわたって競争的な水準以上に維持されたかどうかは甚だ疑わしい。以下を参照されたい。International Monetary Fund, *World Economic Outlook*, September 2002, p. 116; Sjostrom, "Ocean Shipping Cartels," pp. 107–134.
16. Benjamin Bridgman, "Energy Prices and the Expansion of World Trade," Working Paper, Louisiana State University, November 2003.
17. *Fairplay*, July 15, 1974, p. 50. 原理的には、輸送コストの変化を数値化することは可能である。一定

期間にわたる一国の輸入額について、ＦＯＢベース（輸出地点における商品価格）とＣＩＦベース（輸入地点における商品価格＋海上運賃・保険料）の差額を計算すればよい。ところが実際には、ＣＩＦとＦＯＢの差は運賃動向を示す指標としてほとんど役に立たない。まず、データの信憑性が疑わしい。ＩＭＦのデータが正しいとすると、海上運賃と保険料は 1960 年におけるスイスの輸入額の 1% しか占めていないことになる。ばら積み貨物（石炭、原油など）の比率が高い国の統計には、工業製品に影響を与えた変化が反映されないためかもしれない。さらに問題なのは、ＣＩＦ合計額とＦＯＢ合計額の差に注目するこの方法は、輸入品の内訳や仕入国の変化はないものと想定されていることだ。Scott L. Baier and Jeffrey H. Bergstrand, "The Growth of World Trade: Tariffs, Transport Costs, and Income Similarity," *Journal of International Economics* 53, no. 1 (2001): 1–27 では富裕国 16 カ国について輸送コストが輸入価格の 8・2%（1958 ～ 60 年）から 4・3%（1986 ～ 88 年）に下がったことを示した。だが前述の理由から、この数字も当てにならない。

18. 1960 年代、70 年代の不定期船チャーター料は、複数の資料（*Norwegian Shipping News* British Chamber of Shipping など）から算出した。一航海のチャーター料（積載能力で調整）からトン当たりの料金を算出。不定期船の主な顧客は日本の荷主だった。不定期船市場は 1970 年代前半は停滞しており、その大半がばら積み貨物のためにチャーターされていた。コンテナに対抗できるような混載貨物はすくなかった。*Fairplay*, July 1, 1971, p. 73.

19. ドイツのライナーインデックスは、北大西洋地域のみが対象である。ＵＮＣＴＡＤが指摘するように、この指数には運賃やサーチャージの変化が完全には反映されない。指数の構成要素が少ないうえに、マルクの対ドル為替レート変動の影響を受けやすい。以下を参照されたい。UNCTAD, *Review of Maritime Transport 1972–73*, p. 81, and *1984*, p. 42. しかもこの指数は、1960 年代と 70 年代には定期貨物運賃とコンテナ運賃をはっきり区別していなかった。1990 年代になるとコンテナ運賃とは区別されており、あきらかにそれまでとは異なる動向を示している。たとえば定期貨物総合運賃指数は 1994 年 1 月には 101 だったが、1997 年 60 月には 96 に低下した。一方、下位指数のコンテナ運賃指数は同時期に 101 から 90 まで大幅に下がっている。以下を参照されたい。UNCTAD, *Review of Maritime Transport 1997*, p. 50. 二つの指数についてくわしくは以下を参照されたい。Hummels, "Have International Transportation Costs Declined?"

20. *Fairplay*, January 15, 1981, p. 15.

21. Tursi, White, and McQuilkin, *Lost Empire*, p. 185.

22. ＵＮＣＴＡＤが開発途上国におけるコンテナ輸送の統計を公表している。*Review of Maritime Transport* を参照されたい。また、以下も参照されたい。Pearson and Fossey, *World Deep-Sea Container Shipping*, p. 27. アメリカの輸入に占めるコンテナの比率も、*Review* for 1974, p. 51 に掲載されている。

23. Sletmo and Williams, *Liner Conferences*, p. 80. なお、Hummels, "Transportation Costs and International Trade in the Second Era of Globalization" では、コンテナリゼーションによって運賃が下がったという見方に異論を唱えている。

24. 太平洋海事協会のデータによると、アメリカ太平洋岸の港湾労働者の基本給は、1966 年が時間当たり 3・88 ドルだったのが、1976 年には 7・52 ドルとほぼ倍増している。データは www.pmanet.org で閲覧できる。アメリカ北大西洋側では、1970 年代前半の時点で港湾労働者に 4 週間の長期休暇と 11 日の有給休暇が保障されていた。以下を参照されたい。*Longshore News*, November 1969, p. 4A.

25. OECD, "Ocean Freight Rates as Part of Total Transport Costs," p. 31.

26. Hummels, "Have International Transportation Costs Declined?"; *Fairplay*, May 16, 1968, p. 49.

27. On New Zealand, see *Fairplay*, February 19, 1976, p. 3.

28. 保険料の変化に関する正確な統計は入手できなかった。保険会社は当初はコンテナに低い料率を適用することを渋ったが、その主な理由は、コンテナ輸送が主流になれば輸送頻度が下がる代わりに盗難や事故にあった場合の一度の損失が大きくなるというものだった。それに加えて、出荷時点で満載状態

のコンテナは開封されることなく輸送業者間で受け渡しされるため、損害が発生した場合にどの業者に責任があるのか特定しにくいことも指摘された。以下を参照されたい。*Fairplay*, September 2, 1971; Insurance Institute of London, "An Examination of the Changing Nature of Cargo Insurance Following the Introduction of Containers," January 1969. しかし 1973 年になると、保険専門家も「コンテナ詰めされた貨物は保険事故発生時にも問題がすくない」ことを認めるようになる。*Fairplay*, July 5, 1973, p. 55.

29. Marad, "Current Trends in Port Pricing" (Washington, DC, 1978), p. 19.

30. ドル建ての実質原油価格は 1981 年まで上がり続けた。以下を参照されたい。U.S. Department of Energy, *Annual Energy Review* (Washington, DC, 2003), Table 5.21. 一方、ドイツのライナーインデックスは、インフレ調整後で 1970 年代後半から下がり始めている。

31. Pedro L. Marin and Richard Sicotte, "Exclusive Contracts and Market Power: Evidence from Ocean Shipping," Discussion Paper 2028, Centre for Economic Policy Research, June 2001.

32. J. G. Payne, vice chairman of Blue Star Line, in *Fairplay*, April 11, 1974, p. 7.

33. 北大西洋プール協定には、アメリカン・エクスポート・イスブランセン海運、ベルギー海運、ブリストル・シティ海運、クラーク・トラフィック・サービス、キュナード海運、フランス海運、ハンブルク・アメリカン海運、ホランド・アメリカ海運、北ドイツ・ロイド、シーランド・サービス、シートレイン海運、スウェーデン・アメリカン海運、スウェーデン・トランスアトランティック海運、ユナイテッドステーツ海運、ワレニウス海運が参加した。

34. U.S. General Accounting Office, *Changes in Federal Maritime Regulation Can Increase Efficiency and Reduce Costs in the Ocean Liner Shipping Industry* (Washington, DC, 1982), chap. 5. ＵＮＣＴＡＤは地域ごとに荷主がなんらかの形で結束することを奨励し、中央アメリカ、東アフリカ、東南アジアに荷主団体が発足した。

35. *Fairplay*, July 1, 1971; UNCTAD, *Review of Maritime Transport 1972–73*, p. 80, and *1975*, p. 44.

36. Office of Technology Assessment, *An Assessment of Maritime Technology and Trade*, p. 72.

37. U.S. General Accounting Office, *Centralized Department of Defense Management of Cargo Shipped in Containers Would Save Millions and Improve Service* (Washington, DC, 1977).

38. 著者による電話インタビュー : Cliff Sayre, former vice president of transportation at DuPont, January 24, 1992.

39. 前出のデュポンの Sayre　によると、同社は 1978 年の時点で 50 以上の一手積み契約を結び、300 社以上の輸送業者と取引があったという。

40. コンテナ時代以前のエバーグリーン海運が運航していた盟外船は、日本〜紅海航路で同盟運賃より 10 〜 15％安かった。だが日本〜インド航路では、エバーグリーンは同盟に加盟している。日本の鉄鋼メーカーが一手積み契約の縛りにより盟外船を使わないことが理由だった。以下を参照されたい。*Fairplay*, August 9, 1973, p. 60.

41. Broeze, *The Globalisation of the Oceans*, p. 65.

42. *Fairplay*, September 21, 1972, p. 11; November 23, 1972, p. 59; and June 28, 1973, p. 44; Eric Pace, "Freighters' Rate War Hurting U.S. Exporters," *NYT*, September 11, 1980; *Fairplay*, February 12, 1981, p. 9.

43. オーストラリアにおける輸送規制緩和の効果は、以下を参照されたい。James C. Nelson, "The Economic Effects of Transport Deregulation in Australia," *Transport Journal* 16, no. 2 (1976): 48–71.

44. U.S. General Accounting Office, *Issues in Regulating Interstate Motor Carriers* (Washington, DC, 1980), p. 35.

45. Matson Research Corp., *The Impact of Containerization*, 2:64; U.S. General Accounting Office, *Combined Truck/Rail Transportation Service: Action Needed to Enhance Effectiveness* (Washington, DC, 1977).

46. ある会社は、1978年にトレーラーを貨車に載せてミネアポリスからアトランタまで運んだところ(距離1700キロ)、723ドルかかったが、トラックなら693ドルだと報告している。以下を参照されたい。Frederick J. Beier and Stephen W. Frick, "The Limits of Piggyback: Light at the End of the Tunnel," *Transportation Journal* 18, no. 2 (1978): 17.

47. Iain Wallace, "Containerization at Canadian Ports," *Annals of the Association of American Geographers* 65, no. 3 (1976): 444; "The 'Minibridge' That Makes the ILA Boil," *Business Week*, May 19, 1975; General Accounting Office, *American Seaports—Changes Affecting Operations and Development* (Washington, DC, 1979); Lee Dembart, " 'Minibridge' Shipping Is Raising Costs and Costing Jobs in New York," *NYT*, February 27, 1977; Marad, "Current Trends in Port Pricing," p. 20.

48. 個別契約が貨物輸送の経済面の劇的な変化に果たした役割は、これまでおおむね見落とされてきた。以下を参照されたい。Marc Levinson, "Two Cheers for Discrimination: Deregulation and Efficiency in the Reform of U.S. Freight Transportation, 1976–1998," *Enterprise and Society* 10 (2008): 178–215. また、以下も参照されたい。Robert E. Gallamore, "Regulation and Innovation: Lessons from the American Railroad Industry," in *Essays in Transportation Economics and Policy: A Handbook in Honor of John R. Meyer*, ed. Jose A. Gomez-Ibanez, William B. Tye, and Clifford Winston (Washington, DC, 1999), p. 515. 契約件数は以下に記述がある。Wayne K. Talley, "Wage Differentials of Intermodal Transportation Carriers and Ports: Deregulation versus Regulation," *Review of Network Economics* 3, no. 2 (2004): 209.

49. Clifford Winston, Thomas M. Corsi, Curtis M. Grimm, and Carol A. Evans, *The Economic Effects of Surface Freight Deregulation* (Washington, DC, 1990), p. 41 では、規制緩和によるコスト削減効果を総額で2000億ドル(1988年のドル価値)と見積もっている。また鉄道・トラック会社の損失は30億ドルと見積もっている。

50. Gallamore, "Regulation and Innovation, p. 516; John F. Strauss Jr., *The Burlington Northern: An Operational Chronology, 1970–1995*, chap. 6, available online at www.fobnr.org/bnstore/ch6.htm; Kuby and Reid, "Technological Change," p. 282.

51. インターモーダル輸送を阻んでいた規制の歴史は、以下にくわしい。Paul Stephen Dempsey, "The Law of Intermodal Transportation: What It Was, What It Is, What It Should Be," *Transportation Law Journal* 27, no. 3 (2000).

52. Robert C. Waters, "The Military Sealift Command versus the U.S. Flag Liner Operators," *Transportation Journal* 28, no. 4 (1989): 30–31.

53. *Lloyd's Shipping Economist*, various issues.

54. Hans J. Peters, "The Commercial Aspects of Freight Transport: Ocean Transport: Freight Rates and Tariffs," World Bank *Infrastructure Notes*, January 1991.

55. 著者による電話インタビュー : William Hubbard.

56. Daniel M. Bernhofen, Zouheir El-Sahli, and Richard Kneller, "Estimating the Effects of the Container Revolution on World Trade."

第14章

1. Paul Lukas, "Mattel: Toy Story," *Fortune Small Business*, April 18, 2003; Holiday Dmitri, "Barbie's Taiwanese Homecoming," *Reason*, May 2005.

2. 玩具産業のサプライチェーンについては、以下を参照されたい。Francis Snyder, "Global Economic Networks and Global Legal Pluralism," European University Institute Working Paper Law No. 99/6, August 1999.

3. ジャストインタイム方式の説明は、以下に拠った。G.J.R. Linge, "Just-in-Time: More or Less Flexible?" *Economic Geography* 67, no. 4 (1991): 316–332.

4. 論文の本数は、およそ 1000 誌のビジネス・経営関連の雑誌を対象にカウントしたもので、以下に拠った。Paul D. Larson and H. Barry Spraggins, "The American Railroad Industry: Twenty Years after Staggers," *Transportation Quarterly* 52, no. 2 (2000): 37.

5. Robert C. Lieb and Robert A. Miller, "JIT and Corporate Transportation Requirements," *Transportation Journal* 27, no. 3 (1988): 5–10; 著者によるインタビュー : Cliff Sayre.

6. アメリカの国内総生産と国民所得勘定に基づいて計算すると、2004 四年における民間非農業部門の在庫高は 1 兆 6500 億ドルで、最終売上高の約 13%を占めている。1980 年代前半は、この比率が 22 ～ 25%に達していた。したがって、低めに見積もって 9 ポイントの減少ということになる。2004 年の最終売上高は 12 兆 2000 億ドルだから、1・1 兆のコスト削減ができた計算だ。別の計算方法として、財が小売業者、卸売業者、生産者に在庫されていた期間をカウントするやり方もある。このやり方で分析すると、在庫が 1980 年代と同じペースで増えた場合、アメリカの百貨店やディスカウントストアは 2000 年 1 年間で平均して 300 億ドル相当、耐久消費財メーカーは 2400 億ドル相当、非耐久消費財メーカーは 400 億ドル相当、卸売業者は 300 ～ 400 億ドル相当の追加在庫を抱えなければならなかったはずだ。この分析を総合すると、これらの部門の平均在庫の減少分は 4000 億ドル以上になる。以下を参照されたい。U.S. Census Bureau, *Monthly Retail Trade Report*, and Hong Chen, Murray Z. Brank, and Owen Q. Wu, "U.S. Retail and Wholesale Inventory Performance from 1981 to 2003," Working Paper, University of British Columbia, 2005.

7. Kevin H. O'Rourke and Jeffrey G. Williamson, *Globalization and History: The Evolution of a Nineteenth-Century Atlantic Economy* (Cambridge, MA, 1999), and O'Rourke and Williamson, "When Did Globalization Begin?" Working Paper 7632, NBER, April 2000.

8. Robert Feenstra, "Integration of Trade and Disintegration of Production in the Global Economy," *Journal of Economic Perspectives* 12, no. 4 (1998); Rabach, "By Sea," p. 203.

9. グローバルなアウトソーシングの実態は、以下を参照されたい。Victor K. Fung, William K. Fung, and Yoram (Jerry) Wind, *Competing in a Flat World* (Upper Saddle River, NJ, 2008).

10. David Hummels, "Toward a Geography of Trade Costs," mimeo, University of Chicago, January 1999; Will Martin and Vlad Manole, "China's Emergence as the Workshop of the World," Working Paper, World Bank, September 2003.

11. Ximena Clark, David Dollar, and Alejandro Micco, "Port Efficiency, Maritime Transport Costs, and Bilateral Trade," *Journal of Development Economics* 74, no. 3 (2004): 417–450.

12. Erie, *Globalizing L.A.*, p. 208.

13. Robin Carruthers, Jitendra N. Bajpai, and David Hummels, "Trade and Logistics: An East Asian Perspective," in *East Asia Integrates: A Trade Policy Agenda for Shared Growth* (Washington, DC, 2003), pp. 117–137.

14. World Bank Private Participation in Infrastructure Database, ppi. worldbank.org.

15. Miriam Dossal Panjwani, "Space as Determinant: Neighbourhoods, Clubs and Other Strategies of Survival," in Davies et al., *Dock Workers*, 2:759.

16. David Hummels, "Time as a Trade Barrier," mimeo, Purdue University, July 2001.

17. Joel Mokyr, *The Gifts of Athena: Historical Origins of the Knowledge Economy* (Princeton, 2002), p. 232.

18. Clark, Dollar, and Micco, "Port Efficiency," p. 422; Nuno Limao and Anthony J. Venables, "Infrastructure, Geographical Disadvantage and Transport Costs," *World Bank Economic Review* 15, no. 3 (2001): 451–479; Robin Carruthers and Jitendra N. Bajpai, "Trends in Trade and Logistics: An East Asian Perspective," Working Paper No. 2, Transport Sector Unit, World Bank, 2002.

19. Clark, Dollar, and Micco, "Port Efficiency," p. 422; Jakov Karmelic, Cedomir Dundovic, and Ines Kolanovic, "Empty Container Logistics," *Transport Logistics Review* 24 (2012): 223–230;

Jean-Paul Rodrigue, Claude Comtois, and Brian Slack, *The Geography of Transport Systems* (Abingdon, UK, 2009), ch. 5.

20. U.S. Department of Agriculture, Agricultural Marketing Service, *Grain Transportation Report*.

21. Increase in shipping volume cited in Carruthers and Bajpai, "Trends in Trade and Logistics," p. 12;

22. Lapple, "Les mutations des ports maritimes et leurs implications pour les dockers et les regions portuaires: L'exemple de Hambourg," in *Dockers de la Mediterranee*, p. 55.

23. Alkman Granitsas and Costas Paris, "Chinese Transform Greek Port, Winning Over Critics," *WSJ*, November 20, 2014; Claude Comtois and Peter J. Rimmer, "China's Competitive Push for Global Trade," in Pinder and Slack, *Shipping and Ports*, pp. 40–61 には、中国の港湾開発の論理に関する興味深い議論がみられる ; United Nations Conference on Trade and Development, *Review of Maritime Transport 2014* (New York and Geneva, 2014), p. 67.

24. Clark, Dollar, and Micco, "Port Efficiency," p. 441; United Nations Conference on Trade and Development, *Review of Maritime Transport 2013* (New York and Geneva, 2013), p. 96; World Bank, "Tanzania Economic Update, May 2013," 37.

25. Bruce Barnard, "Third 2M Service Adds to Wilhelmshaven Momentum," *JOC*, December 22, 2014.

第 15 章

1. Fernand Braudel, *The Perspective of the World* (Berkeley, 1992), p. 143.

2. 著者によるインタビュー : Jan Blomme, Antwerp, Belgium, October 23, 2014.

3. Yossi Sheffi, *Logistics Clusters: Delivering Value and Driving Growth* (Cambridge, MA, 2012).

4. Andrew Gibson and Arthur Donovan, *The Abandoned Ocean* では、アメリカの海運政策とアメリカの海運産業の衰退の関係をくわしく論じている。

5. Chinitz, *Freight and the Metropolis*, pp. 161–162, 100. 類似の研究としては、以下を参照されたい。A. D. Little, *Containerisation on the North Atlantic*; Litton Systems Inc., "Oceanborne Shipping: Demand and Technology Forecast," June 1968, p. 6-2.

6. ＵＮＣＴＡＤの報告によると、2013 年の世界のコンテナ取扱量は 6 億 5100 万ＴＥＵだった。この統計はコンテナ一個をダブルでカウントしている。以下を参照されたい。*Review of Maritime Transport 2014*, p. 65.

7. Jeffrey C. Mays, "Newark Sees Cash in Containers," *Star Ledger*, February 4, 2004; Natural Resources Defense Council, "Harboring Pollution: The Dirty Truth about U.S. Ports" (New York, 2004); Deborah Schoch, "Pollution Task Force to Meet for Last Time on L.A. Port," *Los Angeles Times*, June 21, 2005.

8. Allianz, *Safety and Shipping Review 2015*; Organisation for Economic Co-operation and Development, International Transport Forum, *The Impact of Mega-Ships* (Paris, 2015), p. 19. 沖合港（offshore port）の最初期の計画例は、スコットランド北部オークニー諸島のスカパ・フローだった。計画ではアジアや北米から来た大型船にとって北ヨーロッパで唯一の寄港地となり、寄港先も航海日数も減らせると見込まれていた。以下を参照されたい。Scottish Executive, "Container Transshipment and Demand for Container Terminal Capacity in Scotland" (prepared by Transport Research Institute, Napier University, December 2003).

参考文献

公文書

Containerization Oral History Project, National Museum of American History, Smithsonian Institution, Washington, DC.
International Longshoremen's Association District 1 Files, 1954?56, Kheel Center, Catherwood Library, Cornell University, Ithaca, NY.
International Longshoremen's Association Files, Robert F. Wagner Labor Archives, New York University, New York, NY.
Mayor Abraham Beame Papers, New York Municipal Archives, New York, NY.
Mayor John V. Lindsay Papers, New York Municipal Archives, New York, NY.
Mayor Robert F. Wagner Papers, New York Municipal Archives, New York, NY.
National Archives and Records Administration, Modern Military Records Branch, College Park, MD.
Operational Archives Branch, Naval Historical Center, Washington,
DC.
Penn Central Transportation Company Archives, Hagley Museum and Library, Wilmington, DE.
Port of New York Authority Records (Doig Files), New Jersey State Archives, Trenton, NJ.
Regional Oral History Program, Bancroft Library, University of California, Berkeley, CA.
Robert B. Meyner Papers, New Jersey State Archives, Trenton, NJ.
Robert F. Wagner Labor Archives, New York University, New York, NY.
Robert F. Wagner Papers, LaGuardia and Wagner Archives, LaGuardia Community College, Queens, NY.
U.S. Army Materiel Command Historical Office, Fort Belvoir, VA.
Vernon H. Jensen Papers, Kheel Center, Catherwood Library, Cornell University, Ithaca, NY.

米国政府資料

Interstate Commerce Commission. *Motor Carrier Cases.*
——. *Revenue and Traffic of Carriers by Water.* 1952?64.
——. *Reports.*

——. *Transport Statistics in the United States*. 1954-74.

Interstate Commerce Commission, Bureau of Transport Economics and Statistics. *Monthly Comment on Transportation Statistics*. 1945-April 1955.

——. *Transport Economics*. May 1955-December 1957.

Office of Technology Assessment. *An Assessment of Maritime Trade and Technology*. Washington, DC: U.S. Government Printing Office, 1983.

U.S. Army, Corps of Engineers. *Waterborne Commerce of the United States*. Annual.

U.S. Bureau of the Census. *Census of Manufactures*. Washington, DC: U.S. Government Printing Office, various years.

——. *County Business Patterns*. Washington, DC: U.S. Government Printing Office, various years.

——. *Historical Statistics of the United States*. 2 vols. Washington, DC: U.S. Government Printing Office, 1975.

——. *U.S. Census of Population and Housing*. Washington, DC: U.S. Government Printing Office, various years.

U.S. Congress, Joint Economic Committee. *Discriminatory Ocean Freight Rates and the Balance of Payments*. Washington, DC: U.S. Government Printing Office, 1964.

U.S. Department of Commerce, Bureau of Economic Analysis. *National Income and Product Accounts*.

U.S. Department of Commerce, Federal Maritime Board and Maritime Administration. *Annual Reports*.

U.S. Department of Transportation, Bureau of Transportation Statistics. *Transportation Statistics Annual Report*. Washington, DC: U.S. Department of Transportation, 1994-2004.

U.S. Department of Transportation, Maritime Administration. *United States Port Development Expenditure Report, 1946-1989*. Washington, DC: Office of Port and Intermodal Development, 1989.

U.S. Economic Stabilization Program, Pay Board. "East and Gulf Coast Longshore Contract." May 2, 1972.

U.S. General Accounting Office. *American Seaports—Changes Affecting Operations and Development*. Washington, DC: GAO 1979.

——. *Centralized Department of Defense Management of Cargo Shipped in Containers Would Save Millions and Improve Service*. Washington, DC: GAO, 1977.

——. *Changes in Federal Maritime Regulation Can Increase Efficiency and Reduce Costs in the Ocean Liner Shipping Industry*. Washington, DC: GAO, 1982.

——. *Combinend Truck/Rail Transportation Service: Action Needed to Enhance Effectiveness*. Washington, DC: GAO, 1977.

——. *Issues in Regulating Interstate Motor Carriers*. Washington, DC: GAO, 1980.

U.S. House of Representatives, Committee on Merchant Marine and Fisheries. Cargo Container Dimensions. October 31 and November 1, 8, and 16, 1967. Washington,

DC: U.S. Government Printing Office, 1968.
——. *Hearings on HR 8637, To Facilitate Private Financing of New Ship Construction*. April 9, 27, 28, 29, and 30, 1954.
——. *Study of Harbor Conditions in Los Angeles and Long Beach Harbor*. October 19–21, 1955 and July 16, 1956.
U.S. National Academy of Sciences. *Roll- On, Roll- Off Sea Transportation*. Washington, DC: U.S. Government Printing Office, 1957.
U.S. National Research Council. *Research Techniques in Marine Transportation*. Publication 720. Washington, DC: National Academy of Sciences, 1959.
U.S. National Research Council, Maritime Cargo Transportation Conference. *Cargo Ship Loading*. Publication 474. Washington, DC: National Academy of Sciences 1957.
——. *The SS Warrior*. Publication 339. Washington, DC: National Academy of Sciences, 1954.
——. *Transportation of Subsistence to NEAC*. Washington, DC: National Academy of Sciences 1956.
U.S. National Research Council, Transportation Research Board. Facing the Challenge: *The Intermodal Terminal of the Future*. Washington, DC: Transportation Research Board, 1986.

その他政府資料

Arthur D. Little, Inc. *Community Renewal Programming: A San Francisco Case Study*. New York, 1966.
Board of Inquiry into Waterfront Labor Conditions, New York 1951.
Booz- Allen & Hamilton. “General Administrative Survey of the Port of Seattle.” January 20, 1958.
British Railways Board. *The Reshaping of British Railways*, Part 1. London: Her Majesty‘s Stationery Office, 1963,
New York City Planning Commission. “The Port of New York: Proposals for Development.” 1964.
New York City Planning Commission. “Redevelopment of Lower Manhattan East River Piers.” September 1959.
——. *The Waterfront*. New York, 1971.
New York State Department of Labor. “Employment Conditions in the Longshore Industry.” *Industrial Bulletin* 31, no. 2 (1952).
——. *Population and Income Statistics*.
Port Authority of New York and New Jersey. *Foreign Trade* 1976.
Port of New York Authority (subsequently Port Authority of New York and New Jersey). *Annual Reports*.
——. *Container Shipping: Full Ahead*. 1967.

——. *Marine Terminal Survey of the New Jersey Waterfront*. February 10, 1949.
——. *Metropolitan Transportation 1980*.
——. *Outlook for Waterborne Commerce through the Port of New York*. 1948.
——. *The Port of New York*. 1952.
——. "Proposal for Development of the Municipally Owned Waterfront and Piers of New York City." February 10, 1948.
——. *Via-Port of New York*.
Port of Seattle, Marine Planning and Development Department. gContainer Terminal Development Plan. h October 1991.
Port of Seattle, Planning and Research Department. gA Conceptual Framework for the Physical Development of the Port of Seattle. h April 1966.
Port of Singapore Authority. *Annual Report and Accounts*. Various years.
——. *A Review of the Past and a Look into the Future*. Singapore:
Port of Singapore Authority, 1971.
Scottish Executive. "Container Transshipment and Demand for Container Terminal Capacity in Scotland." Transport Research Institute, Napier University, Edinburgh, December 2003.
Seattle Port Commission. "Container Terminals 1970?1975: A Development Strategy." November 1969.
——. "Report of the Marine Terminals Task Force to the Citizens' Port Committee." 1959.
——. "Review of Port Development and Financing." December 1968.
——. *Shipping Statistics Handbook*. 1963.
State of New York. *Record of the Public Hearing Held by Governor Thomas E. Dewey on the Recommendations of the New York State Crime Commission for Remedying Conditions on the Waterfront of the Port of New York*. June 8-9, 1953.
Tippetts-Abbett-McCarthy- Stratton. *Shoreside Facilities for Trailership, Trainship, and Containership Services*. Washington, DC: U.S. Department of Commerce, Maritime Administration, 1956.
UK Department for Transport. "Recent Developments and Prospects at UK Container Ports." London, 2000.
——. *Transport Statistics Report: Maritime Statistics 2002*. London, 2003. Waterfront Commission of New York Harbor. Annual Reports.

国際機関資料

International Monetary Fund. *World Economic Outlook*. September 2002.
Organisation for Economic Co-operation and Development, Inter- national Transport Forum. *The Impact of Mega-Ships*. Paris, 2015.
——. "Ocean Freight Rates as Part of Total Transport Costs." Paris, 1968.
Pan American Union. *Recent Developments in the Use and Handling of Unitized*

Cargoes. Document UP/CIES- 8 ES- CTPP- Doc. 12. Washington, DC, 1964.

United Nations Conference on Trade and Development. *Review of Maritime Transport*. Annual.

United Nations Department of Economic and Social Affairs. "An Examination of Some Aspects of the Unit-Load System of Cargo Shipments: Application to Developing Countries." 1966.

United Nations Economic and Social Commission for Asia and the Pacific. *Commercial Development of Regional Ports as Logistics Centres*. New York, 2002.

World Bank. East Asia Integrates: *A Trade Policy Agenda for Shared Growth*. Washington, DC: World Bank, 2003.

World Trade Organization. *World Trade Report* 2004. Geneva, 2005.

私的文書類

A. D. Little. *Containerisation on the North Atlantic*. London: National Ports Council, 1967.

AOTOS Awards. Program. 1984.

Association of American Railroads. *Carloads of Revenue Freight Loaded*.

Containerization and Intermodal Institute. *Containerization: The First 25 Years*. New York, 1981.

Downtown-Lower Manhattan Association. "Lower Manhattan." 1958.

First National City Bank. "The Port of New York: Challenge and Opportunity." 1967.

Insurance Institute of London, Advanced Study Group No. 188. "An Examination of the Changing Nature of Cargo Insurance following the Introduction of Containers." 1969.

International Cargo Handling Coordination Association. "Containerization Symposium Proceedings, New York City, June 15, 1955."

International Longshoremen's and Warehousemen's Union. "Report of the Officers to the Thirteenth Biennial Convention." April 6?7, 1959.

Litton Systems Inc. "Oceanborne Shipping: Demand and Technology Forecast." Report for U.S. Department of Transportation, Office of the Secretary, June 1968.

Matson Research Corporation. *The Impact of Containerization on the U.S. Economy*. 2 vols. Report for U.S. Department of Commerce, September 1970.

McKinsey & Co. "Containerization: A 5- Year Balance Sheet." 1972.

——. "Containerization: The Key to Low Cost Transport." Report for British Transport Docks Board, June 1967.

McLean Industries Inc. *Annual Reports*.

Muncy, Dorothy. "Inventory of Port-Oriented Land: Baltimore Region." Report for Maryland Economic Development Commission, Arlington, VA, 1963.

National Ports Council. Annual Digest of Port Statistics.

——. *Container and Roll- On Port Statistics, Great Britain*.

New York Shipping Association. "Progress Report 1959."
Pacific Maritime Association and International Longshoremen's and Warehousemen's Union. "Memorandum of Agreement on Mechanization and Modernization." October 18, 1960.
Pan-Atlantic Steamship Corporation. "Summary of Post-World War II Coastwise Operations." Mimeo, n.d.
Schott, John G. *Piggyback and the Future of Freight Transportation*. Washington, DC: Public Affairs Institute, 1960.
——. *Progress in Piggyback and Containerization*. Washington, DC: Public Affairs Institute, 1960.
Tantlinger, K. W. "U.S. Containerization: From the Beginning through Standardization." Paper presented to the World Port Conference, Rotterdam, 1982.
Tobin, Austin J. *Transportation in the New York Metropolitan Region during the Next Twenty- five Years*. New York: Regional Plan Association, 1954.
Woodruff, G. C. "The Container Car as the Solution of the Less Than Carload Lot Problem." Speech to Associated Industries of Massachusetts, October 23, 1929.
——. "Freight Container Service." Speech to Traffic Club of New York, March 25, 1930.

新聞・定期刊行物

アーミー・ロジスティシャン
ボルチモア・サン
ブルックリン・イーグル
ビジネス・ウィーク
シビル・エンジニアリング
コンテナリザション・インターナショナル・イヤーブック
コンテナーズ : Bulletin of the International Container Bureau
フェアプレイ・インターナショナル・シッピング・ジャーナル
ジェーン・フライト・コンテナ
ジャーナル・オブ・コマース
ロングショア・ニュース
マリン・エンジアリング /Log
ニューアーク・イブニングニュース
ニュース・アンド・オブザーバー(ノースカロライナ州ローリー)
ニューヨーク
ニューヨーク・ヘラルド・トリビューン
ニューヨーク・タイムス
ニューヨーク・ワールドテレグラム・アンド・サン
Robesonian
シーライフ

インタビューとオーラル・ヒストリー

Bell, Peter. Interview by Debra Bernhardt, August 29, 1981. New Yorkers at Work Oral History Collection, Robert F. Wagner Labor Archive, New York University.

Blomme, Jan. Author fs interview, October 23, 2014, Antwerp, Belgium.

Boylston, John. Interview by Arthur Donovan and Andrew Gibson, December 7, 1998. Containerization Oral History Project, National Museum of American History, Smithsonian Institution, Washington, DC.

Bulcke, Germain. gLongshore Leader and ILWU?Pacific Maritime Association Arbitrator. h Interviews by Estolv Ethan Ward, 1983. Berkeley: Regional Oral History Office, Bancroft Library, University of California, 1984.

Campbell, Robert N. Author fs telephone interview, June 25, 1993.

Cox, John Parr. gParr Terminal: Fifty Years of Industry on the Richmond Waterfront. h Interviews by Judith K. Dunning, 1986. Berkeley: Regional Oral History Office, Bancroft Library, University of California, 1992.

Crowley, Thomas B. gCrowley Maritime Corporation: San Francisco Bay Tugboats to International Transportation Fleet. h Interviews by Miriam Feingold Stein, 1973?75. Berkeley: Regional Oral History Office, Bancroft Library, University of California, 1983.

Cushing, Charles. Author fs interviews, New York, NY, April 7, 1993, and June 2, 1993.

Czachowski, Bernard. Author fs interview, New York, NY, January 24, 1992.

Francis, Amadeo. Author fs telephone interview, April 28, 2005.

Gleason, Thomas W. Author fs interview, New York, NY, September 29, 1992.

——. Interview by Debra Bernhardt, July 31, 1981. New Yorkers at Work Oral History Collection, Robert F. Wagner Labor Archive, New York University.

Goldblatt, Louis. “Working Class Leader in the ILWU, 1935–1977.” Interviews by Estolv Ethan Ward, 1977–78. Berkeley: Regional Oral History Office, Bancroft Library, University of California, 1980.

Grey, Vincent. Author‘s telephone interview, May 1, 2005.

Hall, Earl. Author‘s telephone interview, May 12, 1993.

Harlander, Les. Author‘s telephone interview, November 2, 2004.

——. Interview by Arthur Donovan and Andrew Gibson, June 19, 1997. Containerization Oral History Project, National Museum of American History, Smithsonian Institution, Washington, DC.

Hayden, Frank. Author‘s telephone interview, June 29, 2004.

Healey, Richard. Author‘s telephone interview, January 9, 1994.

Hooper, Edwin B. “Reminiscences of Vice Admiral Edwin B. Hooper.” Annapolis: U.S. Naval Institute, 1978.

Hubbard, William. Author‘s telephone interview, July 1, 1993.

Irvin, William D. “Reminiscences of Rear Admiral William D. Irvin.” Annapolis: U.S. Naval Institute, 1980.

Katims, Ron. Author's interview, New York, NY, October 30, 1992.
——. Interview by Arthur Donovan and Andrew Gibson, August 15, 1997. Containerization Oral History Project, National Museum of American History, Smithsonian Institution, Washington, DC.
Morrison, Scott. Interview by Arthur Donovan and Andrew Gibson, March 27, 1997. Containerization Oral History Project, National Museum of American History, Smithsonian Institution, Washington, DC.
Nutter, Ben E. "The Port of Oakland: Modernization and Expansion of Shipping, Airport, and Real Estate Operations, 1957?1977." Interview by Ann Lage, 1991. Berkeley: Regional Oral History Office, Bancroft Library, University of California, 1994.
Ramage, Lawson P. "Reminiscences of Vice Admiral Lawson P. Ramage." Annapolis: U.S. Naval Institute, 1970.
Richardson, Paul. Author's interviews, Holmdel, NJ, January 14, 1992, and July 20, 1992.
Roger, Sidney. "A Liberal Journalist on the Air and on the Waterfront." Interviews by Julie Shearer, 1989?90. Berkeley: Regional Oral History Office, Bancroft Library, University of California, 1983.
Sayre, Cliff. Author's telephone interview, January 24, 1992.
Schmidt, Henry. "Secondary Leadership in the ILWU, 1933-1966." Interviews by Miriam F. Stein and Estolv Ethan Ward, 1974, 1975, 1981. Regional Oral History Office, Bancroft Library, University of California, Berkeley, 1983.
Stickles, Milton J. Author's telephone interview, June 1, 2004.
St. Sure, J. Paul. "Some Comments on Employer Organizations and Collective Bargaining in Northern California since 1934." Interview by Corinne Gilb, 1957. Institute of Industrial Relations Oral History Project, University of California, Berkeley, 1957.
Tantlinger, Keith. Author's interview, San Diego, CA, January 3, 1993.
Tolan, David J. Interview by Debra Bernhardt, August 1, 1980. New Yorkers at Work Oral History Collection, Robert F. Wagner Labor Archive, New York University.
Toomey, Gerald. Author's interview, New York, NY, May 5, 1993.
Tozzoli, Guy F. Author's interview, New York, NY, January 13, 2004.
Van Dyk, Dena. Author's telephone interview, May 2, 1994.
Ward, William. ILWU Oral History Collection, viewed July 5, 2004, at http://www.ilwu.org/history/oral-histories/bill-ward.cfm.
Wriston, Walter. Author's interview, New York, NY, June 30, 1992.
Younger, Ken. Author's telephone interview, December 16, 1991.

学術論文など

Fitzgerald, Donald. "A History of Containerization in the California Maritime Industry:

The Case of San Francisco." Ph.D. diss., University of California at Santa Barbara, 1986.

Holcomb, Kenneth Johnson. "History, Description and Economic Analysis of Trailer-on- Flatcar (Piggyback) Transportation." Ph.D. diss., University of Arkansas, 1962.

Rabach, Eileen Rhea. "By Sea: The Port Nexus in the Global Commodity Network (The Case of the West Coast Ports)." Ph.D. diss., University of Southern California, 2002.

Rosenstein, Mark. "The Rise of Maritime Containerization in the

Port of Oakland, 1950?1970." M.A. thesis, New York University, 2000.

Wallin, Theodore O. "The Development, Economics, and Impact of Technological Change in Transportation: The Case of Containerization." Ph.D. diss., Cornell University, 1974.

Winter, Jennifer Marie. "Thirty Years of Collective Bargaining: Joseph Paul St. Sure, Management Labor Negotiator 1902?1966," M.A. thesis, California State University at Sacramento, 1991.

書 籍

Albion, Robert Greenhalgh. *The Rise of New York Port*. New York: Scribner, 1939. Reprint, 1971.

Arnesen, Eric. *Waterfront Workers of New Orleans: Race, Class, and Politics*, 1863-1923. New York: Oxford University Press, 1991.

Aronowitz, Stanley. *From the Ashes of the Old: American Labor and America's Future*. Boston: Houghton Mifflin, 1998.

Arthur, W. Brian. *Increasing Returns and Path Dependence in the Economy*. Ann Arbor: University of Michigan Press, 1994.（邦訳は、W・ブライアン・アーサー著『収益逓増と経路依存—複雑系の経済学』有賀裕二訳、多賀出版）

Beckert, Sven. *The Monied Metropolis*. Cambridge, UK: Cambridge University Press, 1993.

Bernstein, Peter L. *Wedding of the Waters: The Erie Canal and the Making of a Great Nation*. New York: Norton, 2005.

Borruey, René. *Le port de Marseille: Du dock au conteneur*. Marseilles: Chambre de commerce et d findustrie Marseille-Provence, 1994.

Boschken, Herman L. *Strategic Design and Organizational Change: Pacific Rim Seaports in Transition*. Tuscaloosa: University of Alabama Press, 1988.

Braudel, Fernand. *The Perspective of the World*. Berkeley: University of California Press, 1992.（邦訳は、フェルナン・ブローデル『物質文化・経済・資本主義』全3巻、村上光彦他訳、みすず書房）

Bremer Ausschuß für Wirtschaftsforschung. *Container Facilities and Traffic in 71 Ports of the World Midyear 1970*. Bremen: University of Bremen, 1971.

Broeze, Frank. *The Globalisation of the Oceans: Containerisation from the 1950s to the Present*. St. John's, NF, 2002.

Burke, Padraic. *A History of the Port of Seattle*. Seattle: Port of Seattle, 1976.

Cafruny, Alan W. Ruling the Waves: *The Political Economy of International Shipping*. Berkeley and Los Angeles: University of California Press, 1987.

Cannato, Vincent J. *John Lindsay and His Struggle to Save New York*. New York: Basic Books, 2001.

Caro, Robert A. *The Power Broker: Robert Moses and the Fall of New York*. New York: Knopf, 1974.

Chandler, Alfred D., Jr. *The Visible Hand: The Managerial Revolution in American Business*. Cambridge, MA: Harvard University Press, 1977.（邦訳は、アルフレッド・チャンドラー『経営者の時代—アメリカ産業における近代企業の成立　上・下』鳥羽欽一郎他訳、東洋経済新報社）

Chinitz, Benjamin. *Freight and the Metropolis: The Impact of America fs Transport Revolution on the New York Region*. Cambridge, MA: Harvard University Press, 1960.

Condit, Carl W. *The Port of New York*. 2 vols. Chicago: University of Chicago Press, 1980?81.

Cowie, Jefferson. *Capital Moves: RCA's Seventy-Year Quest for Cheap Labor*. Ithaca, NY: Cornell University Press, 1999.

Cronon, William. *Nature's Metropolis: Chicago and the Great West*. New York: Norton, 1991.

Cudahy, Brian. *Box Boats: How Container Ships Changed the World*. New York: Fordham University Press, 2006.

Davies, Sam., et al., eds. *Dock Workers: International Explorations in Comparative Labour History*. 2 vols. Aldershot, UK: Ashgate Publishers, 2000.

DiFazio, William. *Longshoremen: Community and Resistance on the Brooklyn Waterfront*. South Hadley, MA: Bergin & Garvey, 1985.

Dockers de la Méditerranée à la Mer du Nord. Avignon: ÉDISUD, 1999.

Doig, Jameson W. *Empire on the Hudson: Entrepreneurial Vision and Political Power at the Port of New York Authority*. New York: Columbia University Press, 2001.

Donovan, Arthur, and Joseph Bonney. *The Box That Changed the World: Fifty Years of Container Shipping—An Illustrated History*. East Windsor, NJ: Commonwealth Business Media, 2006.

Duncan, Beverly, and Stanley *Lieberson. Metropolis and Region in Transition*. Beverly Hills: Sage Publications, 1970.

Elphick, Peter. Liberty: *The Ships That Won the War*. London: Chatham Publishing, 2001.

Erie, Steven P. *Globalizing L.A.: Trade, Infrastructure, and Regional Development*. Stanford: Stanford University Press, 2004.

Fairley Lincoln. *Facing Mechanization: The West Coast Longshore Plan*. Los Angeles: University of California at Los Angeles Institute of Industrial Relations, 1979.

Finlay, William. *Work on the Waterfront: Worker Power and Technological Change in a*

West Coast Port. Philadelphia: Temple University Press, 1988.

Fishlow, Albert. *American Railroads and the Transformation of the Antebellum Economy*. Cambridge, MA: Harvard University Press, 1965.

Flynn, Stephen E. *America the Vulnerable: How the U.S. Has Failed to Secure the Homeland and Protect Its People from Terror*. New York: Harper Collins, 2004.

Fogel, Robert William. *Railroads and American Economic Growth*. Baltimore: Johns Hopkins University Press, 1964.

Freeman, Joshua. *Working- Class New York*. New York: New Press, 2000.

Fujita, Masahisa, Paul Krugman, and Anthony J. Venables. *The Spatial Economy: Cities, Regions, and International Trade*. Cambridge, MA: MIT Press, 1999.（邦訳は、藤田昌久、アンソニー・ベナブルズ、ポール・クルーグマン著『空間経済学―都市・地域・国際貿易の新しい分析』小出博之訳、東洋経済新報社）

Fung, Victor K., William K. Fung, and Yoram (Jerry) Wind, *Competing in a Flat World*. Upper Saddle River, NJ: Wharton School Publishing, 2008.

George, Rose. *Ninety Percent of Everything*. New York: Metropolitan Books, 2013.

Gibson, Andrew, and Arthur Donovan. *The Abandoned Ocean: A History of United States Maritime Policy*. Columbia: University of South Carolina Press, 2000.

Glaskowsky Nicholas A., Jr., ed. *Management for Tomorrow*. Stanford, CA: Graduate School of Business, Stanford University, 1958.

Gómez- Ibañez, José A., William B. Tye, and Clifford Winston, eds. *Essays in Transportation Economics and Policy: A Handbook in Honor of John R. Meyer*. Washington, DC: Brookings Institution, 1999.

Griffin, John I. *The Port of New York*. New York: Arco Publishing, 1959.

Grunwald, Joseph, and Kenneth Flamm. *The Global Factory: Foreign Assembly in International Trade*. Washington, DC: Brookings Institution, 1985.

Hagel, Otto, and Louis Goldblatt. Men and Machines: *A Story about Longshoring on the West Coast Waterfront*. San Francisco: Pacific Maritime Association and International Longshoremen's and Warehousemen's Union, 1963.

Haig, Robert Murray. *Major Economic Factors in Metropolitan Growth and Arrangement*. New York: Regional Plan Association, 1927. Reprint, New York: Arno Press, 1974.

Hannes, Matt. *The Container Revolution*. Anaheim: Canterbury Press, 1996.

Hartman, Paul T. *Collective Bargaining and Productivity*. Berkeley and Los Angeles: University of California Press, 1969.

Heilbrun, James. *Urban Economics and Public Policy*. New York: St.

Martin fs, 1974.

Heiser, Joseph M. Jr. *A Soldier Supporting Soldiers*. Washington, DC:

U.S. Army Center of Military History, 1991.

——. *Vietnam Studies: Logistic Support*. Washington, DC: Department of the Army, 1974.

Herod, Andrew. *Labor Geographies: Workers and the Landscapes of Capitalism*. New York: Guilford Press, 2001.

Hooper, Edwin B. *Mobility Support Endurance: A Story of Naval Operational Logistics in the Vietnam War, 1965–1968*. Washington, DC: Naval History Division, 1972.

Hoover, Edgar M., and Raymond Vernon. *Anatomy of a Metropolis*. Cambridge, MA: Harvard University Press, 1959.

Immer, John R. *Container Services of the Atlantic*, 2nd ed. Washington, DC: Work Saving International, 1970.

International Longshoremen fs and Warehousemen fs Union. *The ILWU Story: Two Decades of Militant Unionism*. San Francisco: ILWU, 1955.

Jensen, Vernon. *Hiring of Dock Workers and Employment Practices in the Ports of New York, Liverpool, London, Rotterdam, and Marseilles*. Cambridge, MA: Harvard University Press, 1964.

—— . *Strife on the Waterfront*. Ithaca: Cornell University Press, 1974.

Kessner, Thomas. *Fiorello H. LaGuardia and the Making of Modern New York*. New York: McGraw-Hill, 1989.

Kimeldorf, Howard. *Reds or Rackets? The Making of Radical and Conservative Unions on the Waterfront*. Berkeley and Los Angeles: University of California Press, 1988.

Kirsh, Benjamin S. *Automation and Collective Bargaining*. New York: Central Book Co., 1964.

Kornhauser, Arthur, Robert Dublin, and Arthur M. Ross, eds. *Industrial Conflict*. New York: McGraw- Hill, 1954.

Kreps, Juanita M. *Automation and Employment*. New York: Holt, Reinhart & Winston, 1964.

Larrowe, Charles P. *Harry Bridges: The Rise and Fall of Radical Labor in the United States*. New York: Lawrence Hill, 1972.

—— . *Shape Up and Hiring Hall*. Berkeley and Los Angeles: University of California Press, 1955.

Larson, John L. *Internal Improvement*. Chapel Hill: University of North Carolina Press, 2001.

Latimer, Jack. *Friendship among Equals*. Geneva: International Standards Organisation, 1997.

Lockwood, Rupert. *Ship to Shore: A History of Melbourne's Waterfront and Its Union Struggles*. Sydney: Hale & Iremonger, 1990.

Magden, Ronald E. *The Working Longshoreman*. Tacoma: International Longshoremen's and Warehousemen's Union Local 23, 1996.

Magden, Ronald E., and A. D. Martinson. *The Working Waterfront: The Story of Tacoma's Ships and Men*. Tacoma: International Longshoremen's and Warehousemen's Union Local 23 and Port of Tacoma, 1982.

Maldonado, A. W. *Teodoro Moscoso and Puerto Rico's Operation Bootstrap*.

Gainesville: University Press of Florida, 1997.

Marolda, Edward J., and Oscar P. Fitzgerald. *The United States Navy and the Vietnam Conflict*. Vol. 2, From Military Assistance to Combat, 1959-1965. Washington, DC: Naval Historical Center, 1986.

McDougall, Ian. *Voices of Leith Dockers*. Edinburgh: Mercat Press, 2001.

McNickle, Chris. *To Be Mayor of New York: Ethnic Politics in the City*. New York: Columbia University Press, 1993.

Minor, Woodruff. *Pacific Gateway: An Illustrated History of the Port of Oakland. Oakland*: Port of Oakland, 2000.

Mokyr, Joel. *The Gifts of Athena: Historical Origins of the Knowledge Economy*. Princeton: Princeton University Press, 2002.

Mollenkopf, John, and Manuel Castells, eds. *Dual City: Restructuring New York. New York*: Russell Sage Foundation, 1992.

Moses, Robert. *Public Works: A Dangerous Trade*. New York: McGraw- Hill, 1970.

Nelson, Bruce. *Divided We Stand: American Workers and the Struggle for Black Equality*. Princeton: Princeton University Press, 2001.

——. *Workers on the Waterfront: Seamen, Longshoremen, and Unionism in the 1930s*. Champaign: University of Illinois Press, 1990.

Niven, John. *American President Lines and Its Forebears, 1848-1984*. Newark: University of Delaware Press, 1987.

North Carolina: A Guide to the Old North State. Chapel Hill: University of North Carolina Press, 1939.

O'Rourke, Kevin H., and Jeffrey G. Williamson. *Globalization and History: The Evolution of a Nineteenth-Century Atlantic Economy*. Cambridge, MA: MIT Press, 1999.

Pacini, Alfred, and Dominique Pons. *Docker à Marseille*. Paris: Payot & Rivages, 1996.

Pearson, Roy, and John Fossey. *World Deep- Sea Container Shipping: A Geographical, Economic, and Statistical Analysis*. Liverpool: Marine Transport Centre, University of Liverpool, 1983.

Pelzman, Sam, and Clifford Winston, eds. *Deregulation of Network Industries: What's Next?* Washington, DC: AEI-Brookings Joint Center for Regulatory Studies, 2000.

Pilcher, William W. *The Portland Longshoremen: A Dispersed Urban Community*. New York: Norton, 1972.

Pinder, David, and Brian Slack, eds. *Shipping and Ports in the Twenty-first Century: Globalisation, Technological Change, and the Environment*. London: Routledge, 2004.

Pollak, Richard. *The Colombo Bay*. New York: Simon & Schuster, 2004.

Rath, Eric. *Container Systems*. New York, Wiley, 1973.

Ricardo, David. *The Principles of Political Economy and Taxation*. London, 1821. Reprint, New York, 1965.（邦訳は、デビッド・リカード著『経済学および課税の原理』羽鳥卓也他訳、岩波文庫）

Rodrigue, Jean- Paul, Claude Comtois, and Brian Slack. *The Geography of Transport Systems*, 2nd ed. Abingdon, UK: Routledge, 2009.

Rosenberg, Daniel. *New Orleans Dockworkers: Race, Labor, and Unionism, 1892-1923*. Albany: State University of New York Press, 1988.

Rostow, W. W. *Stages of Economic Growth*. Cambridge, UK: Cambridge University Press, 1960.（邦訳は、W・W・ロストウ著『経済成長の諸段階―1 つの非共産主義宣言』木村健康他著、ダイヤモンド社）

Rubin, Lester. *The Negro in the Longshore Industry*. Philadelphia: Wharton School, 1974.

Ruppenthal, Karl M., ed. *Revolution in Transportation*. Stanford: Stanford University Graduate School of Business, 1960.

Sayre, Wallace S., and Herbert Kaufman. *Governing New York City: Politics in the Metropolis*. New York: Norton, 1960.

Schenker, Eric, and Harry C. Brockel, eds. *Port Planning and Development as Related to Problems of U.S. Ports and the U.S. Coastal Environment*. Cambridge, MD: Maritime Press of America, 1974.

Schwartz, Stephen. *Brotherhood of the Sea: A History of the Sailors'Union of the Pacific, 1885-1985*. Piscataway, NJ: Transaction Books, 1986.

Seligman, Ben B. *Most Notorious Victory: Man in an Age of Automation*. New York: Free Press, 1966.

Selvin, David F. *A Terrible Anger*. Detroit: Wayne State University Press, 1996.

Sharpsteen, Bill. *The Docks*. Berkeley: University of California Press, 2011.

Sheffi, Yossi. *Logistics Clusters: Delivering Value and Driving Growth*. Cambridge, MA: MIT Press, 2012.

Shields, Jerry. *The Invisible Billionaire: Daniel Ludwig. Boston*: Houghton Mifflin, 1986.

Simey, T. S., ed., *The Dock Worker: An Analysis of Conditions of Employment in the Port of Manchester*. Liverpool: Liverpool University Press, 1956.

Sletmo, Gunnar K., and Ernest W. Williams Jr. *Liner Conferences in the Container Age: U.S. Policy at Sea*. New York: Macmillan Publishing, 1981.

Snyder- Grenier, Ellen M. *Brooklyn! An Illustrated History*. Philadelphia: Temple University Press, 1996.

Starr, Roger. *The Rise and Fall of New York City*. New York: Basic Books, 1985.

Tursi, Frank V., Susan E. White, and Steve McQuilkin. *Lost Empire: The Fall of R. J. Reynolds Tobacco Company*. Winston- Salem: Winston- Salem Journal, 2000.

Vernon, Raymond. *Metropolis 1985: An Interpretation of the Findings of the New York Metropolitan Region Study*. Cambridge, MA: Harvard University Press, 1960.

Whittaker, J. R. *Containerization*. Washington, DC: Hemisphere Publishing, 1975.

Williams, Ernest W. *The Regulation of Rail-Motor Rate Competition*. New York: Harper, 1958.

Wilson, David F. Dockers: *The Impact of Industrial Change*. London: Fontana, 1972.

Wilson, Rosalyn A. *Transportation in America*. Washington, DC: Eno Transportation Foundation, 2002.

Winston, Clifford, Thomas M. Corsi, Curtis M. Grimm, and Carol A. Evans. *The Economic Effects of Surface Freight Deregulation*. Washington, DC: Brookings Institution, 1990.

Worden, William L. Cargoes: *Matson fs First Century in the Pacific*. Honolulu: University Press of Hawaii, 1981.

Zweig, Phillip L. Wriston: *Walter Wriston, Citibank, and the Rise and Fall of American Financial Supremacy*. New York: Crown Publishers, 1995.

記事・ワーキングペーパー

Anderson, James E., and Eric van Wincoop. "Trade Costs." *Journal of Economic Literature* 42 (September 2004): 691-751.

Baer, Werner. "Puerto Rico: An Evaluation of a Successful Development Program." *Quarterly Journal of Economics* 73, no. 4 (1959).

Beier, Frederick J., and Stephen W. Frick. "The Limits of Piggyback: Light at the End of the Tunnel." *Transportation Journal* 18, no. 2 (1978).

Bernhofen, Daniel M., Zouheir El-Sahli, and Richard Kneller. "Esti- mating the Effects of the Container Revolution on World Trade." CESifo Working Paper 4136, February 2013.

Bougheas, Spiros, Panicos O. Demetriades, and Edgar L. W. Morgenroth. "Infrastructure, Transport Costs, and Trade." Journal of International Economics 47 (1999).

Broda, Christian, and David E. Weinstein. "Globalization and the Gains from Variety." Working Paper 10314, NBER, February 2004.

Brynjolfsson, Erik, and Lorin M. Hitt. "Beyond Computation: Information Technology, Organizational Transformation, and Business Performance." *Journal of Economic Perspectives* 14, no. 4 (2000).

Carrere, C?line, and Maurice Schiff. "On the Geography of Trade: Distance Is Alive and Well." World Bank Policy Research Working Paper 3206, February 2004.

Carruthers, Robin, and Jitendra N. Bajpai. "Trends in Trade and Logistics: An East Asian Perspective." Working Paper No. 2, Transport Sector Unit, World Bank, 2002.

Chen, Hong, Murray Z. Brank, and Owen Q. Wu. "U.S. Retail and Wholesale Inventory Performance from 1981 to 2003." Working Paper, University of British Columbia, 2005.

Clark, Ximena, David Dollar, and Alejandro Micco, "Port Efficiency, Maritime Transport Costs, and Bilateral Trade." *Journal of Development Economics* 74, no. 3 (2004): 417-450.

Coe, David, et al. "The Missing Globalization Puzzle." International Monetary Fund Working Paper WP/02/171, October 2002.

Connolly, D. J. "Social Repercussions of New Cargo Handling Methods in the Port of

London." *International Labour Review* 105 (1972): 543-568.

Cushing, Charles R. "The Development of Cargo Ships in the United States and Canada in the Last Fifty Years." Manuscript, January 8, 1992.

David, Paul A. "The Dynamo and the Computer: An Historical Perspective on the Modern Productivity Paradox." *American Economic Review* 80 (1990). 355-361.

Davies, J. E. "An Analysis of Cost and Supply Conditions in the Liner Shipping Industry." *Journal of Industrial Economics* 31 (1983): 417-436.

Dempsey, Paul Stephen. "The Law of Intermodal Transportation: What It Was, What It Is, What It Should Be." *Transportation Law Journal* 27, no. 3 (2000).

Devine, Warren D., Jr. "From Shafts to Wires: Historical Perspective on Electrification." *Journal of Economic History* 43 (1983): 347-372.

Egedyi, Tineke M. "The Standardized Container: Gateway Technologies in Cargo Transportation." Working Paper, Delft University of Technology, 2000.

Farrell, Joseph, and Garth Saloner. "Installed Base and Compatibility: Innovation, Product Preannouncements, and Predation." *American Economic Review* 76, no. 5 (1986): 940-955.

Feenstra, Robert. "Integration of Trade and Disintegration of Production in the Global Economy." *Journal of Economic Perspectives*. 12, no. 4 (1998).

Fishlow, Albert. "Antebellum Regional Trade Reconsidered." *American Economic Review* (1965 supplement).

Fujita, Masahisa, and Tomoya Mori. "The Role of Ports in the Making of Major Cities: Self-Agglomeration and Hub- Effect." *Journal of Development Economics* 49 (1996).

Gilman, Roger H. "The Port, a Focal Point." *Transactions of the American Society of Civil Engineers*, 1958.

Glaeser, Edward L. "Reinventing Boston: 1640-2003." Working Paper No. 10166, National Bureau of Economic Research, 2003.

Glaeser, Edward L., and Janet E. Kohlhase. "Cities, Regions, and the Decline of Transport Costs." Working Paper No. 9886, National Bureau of Economic Research, 2003.

Godfrey, Brian J. "Restructuring and Decentralization in a World City." *Geographical Review*, Thematic Issue: American Urban Geography 85 (1995).

Hall, John, and D. Caradog Jones. "Social Grading of Occupations." *British Journal of Sociology* 1 (1950): 31-55.

Harbeson, Robert W. "Recent Trends in the Regulation of Intermodal Rate Competition in Transportation." *Land Economics* 42, no. 3 (1966).

Harlander, L. A. "Container System Design Developments over Two Decades." *Marine Technology* 19 (1982): 364-376.

——. "Engineering Development of a Container System for the West Coast-Hawaiian Trade." Transactions of the Society of Naval Architects and Marine Engineers 68

(1960).

——. "Further Development of a Container System for the West ——
Coast?Hawaiian Trade." *Transactions of the Society of Naval Architects and Marine Engineers* 69 (1961).

——. "The Role of the 24- Foot Container in Intermodal Transportation." Paper for American Standards Association MH- 5 Sectional Committee, June 1966.

Helle, Horst J?rgen. "Der Hafenarbeiter zwischen Segelschiff und Vollbesch?ftigung." *Economisch en Sociaal Tijdschrift* 19, no. 4 (1965).

Hoare, Anthony. "British Ports and Their Export Hinterlands: A Rapidly Changing Geography." *Geografiska Annaler*, Series B. Human Geography 68, no. 1 (1986).

Hopper, A. G., P. H. Judd, and G. Williams. "Cargo Handling and Its Effect on Dry Cargo Ship Design." *Quarterly Transactions of the Royal Institution of Naval Architects* 106, no. 2 (1964).

Hummels, David. "Have International Transportation Costs Declined?" Working Paper, University of Chicago Graduate School of Business, 1999.

——. "Time as a Trade Barrier." Mimeo, Purdue University, 2001.

——. "Towards a Geography of Trade Costs." Mimeo, University of Chicago, 1999.

——. "Transportation Costs and International Trade in the Second Era of Globalization." *Journal of Economic Perspectives* 21, no. 3 (2007): 131-154.

Isard, Caroline and Walter Isard. "Economic Implications of Aircraft." *Quarterly Journal of Economics* 59 (1945): 145-169.

Jorgenson, Dale W., and Kevin J. Stiroh. "Information Technology and Growth." *American Economic Review* 89, no. 2 (1999): 109-115.

Katz, Michael L., and Carl Shapiro. "Systems Competition and Network Effects." *Journal of Economic Perspectives* 8, no. 2 (1994): 93-115.

Kelley, Robin D. G. "'We Are Not What We Seem': Rethinking Black Working-Class Opposition in the Jim Crow South." *Journal of American History* 80, no. 1 (1993).

Kerr, Clark, and Lloyd Fisher. "Conflict on the Waterfront." *Atlantic* 184, no. 3 (1949).

King, Robert C., George M. Adams, and G. Lloyd Wilson, "The Freight Container as a Contribution to Efficiency in Transportation." *Annals of the American Academy of Political and Social Science* 187 (1936): 27-36.

Konishi, Hideo. "Formation of Hub Cities: Transportation Cost Advantage and Population Agglomeration." *Journal of Urban Economics* 48 (2000).

Kovarsky, Irving. "State Piggyback Statutes and Federalism." *Industrial and Labor Relations Review* 18, no. 1 (1964).

Krausse, Gerald H. "The Urban Coast in Singapore: Uses and Management." *Asian Journal of Public Administration* 5, no. 1 (June 1983): 33-67.

Krugman, Paul. "Growing World Trade: Causes and Consequences." *Brookings Papers on Economic Activity* 1995, no. 1 (1995): 327-377.

——. "Increasing Returns and Economic Geography." *Journal of Political Economy*

99, no. 3 (1991): 483?499.
Krugman, Paul, and Anthony J. Venables. "Globalization and the Inequality of Nations." *Quarterly Journal of Economics* 110, no. 4 (1995): 857–880.
Kuby, Michael, and Neil Reid, "Technological Change and the Concentration of the U.S. General Cargo Port System: 1970–88." *Economic Geography* 68, no. 3 (1993).
Kujovich, Mary Yeager. "The Refrigerator Car and the Growth of the American Dressed Beef Industry." *Business History Review* 44 (1970): 460–482.
Lamoreaux, Naomi R., Daniel M. G. Raff, and Peter Temin. "Beyond Markets and Hierarchies: Toward a New Synthesis of American Business History." *American Historical Review* 108 (2003).
Larson, Paul D., and H. Barry Spraggins. "The American Railroad Industry: Twenty Years after Staggers." *Transportation Quarterly* 52, no. 2 (2000): 5–9.
Levinson, Marc. "Container Shipping and the Decline of New York, 1955–1975." *Business History Review* 80 (2006): 49–80.
—— . "Freight Pain: The Rise and Fall of Globalization." *Foreign Affairs* 87, no. 6 (2008): 133–140.
—— . "Two Cheers for Discrimination: Deregulation and Efficiency in the Reform of U.S. Freight Transportation, 1976–1998." *Enterprise and Society* 10 (2008): 178–215.
Lieb, Robert C., and Robert A. Miller. "JIT and Corporate Transportation Requirements." *Transportation Journal* 27, no. 3 (1988): 5–10.
Liebowitz, S. J., and Stephen E. Margolis. "Network Externality: An Uncommon Tragedy." *Journal of Economic Perspectives* 8, no. 2 (1994): 133–150.
Lim?o, Nuno, and Anthony J. Venables. "Infrastructure, Geographical Disadvantage and Transport Costs." *World Bank Economic Review* 15, no. 3 (2001): 451–479.
Linge, G.J.R. "Just- in- Time: More or Less Flexible?" *Economic Geography* 67, no. 4 (1991): 316–332.
MacMillan, Douglas C., and T. B. Westfall. "Competitive General Cargo Ships." *Transactions of the Society of Naval Architects and Marine Engineers* 68 (1960).
Manning, Seaton Wesley. "Negro Trade Unionists in Boston." *Social Forces* 17, no. 2 (1938).
Marin, Pedro L., and Richard Sicotte. "Exclusive Contracts and
Market Power: Evidence from Ocean Shipping." Discussion Paper 2028, Centre for Economic Policy Research, June 2001.
Martin, Will, and Vlad Manole. "China fs Emergence as the Workshop of the World." Working Paper, World Bank, 2003.
McCarney, Bernard J. "Oligopoly Theory and Intermodal Transport Price Competition: Some Empirical Findings." *Land Economics* 46, no. 4 (1970).
McDonald, Lucille. "Alaska Steam: A Pictorial History of the Alaska Steamship Company." *Alaska Geographic* 11, no. 4 (1984).
McLean, Malcolm P. "Opportunity Begins at Home." *American Magazine* 149 (May

1950).

Miller, Raymond Charles. "The Dockworker Subculture and Some Problems in Cross-Cultural and Cross- Time Generalizations." *Comparative Studies in Society and History* 11, no. 3 (1969).

Mills, Edwin S., and Luan Send?. "Inner Cities." *Journal of Economic Literature* 35 (1997).

Mills, Herb. "The San Francisco Waterfront–Labor/Management Relations: On the Ships and Docks. Part One: "The Good Old Days." h Berkeley: University of California Institute for the Study of Social Change, 1978.

——— . "The San Francisco Waterfront/Labor/Management Relations: On the Ships and Docks. Part Two: Modern Longshore Operations" Berkeley: University of California Institute for the Study of Social Change, 1978.

Mokyr, Joel. "Technological Inertia in Economic History. " *Journal of Economic History* 52 (1992): 325-338.

Morton, Alexander Lyall. "Intermodal Competition for the Intercity Transport of Manufactures." *Land Economics* 48, no. 4 (1972).

Nelson, James C. "The Economic Effects of Transport Deregulation in Australia." *Transportation Journal* 16, no. 2 (1976): 48-71.

North, Douglass. "Ocean Freight Rates and Economic Development 1750-1913." *Journal of Economic History* 18 (1958): 537-555.

Oliner, Stephen D., and Daniel E. Sichel. "The Resurgence of Growth in the Late 1990s: Is Information Technology the Story?" *Journal of Economic Perspectives* 14, no. 4 (2000): 3-22.

O'Rourke, Kevin H., and Jeffrey G. Williamson. "When Did Globalization Begin?" Working Paper 7632, National Bureau of Economic Research, 2000.

Overman, Henry G., and L. Alan Winters. "The Geography of UK International Trade." Working Paper CEPDP0606, Centre for Economic Performance, London, January 2004.

Pauling, Norman G. "Some Neglected Areas of Research on the Effects of Automation and Technological Change on Workers." Journal of Business 37, no. 3 (1964): 261-273.

Puffert, Douglas J. "Path Dependence in Spatial Networks: The Standardization of Railway Track Gauge." *Explorations in Economic History* 39 (2002): 282-314.

——— . "The Standardization of Track Gauge on North American Railways, 1830-1890." Journal of Economic History 60, no. 4 (2000): 933-960.

Ripley, William Z. "A Peculiar Eight Hour Problem." *Quarterly Journal of Economics* 33, no. 3 (1919).

Romer, Paul M. "Why, Indeed, in America? Theory, History, and the Origins of Modern Economic Growth." Working Paper 5443, NBER, January 1996.

Rosenberg, Nathan. "On Technological Expectations." *Economic Journal* 86, no. 343

(1976): 523-535.

Ross, Philip. "Waterfront Labor Response to Technological Change: A Tale of Two Unions." *Labor Law Journal* 21, no. 7 (1970).

Rua, Gisela. "Diffusion of Containerization." Federal Reserve Board of Governors Working Paper, October 2014.

Rubin, Marilyn, Ilene Wagner, and Pearl Kamer. "Industrial Migration: A Case Study of Destination by City- Suburban Origin within the New York Metropolitan Area." *Journal of the American Real Estate and Urban Economics Association* 6 (1978).

Ryon, Roderick N. "An Ambiguous Legacy: Baltimore Blacks and the CIO, 1936-1941." *Journal of Negro History* 65, no. 1 (1980).

Sasuly, Richard. "Why They Stick to the ILA." *Monthly Review* (January 1956).

Sjostrom, William. "Ocean Shipping Cartels: A Survey." *Review of Network Economics* 3, no. 2 (2004).

Slack, Brian. "Pawns in the Game: Ports in a Global Transportation System." *Growth and Change* 24, no. 4 (1993).

Slesinger, Reuben E. "The Pace of Automation: An American View." *Journal of Industrial Economics* 6, no. 3 (1958): 241-261.

Solow, Robert. "Technical Change and the Aggregate Production Function." *Review of Economics and Statistics* 39, no. 2 (1957): 65-94.

Stocker, H. E. "Cargo Handling and Stowage." Society of Naval Architects and Marine Engineers, November 1933.

Summers, Clyde W. "Admission Policies of Labor Unions." *Quarterly Journal of Economics* 61, no. 1 (1946).

Sung, Nai- Ching, and Michael C. Bunamo. "Competition for Handling U.S. Foreign Trade Cargoes: The Port of New York fs Experience." *Economic Geography* 49, no. 2 (1973): 156-162.

Taft, Philip. "The Responses of the Bakers, Longshoremen and Teamsters to Public Exposure." *Quarterly Journal of Economics* 74, no. 3 (1960).

Todd, Daniel. "The Interplay of Trade, Regional and Technical Factors in the Evolution of a Port System: The Case of Taiwan." *Geografiska Annaler, Series B. Human Geography* 75, no. 1 (1993).

Tozzoli, Anthony J. "Containerization and Its Impact on Port Development." *Journal of the Waterways, Harbors and Coastal Engineering Division, Proceedings of the American Society of Civil Engineers* 98, no. WW3 (1972).

Turnbull, Peter. "Contesting Globalization on the Waterfront." *Politics and Society* 28, no. 3 (2000).

"Uniform Containerization of Freight: Early Steps in the Evolution of an Idea." *Business History Review* 43, no. 1 (1969): 84-87.

Vamplew, Wray. "Railways and the Transformation of the Scottish Economy." *Economic History Review* 24 (1971).

Wallace, Michael, and Arne L. Kalleberg. "Industrial Transformation and the Decline of Craft: The Decomposition of Skill in the Printing Industry, 1931-1978." *American Sociological Review* 47, no. 3 (1982): 307-324.

Waters, Robert C. "The Military Sealift Command versus the U.S. Flag Liner Operators." *Transport Journal* 28, no. 4 (1989): 28?-34.

Weldon, Foster L. "Cargo Containerization in the West Coast-Hawaiian Trade." *Operations Research* 6 (September-October 1958).

著者略歴

マルク・レビンソン Marc Levinson

ニューヨーク在住のエコノミスト。The Economistの金融・経済学担当のエディター、Newsweekのライター、外交問題評議会シニア・フェローなどを務めた。著書に『例外時代』（みすず書房）など。

村井章子 Akiko Murai

翻訳家。上智大学文学部卒業。主な訳書にニーアル・ファーガソン『キッシンジャー　1923-1968　理想主義者　1・2』、カーティス『ジャパン・ストーリー』、マカフィー、ブリニョルフソン『プラットフォームの経済学』、ロゴフ『現金の呪い』（以上、日経ＢＰ）、ティロール『良き社会のための経済学』（日本経済新聞出版社）、カーネマン『ファスト&スロー』（ハヤカワ・ノンフィクション文庫）など。

コンテナ物語 世界を変えたのは「箱」の発明だった　増補改訂版

２００７年１月22日　第１版第１刷発行
２０１９年１月15日　第１版第12刷発行
２０１９年10月28日　増補改訂版第１刷発行
２０２５年２月14日　増補改訂版第14刷発行

著者　マルク・レビンソン　訳者　村井章子　発行者　中川ヒロミ　発行　日経ＢＰ　発売　日経ＢＰマーケティング　〒１０５-８３０８　東京都港区虎ノ門４-３-12　https://bookplus.nikkei.com/　装丁　新井大輔　製作　アーティザンカンパニー　印刷・製本　中央精版印刷

　ISBN978-4-8222-8993-5

本書に関するお問い合わせ、ご連絡は下記にて承ります。 https://nkbp.jp/booksQA